사기에 시비 걸기

사마천의 사기열전에
댓글을 달아 시시비비를 가리다

고광민

한양대학교 출판부

사기에 시비 걸기

사마천의 사기열전에 댓글을 달아 시시비비를 가리다

《사기史記》는 약 2천 년 전 중국 한漢나라의 사마천司馬遷이 쓴 역사서다. 《사기》 이후에 출현한 모든 역사서는 《사기》의 형식을 계승했으며, 사학史學뿐만 아니라 문학과 문화학 등 다양한 분야에서 《사기》를 연구했다. 《사기》는 중국에서뿐 아니라 한국에도 영향을 주었다. 김부식의 《삼국사기》 역시 《사기》의 형식을 따르고 있으며, 고려와 조선의 문인들도 《사기》를 글쓰기의 표본으로 학습했을 정도였다. 《사기》의 학습 열기는 지금까지 식지 않고 있다. 최근 2010년부터 2020년까지 《사기》 관련 서적이 총 158권 출판됐다. 출판된 서적들은 번역서부터 일반 교양서에 이르기까지 다양하며, 어린이를 위한 만화와 청소년의 눈높이에 맞춘 서적까지 출판되었다. 이뿐 아니라, 유튜브로 제작된 《사기》 관련 영상도 600건을 넘어섰으니, 《사기》는 우리에게 매우 친숙한 중국 고전古典이라고 할 수 있다. 《사기》가 이처럼 오랜 기간 동안 광범위하게 후대의 환영을 받는 이유는, 한문漢文 학습에 도움이 되며 재미있는 스토리로 구성되어 있는데다 교훈으로 삼을 만한 내용들이 많기 때문일 것이다.

후대에는 《사기》를 다양한 관점에서 학습하고 있는데, 그렇다면 사마천 본인은 왜 《사기》를 썼을까? 그는 《사기》의 서문序文인 〈태사공자서太史公自序〉에서 《사기》를 쓴 이유를 밝혔다. 사마천은 이릉李陵 사건으로 치욕적인 궁형宮刑을 당한 후에 불운함을 원망하며 실의에 빠졌다. 그러다가 공자孔子, 굴원屈原, 좌구명左丘明 등이 고난을 당한 후에 위대한 저작著作을 남겼음을 상기했다. 그리고 그들이 모두 "과거의 일을 기록함으로써 미래의 일을 예견했다(述往事, 思來者)"고 생각하고, 자신도 《사기》를 쓰기로 결심한다. "미래의 일을 예견하다"는 말은, 자신이 《사기》에서 밝힌 '역사 변화의 법칙성'이 미래 사회에 활용되기를 바란다는 의미이다. 그러니 사마천이 원했던 것은, 《사기》가 끊임없이 새로운 형태로 거듭나서 활용되는 것이다.

《사기》를 활용하기 위해서는 변형의 과정을 거쳐야 한다. 제사상에 올라오는 음식 중에 토란국이 있다. 토란이 몸에는 좋다고 하지만 미끈거리는 식감이 입에 맞지는 않는다. 그런데 어머니는 옛날에 올리던 제사 음식이라 명절이면 늘 토란국을 준비하신다. 제사가 끝나면, 효자인 큰 형님은 토란국 한 그릇을 다 비우지만, 필자는 먹는 시늉만 하고 남기곤 했다. 대학을 졸업하고 타이완에 유학을 갔다. 타이완은 한 집 건너 하나가 빵집이라고 할 정도로 빵집이 많고, 빵 종류도 매우 다양하다. 그런데 타이완의 빵집에는 토란빵이란 것이 있다. 토란 앙꼬로 된 빵인데 보라색에 식감도 좋아 사람들이 즐겨 먹는다. 토란국은 과거의 음식이라 오늘날의 입맛에는 맞지 않다. 그런데 형태를 약간 변형하여 토란빵으로 만들면 사람들이 좋아한다. 토란이 몸에 좋아 꼭 먹어야 하는 음식이라면, 토란국의 한 형태만을 고집할 필요는 없어 보인다. 《사기》의 시대와 지금 한국의 현실은 분명히 다르다. 《사기》는 토란국처럼 오늘날의 입맛에 딱 맞지 않는다. 《사기》를 그대로 번역하면 이해하기도 힘들고 읽기도 지루하다. 거기다가 인명人名, 지명地名, 관직명官職名 등이 계속해서 나오면 더 읽기기 어려워진다. 그러니 토란국을 토란빵으로 변형시키듯, 《사기》도 현대식으로 변형해야 한다. 이해하기 어려운 것은 풀어서 설명하고, 지루한 것은 생략하며, 현실에 부합하는 내용으로 재구성해주어야 한다.

필자는《사기》를 현대인의 입맛에 맞게 변형했다. 우선,《사기》 중에 가장 흥미로운 내용은 단연 〈열전〉이다. 그래서 열전 70권 중 25편을 선택해서 번역했다. 번역은 최대한 원문의 의미를 훼손하지 않는 선에서 윤문潤文을 했고, 어려운 지명, 관직명, 인명 등은 최소한의 것만을 사용했다. 열전의 제목은, 그대로 쓰지 않고 핵심 내용을 근거로 현실에 부합하는 제목을 달았다. 〈손자오기열전孫子吳起列傳〉은 병법가兵法家들의 이야기인데, 이것을 〈싸움의 기술〉로 바꾼 것이 그 예다. 마지막으로, 각 열전 서두에는『들어가기』라는 제목 하에 열전을 읽는 핵심 포인트를 설명했고, 매 단락 위에 소제목을 달아 내용 파악에 도움이 되도록 했다.

《사기》를 변형하여 현대인의 입맛에 맞췄다면, 거기에 다시 오늘날의 감정과 판단을 가미할 필요가 있다. 그래서 필자는 댓글의 형식을 사용했다. 요즘은 댓글이 매우 중요하다. 상품 댓글의 좋고 나쁨이 구매의 관건이 되었고, 정치 기사의 댓글이 정치인의 운명을 결정하기도 한다. 고대 중국에도 댓글이 있었다. 유가儒家의 경전經傳을 보고 후대 유생儒生들은 댓글을 남겼다. 댓글의 내용은 원문에 있는 어려운 한자漢字, 기물器物, 제도 등에 대한 설명이나, 원문 내용에 대한 반박, 추가적인 설명 등이다. 이 댓글을 원문 아래의 작은 글씨로 넣어서 책을 만들었다. 그러니 원문에 댓글을 달아 책을 낸 격이다. 이런 댓글들은 주注, 소疏, 전傳 등의 명칭을 사용했다. 주注는 물을 탄다는 말이다. 커피가 너무 진하다면 물을 타야 한다. 또 갓난아기는 곡물을 소화하지 못하기 때문에 잘게 갈아 물을 타서 먹여야 한다. 이런 행위들이 모두 주注다. 원문의 내용이 진한 커피처럼 너무 써서 마시기 힘드니 물을 타서 잘 마실 수 있도록 한다는 의미이다. 전傳은 전달한다는 의미로 쉽게 풀이하는 것이다. 소疏는 밀도가 성긴 카스테라를 연상하면 된다. 치즈케이크처럼 밀도가 높은 음식은 소화하기 어려우니, 그 입자를 성기게 카스테라처럼 만든다는 의미이다. 모두 이해하기 어려운 원문을 쉽게 풀어주려는 것이 목적이다. 주자朱子의《사서집주四書集註》는 네 가지 경전(사서

四書 : 논어論語, 맹자孟子, 대학大學, 중용中庸)을 한곳에 모아서(집集) 거기에 댓글을 단 것이다(주注와 주註는 동일한 의미). 어떤 경우는 시대를 거치면서 댓글에 다시 댓글을 단 책들도 출현했다. 그래서 하나의 원문에는 수십 개의 댓글 책이 있을 정도다. 댓글은 과거의 지식을 현실에 맞게 소화하고 평가하며 재해석하는 행위이다. 그러니 댓글을 보면, 그 시대의 코드와 사회적 분위기를 알 수 있다. 이와 같이 고대 문인文人들은 끊임없이 자신의 시대에 맞게 고전古典을 재해석했는데, 현대인들은 고전을 읽기만 하고 댓글을 달지 않는다. 그래서 필자는《사기》에 댓글을 달기로 했다. 댓글의 핵심은 옳고 그름에 대해 판단하는 것이며, 오늘날의 '시시비비是是非非를 가리다'는 의미와 유사하기 때문에 책의 제목을《《사기》에 시비 걸기》로 했다. 그래서 각 열전의 중간 중간에 이해하기 어려운 제도나 배경에 대해 설명하기도 하고, 인물의 행동에 대해 현대적인 감정과 생각을 삽입하기도 했다. 또한 각 편 마지막에, '시비 걸기'라는 항목으로 각 편에 대한 평가와 감상을 추가했다. 필자가 삽입한 시비 걸기의 내용은 모두 붉은색으로 표시했다.

자장면은 중국의 '지아찌앙멘炸醬麵'을 우리의 입맛에 맞게 변형한 것이다. 그래서 이미 우리의 음식이 되어 버렸고, 한국 자장면을 즐기는 중국 사람들도 적지 않다. 흘러간 옛 노래는 새로운 감성으로 리메이크하여 원곡보다 더 좋아지는 경우도 많다. 문화란 그렇게 하나의 형태만을 고집하지 않고, 장소와 환경에 따라 끊임없이 변형된다. 지아찌앙멘炸醬麵이 자장면으로 바뀌어 우리의 음식이 되듯,《사기》도 우리의 현실에 맞게 변형하면 우리의 지혜가 될 수 있을 것이다. 필자의 이러한 노력이 사마천의 저술著述 의도에 부합되길 바란다.

사마천 司馬遷

사마천은 약 B.C.145년에 용문龍門(지금의 산서성山西省 하남현河南縣과 섬서성陝西省 한성시漢城市 사이 지역)에서 태어났다. 유년시절 사마천은, 아버지 사마담司馬談의 훈도薰陶를 받으며《상서尙書》,《좌전左傳》 등의 서적을 섭렵涉獵했다. 한漢 무제武帝 건원년간建元年間에 아버지 사마담司馬談은 태사령太史令이 되어 수도 장안長安으로 이주했고, 사마천도 아버지를 따라갔다. 사마천은 20세가 되어서는 장강長江, 회하淮河, 회계산會稽山, 구의산九疑山 등 천하의 명산대천을 유람했고, 제齊나라와 노魯나라의 수도首都 등을 돌아다니며 학문을 배웠다. 유람을 마치고 돌아온 사마천은 낭중郎中이라는 직책을 얻었다. 한漢 무제武帝 원봉元封 원년元年(B.C.110년) 봄, 무제武帝는 처음으로 한나라 황실의 봉선封禪 의식(고대 중국의 제왕들이 태산泰山에서 천신天神과 지신地神에게 제사를 지내는 것을 말함)을 거행했다. 그때 사마담은 병에 걸려 주남周南 지역에 체류하고 있었기에 의식에 참여할 수가 없었다. 사마담은 자신이 참여하지 못함을 안타깝게 여겼으며, 이로 인해 병이 더 악화되어 죽음에까지 이르게 된다. 당시 사마천은 타지他地에 출장을 갔다오는 길에 사마담을 만났다. 그때 사마담은 사마천에게 태사太史(사관史官)가 되어 역사를 쓰라는 유언을 남겼다. 사마담이 세상을 떠난 지 3년이 지난 후, 사마천은 태사령太史令

이 되었다.

태사령太史令으로 있던 사마천에게 궁형宮刑(생식기를 제거하는 형벌)을 당하는 충격적인 사건이 벌어졌다. 한漢 무제武帝 때에 북방 흉노匈奴와의 전쟁이 10여 년간 지속됐다. 당시 이릉李陵 장군은 군사를 거느리고 흉노를 공격하던 중, 흉노에 포위되어 항전抗戰하다가 결국 항복했다. 이 소식을 들은 무제武帝는 분노했고, 이릉李陵을 처단하기 위한 군신들의 회의를 열었다. 이때 모든 신하들은 이릉을 비난했지만, 사마천만이 이릉을 변호했다. 그런데 얼마 지나지 않아, 이릉李陵이 흉노의 병사를 훈련시키고 있다는 거짓 보고가 올라왔다. 이 소식을 들은 무제武帝는, 이릉李陵의 가족을 죽이고 사마천을 사형에 처하라고 명命했다. 사형에서 벗어나는 방법은 궁형宮刑을 당하거나 막대한 금액의 벌금을 내는 것이다. 벌금을 낼 수 없었던 사마천은 어쩔 수 없이 궁형을 당해야 했다. 궁형을 당한 이후, 사마천은 당시의 심정을 이렇게 표현했다.

> 저는 말로 인하여 이런 화禍를 당하여, 사람들의 웃음거리가 되었고 조상을 욕되게 했습니다. 그러니 제가 무슨 면목으로 다시 부모님 산소를 찾을 수 있겠습니까? 백세百世가 지난다 해도, 이 치욕은 사라지지 않고 더 심해질 것입니다.(僕以口語遇此禍, 重爲鄕黨所笑, 以汚辱先人, 亦何面目, 復上父母丘墓乎? 雖累百世, 垢彌甚耳.〈보임소경서報任少卿書〉)

"세 가지 불효가 있는데, 그 중에 자손이 없는 것이 가장 크다(不孝有三, 無後爲大)"는 관념이 지배적인 사회에서, 후손을 남기지 못한다는 것은 조상들을 볼 면목이 없는 큰 불효였던 것이다. 이때 사마천이 받은 상처와 굴욕은 이루 다 헤아릴 수 없었을 것이다. 궁형을 당한 후에 사마천은 인간의 운명에 대한 성찰을 하게 되었고, B.C.108년부터 시작했던 《사기》 집필에 온힘을 쏟아 부었다. 그래서 후대에는 《사기》를 일러 "발분저서發憤著書(자신의 울분을 책을 써서 드러내다)"라고 칭했다.

《사기史記》 130권은 중국 전설시대의 오제五帝부터 하夏, 상商, 주周, 진秦나라와 한漢나라 무제武帝까지 약 2,600년 동안의 역사를 담고 있다. 한 시대의 역사를 기술하는 것을 단대사斷代史라고 한다면, 《사기》는 여러 시대를 기술했기 때문에 통사通史라고 한다. 《사기》 이전의 역사서로는 공자孔子의 《춘추春秋》가 있다. 《춘추》는 주周나라가 천자天子의 나라로 있을 때, 제후국諸侯國인 노魯나라의 역사를 기술한 책이다. 《춘추》는 노魯나라 군주君主의 역사를 연대별로 기술했는데, 연대별로 한 줄 한 줄 실을 짜듯 기술했다는 의미에서 '편년체編年體'라고 한다.

《사기》는 〈본기本紀〉, 〈세가世家〉, 〈서書〉, 〈표表〉, 〈열전列傳〉으로 되어 있다. 〈본기本紀〉는 제왕帝王의 행적을 기술한 것이고, 〈세가世家〉는 당시 커다란 권력을 행사했던 인물들에 대한 기록이다. 〈서書〉는 예악禮樂, 천문天文, 지리地理 등 여러 방면의 제도에 대해 기술했고, 〈표表〉는 제왕의 계보와 여러 사건들을 알아보기 쉽도록 표로 정리해 놓은 것이다. 〈열전列傳〉은 〈본기本紀〉와 〈세가世家〉에는 기록되지 않았지만, 각 방면에서 두각頭角을 나타낸 인물들에 대한 기록이다. 〈열전列傳〉의 주인공들은 제후諸侯부터 평민에 이르기까지 다양하며, 〈조선열전朝鮮列傳〉과 〈흉노열전匈奴列傳〉 등 이민족의 역사도 실어 놓았다. 〈본기本紀〉는 《춘추》의 편년체 방식을 그대로 사용하여 매년 제왕에게 벌어진 사건을 기술했다. 반면, 〈열전列傳〉은 인물의 행적을 기술하여 사건의 맥락을 이해할 수 있도록 했다. 편련체로 된 〈본기本紀〉는 매해 일어난 사건을 파악하는 데는 편하지만, 긴 시간 이어진 사건의 맥락을 파악하기는 어렵다. 예를 들어 한 사람의 일기를 보고 평생 그에게 벌어진 일을 계통적으로 이해하기는 힘들다. 이때 일기를 근거로 그의 '친구', '직업', '애정' 등으로 구분하여 기록한다면, 보다 효과적으로 그의 삶을 이해할 수 있을 것이다. 〈본기本紀〉가 천의 씨줄(세로줄)이라면 〈열전列傳〉은 천의 날줄(가로줄)에 해당한다. 사마천은 이처럼 역사를 '시간'과 '사건'

의 두 축으로 이해할 수 있도록 했는데, 이러한 형식을 〈본기本紀〉의 '기紀'와 〈열전列傳〉의 '전傳'을 따서 '기전체紀傳體'라고 한다. 《사기》 이후 정사正史가 모두 '기전체紀傳體'를 사용하고 있는 것을 보면, 《사기》의 영향력은 지대하다고 할 수 있다.

제정일치祭政一致의 상商나라

중국 진秦나라 이전을 흔히 선진先秦 시대라고 한다. 선진 시대에는 일반적으로 하夏나라, 상商나라, 주周나라가 있다고 전해진다. 그러나 하夏나라의 존재를 증명할 만한 고고학적인 근거는 아직 출토되지 않았다.

상商나라는, 전설에 따르면 탕왕湯王이 하夏나라의 폭군 걸왕桀王을 물리치고 B.C.1600년경 세워졌다고 전해진다. 후에 반경盤庚이 왕이 되었을 때, 은殷 지역(지금의 중국 하남성河南省 지역)으로 수도를 옮기게 되었고, 이 때문에 상商을 은殷이라고도 칭한다. 상商나라는 왕이 정치적 통치자이자 종교적인 수장의 역할을 동시에 하는 제정일치祭政一致의 사회였고, 종족 집단의 연합체 성격을 띠고 있었다.

주周나라의 봉건封建제도

주周나라는 무왕武王이 B.C.1046년경, 제후국을 규합하여 600년 지속한 상商나라를 무찌르고 세운 국가다. 무왕武王은 주나라를 건국한 지 2년 만에 죽었고, 그의 아들 성왕成王이 옹립擁立되었는데 나이가 어려서, 무왕武王의 동생 주공周公이 성왕成王을 도와 정치를 주관했다. 주나라는 봉건제封建制 사회다. '봉封'은 흙을 쌓아 경계를 나눈다는 의미이다. 봉건封建이라는 것은, 중앙은 천자天子가 다스리고 각 지방은 왕족王族과 공신功臣에게 분배하여 다스리게 한 것을 말한다. 제후諸侯는 천자天子의 조회朝會에 참여하고, 공물貢物을 바치는 의무가 있었다. 또한 신분을 천자天子, 제후諸侯, 경卿, 대부大夫, 사士 등으로 구분하여 각각의 신분에 맞는 역할과 의무가 부여되었다.

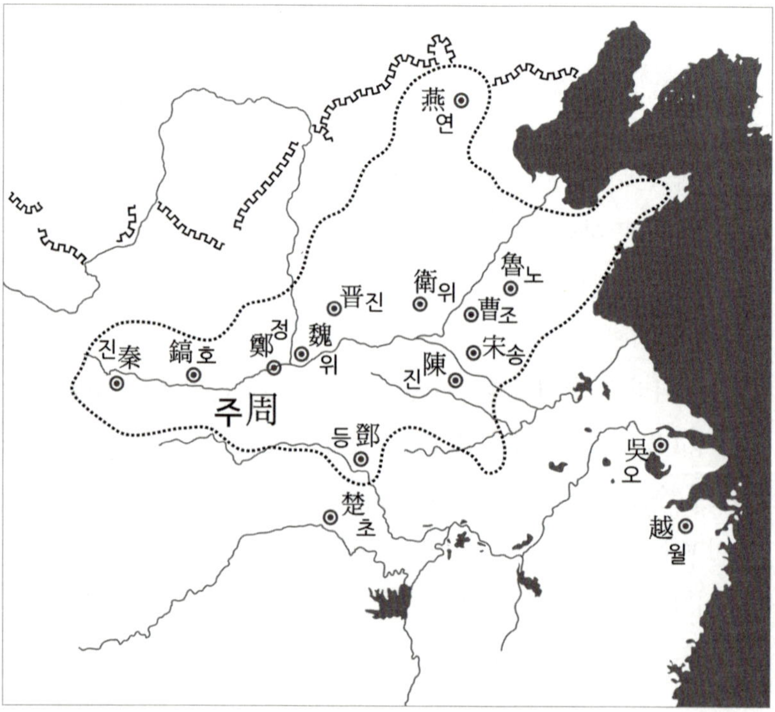

서주西周 시기

B.C.771년에 주周나라는 오랑캐의 침입을 받았다. 그 다음해인 B.C.770년에 주나라는 낙양洛陽으로 도읍을 옮겼는데, 이를 근거로 그 이전을 서주西周, 이후를 동주東周라고 한다. 동주東周 시대는 다시 춘추春秋 시대(B.C.770년~B.C.453년)와 전국戰國 시대(B.C.452년~B.C.220년)로 나뉜다. 춘추시기에 주나라 왕실은 점차 쇠락하여 천자天子의 국가라는 명맥만 유지한 채 소국小國으로 전락했다. 한편, 180여 개에 달했던 제후국이 점차 통합되었고, 그 중 강대한 제후를 패자霸者라고 불렀다. 당시 가장 강했던 5개의 제후국을 춘추5패春秋五霸(제齊 환공桓公, 진晋 문공文公, 초楚 장왕莊王, 오吳 합려闔廬, 월越 구천句踐)라고 칭했다. 패자霸者는, 주나라 왕실을 대신하여 주나라의 권위를 세워주고, 제후국 사이의 주도

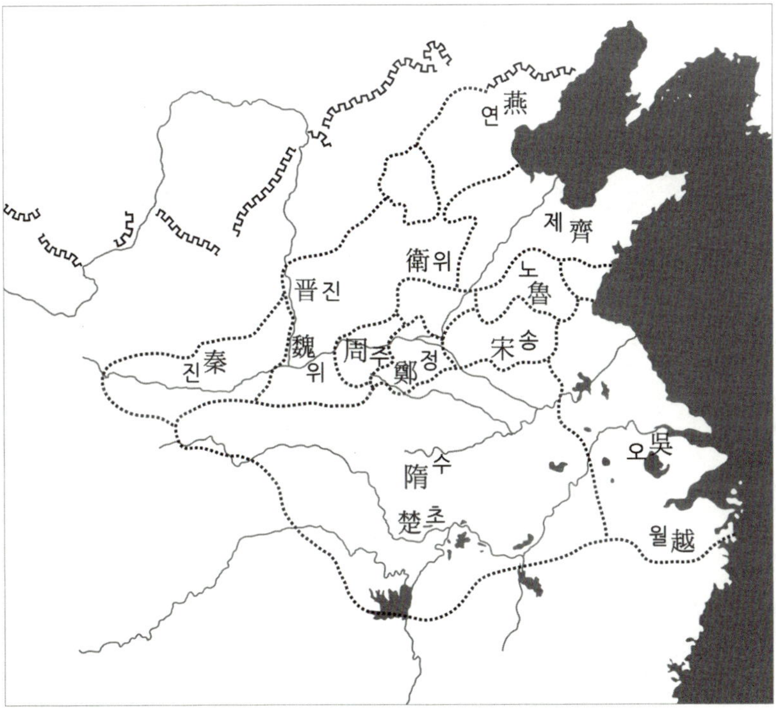

춘추春秋 시기

권을 장악하여 질서를 유지하는 역할을 했다.

전국시대戰國時代와 전국칠웅戰國七雄

춘추시대 중기부터는 제후諸侯의 가문은 몰락하고, 대신 경卿이나 대부大夫와 같은 신하들이 권력을 장악했다. 그들은 재력財力을 쥐고 군사력을 장악했으며, 제후 가문을 누르고 권력의 전면에 부상하기 시작한다. 전국시대는 주나라의 봉건제도와 신분제도가 무너지고, 힘을 가진 강자만이 살아남는 약육강식弱肉强食의 시대가 펼쳐졌다. 제후간의 전쟁은 격화되어, 전국시대에는 전쟁의 규모가 커지고 전쟁의 기간 역시 길어졌다. 이때 주나라의 권위는 철저히 무시됐다. 당시 가장 힘 있

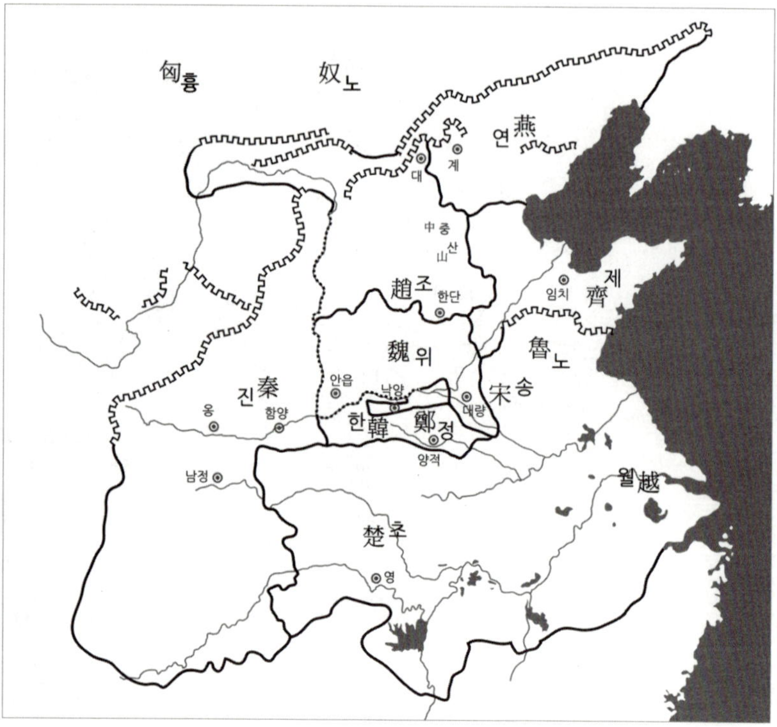

전국戰國 시기

는 국가들을 전국칠웅戰國七雄이라고 했는데, 진秦, 초楚, 연燕, 제齊, 한韓, 위魏, 조趙가 그것이다.

진秦나라의 천하 통일

전국시대 가장 막강했던 진秦나라는 제후국들을 차례로 멸망시키고 B.C.221년 천하를 통일했다. 진왕秦王 정政은 천하를 통일한 후 자신을 시황제始皇帝(진시황秦始皇)라고 칭했다. 그는 전국시대의 각 제후국에서 사용된 서로 다른 문자文字를 소전小篆이라는 형태로 통일했으며, 기타 다양한 도량형度量衡을 통일했다. 시황제始皇帝는 봉건제가 주周나라 멸망의 원인이라고 생각하여 봉건제를 폐지하고, 전국을 군郡과 현縣으

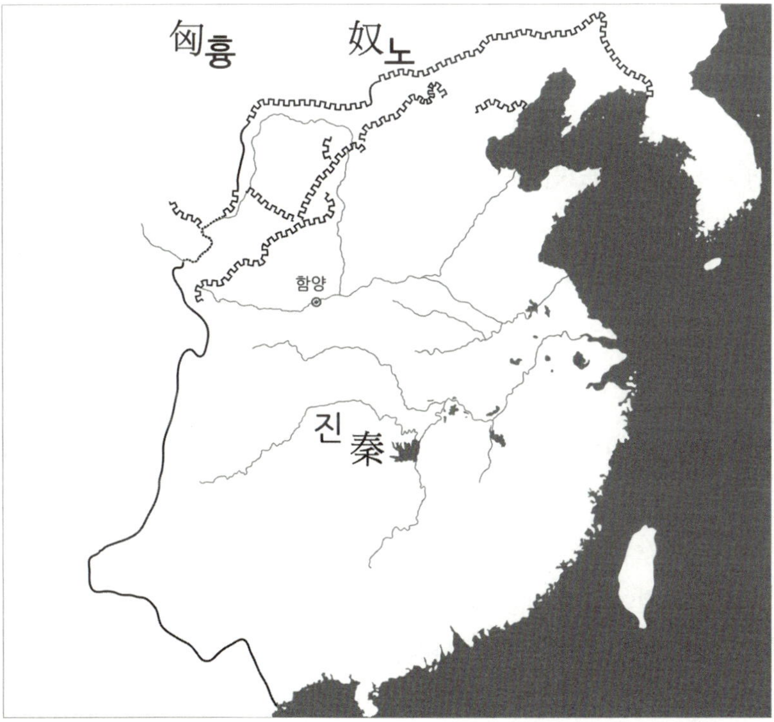

진秦 시기

로 구분하는 군현제郡縣制를 실시함으로써 강력한 중앙집권제를 시행했다. 또한 중앙의 통치에 반대하지 못하도록 분서갱유焚書坑儒를 감행했다. 분서焚書는 의약, 농업 등을 제외한 모든 서적을 몰수하여 소각하는 것을 말한다. 갱유坑儒는 국가의 통치 이념에 반대하는 학자를 땅 속에 묻어 죽이는 것을 말한다. 시황제始皇帝는 통일 왕국의 황제임을 과시하기 위해 태산泰山에서 제사를 지냈고, 온 천하를 수시로 순찰하였는데 10년 동안 무려 5차례나 전국을 돌아다녔다. 그리고 북방 이민족인 흉노匈奴를 막기 위해, 전국시대 각 제후국들이 흉노匈奴를 방비하려고 쌓은 성을 확장하여 무려 5,000km의 만리장성을 쌓기도 했다. 또한 여산릉驪山陵과 아방궁阿房宮을 짓는 등 대규모 토목사업을 위해 죄수 70만 명을 동원하기도 했다.

항우項羽와 유방劉邦의 쟁패

상황이 이러하니 백성의 삶은 점점 더 피폐해졌고, 결국 B.C.206년 변방의 수비병이었던 진승陳勝과 오광吳廣이 농민 900명을 이끌고 반란을 일으켰다. 백성들은 과중한 세금과 노역 그리고 가혹한 법치法治에 반발하여 난亂에 참가했고, 진나라에서 파견된 관리들을 살해하면서 반란이 번졌다. 하지만 진승과 오광이 진압군에 의해 살해되자 반란은 실패로 돌아갔다. 한편, 이들의 반란은 각지에서 반진反秦 봉기의 도화선이 되었다. 이때 여러 호걸들이 반란에 편승해서 백성들의 세력을 규합했는데, 그 대표적인 인물이 항우와 유방이다. 항우는 초나라 귀족출신으로 반란 초기에 세력이 가장 강했다. 반면 유방은 평민출신으로 처음에는 세력이 항우에 미치지 못했다. 항우는 초나라의 의제義帝를 정신적인 천자天子로 옹립하고, 자신은 서초패왕西楚霸王이라고 했으며, 강소성江蘇省의 팽성彭城이란 곳에 수도를 정했다. 그리고 공적功績이 있는 장군들을 각 지역의 제후왕諸侯王으로 삼았다. 이는 주나라 봉건제를 부활시키는 것이다. 하지만 제齊나라 왕실 가문의 전영田榮이란 사람이 항우의 봉건제도에 불만을 품어 반란을 일으켰다. 한편, 유방은 항우가 전영을 진압하는 틈을 타서 항우보다 먼저 진나라 수도에 들어가 함양궁을 접수했다. 유방은 궁전과 창고를 봉인하여 보존했으며, 백성을 안정시키기 위해 진나라의 가혹한 법률을 모두 폐기하고 가장 기본적인 법률만 남겨두게 했다. 그 후 항우와 유방은 천하를 두고 수년간 싸움을 계속했다. B.C.202년 항우는 전투에 지고 수세에 몰리자 자결했다.

유방劉邦의 한漢나라 건국

B.C.202년 유방은 한나라의 초대 황제가 되었고, 수도는 진秦나라의 수도였던 장안長安으로 정했다. 유방은 논공행상論功行賞을 진행하여 개국공신 7인에게 지방의 땅을 주고 제후왕諸侯王으로 봉했다. 중앙정부에서는 제후왕의 스승 역할을 하는 태부太傅와 재상에 해당하는 상국相國만 임명하고, 나머지는 제후왕이 자치적으로 국정을 주관하는 지방자치를 실현했다. 그리고 제후왕의 봉토가 아닌 지역은 군郡과 현縣의 조직을 두어 중앙정부가 통제하도록 했다. 이를 주周나라의 봉건제도와 진秦나라의 군현제도를 병행한 군국제郡國制라고 칭한다.

여후呂后와 문제文帝, 경제景帝

한나라 고조 유방은 B.C.195년 죽었고, 그 이듬해 유방의 장자인 혜제惠帝가 즉위했다. B.C.188년 혜제惠帝가 병으로 죽었을 때 황태자가 없었으므로, 유방의 부인인 여후呂后가 후궁의 아들을 내세워 8년 동안(B.C.187년~B.C.180년) 실권을 장악했다. 이때 여후는 여씨呂氏 일족을 왕으로 봉하면서 여씨가 권력을 손에 넣었다. 그러다가 B.C.180년 여후가 죽자, 유방의 공신인 주발周勃과 진평陳平이 여씨呂氏 일가를 소탕하고, B.C.179년 유방의 서자인 유항劉恒을 황제로 옹립했는데, 그가 문제文帝다. 문제文帝는 23년을 통치했고, 그 후 B.C.156년 경제景帝가 즉위했는데, 문제文帝와 경제景帝의 통치기간을 '문경지치文景之治'라고 해서 태평성세太平聖世로 칭송되고 있다. 문제文帝의 제위기간이었던 B.C.172년 회남왕淮南王 유장劉長의 반란 모의가 발각되면서부터, 조정에서는 제후왕들의 봉지封地를 삭감하는 등 지방세력 억제책을 추진하기 시작했다. 경제景帝 때는 이를 적극적으로 추진했는데, 이에 불만을 품은 오왕吳王 유비劉濞 등 7국의 제후왕이 '칠국지란七國之亂'을 일으켰다. 하지만 조정의 진압군에 의해 3개월 만에 난亂은 평정되었다. 칠국七國의 반란을 계기로 중앙 정부는 제후왕들에 대한 억제를 더욱 강화했다. 제후국의 정사政事는 조정에서 파견된 상국相國이 주관했고, 조세의 징수도 모두 조정에서 파견된 관리가 주관했다. 이러면서 제후왕들은 봉국封國의 국정에서 배제되었고, 조정에서 파견된 관리들의 통제와 감시를 받는 신세가 되었다.

무제武帝의 즉위와 중앙집권

경제景帝의 뒤를 이어 B.C.141년 무제武帝가 즉위했다. 당시 무제의 나이는 16세였으며 B.C.87년까지 무려 55년 동안 통치했다. 무제武帝는 제위기간 동안 정치, 군사, 문화면에서 커다란 업적을 남겼다. 무제武帝는 제후왕들의 통제를 한층 강화하여 중앙집권적인 체제를 갖추었다. 또한 평소 문제를 야기했던 북방 오랑캐 흉노의 정벌을 시작으로, 현재의 광동廣東과 베트남 북부 지역의 남월南越, 운남雲南과 귀주貴州 지역의 서남이西南夷를 평정했으며, 한반도 지역을 평정하여 한사군漢四郡을 설치했다. 하지만 오랑캐를 평정하면서 많은 문제가 발생했다. 특히 흉노와 벌인 10여 년의 전쟁으로 막대한 재정이 소모됐다. 국고國庫가 바닥나자 무제는 재정궁핍을 해결하기 위해 새로운 재정정책을 시행했다. 소금과 철을 중앙정부가 전매했고, 물자 유통과 물가에도 관여하여 정부 주도의 경제 정책을 추진했다. 또한 상인이 재산을 허위로 신고하면 처벌하는 고민령告緡令을 반포하여, 범법 사실이 확인되면 상인들의 재산을 국가에서 몰수했다. 한편, 국가 주도의 강력한 재정정책을 강행하기 위해 유능한 관료조직이 필요했다. 때문에 무제武帝 때는 엄격하게 법을 집행하는 혹리酷吏가 등장했다. 이런 혹리들은 황제의 명령에 절대적으로 충성하는 사람들로, 결과적으로 호족세력을 억압하고 황제의 권한을 극대화하는 역할을 했다. 이밖에도 무제武帝는 유학을 국교화했고, 실크로드를 발견하여 서역과의 교류가 시작되는 등 역사의 업적을 남겼다. B.C.87년 무제武帝가 병사病死함으로써 무제武帝의 통치는 막을 내린다.

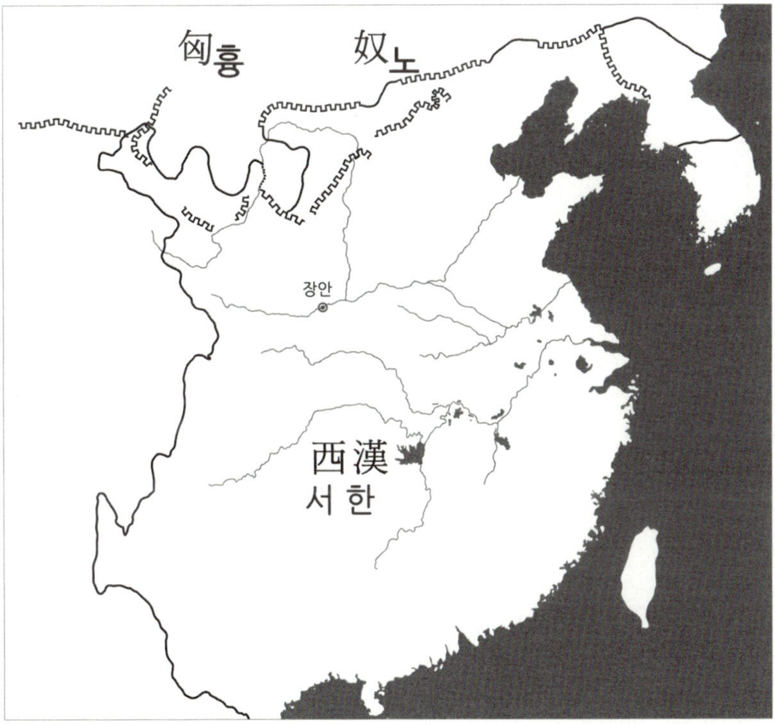

서한西漢 시기

〈열전〉의 시기별 역사 인물

국명			시기	〈열전列傳〉의 등장 인물
주周	서주西周		B.C.1046~B.C.771	
	동주東周	춘추시대	B.C.770~B.C.453	손숙오孫叔敖, 자산子産, 공의휴公儀休, 석사石奢, 이리李離
		전국시대	B.C.452~B.C.220	손무孫武, 손빈孫臏, 오기吳起, 오자서伍子胥, 상군商君, 장의張儀, 맹상군孟嘗君, 신릉군信陵君, 평원군平原君, 염파廉頗, 인상여藺相如, 조사趙奢, 조괄趙括, 노중련魯仲連, 굴원屈原, 조말曹沫, 전제專諸, 예양豫讓, 섭정攝政, 형가荊軻, 순우곤淳于髡, 맹孟, 서문표西門豹
진秦		시황제始皇帝 2세 황제	B.C.221~B.C 207	여불위呂不韋, 이사李斯, 전旃

국명		시기	〈열전列傳〉의 등장 인물
서한西漢	고조高祖 (유방劉邦)	B.C.202～B.C.195	가의賈誼, 한신韓信, 유경劉敬, 숙손통叔孫通, 주가朱家
	혜제惠帝 (유영劉盈)	B.C.194～B.C.188	
	고후高后 (여후呂后)	B.C.187～B.C.180	후봉侯封
	문제文帝 (유항劉恒)	B.C.179～B.C.157	유장劉長, 유안劉安, 장석지張釋之, 풍당馮唐, 석분石奮
	경제景帝 (유계劉啓)	B.C.156～B.C.141	조조晁錯, 원앙袁盎, 유비劉濞, 질도郅都, 극맹劇孟, 주인周仁
	무제武帝 (유철劉徹)	B.C.140～B.C.87	석건石建, 석경石慶, 장탕張湯, 왕온서王溫舒, 두주杜周, 곽해郭解

차례

孫子吳起列傳

제1장

싸움의 기술

— 손자오기열전

2006년도에 나온 김윤식, 재희 주연의 〈싸움의 기술〉이라는 영화가 있다. 학교 일진들에게 괴롭힘을 당하는 정병태(재희 역役)는, 자신을 괴롭히는 일진들을 대적하기 위해 싸움의 기술을 배우려 한다. 그러나 이런 저런 싸움의 고수들을 쫓아 다녔지만 모두 신통치 않다가, 독서실에서 오판석(김윤식 역役)을 만나 싸움의 기술을 배우는 내용이다. 조폭을 간단하게 때려눕히기 전에 했던 오판석의 "너 피똥 싼다"는 대사는 한동안 유행어가 되었다. 싸움의 기술이 필요한 경우는 많다. 정병태처럼 타인의 폭력에 위협威脅을 당하거나, 자기 보호가 필요한 사람도 그러하다. 하지만 싸움의 기술이 가장 필요한 사람들은 바로 군인들이다. 군인들은 적을 단시간에 효과적으로 제압해야 한다. 싸움의 규모가 커지면 전투가 되며, 이때 사용하는 기술은 병법兵法이 된다.

〈손자오기열전〉은 병법 전문가들의 이야기다. 열전에 소개된 손무孫武, 손빈孫臏, 오기吳起는 당시 최고의 병법가兵法家들이다. 전쟁이 빈번했던 춘추전국시대에는 병법가들이 매우 중시되었다. 제후국의 군왕이 체재를 정비하고 경제를 부흥시키면, 이웃 국가의 백성과 인재들이 몰려와 백성은 많아지고 국가는 부강해진다. 하지만 국방이 약하면 주변 강국强國들의 침략에 속수무책으로 당할 수밖에 없으니, 군왕이 긴 세월동안 이룩한 성과는 모두 수포水泡로 돌아가고 만다. 그래서 당시 군왕들은 마치 〈싸움의 기술〉의 정병태가 싸움의 고수를 찾아다녔던 것처럼 병법가兵法家들을 중시했다. 그렇다면, 당시 병법 전문가들이 사용했던 싸움의 기술은 무엇이며, 그것이 어떠한 결과를 낳았는지 살펴보자.

손무孫武, 오왕吳王 앞에서 병법을 시연試演하다

손자孫子는 이름이 무武이며 제齊나라 사람이다. 그는 병법兵法에 뛰어나 오왕吳王 합려闔廬를 알현하게 되었다. 합려가 말했다.

"그대가 쓴 13편의 병서兵書를 다 읽어보았소. 시험 삼아 군대를 지휘하는 것을 보여줄 수 있겠소?"

손무가 좋다고 하자, 합려가 "그러면 궁중宮中의 여자들로 시험해 볼 수 있겠소"라고 물으니, 손무는 역시 좋다고 했다. 합려는 궁녀宮女 180명을 불러 모았다. 손무는 그들을 두 편으로 나누고, 오왕吳王이 아끼는 미녀 두 명을 각각 대장으로 삼았다. 그리고 궁녀들에게 창을 들게 하고 명령을 내렸다.

"너희들은 전후좌우前後左右의 방향을 알고 있는가?"

"네, 압니다."

"내가 '앞으로'하면 앞쪽을 보고, '좌로'하면 왼쪽을 보고, '우로'하면 오른쪽을 보고, '뒤로'하면 뒤쪽을 보아라."

"네. 알겠습니다."

손무는 군령軍令을 선포하고, 군법을 어기는 사람을 처형하는 부월鈇鉞을 갖추어 놓은 뒤, 군령을 몇 번 되풀이하여 설명했다. 그리고 북을 치면서 '우로'라고 외쳤다. 그러나 궁녀들은 깔깔거리며 웃기만 했다. 그러자 손무가 말했다.

"군령이 불분명하고 병사가 명령에 익숙하지 않은 것은, 장수의 잘못이다."

그래서 다시 여러 차례 반복해서 설명했다. 그런 다음 북을 치면서 '좌로'라고 외쳤다. 하지만 궁녀들은 이번에도 깔깔거리며 웃기만 했다. 그러자 손무가 말했다.

"군령이 불분명하고 병사가 명령에 익숙하지 않은 것은 장군의 잘못이다. 하지만, 군령을 이미 숙지했는데도 병사가 명령을 따르지 않는 것은, 병사를 통솔하는 대장의 잘못이다."

그리고 좌우 양쪽의 대장인 두 미녀의 목을 베려 했다. 대臺 위에 있던 오왕吳王이 두 미녀의 목을 베려는 것을 보고 크게 놀라, 다급히 전령傳令을 보내 이렇게 말했다.

"과인은 그대가 용병用兵에 뛰어나다는 것을 알았소. 그러니 병법 시연은 여기에서 그치는 것이 좋겠소. 그녀들이 없으면, 과인은 음식을 먹어도 맛있는 줄 모르니 제발 죽이지 말아 주시오."

그러자 손무가 말했다.

"저는 이미 임금의 명을 받아 장군이 되었습니다. 장군이 군중軍中에 있을 때는 군왕의 명령도 따르지 않습니다."

손무는 결국 대장인 두 미녀를 참수斬首했고, 다른 두 미녀를 대장으로 삼았다. 그리고 다시 북을 치니, 궁녀들은 일사불란하게 전후좌우로 움직이고, 무릎을 꿇고 기립起立했으며, 감히 어떤 소리도 내지 못했다. 그러자 손무는 전령傳令을 보내 오왕에게 말했다.

"부대는 이미 정비되었으니, 군왕께서는 내려오시어 시험해보십시오. 군왕께서 명령만 내리시면, 이들은 이제 물속이나 불속으로도 뛰어들 수 있습니다."

오왕이 말했다. "장군은 숙소로 돌아가 쉬시오. 과인은 내려가 보고 싶지 않소." 손무가 말했다. "군왕께서는 단지 저의 병법만 좋아하실 뿐, 병법을 활용하지 못하고 계십니다." 이후, 오왕은 손무가 용병에 뛰어난 것을 인정하고, 마침내 그를 장군으로 삼았다. 그 후, 오나라는 서쪽 강국인 초楚나라를 무찌르고 초나라의 수도 영郢까지 진군했으며, 북쪽으로는 제齊나라와 진晉나라를 위협하여 제후들 사이에 명성을 날렸다. 이는 모두 손무의 능력이었다.

사마천은 손무의 병법 시연試演을 희극적으로 기술했다. 이 대목은 병법이 발휘되기 위한 두 가지 전제 조건을 말해준다. 그 첫 번째는 군왕君王의 개입을 차단하는 것이다. 즉, 장군에게 전투를 맡겼으면, 군왕은 세세한 전략전술에 대해서 관여하지 않아야 한다. 두 번째는 일사불란一絲不亂한 명령체계의 확립이다. 수많은 병력과 최신의 병기를 갖추고 있다 하더라도, 상부의 명령이 신속히 전달되지 않고 일사불란하게 움직이지 않으면, 모두 무용지물無用之物이 된다.

형벌로 다리 잘린 손빈孫臏

손빈孫臏은 아阿 지역과 견甄 지역 사이에서 태어났다. 손빈孫臏은 손무孫武의 후손이며, 일찍이 방연龐涓과 함께 병법을 배웠다. 방연이 위魏나라를 위해 일하다가 위魏 혜왕惠王의 장군이 되었다. 그는 자신의 능력이 손빈에 미치지 못한다고 생각하여 사람을 시켜 손빈을 초대했다. 손빈이 오자, 방연은 손빈에게 누명을 씌워 두 발을 자르고, 이마에 문신을 새기는 묵형墨刑을 가했다. 이렇게 해서 손빈을 세상에 나오지 못하게 한 것이다. 제齊나라 사신使臣이 위魏나라의 수도 대량大梁에 갔을 때, 손빈은 몰래 그를 찾아가 자신의 능력을 설명했다. 그 사신은 손빈이 뛰어난 인물이라 여기고, 수레에 태워 몰래 제나라로 데리고 갔다. 제나라 장군 전기田忌는 그를 빈객賓客으로 대우해주었다.

손빈孫臏, 경마에서 병법을 활용하다

전기田忌는 제齊나라의 공자公子(제후諸侯의 아들)들과 자주 경마競馬 도박을 했다. 경마에 참여한 말들의 주력走力이 큰 차이가 없었지만, 손빈은 그 말들을 상, 중, 하의 등급으로 나누었다. 그런 다음 전기에게 말했다.

"장군께서 큰돈을 거십시오. 제가 따게 해드리겠습니다."

전기는 손빈의 말을 믿고, 군왕君王과 공자들과 함께 천금을 걸고 내기를 했다. 손빈이 말했다.

"지금 장군의 하등마下等馬를 상대편의 상등마上等馬와 붙이고, 장군의 상등마를 상대편의 중등마中等馬와 붙이며, 장군의 중등마를 상대편의 하등마와 겨루게 하십시오."

전기는 손빈의 말대로 했다. 세 번의 경주가 끝났는데, 전기는 2승 1패로 천금千金을 땄다. 이 일로 전기는 제齊나라 왕王에게 손빈을 추천했고, 제나라 왕은 손빈을 자신의 참모로 삼았다.

전쟁에 나간 장군은 판세를 읽어야 한다. 아군과 적군의 장단점을 명확하게 분석하여, 피해를 최소화하고 승리를 얻는 방법을 찾아내야 한다. 그러니 칼 쓰는 일은 사병이 하고, 장군은 머리 쓰는 일을 해야 한다. 칼 잘 쓰는 병사를 장군으로 앉히면, 전략 전술이 부재不在한 '돌격 앞으로' 밖에 나올 것이 없다.

싸움의 기술 1: 약한 곳을 공격하라

그 후, 위魏나라가 조趙나라를 공격했는데, 다급해진 조나라가 제나라에게 구원을 요청했다. 제왕齊王은 손빈을 장군으로 삼으려 했으나 손빈은 사양하며 말했다.

"형벌을 받은 사람은 장군이 될 수 없습니다."

그래서 전기田忌를 장군으로 임명하고, 손빈을 그의 참모로 삼아 수레 안에 앉아 계략을 짜도록 했다. 전기가 군사를 이끌고 조나라로 가려 하자 손빈이 말했다.

"얼기설기 엉킨 실타래를 풀 때는 주먹으로 쳐서는 안 되며, 싸움을 말릴 때에는 때리거나 치면 안 됩니다. 약한 곳을 때리고 급소를 찔러야 막힌 형세가 저절로 풀립니다. 지금 위나라와 조나라의 정예 병사들은 모두 국경 밖에서 전투를 벌이고 있고, 국내에는 노약자들만 남아 있습니다. 장군께서는 군사를 이끌고, 급히 위魏나라의 수도 대량大梁으로 진격하십시오. 그런 다음 방비防備가 허술한 곳을 치면, 위나라는 틀림없이 조나라의 압박을 풀고 돌아올 것입니다. 이것이야말로 한 번에 조나라를 구원하고 위나라를 피폐하게 만드는 방법입니다."

전기가 그의 계책을 따랐더니, 위나라는 과연 병력을 퇴각시켰다. 위나라는 제나라와 계릉桂陵에서 교전했으나, 제나라에게 크게 패했다.

제齊나라는 조趙나라의 위급함을 구하기만 하면 된다. 그러니 제나라 병력의 피해를 최소화하며, 위魏나라의 공격을 멈추게 하면 된다. 손빈은 양국의 전투에 직접 참가하지 않으면서 손쉽게 전쟁을 멈추게 했다. 이 역시 형세를 읽는 혜안慧眼이 잘 드러난다.

싸움의 기술 2: 적의 형세를 이용하라

그로부터 13년 후, 위魏나라와 조趙나라가 함께 한韓나라를 침공하자, 한나라는 제나라에 구원을 요청했다. 제나라는 전기를 장군으로 삼아 곧장 위나라 수도 대량大梁으로 진격하게 했다. 이 소식을 들은 위나라 장군 방연龐涓은 군대를 이끌고 본국인 위나라로 돌아갔다. 그러나 제나라 군대는 이미 위나라 국경을 넘어 진격했다. 손빈은 전기에게 말했다.

"저 위魏나라의 병사들은 사납고 용맹하여 제나라를 겁쟁이라 깔보고 있습니다. 전쟁을 잘하는 자는, 적의 형세를 이용하여 자기 쪽에 유리하게 만듭니다. 병법에서는 '승리를 얻으려고 100리를 달려가면 상장군上將軍을 잃게 되고, 50리를 달려가면 군사의 절반을 잃는다'라고 했습니다. 우리 제나라 군대가 위나라 땅에 들어가면, 먼저 10만 개의 아궁이를 만들게 하고, 다음날에는 5만 개, 또 그 다음날에는 3만 개를 만들게 하십시오."

전기는 그의 말대로 했다. 방연이 제나라 군대를 추격한 지 3일이 되자, 아궁이의 숫자가 점점 줄어드는 것을 보고 매우 기뻐하며 말했다.

"나는 진작부터 제나라 병사들이 겁쟁이인 줄 알고 있었다. 우리 땅에 들어온 지 3일 만에 도망간 병사들이 반이나 되는구나."

그리고 보병들을 남겨두고, 날렵한 정예 부대를 거느리고, 이틀 거리를 하루에 내달려 제나라 군대를 추격했다. 손빈이 방연의 추격 속도를 따져보니 저녁 즈음 마릉馬陵에 도착할 것으로 예측했다. 마릉은 길이 좁고 양쪽으로 가파른 절벽이 있어, 병사들을 매복시키기에 좋았다. 손빈은 큰 나무의 껍질을 벗겨 희게 칠한 다음, 그 위에 '방연은 이 나무 아래에서 죽는다'라고 썼다. 그리고 제나라의 사수射手 만萬 명을 골라 길 양쪽에 매복시키고, "저녁에 불빛을 보는 즉시 그쪽으로 일제히 활을 쏴라"고 일러두었다. 밤이 되자, 방연이 과연 껍질을 벗겨놓은 나무 밑에 이르렀고, 나무의 글씨를 발견하고 불을 밝혔다. 불을 밝히는 순간, 제나라 군사들이 쏜 만 개의 화살이 일제히 날아들었다. 위나라 군사들은 혼비백산魂飛魄散하여 이리저리 흩어졌다. 방연은 자신의 지혜가 부족해 패했음을 알고서, "손빈, 네 녀석이 이제 이름을 날리겠구나"라고 말하고 목을 찔러 자결했다. 제나라 군대는 승기勝機를 타고 위나라 군대를 전멸시켰으며, 위나라의 태자太子 신申을 사로잡아 돌아왔다. 손빈은 이 일로 천하에 이름을 날렸으며, 세상에 그의 병법이 전해졌다.

손빈이 구사한 병법은 복싱의 카운터펀치(counterpunch)와도 같다. 상대의 힘을 이용해서 되받아치는 기술로 파괴력을 극대화시킬 수 있다. 이 역시 적군의 상황을 명확히 파악하고 있을 때만이 가능하다.

오기吳起의 야박한 행실

오기吳起는 위衛나라 사람으로 용병술用兵術을 좋아했다. 일찍이 공자孔子의 제자인 증자曾子에게서 학문을 배웠고, 그 후 노魯나라 군주를 섬겼다. 제나라가 노나라를 공격하자, 노나라에서는 오기吳起를 장군으로 삼으려 했다. 그러나 오기의 아내가 제나라 사람이기 때문에 노나라는 그를 의심했다. 그러자 오기는 출세를 위해 아내를 죽이고, 자신이 제나라 편이 아님을 보여 주었다. 노나라는 마침내 그를 장군으로 삼았다. 오기는 병사들을 이끌고 제나라를 공격하여 크게 무찔렀다. 노나라 사람 중에 오기를 비난하는 사람이 이렇게 말했다.

"오기는 시기심이 많고 잔인합니다. 젊었을 때 집에 천금이 있었는데, 여기저기 돌아다니며 벼슬자리를 구하다가 가산만 탕진했습니다. 이 일로 마을 사람들이 자신을 비웃자, 오기는 자기를 비방한 30여 명을 죽이고, 동쪽 성문으로 나가 위衛나라로 도망쳤습니다. 오기는 어머니와 이별할 때 자신의 팔을 깨물며, 재상의 위치에 오르지 않으면 다시는 돌아오지 않겠다고 맹세했습니다. 오기가 증자曾子를 섬기고 있을 때 오기의 어머니가 돌아가셨는데, 그는 집으로 돌아가 상喪을 치르지 않았습니다. 이 때문에 증자는 오기를 매정하다 여겨 관계를 끊었습니다. 그 후, 오기는 우리 노나라로 와서 병법을 배웠고, 노나라 군주를 섬기게 되었습니다. 그런데 장군의 자리에 오르려고 자기의 아내까지 죽였습니다. 노나라는 소국小國인데 전쟁을 잘한다는 명성이 퍼지면, 주위의 강국强國들이 우리를 공격하려 할 것입니다. 게다가 노나라와 위衛나라는 형제의 나라인데, 군왕께서 오기를 쓰신다면 이는 위나라를 저버리는 것입니다."

이에 노나라 군주는 오기를 미덥지 않게 여겨, 그를 기용起用하지 않았다.

사마천은 오기의 병법을 이야기하기 전에, 그의 야박한 성품에 대해 기술했다. 이는 오기의 비참한 죽음과 그의 성품을 연결시키기 위한 방법이다. 오기의 병법이 뛰어났음에도 결국 비참한 죽음을 맞이하게 된 이유를, 사마천은 그의 성품에서 찾으려고 했던 것이다.

싸움의 기술 3: 사졸을 정성껏 대하라

오기는 위魏나라 문후文侯가 뛰어나다는 말을 듣고, 그를 섬기려 했다. 문후文侯는 신하인 이극李克에게 오기가 어떤 사람인지 물었다. 이극李克이 말했다.

"오기는 탐욕스럽고 여색을 밝히지만, 용병술은 춘추시대의 사마양저司馬穰苴도 따라갈 수 없습니다."

이 말을 들은 문후는, 오기를 장군으로 임명하고, 진秦나라를 공격하여 다섯 개의 성을 빼앗았다. 오기는 장군이 되자, 말단 사졸들과 의식衣食을 같이 했다. 잠을 잘 때에는 자리를 깔지 않았고, 행군할 때에는 말이나 수레를 타지 않았다. 또한 자신이 먹을 식량을 친히 가지고 다녔으며, 사졸들과 고통을 함께 했다. 사졸 중에 종기腫氣가 난 자가 있었는데, 오기가 종기의 고름을 빨아주었다. 사졸의 어머니가 그 소식을 듣고 통곡했다. 어떤 사람이 사졸의 어머니에게 물었다.

"그대의 아들은 일개一介 사졸인데도, 장군이 친히 그의 종기를 빨아주었거늘, 어찌하여 통곡하는 것이오?"

그 어머니가 말했다.

"그렇지 않소. 예전에 오기 장군이 남편의 종기를 빨아준 적이 있었는데, 이 때문에 남편은 물러설 줄 모르고 싸우다가, 결국 전쟁터에서 죽었습니다. 오기 장군이 지금 또 내 아들의 종기를 빨아주었으니, 나는 그 애가 어디서 죽을지 모르겠습니다. 그래서 통곡하는 것입니다."

오기는 사병과 의식衣食을 같이하고 종기를 빨아줌으로써 그들의 신뢰를 얻었다. 신뢰가 생기면 사람의 마음이 움직이고, 그것이 쌓이면 기꺼이 목숨을 바꿀 수 있는 행동으로 이어진다. 신뢰는 명령과 복종으로만 얻어지는 것이 아님을 오기가 잘 보여주고 있다.

싸움의 기술 4 : 덕德을 베풀어 적을 만들지 말라

위魏나라 문후文侯는, 오기가 용병술에 뛰어나고 청렴하며 공정하여, 사졸들의 마음을 얻었다고 생각하고, 그를 서하西河 태수太守(군郡의 최고 책임자)로 삼아, 진秦나라와 한韓나라를 막게 했다. 문후文侯가 죽자 오기는 그의 아들 무후武侯를 섬겼다. 어느 날 무후武侯는 배를 타고 서하西河를 내려가다가 오기를 돌아보며 말했다.

"훌륭하구나. 이 험난하고 견고한 산하山河야말로 위魏나라의 보배로다."

이때 오기가 말했다.

"나라의 보배는 임금의 덕행德行에 있는 것이지, 지형地形의 험난하고 견고함에 있는 것이 아닙니다. 예전에 삼묘씨三苗氏의 나라는, 왼쪽으로 동정호洞庭湖가 있고, 오른쪽으로는 팽려호彭蠡湖가 있었으나, 덕德과 의義를 닦지 못하여 우禹임금에게 멸망당했습니다. 하夏나라 걸왕傑王의 도읍은, 왼쪽에 황하와 제수濟水가 있고, 오른쪽에 태산泰山과 화산華山이 있으며, 남쪽에 이궐산伊闕山, 북쪽에 양장羊腸이 있었지만, 인정仁政을 베풀지 못하여 탕왕湯王에게 쫓겨났습니다. 또 주왕紂王이 다스린 은殷나라는, 왼쪽으로는 맹문산孟門山이 있고, 오른쪽으로 태행산太行山이 있으며, 북쪽으로 상산常山이 있고, 남쪽에는 황하가 있었지만, 덕德이 부족하여 무왕武王에게 죽임을 당했습니다. 이런 사실로 보면, 치국治國의 핵심은 임금의 덕행德行에 있는 것이지, 지형의 험난하고 견고함에 있는 것은 아닙니다. 만약 임금께서 덕을 닦지 않으시면, 이 배 안에 있는 사람이 모두 임금의 적敵이 될 것입니다."

그러자 무후는 "옳은 말이오"라고 했다.

험난한 지형은 날쌘 병사와 같고, 인덕仁德은 그런 병사를 포용하는 장수의 능력과 같다. 장수가 인덕仁德이 없으면, 날쌘 병사들은 한순간 나를 위협하는 적으로 돌변할 수 있다. 그러니 인덕仁德은 병법의 핵심이 아닐 수 없다.

병법으로 병사는 다스릴 수 있지만, 백성은 다스릴 수 없다

오기가 서하西河의 태수太守를 지내면서 명성이 매우 높아졌으나, 위魏나라는 전문田文을 재상으로 삼았다. 기분이 언짢아진 오기가 전문田文에게 "당신과 나의 능력을 비교해보고자 하는데 어떻소?"라고 하자, 전문이 좋다고 했다. 오기가 말했다.

"삼군三軍을 통솔하고, 사졸들을 용맹하게 훈련시키며, 적국이 감히 우리를 넘보지 못하게 하는 것은, 나와 그대 중 누가 더 뛰어나오?"

"내가 당신만 못합니다."

"백관百官을 다스리고 만백성을 가까이하며 국가의 곳간을 채우는 것은, 나와 그대 중 누가 더 뛰어나오?"

"그것도 내가 당신만 못합니다."

"서하를 수비하여 진秦이 침범하지 못하게 하고 한韓과 조趙를 복종시키는 것은, 나와 그대 중 누가 더 뛰어나오?"

"당신이 나보다 낫습니다."

"이 세 가지 점에서 당신이 모두 나보다 못한데, 그대의 지위가 나보다 높으니 이는 어찌된 일입니까?"

"지금 군왕이 어려 백성들의 신뢰를 받지 못하고, 대신들도 복종하지 않고 있는 상황입니다. 이런 때에 당신에게 재상을 맡기는 것이 낫겠소? 아니면 나에게 맡기는 것이 낫겠소?"

오기는 한참을 말없이 생각하다가 "당신에게 맡기기는 것이 낫겠소"라고 하자, 전문은 "이것이 바로, 내가 당신의 윗자리에 있는 까닭입니다"라고 말했다. 오기는 비로소 자기가 전문만 못하다는 것을 알게 되었다.

병법의 쓰임은 매우 제한적이다. 적국의 침범을 막고 백성을 보호하는 일에 병법은 유용하다. 하지만 어린 군왕을 보필하면서 백성과 신하들의 신뢰를 얻어 국력을 하나로 모으는 일에는 병법이 효과적이지 않다. 때문에 병법은 국가의 존립에 중요한 역할을 하지만, 국가를 지탱하는 핵심이 될 수 없다. 싸움만 잘하는 보스가 어찌 커다란 조직을 잘 이끌어 갈 수 있겠는가?

병법가 오기吳起가 초楚나라를 다스리다

전문田文이 죽자 공숙公叔이 재상이 되었는데, 공숙公叔은 오기를 싫어했다. 공숙의 하인은 오기를 내쫓는 간단한 방법이 있다고 말했다. 공숙이 그 방법을 묻자, 하인이 말했다.

"오기는 지조志操가 있고 청렴하며 명예를 중시합니다. 그러니 우선 무후武侯께 '오기는 재능이 있는 사람이지만, 우리나라는 작고 또 강국인 진秦과 인접隣接하고 있으니, 오기가 우리나라에 오래 머물 마음이 없는 듯합니다'라고 말씀하십시오. 그리고 무후께서 오기의 마음을 어떻게 알 수 있는지 물으시면, '공주公主를 아내로 주겠다고 떠보십시오. 오기가 머무를 생각이 있으면 그 제안을 받아들일 것이고, 그렇지 않으면 사양할 것이니, 이것으로 판단하십시오'라고 말씀하십시오. 그런 다음 어르신께서는 오기를 초대하여 함께 귀가하실 때, 공주를 일부러

자극하여 화를 내게 하고, 어르신을 함부로 대하게 하십시오. 오기는 공주가 재상인 어르신을 천대하는 것을 보면, 틀림없이 이 제안을 사양할 것입니다."

공숙이 하인의 말대로 했더니, 공주는 과연 재상인 공숙을 함부로 대했다. 이 모습을 목격한 오기는 무후에게 사양의 뜻을 밝혔다. 그러자 무후는 오기를 의심하기 시작했다. 오기는 이 일로 죄罪를 얻을까 두려워 위衛나라를 떠나 초楚나라로 갔다.

초楚 도왕悼王은 평소 오기가 뛰어나다고 여겨, 그가 오자 초나라의 재상으로 삼았다. 오기는 법령을 정비하는 한편, 불필요한 관직을 없애 버리고, 왕실의 먼 일족들의 봉록을 폐지하여 그 재원財源으로 군사들을 양성했다. 또 병력을 강화하였고, 합종合縱이나 연횡連橫 등을 주장하는 유세객들을 배격했다. 그리하여 남쪽으로는 백월百越을 평정하고, 북쪽으로는 진陳과 채蔡를 병합하고 삼진三晉을 격퇴했으며, 서쪽으로는 진秦나라를 토벌하니, 제후들은 초나라의 강성함을 우려했다. 하지만 초나라의 왕족들은 모두 오기를 해치려고 했다. 도왕悼王이 죽자, 왕족과 대신들이 난亂을 일으켜 오기를 공격했고, 오기는 달아나다가 도왕悼王의 시신 위에 엎드렸다. 오기를 공격하던 무리들이 오기에게 화살을 쏘아 죽였는데, 그때 도왕의 시신에도 화살이 꽂혔다. 도왕의 장례식이 끝난 후, 태자가 즉위하여 도왕의 뒤를 이었다. 태자는 재상에게 명하여, 오기를 사살射殺할 때 도왕 시신을 맞춘 자들을 모두 처형하게 했는데, 이 일에 연루되어 70여 집안이 멸족되었다.

오기가 초나라 재상이 되었다는 것은, 국방장관이 총리를 하는 격이다. 오기는 병법을 운용하듯이, 국가 조직을 모두 일사불란한 군대의 체계로 바꾸었고, 재원을 모두 국방에 쏟아 부어 전쟁을 통해 영토를 확장했다. 초나라는 비록 대외적으로는 강성했지만, 국가의 내적 문제를 해결하지 못해, 사회 구도가 흔들리고 기득권의 불만이 팽배했다. 결국 난亂이 일어나 오기는 죽임을 당했다. 싸움 전문가에게 국가 경영을 맡긴 결과다. 앞에서 전기가 했던 "만약 임금께서 덕을 닦지 않으시면, 이 배 안에 있는 사람이 모두 적이 될 것입니다"라는 말은, 바로 오기의 죽음에서 그대로 드러난다. 오기는 외부의 적만을 응징하려고 했지, 백성이 자신의 적이 된다는 것을 미처 깨닫지 못했던 것이다.

사마천은 말한다.

"세상에서 병법兵法을 논論하는 자들은 모두 『손자孫子』 13편과 『오기병법吳起兵法』을 거론한다. 이 두 책은 세상에 많이 알려져 있으므로 여기에서는 논論하지 않고, 다만 그들의 행적만을 기술했다. 옛말에 '행동에 능能한 자가 꼭 말을 잘하는 것은 아니고, 말을 잘한다고 반드시 행동에 능한 것은 아니다'라고 했다. 손빈孫臏이 방연龐涓의 군대를 예측한 것은 뛰어났지만, 그 전에 다리를 잘리는 형벌은 벗어나지 못했다. 오기吳起는 무후武侯에게 지형의 험난함이 군왕의 덕행만 못하다고 설득하였으나, 초나라에서 행한 일은 각박하고 몰인정하였기 때문에 목숨을 잃었다. 안타까운 일이로다!"

손무孫武, 손빈孫臏, 오기吳起는 병법의 전문가들이다. 이들은 병사를 사랑하고, 적의 약한 곳을 치며, 적의 형세를 이용하는 등 병법에 능숙하여 전투를 승리로 이끌었고, 자신을 등용한 군왕君王들에게 혁혁한 성과를 안겨줬다. 제후국의 군왕들이 이들을 등용하는 것은 매우 수지맞는 장사가 아닐 수 없다. 전쟁을 통해 단기간에 적은 투자로 몇 배의 효과를 거둘 수 있었기 때문이다. 더 큰 효과를 기대하면서 초왕楚王은 오기吳起를 재상으로 앉혀 국가를 경영하게 했으나, 불만이 팽배하여 난亂이 일어났고, 나라는 혼란에 빠졌으며, 오기도 죽임을 당했다. 병법이란, 전쟁이라는 환경에 제한적으로 사용할 수밖에 없음을 보여준다.

사마천은 〈태사공자서太史公自序〉에서 "신뢰, 청렴, 인덕, 용맹함이 없으면 병법兵法을 전수할 수 없다(非信廉仁勇, 不能傳兵論劍)"고 하며, 병법의 핵심을 이 4가지로 꼽았다. 장수에게 용맹과 과감함 그리고 형세를 파악하여 전략 전술을 결정하는 능력은 기본이다. 또한 공평하게 병사를 대하고, 그들의 신뢰를 얻어 병력을 일사불란하게 움직이도록 하는 것도 중요하다. 하지만 병법의 핵심은 인덕仁德일 것이다. 한 대도 맞지 않고 상대를 때려눕힐 수는 없으며, 자국의 피해 없이 적국을 응징할 수는 없다. 싸움이 벌어지고 전쟁이 발발하면 모두 피해를 보게 되니, 결국 승자도 없고 패자도 없는 것이다. 그렇다면 싸움의 기술을 익힐 것이 아니라, 인덕을 쌓아 싸움이 일어날 일을 만들지 않는 것이 상책이다. "원수를 사랑하라"는 말이 있다. 하지만 원수를 사랑하기 위해서는 수많은 인내와 고통이 따른다. 그러니 원수를 만들어 놓고, 그를 사랑으로 포용하기 위해 여러 방법을 찾는 것보다, 아예 원수를 만들지 않는 것은 어떨까? 이렇게 본다면, 인덕을 쌓고 평화를 추구하며 적을 만들지 않는 사람들이야말로 진정한 싸움의 고수들이 아닐까?

伍子胥列傳

제2장

복수가 남긴 것

— 오자서열전

들어가며

어린 시절 내가 살던 동네에는 극장이 두 개나 있었는데, 인기 지난 영화 두 편을 상영하는 이른바 '동시상영' 극장이었다. 변변한 문화생활이 없던 시절, 이 극장은 동네 청소년들에게는 문화의 전당이었다. 당시 주로 봤던 것은 중국영화다. 홍콩 무술영화부터 이를 흉내 낸 한국의 아류亞流 영화, 특수효과를 사용했던 촉산蜀山, 기문둔답奇門遁甲을 거쳐, 영웅본색英雄本色의 느와르(noir) 영화까지. 비록 장르와 소재는 달랐지만 내용은 대동소이한 복수극이다. 사부師父의 원수부터, 아버지, 가족, 친구의 원수까지 복수의 대상은 다양했다. 원한을 품은 주인공이 복수를 갚는 대목에서, 관객들은 주인공에 빙의憑依되어 묘한 카타르시스를 느끼곤 했다. 대학시절에는 명동 중화민국대사관 근처의 화교상점에서 홍콩연속극 비디오를 빌려보곤 했다. 무술극이 사라진 자리를 현대판 액션극과 주식, 기업 관련 내용이 차지했지만, 복수가 여전히 주된 내용이었다. 지금도 복수극은 대세다. 드라마, 영화, 만화 등 여러 장르에서 복수는 여전히 환영받는다. 복수 스토리는 독자들을 쉽게 몰입하게 만들 뿐 아니라, 사필귀정事必歸正, 인과응보因果應報의 교훈까지 있으니 그 인기는 끊이지 않고 지속된다.

〈오자서열전〉은 오자서의 복수 이야기다. 《사기》 이전에도 여러 복수와 관련된 기록들은 있었다. 하지만 대부분 기승전결起承轉結이 갖춰지지 않은 단편적인 기록들이었다. 사마천은 오자서의 관련 기록을 수집하여, 오자서의 복수를 주제로 한 완전한 스토리를 구성했다. 사마천의 손을 거치면서, 〈오자서열전〉은 중국 최초의 완전한 복수 스토리로 거듭나게 되었고, 후대 복수 문화의 시조始祖가 되었다. 역대 중국의 수많은 장르의 복수 이야기는, 대부분 오자서 복수를 원류로 하고 있을 만큼 그 영향력은 컸다. 또한 조선에도 오자서의 이야기가 전해져 수많은 담론이 생겨났으며, 민간에서는 오자서를 숭배하는 문화까지 생겼다. 그러니 중국 영화에 복수가 많았던 것은 다 이유가 있었던 것이다. 우리가 봐왔던 수많은 픽션과 달리, 〈오자서열전〉은 오자서라는 인물이 실제 겪었던 사건이라 우리에게는 좀 더 굵직한 감정으로 받아들여질 수 있다.

비극의 발단

오자서伍子胥는 초楚나라 사람으로 이름은 오운伍員이다. 그의 아버지는 오사伍奢, 형은 오상伍尙이다. 초나라 평왕平王에게는 건建이라는 태자가 있었다. 평왕平王은 오사伍奢를 태부太傅로 임명하여 태자를 훈육하도록 했으며, 비무기費無忌를 소부少傅로 임명하여 오사를 보좌하도록 했다. 어느날, 평왕은 비무기費無忌에게 진秦나라에 가서 태자비太子妃를 맞이해오도록 했다. 진나라에 간 비무기는 태자비가 될 여자가 미인임을 알고, 급히 돌아와 평왕에게 보고했다.

"진나라 여자는 절세의 미인이오니 왕께서 그녀를 취하시고, 태자에게는 따로 여자를 얻어주십시오."

이에 평왕은 진나라 여자를 자기가 차지했고, 그녀를 끔찍이 사랑하여 아들 진軫을 낳았다. 그리고 태자에게는 따로 여자를 구해주었다. 비무기는 이 일로 평왕에게 환심을 사서 태자를 떠나 평왕을 모시게 되었다. 하지만 그는 걱정이 생겼다. 훗날 태자가 왕위에 오르면, 이번 일로 자기를 죽이지 않을까 두려웠던 것이다. 그래서 비무기는 평왕에게 태자를 비방誹謗하기 시작했다. 당시 태자의 생모生母는 평왕의 사랑을 받지 못했다. 평왕은 점점 태자를 멀리하더니, 마침내 그를 변경지역으로 보내 그곳을 지키도록 했다. 하지만 비무기는 이것으로도 안심이 되지 않았다. 그는 평왕에게 밤낮으로 태자를 비방하며 이렇게 말했다.

"태자가 진나라 신부의 일로 원한을 품고 있으니, 왕께서는 이를 대비하셔야 합니다. 태자가 변경에 있으면서 군사를 거느리고 제후들과 인맥을 맺고 있다고 합니다. 이는 장차 반란을 일으키려 하는 것입니다."

이 말을 듣고, 평왕은 오사를 불러 조사했는데, 오사는 평왕에게 이렇게 말했다.

"어찌하여 왕께서는 비방이나 일삼는 하찮은 신하의 말만 믿고 골육骨肉을 멀리하십니까?"

이때 비무기는 평왕에게 이렇게 말했다.

"지금 손을 쓰지 않으시다가 반란이라도 일어나면, 왕께서는 태자에게 붙잡히는 신세가 되실 것입니다."

그러자 평왕은 크게 노하여 오사를 가두고, 변경에 사람을 보내 태자를 죽이게 하였다. 태자를 죽이라는 명을 받은 자가 미리 사람을 보내 태자에게 알렸다.

"급히 달아나십시오. 그러지 않으면 죽음을 당할 것입니다."

이 소식을 듣고 태자는 송宋나라로 달아났다. 비무기가 또 평왕에게 말했다.

"오사에게는 두 아들이 있는데 모두 능력이 뛰어납니다. 아버지 오사를 인질로 삼아 두 아들을 불러들여, 그들을 처단하십시오. 그렇지 않으면 후에 초나라의 근심거리가 될 것입니다."

평왕이 오사에게 말했다.

"두 아들을 불러오면 살려 줄 것이나, 그렇지 않으면 죽임을 당할 것이다."

오사가 말했다.

"큰 아들 오상은 심성心性이 착해 부르면 오겠지만, 둘째 오자서는 굳세고 강건剛健한데다 이곳에 오면 죽을 것을 알기 때문에 분명 오지 않을 것입니다."

평왕은 오사의 말을 듣지 않고, 사신을 보내 두 아들을 불러오게 했다. 사신이 오상과 오자서에게 말했다.

"궁궐로 오면 너의 아비를 살려 줄 것이나 오지 않으면 죽일 것이다."

오상이 가려고 하자, 오자서가 말했다.

"왕이 우리 형제를 부른 것은 아버지를 살려 주려는 것이 아닙니다. 후환後患이 두려워 아버지를 인질로 삼고, 거짓으로 속여 우리를 부르는 것입니다. 우리가 가면 부자父子 세 명이 모두 죽게 되니, 아버지의 생사生死에 무슨 도움이 되겠습니까? 가면 원수를 갚지 못할 것이니, 차라리 도망가서 다른 사람의 힘을 빌려 아버지의 치욕을 씻읍시다. 우리

둘이 다 죽어버리면 아무 일도 할 수가 없습니다."

오상이 말했다.

"우리가 간다 해도 아버지를 살릴 수 없음을 나도 안다. 그러나 아버지가 우리를 불렀는데, 우리만 살자고 가지 않았다가 훗날 원수도 갚지 못하면 천하의 웃음거리가 될 것이니, 이 또한 한스러운 일이 아니겠느냐! 너는 달아나 아버지의 원수를 갚아라. 난 아버지께 가서 죽겠다."

형 오상이 잡히자, 사신은 오자서도 잡으려 했다. 하지만 오자서가 화살을 사신에게 겨누고 있어서 감히 다가가지 못했다. 그 틈을 이용해 오자서는 겨우 몸을 빼내 달아났고, 태자가 송宋나라에 있다는 것을 듣고 거기로 가서 그를 따랐다. 오사는 오자서가 달아났다는 말을 듣고, "초나라 군신君臣들이 훗날 전쟁의 고통을 당하겠구나"라고 말했다. 오상이 초나라 수도에 이르자, 평왕은 아버지 오사와 아들 오상을 모두 죽였다.

비극의 발단은 비무기와 평왕의 사적인 이득을 취하려는 데서 비롯되었다. 비무기는 평왕에게 잘 보여 출세하려고 했고, 평왕은 미인을 차지하려고 했다. 관리의 출세욕과 왕이 미색을 탐하는 마음은 이해할 수 있다. 하지만 이로 인해 타인이 희생을 당한다면 이야기는 달라진다. 비무기는 평왕의 사적 욕망을 자극하면서 무고無辜한 태자와 오사를 비방했고, 평왕은 며느리가 될 여자를 차지하고도 모자라 태자를 죽이려고 했다. 결과적으로 오자서의 가족은 풍비박산風飛雹散이 났고, 이로 인해 오자서와 태자의 삶은 원한과 분노로 점철되기 시작했다.

오吳나라로 도망가다

오자서가 송宋나라에 도착했을 때, 때마침 송宋나라에 화씨華氏의 난亂이 일어나 태자와 함께 다시 정鄭나라로 달아났다. 정鄭나라 사람들은 그들을 잘 대해주었다. 그 후, 태자는 진晉나라에 갈 일이 있었는데, 그때 진晉나라 경공頃公이 태자에게 이렇게 말했다.

"태자는 정나라와 사이가 좋고, 정나라 역시 태자를 신뢰합니다. 태자가 우리를 위해 안에서 호응해주고, 우리가 밖에서 정나라를 치면 정나라를 멸할 수 있습니다. 정나라를 멸하고 나면, 그 땅을 태자에게 봉해주겠습니다."

태자는 다시 정나라로 돌아왔다. 그러나 진晉나라와 모의했던 일이 성사되기도 전에, 태자가 사사로운 일로 자신을 따르는 사람 하나를 죽이려고 했다. 그 사람은 태자와 진나라의 음모를 알고 있었기에 이를 정나라에 고告했고, 정나라 정공定公은 태자를 처형했다. 당시 태자에게는 승勝이라는 아들이 있었다. 오자서는 태자의 아들 승勝과 오吳나라로 도망갔다. 변경에 이르렀을 때 군사들이 이들을 체포하려 했다. 오자서는 승勝과 단둘이 걸어서 달아났는데, 추격자들에게 잡히기 직전에 어느 강가에 도착했다. 강가에는 한 어부가 배에 타고 있었다. 어부는 오자서의 급한 사정을 알아차리고 오자서를 건너게 해주었다. 강을 건넌 뒤에 오자서는 자신의 칼을 풀어서 그에게 주며 말했다.

"이 칼은 100금金의 가치가 있으니 받아 주십시오."

어부는 받지 않으며 말했다.

"오자서를 잡으면, 초나라에서 5만 석의 곡식을 주고 작위爵位까지 내린다고 하는데, 이까짓 100금의 칼이 무슨 대단한 것이겠습니까!"

오나라에 도착하기 전에, 오자서는 병에 걸려 가던 길을 멈추고 구걸하며 지냈다. 그러다 마침내 오나라에 도착했다.

태자와 오자서는 무고한 피해자다. 태자는 타지를 떠돌면서, 하루빨리 힘을 길러 복수하기를 염원했다. 때문에 수단과 방법을 가리지 않고 세력을 얻으려 했고, 그러다가 국제 스파이가 되어 타국에서 처형당했다. 태자의 죽음은 과연 누구의 잘못 때문일까?

오나라에서 복수의 때를 기다리다

당시 오왕吳王 요僚는 막 권력을 장악하고, 공자公子 광光을 장수로 삼았다. 오자서는 공자公子 광光을 통해 오왕吳王을 만났다. 그 후, 작은 분쟁이 있어 초楚와 오吳의 군대가 전쟁을 치르게 되었다. 오나라는 공자 광光을 보내 초楚나라를 치게 했고, 광光은 종리鍾離와 거소居巢를 빼앗아 돌아왔다. 이때 오자서가 오왕吳王을 설득했다.

"이 기회에 초나라를 쳐부술 수 있으니, 다시 공자 광光을 보내십시오."

이 소식을 듣고, 공자 광光이 오왕吳王에게 말했다.

"오자서의 아버지와 형이 초나라에서 처형당했습니다. 오자서가 왕께 초나라를 치라고 권유하는 것은, 자신의 개인적인 원수를 갚기 위해서입니다. 지금 초나라를 공격한다 해도 이길 수 없습니다."

오자서는, 공자 광光이 오왕을 죽이고 자신이 왕이 되려는 의도가 있음을 알고, 더 이상 초나라에 관한 일은 언급하지 않았다. 그 대신 전제專諸라는 자객刺客을 공자 광光에게 추천하여, 훗날 공자 광光의 거사擧事를 돕도록 했다. 그리고 자신은 물러나 승勝과 함께 밭에서 농사를 지으며 보냈다.

오자서가 오나라에 온 후, 그 역시 하루빨리 초나라에 원수를 갚으려고 했다. 하지만 오왕 요僚의 통치하에서는 초나라를 치는 것이 어렵다고 판단하여, 자신의 복수를 공자 광의 힘을 빌려 성사시키려 했다. 이에 자객 전제專諸를 공자 광에게 소개시켜 주고 공자 광을 돕게 했다. 성급하게 세력을 얻으려다가 처형당한 태자와 달리, 오자서는 상황을 파악하고 물러나 훗날을 기약하는 방법을 택했다. 그의 이러한 정치적 판단이 주목된다.

공자公子 광光을 오왕吳王이 되도록 돕다

5년 후, 초나라 평왕이 죽었다. 평왕은 태자 건建에게 주려다 빼앗은 진나라 여자에게서 진軫을 낳았는데, 평왕이 죽자, 진軫이 왕위를 이어 소왕昭王이 되었다. 오왕吳王 요僚는 초나라 국상國喪을 틈타 자신의 두 동생으로 하여금 군대를 이끌고 초나라를 습격하게 했다. 그런데 초나라가 군대를 보내 오나라 군대의 퇴로를 차단하자, 그들은 돌아갈 수 없게 되었다. 오나라 내부에 병력의 공백이 생기자, 공자 광光은 전제專諸를 시켜 오왕을 죽이고 스스로 왕위에 올랐다. 그렇게 왕이 된 자가 바로 오왕吳王 합려闔廬다. 왕위에 오른 합려는 자신의 염원을 이루자, 오자서를 불러 행인行人(외교의 업무를 담당하는 관리)으로 삼고, 그와 함께 국사國事를 논의했다.

오자서가 초나라를 치다

초나라의 백비伯嚭라는 사람이 오나라로 망명해왔는데, 오왕 합려는 백비를 대부大夫로 삼았다. 한편, 초나라에 파견되었다가 퇴로가 끊겨 돌아오지 못했던 오왕 요僚의 두 동생은, 합려가 왕위를 찬탈했다는 소식을 듣자, 병사들을 이끌고 초나라에 투항했다. 초나라는 이들에게 서舒라는 지역을 주었다. 합려가 오왕이 된 후 3년, 오왕은 오자서, 백비와 함께 초나라를 쳐서 서舒 땅을 빼앗고, 초나라에 항복한 오왕 요僚의 두 동생을 붙잡았다. 이 기세를 타고 초나라의 수도 영郢까지 진격하려고 했으나, 장군將軍 손무孫武가 "백성들이 지쳐 있어서 안 됩니다. 때를 기다리십시오"라고 만류했다. 그러자 오왕 합려闔廬는 군대를 되돌렸다. 몇 년이 지나, 오왕은 오자서와 손무에게 말했다.

"지난번 그대들은 초나라 수도 영郢을 공격하는 것이 적절하지 않다고 했는데 지금은 어떻소?"

두 사람이 대답했다.

"초나라 장수 낭와囊瓦는 탐욕스러워, 당唐과 채蔡 지역 사람들이 모두 그를 원망합니다. 왕께서 초나라를 치고 싶으시다면, 먼저 당唐과 채蔡를 우리 편으로 만들어야 합니다."

합려는 그들의 말대로 했다. 얼마 후, 군사를 총동원하여 당唐과 채蔡와 함께 초나라를 공격하여, 한수漢水를 사이에 두고 진陣을 쳤다. 이때, 합려의 동생 부개夫概가 군사를 이끌고 종군從軍하기를 청하였으나 합려는 듣지 않았다. 그런데 부개는 자기 부하 5천 명을 이끌고 초나라 장수 자상子常을 쳐서 패배시켰다. 이 기세를 몰아 오나라는 다섯 차례의 전투 끝에, 마침내 초나라 수도 영郢에 들어갔다. 기묘己卯일에 초나라 소왕昭王이 달아났고, 다음날인 경진庚辰일에 합려가 영郢에 입성했다.

오자서의 부관참시剖棺斬屍

초나라 소왕昭王은, 초나라를 떠나 여기저기 도망 다니다가 수隨나라에 이르렀다. 오나라 병사들이 수隨나라를 포위한 후, 수나라 사람들에게 말했다.

"예전에 초나라가 너희 조상들을 모두 몰살시켰다."

이 말을 듣고 수나라 사람들은, 소왕昭王을 넘겨주는 일로 점을 쳤는데 불길한 점괘가 나왔다. 그리하여 오나라의 요구를 거절하고 소왕昭王을 넘겨주지 않았다.

오자서가 초나라에 있을 때, 신포서申包胥라는 사람과 교분이 있었는데, 오자서는 초나라에서 도망칠 때 신포서에게 이렇게 말했다.

"나는 반드시 초나라를 뒤엎고 말 것이다."

그러자 신포서는 "나는 꼭 초나라를 지킬 것이네"라고 대답했다. 오나라 군대가 영郢에 입성했을 때, 오자서는 소왕을 잡으려고 했지만 끝내 잡지 못했다. 그러자 오자서는 평왕의 무덤을 파헤쳐, 그의 시신을 꺼내서 300번이나 채찍질을 했다. 산속으로 도망갔던 신포서는 이 소식을 듣고, 사람을 시켜 오자서에게 이렇게 전했다.

"그대의 복수는 참으로 모질구려. '사람이 많으면 한때는 하늘의 뜻을 거역할 수도 있으나, 하늘의 뜻이 정해지면 그들은 모두 파멸될 것이다'라는 말이 있네. 그대는 일찍이 평왕의 신하였는데, 지금 어찌 이리도 평왕의 시신을 욕보여 천도天道를 저버리는가?"

오자서가 말했다.

"신포서에게 사과의 뜻을 전하라. 해는 지고 갈 길이 멀어 무리한 방법을 썼다고."

관棺을 꺼내 시체에 채찍질을 한다는 '부관참시剖棺斬屍'는 사마천이 과장한 것이다. 〈오자서열전〉 이전의 문헌에서는 모두 "초평왕의 묘를 회초리로 쳤다(撻平王之墓)"라고만 기록되어 있다. 그러던 것이 사마천의 손을 거치면서 과장된다. 〈오자서열전〉 이외에, 《사기史記, 오태백세가吳泰伯世家》에서는 "백비도 오자서와 함께 시체에 채찍질을 했다(子胥·伯嚭鞭平王之尸以報父讎)"라고 하여, 백비 역시 부관참시에 동참한 것으로 기술했다. 이것은 모두 사마천이 자신의 감정을 이입하여 다소 과장되게 표현한 것이다.

초楚나라가 진秦나라의 도움을 받다

한편, 신포서는 진秦나라로 달려가 위급함을 알리고 구원을 요청했다. 그러나 진나라가 허락하지 않자, 신포서는 진나라의 조정에 서서 7일 동안 밤낮으로 통곡했다. 진왕秦王이 그를 불쌍히 여기며 말했다.

"초나라는 무도無道하지만, 이러한 신하가 있으니 어찌 망하게 둘 수 있겠는가?"

그리하여 전차 500대를 보내 오나라를 공격하여 초나라를 구했다. 한편, 합려가 오랫동안 초나라에 머물고 있는 사이, 합려의 동생인 부개夫槪가 오나라로 돌아와 스스로 왕위에 올랐다. 이 소식을 들은 합려는, 초나라에 있는 병력을 되돌려 오나라로 돌아와 부개를 공격했다. 부개는 패하여 초나라로 도망쳤다. 타국으로 도망갔던 초나라 소왕은 오나라에 내란이 일어난 것을 알고, 다시 수도 영郢으로 돌아왔다.

오吳와 월越의 복수 서막

9년 후, 오나라가 월나라를 공격했다. 월왕越王 구천句踐이 맞서 싸워 오나라를 고소姑蘇에서 무찔렀는데, 이 싸움에서 합려가 발가락에 상처를 입었고 오나라 군대는 퇴각했다. 합려는 상처가 악화되어 죽게 되었다. 이때, 합려는 태자 부차夫差에게 말했다.

"월왕 구천이 네 아비를 죽인 일을 잊겠느냐?"

부차는 "잊지 않겠습니다"라고 대답했다. 그날 저녁 합려가 죽었고, 뒤를 이어 부차가 왕위에 올랐다. 부차는 백비伯嚭를 태재太宰로 임명하여 군사를 훈련시키도록 했다. 2년 후, 오나라는 월나라를 공격하여 부추산夫湫山에서 승리했다.

오왕吳王 부차夫差가 월왕越王 구천句踐을 살려주다

부차에게 패배한 월왕越王 구천句踐은, 잔병 5천 명을 거느리고 회계산會稽山에 머물면서, 대부大夫 종種을 시켜 많은 예물을 오나라 백비에게 바치며 화친을 청했다. 또한 자신들이 오나라의 신하가 될 것을 간청했다. 부차가 이를 허락하려 하자, 오자서가 간언했다.

"구천句踐은 고통을 잘 견디는 사람입니다. 지금 없애지 않으면 나중에 반드시 후회하게 될 것입니다."

그러나 부차는 이 말을 듣지 않고, 백비의 계책에 따라 월나라와 강화講和를 맺었다.

5년 후, 부차는 제齊나라 경공景公이 죽자, 대신들이 총애를 다투는 데다 새 군주도 유약하다는 말을 듣고, 군사를 일으켜 제나라를 공격했다. 이에 대해 오자서가 말했다.

"구천句踐이 거친 음식을 먹으면서, 죽은 자를 조문하고 병든 자를 문병하고 있는데, 이는 나중에 그들을 쓰려고 하는 것입니다. 구천이 죽지 않으면 반드시 오나라의 우환이 될 것입니다. 지금 오나라에게 있어 월나라는, 사람 뱃속의 질병과 같은 존재입니다. 그런데도 왕께서는 월나라를 없애지 않으시고, 제나라에만 힘을 쓰고 계시니 어찌 잘못된 일이 아니겠습니까?"

그러나 부차는 이 말을 듣지 않고 제나라를 공격하여, 애릉艾陵에서 큰 승리를 거두고 돌아왔다. 이후로 부차는 오자서를 점점 멀리했다.

4년 후, 부차가 제나라를 다시 공격하려고 하자, 구천句踐은 군사를 이끌고 부차를 돕는 한편, 귀한 보물을 백비에게 바쳤다. 백비는 여러 번 구천에게 뇌물을 받았기 때문에, 월나라를 유난히 좋아하고 신임하여, 밤낮으로 부차에게 월나라를 좋게 말했다. 부차는 백비의 계책을 믿고 채택했다. 이에 대해 오자서가 또다시 간언했다.

"월나라는 뱃속에 있는 질병과 같습니다. 그런데도 왕께서는 구천의 감언이설甘言利說을 믿으시고 제나라를 공격하려고 하십니다. 제나라의 땅은 자갈밭과 같아, 빼앗는다고 해도 아무 쓸모가 없습니다. 원컨대 왕께서는 제나라를 단념하시고 월나라를 먼저 처리하십시오. 그렇지 않으면 나중에 후회해도 늦을 것입니다."

그러나 부차는 이 말을 듣지 않고, 오자서를 제나라에 사신으로 보냈다. 오자서가 제나라에 갔을 때 그 아들에게 말했다.

"내가 여러 번 왕께 간언했으나 이제 왕께서는 내 말을 듣지 않으시니, 내가 보기에 오나라는 곧 멸망할 것이다. 네가 오나라와 함께 망하는 것은 무익無益한 일이다."

오자서는 자신의 아들을 제나라의 포목鮑牧에게 맡기고 오나라로 돌아왔다.

원수를 잊지 않기 위해 땔나무 위에서 자고 쓸개를 맛본다는 '와신상담臥薪嘗膽'이 여기에서 나온다. 《사기史記, 월왕구천세가越王句踐世家》에는 구천이 오나라에 패한 후 귀국하여, "자리 옆에 쓸개를 매달아놓고서, 앉거나 누울 때 그 쓸개를 쳐다보았다. 또한 음식을 먹을 때도 이것을 핥으면서 혼자 '너는 회계산에서의 치욕을 잊었느냐'라고 말했다"(置膽於坐, 坐臥卽仰膽, 飮食亦嘗膽也. 曰, '女忘會稽之恥邪?')고 기록되어 있다. 이처럼 원래는 "상담嘗膽(쓸개를 맛보다)"만 언급했다가, 훗날 문인들의 상상력이 동원되어 "와신臥薪(땔나무 위에서 자다)"이 추가되었고 '와신상담臥薪嘗膽'이라는 말이 쓰이게 되었다.

백비伯嚭의 비방과 오자서의 죽음

오나라의 백비는 평소 오자서와 사이가 나빴으므로, 부차 앞에서 오자서를 자주 헐뜯었다.

"오자서는 고집이 세고 사나우며 인정이 없고 질투가 많습니다. 그가 왕을 원망하고 있으니, 그것이 큰 화근이 될까 걱정입니다. 지난 번 왕께서 제나라를 공격하려 할 때, 오자서는 안 된다고 했지만, 왕께서는 제나라를 공격하여 큰 공을 세우셨습니다. 오자서는 자신의 계책이 쓰이지 않은 것을 수치스럽게 여기며, 오히려 그 일로 원망을 품었습니다. 그런데 지금 왕께서 또 제나라를 공격하려 하는데, 오자서는 고집을 부리고 간언하면서, 왕께서 하시려는 일을 방해하고 있습니다. 이는 단지 우리가 패하여 자기의 계책이 뛰어나다는 것을 보이려는 것입니다. 지금 왕께서 친히 출정하시어 제나라를 공격하려고 하는데, 오자서는 간언이 채택되지 않은 것에 불만을 품어 관직을 사직辭職하고, 병을 핑계 삼아 출정하지 않으려 합니다. 왕께서는 이에 대한 방비를 하셔야만 합니다. 그가 분명 화禍를 일으킬 것입니다. 또 제가 사람을 시켜 오자서를 은밀히 조사해보니, 그가 제나라에 사신으로 갔을 때, 자기 아들을 제나라의 포씨鮑氏에게 맡겼다고 합니다. 신하라는 사람이 자국自國에서 뜻을 이루지 못했다고 국외의 제후에게 의탁하는 것입니다. 오자서는 스스로를 선왕先王(합려闔廬)의 공신功臣이라고 자부하면서, 자신의 계책이 채택되지 않자 늘 불평과 원망을 품고 있습니다. 원컨대 왕께서는 속히 이 일을 처리하시기 바랍니다."

그러자 부차는 "그대의 말이 아니어도 나 역시 의심하고 있었소"라고 말하고, 사신을 보내 오자서에게 촉루屬鏤라는 명검을 내려 자결하게 했다. 오자서는 하늘을 우러러보고 탄식하며 말했다.

"아! 간신 백비가 왕을 어지럽히니 왕은 도리어 나를 죽이는구나. 내가 너의 아버지를 패자霸者(제후의 우두머리)로 만들었다. 너가 아직 왕위에 오르기 전, 여러 공자公子들이 왕위를 다투고 있을 때, 내가 너를 태자로 옹립해야 한다고 선왕先王에게 목숨을 걸고 간언했었다. 내가 아니었다면 너는 태자가 되지 못했을 것이다. 너가 왕위에 올라, 나에게 오나라를 나누어주려고 했을 때도 나는 받지 않았다. 그런데 지금 간신의 말을 듣고 나라의 어른인 나를 죽이는구나."

그런 다음 자신의 사인舍人에게 말했다.

"나의 무덤 위에 가래나무를 심어, 훗날 이 나무로 왕의 관을 만들게 하라. 그리고 내 눈을 도려내어 오나라 동문東門 위에 걸어두어, 월나라 군사들이 쳐들어와 오나라를 멸망시키는 것을 보게 하라."

말을 마치고 오자서는 스스로 목을 찔러 죽었다. 이 소식을 듣고 부차가 대노大怒하여, 오자서의 시체를 말가죽 자루에 넣어 강물에 던졌다. 오나라 사람들이 그를 불쌍히 여겨, 강가에 사당을 세우고 그 곳을 서산胥山이라 불렀다.

오자서는 부차에게 "너"라는 표현까지 사용하며 매우 강하게 비판한다. 오자서가 부차에게 말한 "지금 아첨하는 간신의 말을 듣고 나라의 어른인 나를 죽이는구나(今若聽諛臣言以殺長者)"라는 말은, 오자서의 아버지 오사가 초나라 평왕에게 했던 "왕께서는 어찌 비방이나 일삼는 하찮은 신하의 말을 믿고 골육을 멀리하십니까?(王獨柰何以讒賊小臣疏骨肉之親乎)"라는 말과 묘하게 닮았다. 오자서가 죽기 전에 부차를 꾸짖었던 말은, 사실 오자서가 아버지와 형을 대신해서 평왕에게 해주고 싶었던 말이다. 사마천은 이 두 사건이 오버랩 되도록 설정한 것으로 보인다.

구천句踐의 복수 성공

오자서가 죽자, 오왕은 제나라를 공격했지만 이기지 못하고 돌아왔다. 몇 년 후, 구천이 오나라를 습격하여 태자를 죽이고 오나라 군사를 무찔렀다. 부차는 사신을 보내 후한 예물을 주고 월나라와 강화했다. 그 후, 구천은 마침내 부차를 죽이고 오나라를 멸망시켰다. 아울러 자신의 군주에게 충성하지 않고 외부로부터 뇌물을 받아 내통했다는 이유로 백비도 처형했다.

구천이 백비를 죽인 것 역시 사마천의 감정이 투영된 것이다. 《좌전左傳》에는 오나라가 멸망한 이후에도 백비가 월나라에 살아 있었다는 기록이 있다. 사실 백비가 오자서를 비방했던 말들은, 비무기가 초평왕에게 했던 말과 유사하다. 사마천은 백비의 간신 형상을 만들어 이를 통해 비무기에 대한 기억을 떠올리게 했던 것이다. 또한 월나라가 백비를 처단하도록 설정하여, 비무기에 대한 분노를 간접적으로 표출했다.

승勝의 또 다른 복수

예전에 오자서와 함께 도망쳤던 태자 건建의 아들 승勝은 오나라에 있었다. 오왕 부차 때, 초왕은 그가 초나라에 돌아올 수 있도록 부르려고 했다. 그러자 섭공葉公이 간언했다.

"승勝은 용맹함을 좋아하며, 죽음도 불사不死하는 병사들을 몰래 구하고 있습니다. 이는 아마도 사사로운 의도가 있는 것으로 보입니다."

그러나 초왕은 이 말을 듣지 않고 승勝을 불러, 초나라 변경의 언鄢이라는 읍에 살게 했으며, 그를 백공白公이라고 불렀다. 백공白公이 초나라로 돌아온 지 3년째 되던 해에 오자서가 죽었다.

승勝은 초나라로 돌아온 후, 정鄭나라가 자신의 아버지를 죽인 것에 원한을 품고, 몰래 군사들을 양성하여 정鄭나라에 보복하려고 했다. 그가 초나라로 돌아온 지 5년째 되던 해, 정나라를 토벌하기를 요청했고, 초나라 재상인 자서子西가 이를 허락했다. 그런데 출병 전에, 진晉나라가 정鄭나라를 공격하니, 정鄭나라가 초楚나라에 구원을 요청했다. 초나라에서는 자서子西를 보내 정나라를 구원하게 했고, 그 후 자서는 정나라와 맹약을 맺고 돌아왔다. 이 일로 승勝은 노하여, "원수는 정나라가 아니라 바로 자서子西다"라고 했다. 승勝이 혼자 칼을 갈고 있을 때, 어떤 사람이 물었다. "무엇을 하려고 그러십니까?" 그러자 승勝은 "자서子西를 죽이려고 하오"라고 대답했다. 이 말이 자서子西의 귀에 들어갔다. 자서子西는 웃으면서 "승勝은 아직 햇병아리인데 무슨 일을 할 수 있겠는가?"라고 말했다.

4년 후, 승勝은 석기石乞와 함께 자서子西를 조정에서 습격하여 죽였다. 이때, 석기가 말했다. "초왕을 죽이지 않으면 안 됩니다." 그래서 승勝은 초왕을 겁박하여 고부高府로 데려 갔다. 이때 한 시종侍從이 초왕을 업고 초왕 모친의 궁으로 달아났다. 섭공葉公은 승勝이 반란을 일으켰다는 소식을 듣자, 백성들을 거느리고 승勝을 공격했다. 승勝의 무리는 패하여 산중으로 도망갔고, 승勝은 그곳에서 자살했다.

비무기와 초평왕의 가해가 없었다면, 태자太子 건建이 타국생활을 하다 정鄭나라에서 죽지도 않았을 것이고, 결과적으로 태자의 아들인 백공白公 승勝의 복수도 발생하지 않았을 것이다. 승勝의 복수 사건은 무고한 피해자가 만들어지면서 복수가 끊임없이 재생산됨을 보여준다. 한두 명의 사악한 욕망으로 수많은 피해자가 발생하면, 그 피해자들은 또 그만큼의 복수를 무한 반복해야 하는 악순환이 계속된다.

사마천은 말한다.

"사람이 원한怨恨을 품으면 매우 모질게 된다. 그러니 왕이라고 해도 신하에게 원한을 사는 일을 하면 안 될 것이니, 하물며 동등한 지위에 있는 사람들이야 더 말할 필요가 있겠는가! 오자서가 아버지 오사를 따라 함께 죽었더라면, 하찮은 땅강아지나 개미와 무엇이 다르겠는가? 그는 자그마한 의로움(소의小義)을 돌아보지 않고, 커다란 치욕을 갚아 명성이 후세에까지 전해졌다. 슬프도다! 오자서가 강가에서 초나라 군인에게 쫓기고 길에서 구걸하며 살 때에, 어찌 잠시라도 초나라의 수도 영郢을 잊었겠는가? 오자서는 혹독한 고통을 참고 공명功名을 이루었으니, 강인한 대장부가 아니면 그 누가 이렇게 할 수 있겠는가?"

사람이 원한을 품으면 복수의 행위가 과격하게 표출되니, 타인에게 원한을 품지 않도록 해야 한다는 것이 사마천의 주장이다. 사마천은 복수 행위의 옳고 그름을 따지지 않고, 복수가 발생하게 된 원인에 집중했다. 또한 오자서의 입장에 서서, 그가 겪어야 했을 고통을 이해하려고 했고, 대의를 위해 치욕을 감내했음을 높이 평가했다.

오자서의 복수는 무엇을 남겼을까? 초평왕은 미색美色을 탐하여 며느리가 될 여자를 차지하고 권력의 위대함을 한껏 누렸을지 모른다. 하지만 이 때문에 오자서의 아버지와 형은 무고無辜하게 죽었고, 오자서는 고향을 떠나 한 평생 분노와 고통 속에서 살아야 했다. 또한 초평왕의 아들 건建은 자신의 신부를 뺏기고 타국을 떠돌다 죽었고, 그의 아들 승勝은 아버지의 원수를 갚다가 죽었다. 초평왕의 욕망을 위해, 많은 사람들이 겪지 않아야 할 고통을 겪고 목숨을 잃었으며, 죽을 때까지 분노와 괴로움 속에 스스로를 파멸시켜 갔다. 이처럼 복수는 타인의 삶을 피폐하게 만들기 때문에, 사마천은 원독怨毒이 발생하지 않도록 잠재적 가해자들을 향해 경계의 메시지를 전달했다.

그렇다면 오늘날의 오자서는 없는 것일까? 오자서와 같은 피해자들은 더욱 많아졌고 고통도 심화深化되었다. 반면, 평왕과 비무기처럼 사욕을 챙기면서 타인을 희생시키는 사람들은 늘어났다. 그들은 타인의 생명을 빼앗기도 하고, 억울한 옥살이를 시키는가 하면, 직장을 빼앗거나 소송을 걸어 시간과 돈을 낭비하게 만든다. 억울한 피해자들은 오자서처럼 망명할 타국도 없고, 단기간에 원수를 갚기도 어렵다. 결국 평생 복수를 꿈꿔보지도 못한 채, 억울함과 원독怨毒의 고통 속에서 살다 죽어간다.

언제든 무고한 희생자를 양산할 수 있는 잠재적 가해자들에게, 우리는 사마천처럼 원독怨毒을 만들지 말라고 소리 높여 경고만 하면 되는 것일까? 또 오자서와 같은 무고한 희생이 동일하게 발생했다면 어떻게 해야 하는 것일까? 오자서의 복수가 성공했던 이유는, 그가 오나라의 중신重臣이 되었고, 오나라의 힘을 빌려 초나라를 공격했기 때문이다. 이처럼 오자서는 권력을 획득했기 때문에 복수를 할 수 있었다. 그러니 피해자는 권력의 힘을 빌려야만 가해자와 맞설 수 있다. 피해자들과 연대하여 세력을 규합하거나, 언론에 알려 이슈를 만들 수 있으며, 정치세력의 힘을 이용하거나 소송을 거는 방법도 가능하다. 하지만 이것 역시 길고 힘든 여정이다. 설사 이런 방법들이 통한다 한들, 가해자들의 형식적인 사과를 받아 내거나 그들을 법정에 세우는 정도에 그칠 뿐, 피해자의 고통을 고스란히 되갚아 줄 수는 없다. 그래서인지 오자서의 통쾌한 복수는, 실제 벌어진 사건임에도 우리에게는 픽션으로만 느껴진다.

商君列傳

제3장

다이어트의 후유증

— 상군열전

들어가며

다이어트를 하려는 사람이 많다. 대부분 살찐 자신의 모습이 싫거나 날씬하게 보이고 싶은 열망에서 시작한다. 다이어트를 심하게 하면 효과는 있으나 이내 요요가 온다. 한편, 다이어트를 성공했다 하더라도, 지나친 체중 감량과 영양 불균형으로 건강을 해치는 사람도 있다. 다이어트를 위해 건강을 해치는 것은 본말전도本末顚倒일 것이다. 공중화장실의 청결을 유지하기 위해 화장실을 잠가 버리는 경우는 없다. 화장실의 청결 유지는 사용을 전제로 해야 한다. 마찬가지로 건강을 해치는 다이어트는, 청결을 유지하기 위해 화장실 문을 잠그는 것과 같다.

국가라는 조직이 너무 비대해져서 혈액순환과 신진대사가 원활하지 않다면, 혁신이라는 다이어트가 필요하다. 이때 혁신의 목표와 계획을 세우고, 긴 호흡으로 차근차근 진행해야 한다. 혁신의 궁극적인 목적은, 부국강병富國强兵과 대외적 위치 상승이 아니라, 백성의 안정된 삶이 되어야 한다. 민생의 안정이라는 전제하에서만 부국강병은 진정 빛을 발할 수 있다. 민생을 저버린 부국강병은 다이어트를 하다가 건강을 해치는 것과 같다.

〈상군열전〉의 주인공은 상군商君이다. 그는 전국시대戰國時代 진나라를 대대적으로 혁신한 사람이다. 상군의 혁신은 성공을 거두었다. 이때 진나라는 크게 도약했고, 훗날 천하통일의 기틀을 마련했다. 하지만 그의 말로는 비참하다. 국가는 부강해졌지만 그가 비참한 최후를 맞이했던 이유는 무엇일까?

상군商君의 판단능력

상군商君은 위衛나라의 여러 공자公子(제후諸侯의 아들) 중 한 사람으로, 성姓은 공손公孫이며 이름은 앙鞅이다. 공손앙公孫鞅은 젊어서 형명지학刑名之學(법가法家 계열의 학술사상)을 좋아했으며, 위魏나라의 재상인 공숙좌公叔座를 섬겨 중서자中庶子(집사執事의 역할)가 되었다. 공숙좌公叔座는 공손앙公孫鞅의 능력을 알아보고 위왕魏王에게 추천하려 했으나, 병病에 걸려 조정에 들어가지 못했다. 이때 위왕魏王이 친히 문병을 와서 말했다.

"공숙께서 회복하지 못하면, 장차 이 나라의 사직社稷은 어찌하면 좋겠소?"

공숙좌가 말했다.

"저의 중서자中庶子인 공손앙은 비록 젊지만 재능이 뛰어나니, 대왕께서는 그에게 국사國事를 맡기십시오."

위왕魏王은 말없이 묵묵히 있었다. 위왕이 떠나려고 할 때, 공숙좌는 주위 사람들을 물리치고 이렇게 말했다.

"만약 대왕께서 공손앙을 쓰지 않으시려면, 그를 죽여 다른 나라로 가지 못하도록 하십시오."

위왕은 그렇게 하겠다고 말하고 떠났다. 공숙좌는 공손앙을 불러 자신이 한 말에 대해 사과하며 말했다.

"오늘 대왕께서 재상이 될 만한 사람을 물으시기에, 나는 그대를 추천하였소. 그러나 대왕의 안색을 보니 내 말을 들어주지 않을 것 같소. 나는 신하로서 그대보다 군주가 더 중요하기 때문에, 그대를 쓰지 않으시려면 그대를 죽여야 한다고 말씀드렸고, 대왕은 그렇게 하시겠다고 했소. 그러니 그대는 어서 도망가시오. 그렇지 않으면 붙잡힐 것이오."

공손앙이 말했다.

"대왕께서 주군의 말씀을 듣고도 저를 쓰지 않는데, 어찌 주군의 말씀을 듣고 저를 죽일 수 있겠습니까?"

공손앙은 끝내 떠나지 않았다. 위왕은 돌아와서 주위 신하들에게 말했다.

"공숙의 병이 위중危重하니 참으로 안타깝도다. 국사國事를 공손앙에게 맡기라고 하다니, 어찌 제정신이겠는가!"

진秦 효공孝公에게 유세하다

공숙좌가 죽은 후, 공손앙公孫鞅은 진秦나라 효공孝公을 찾아갔다. 효공이 전국에 명을 내려, 능력 있는 사람을 등용하여 진秦 목공穆公의 업적을 계승하고, 침략당한 땅을 회복하려 한다는 소식을 들었기 때문이다. 공손앙은 효공孝公의 측근인 경감景監을 통해 효공을 만났다. 효공은 공손앙과 긴 시간 이야기를 나누었지만, 때때로 졸면서 제대로 듣지 않았다. 공손앙이 물러나자, 효공은 경감에게 화를 내며 말했다.

"그대가 소개한 손님은 허풍을 떠는 사람이오. 어떻게 그를 등용할 수 있겠소!"

경감景監이 이 말을 듣고 공손앙을 책망했다. 공손앙이 말했다.

"저는 효공께 오제五帝(전설 속의 다섯 명의 제왕帝王)의 도道를 말씀드렸는데, 그 뜻을 이해하지 못하셨군요."

닷새 후, 경감은 효공에게 공손앙을 다시 만나줄 것을 청했다. 공손앙은 효공을 만나 더욱 열심히 진언進言했으나, 역시 효공의 마음에는 들지 않았다. 공손앙이 물러간 후, 효공은 또 경감을 책망했고, 경감 역시 공손앙을 탓했다. 공손앙이 말했다.

"저는 효공께 삼왕三王(하夏나라 우왕禹王, 상商나라 탕왕湯王, 주周나라 문왕文王)의 도道를 말씀드렸는데, 여전히 마음에 들지 않으셨군요. 다시 저를 만나게 해주십시오."

이리하여 공손앙이 효공을 다시 만났다. 그런데도 효공은 그를 좋게만 평가할 뿐 등용하지는 않았다. 공손앙이 물러가자, 효공은 경감에게 말했다.

"그대가 소개한 손님은 훌륭한 사람이오, 대화가 통하는구려."

공손앙은 이 말을 전해 듣고 말했다.

"저는 효공께 오패五霸(춘추 시대 제후 중에 우두머리 : 제齊 환공桓公, 진晉 문공文公, 초楚 장왕莊王, 오吳 합려闔廬, 월越 구천句踐)의 도道를 말씀드렸는데, 저를 쓰시려는 것 같았습니다. 만약 다시 효공을 만나게 해주신다면, 이제는 무슨 말을 해야 할지 알겠습니다."

공손앙이 다시 효공을 뵈었다. 효공은 이야기를 나누면서 열중한 나머지 자신도 모르게 공손앙에게 다가갔으며, 며칠 동안 이야기를 나누면서도 싫증을 내지 않았다. 경감이 말했다.

"그대는 무엇으로 우리 군왕의 마음을 사로잡았습니까? 군왕께서 매우 기뻐하셨소."

공손앙이 말했다.

"제가 오제五帝의 도道를 쓰시면 3대(하夏, 은殷, 주周)에 견줄만한 태평성세를 누릴 것이라고 말씀드렸더니, 군왕께서는 '그렇게 하려면 시간이 너무 오래 걸리오. 현명한 군주는 자신의 재위기간에 천하에 명성을 떨쳐야 하오. 어찌 답답하게 수십 년, 수백 년을 기다려 제왕의 업적을 이룰 수 있겠소'라고 하셨습니다. 그래서 제가 부국강병富國强兵의 방법을 말씀드렸더니, 군왕께서 매우 기뻐하셨습니다. 하지만 그런 방법을 사용하면 은殷과 주周의 태평성대에는 미치지 못할 것입니다."

위정자들에게 커다란 유혹은, 바로 재위기간에 성과를 보려고 하는 것이다. 일이란 단기간에 해야 할 것과 장기간의 계획을 세워 할 일이 있다. 긴 시간이 걸리는 일은 자신의 재위기간에 끝낼 수 없어, 자칫하면 그 영광이 다음 군왕에게 돌아간다. 위정자들이 단기간 가시적 효과를 내려고 하는 이유가 바로 이것이다. 낡은 집을 수리하려면 먼저 건물의 안전에 관한 것을 손봐야 한다. 그렇지 않고 눈에 빨리 띄는 외부 인테리어만 한다면 무슨 소용이 있겠는가? 건강을 목적으로 한 장기간의 다이어트를 효공은 원하지 않았다. 공손앙은 어쩔 수 없이 단기간 감량만 하는 방법을 제시했다.

혁신의 추진과 그 반대 여론

효공은 공손앙을 등용했고, 그를 통해 법을 바꾸려고 했지만 천하 사람들이 자신을 비방할까 걱정했다. 그러자 공손앙이 말했다.

"행동해야 할 때 머뭇거리면 명성이 따르지 않고, 확신 없이 일을 추진하면 성공할 수 없습니다. 또 원대한 포부를 가진 사람의 행동은 세상의 비난을 받게 되며, 탁견卓見을 가진 사람은 백성들에게 오만하다는 소리를 듣기 마련입니다. 어리석은 자는 일이 성사된 후에도 이해하지 못하지만, 지혜로운 자는 기미가 보이면 훗날 벌어질 일을 알아차립니다. 또 백성과는 일의 성과를 함께 즐길 수는 있어도, 사업을 시작할 때 함께 논의할 수는 없습니다. 지극한 덕德(지덕至德)을 논論하는 사람은 세속과 타협하지 않으며, 큰 공적功績을 이루는 사람은 백성과 상의하지 않습니다. 그러므로 부강한 나라를 원하신다면 과거의 것을 따르지 않아야 하며, 백성들을 이롭게 하려면 과거의 습속(구례舊禮)을 좇지 않아야 합니다."

효공이 단기간의 성과를 원했기 때문에 공손앙의 마음도 급하다. 민의民意를 수렴하고 혁신의 공감대를 형성하는 데는 긴 시간이 필요하다. 때문에 국가 주도의 탑다운(top-down)식 개혁을 선택할 수밖에 없다. 이런 상황에서 백성의 의견과 각계의 견해는 무시되기 마련이다.

이에 효공이 "좋소"라고 말했다. 그러나 감룡甘龍이 말했다.

"그렇지 않습니다. 성인聖人은 풍속을 바꾸지 않고도 백성을 교화敎化하며, 지혜로운 자는 법을 바꾸지 않으면서 다스립니다. 백성들의 풍속에 맞게 교화해야 힘들이지 않고 공功을 세울 수 있으며, 법에 맞게 다스려야 관리들도 익숙해하고 백성들도 편안해 합니다."

공손앙이 말했다.

"감룡의 의견은 세속적인 것입니다. 일반 사람들은 옛 풍속에 안주하고, 학자들은 자신들이 배운 것에 빠져버립니다. 이 두 부류의 사람들은 관직을 수행하고 법을 지킬 수는 있지만, 법 이외의 일에 대해서는 함께 논의할 수 없습니다. 3대(하夏, 은殷, 주周)의 예禮는 서로 달랐지만 모두 왕업王業을 이루었고, 오패五霸의 법法은 각기 달랐지만 패업霸業을 이루었습니다. 지혜로운 자는 법을 만들고, 어리석은 자는 법의 지배를 받습니다. 현자賢者는 예禮를 바꾸고, 불초不肖한 자는 예禮에 얽매입니다."

두지杜摯가 말했다.

"백 배의 이익이 없으면 법을 바꾸지 않고, 열 배의 공功을 세우지 못한다면 제도를 바꾸지 않는다고 했습니다. 과거의 법을 따르면 잘못이 없고, 옛날의 예禮를 따르면 사악함이 없어집니다."

공손앙이 말했다.

"세상을 다스리는 방법은 하나만 있는 것이 아닙니다. 어떤 것이 국가를 다스리는데 편리한가를 따져야 하니, 옛것만을 고집할 필요는 없습니다. 은殷나라 탕왕湯王과 주周나라 무왕武王은 옛 법도(고법古法)를 따르지 않았지만 왕업王業을 이루었고, 하夏나라 걸왕桀王과 은殷나라 주왕紂王은 예법禮法을 바꾸지 않았는데도 망했습니다. 그러므로 과거의 법(고법古法)을 따르지 않는다고 해서 비난할 것이 아니고, 옛날의 예절(고례古禮)을 따른다고 해서 칭찬할 일도 아닙니다."

효공은 공손앙의 말을 인정하고, 공손앙을 좌서장左庶長으로 임명하여 변법變法을 단행했다.

변화를 방해하는 장애물은 관성에 젖어 버린 마음이다. 과거에 익숙했던 사람들은 변화를 두려워한다. 그래서 늘 "옛것은 좋은 것이야"나 "아 옛날이여"를 입에 달고 산다. 옛것이 다 좋다는 말은, 미국 사람은 모두 선善하다는 말과 다르지 않다. 형식은 내용에 따라 끊임없이 변화해 왔다. 조상에 대한 감사를 표하는 마음은 시대에 따라 제사로, 혹은 예배나 미사로 변화되어 왔다. 반드시 홍동백서紅東白西의 복잡한 제사 예식으로만 감사를 표해야 하는 것은 아니다. 이러한 관점에서 공손앙의 말은 타당하다.

혁신의 내용

백성들을 다섯 집이나 열 집으로 묶어, 서로 감시하고 죄를 지으면 연좌連坐되도록 했다. 죄를 지은 자를 알면서도 고발하지 않으면 허리를 자르는 형벌에 처했고, 죄인을 고발하는 자는 적의 머리를 벤 자와 같은 상賞을 주었다. 또한 죄인을 숨겨준 자는 적에게 항복한 자와 같은 벌을 받게 했다. 백성들 중에 두 사람 이상의 성인 남자가 따로 분가分家하지 않은 경우, 두 배의 세금을 내게 했다. 군공軍功이 있는 자는 그 공의 크기를 따져 벼슬을 내렸고, 사사로이 다투는 자는 사안의 경중에 따라 형벌에 처했다. 자신의 본업을 충실히 하여, 농사와 길쌈의 수확이 많으면 부역賦役과 세금을 면제해 주었다. 상업에 종사하지만, 게을러 가난한 자는 전부 체포하여 노비로 삼았다. 비록 종실宗室 집안이라고 하더라도, 군공軍功을 세우지 못한 자는 호적에 올릴 수 없게 했다. 신분의 존비尊卑, 작위爵位와 봉록俸祿의 등급을 명확히 규정하여, 명실상부하게 토지와 가옥의 차등을 매기고, 가신家臣과 노비의 수 그리고 의복의 종류와 형식도 등급에 따라 결정했다. 군공軍功이 있는 자는 영예榮譽를 누리지만, 군공이 없는 자는 설령 부유하다 해도 영예를 누릴 수 없었다.

공손앙이 추진한 개혁의 핵심은 군주를 중심으로 하는 법치체계의 확립이다. 이를 위해 폐쇄적인 씨족질서와 대가족제를 해체하고, 연좌제를 통해 백성들을 철저히 감시, 감독함으로써 군주의 권력을 확대했다. 한편, 세습에 의한 신분제를 철폐하고, 국가에 대한 공헌도를 기준으로 신분 질서를 재정립하여, 백성들의 전투욕구와 신분 상승의 욕구를 부추겨 효율적으로 지배하려고 했다. 공손앙의 이러한 개혁은 효과를 발휘하여 부국강병의 토대를 마련했다.

법령 반포와 운영

법령은 완성되었지만 아직 포고하지는 않았는데, 이는 백성들의 불신不信을 염려했기 때문이다. 이때, 3장丈의 나무를 도성 남문南門에 세우고, 이것을 북문으로 옮겨놓는 자에게 10금金을 준다고 했다. 백성들은 이상하게 여겨 아무도 옮기지 않았다. 그래서 이번에는 옮기는 자에게 50금을 준다고 했다. 그때 어떤 사람이 나무를 옮기자, 그에게 즉시 50금을 주어 백성을 속이지 않는다는 것을 보여주었다. 그러고 나서 법령을 공포했다.

공손앙은 매우 조급하게 백성의 신뢰를 얻으려 했다. 신뢰는 오랜 기간 쌓여서 되는 것이지, 한순간의 이벤트로 얻을 수 있는 것이 아니다. 신뢰에 금이 간 남녀가 한두 번의 이벤트로 신뢰를 회복할 수 있을까? 여전히 공손앙은 급하다.

새로운 법이 시행된 지 1년이 되자, 진나라의 백성들 중 도성에 올라와 새 법령의 부당함을 호소하는 자가 수천 명이었다. 이때, 태자가 법을 위반했다. 이에 공손앙은 "법이 시행되지 못하는 것은 위에서부터 위반하기 때문이다"라고 하며, 법에 따라 태자를 처벌하려고 했다. 그러나 태자는 군주의 뒤를 이어야 하므로 차마 형벌을 가하지 못했고, 그 대신 태자의 태부太傅(태자의 스승)인 공자公子 건虔을 처형하고, 태사太

師 공손고公孫賈를 경형黥刑(이마에 먹물로 글자를 새기는 형벌)에 처했다. 그 다음날부터 진나라의 백성들은 모두 법을 준수했다. 법령이 시행된 지 10년이 되자, 백성들은 크게 기뻐했다. 길에 물건이 떨어져 있어도 주워 가지 않았으며, 산에는 도적이 사라지고, 집집마다 풍족하고 넉넉해졌다. 백성들은 전쟁에 나가 용감했고, 사사로이 다투는 일을 겁냈으며, 고을들은 잘 다스려졌다. 백성 중에, 예전에는 법의 부당함을 말했다가 지금에 와서 법령의 장점을 말하는 자가 있었다. 공손앙은 "이런 자들이 바로 교화教化를 어지럽히는 자들이다"라며 말하고, 그들을 모두 변방 지역으로 이주시켰다. 그 뒤로 백성들은 감히 법에 대해 이러쿵저러쿵 말하지 못했다.

진왕秦王은 공손앙을 대량조大良造(군권을 통솔하는 관직)로 임명했다. 공손앙은 병사를 이끌고, 위魏나라의 도성인 안읍安邑을 포위하여 함락시켰다. 3년 뒤에는 함양咸陽에 궁궐과 궁성宮城을 짓고, 수도를 옹雍에서 함양으로 옮겼다. 그리고 명령을 내려, 백성들 중 부자父子나 형제가 한집안에 사는 것을 금지했다. 작은 향鄕과 읍邑을 하나로 묶어 현縣을 설치하고 현령縣令과 현승縣丞을 두었다. 밭을 개간하여 경계를 넓히고, 세금을 공평하게 부과했으며, 도량형度量衡(길이, 부피, 무게 등의 단위를 재는 법)을 통일했다. 이를 실시한 지 4년이 되었을 때, 공자公子 건虔이 또 법령을 위반하자, 그를 의형劓刑(코를 베는 형벌)으로 처벌했다. 5년이 되자 진나라는 부강해졌다. 그러자 주周나라 천자가 제사에 쓰는 고기를 효공孝公에게 하사하니, 여러 제후들이 모두 축하해주었다.

사마천은 〈태사공자서太史公自序〉에서 공손앙이 "진나라를 강하게 만들고 효공孝公을 패자覇者가 되게 하여, 후세에는 모두 공손앙의 법을 따랐다(彊覇孝公, 後世尊其法)"라고 했다. 이처럼 공손앙의 혁신은 성공을 거두었고, 다른 제후국보다 먼저 부국강병富國强兵을 이룩하여, 진秦나라가 천하를 통일하는데 기초가 되었다. 하지만 혁신의 과정에서 발생하는 문제들은 점점 쌓여갔다.

비열한 수단으로 위나라 군대를 무찌르다

그 다음해, 제齊나라가 마릉馬陵에서 위魏나라 군대를 물리치고, 위나라 태자 신申을 사로잡았으며, 장군 방연龐涓을 죽였다. 이때, 곤손앙이 효공에게 말했다.

"우리 진秦나라에게 있어 위魏나라는, 사람의 배에 난 병病과 같습니다. 위나라가 진나라를 집어 삼키지 않으면, 진나라가 위나라를 쳐부숴야 하는 상황입니다. 그 까닭은 이러하옵니다. 위나라는 우리 진나라와 황하를 경계하고 있으며, 험준한 산맥을 끼고 산동山東 지역의 이득을 독차지하고 있습니다. 자신들에게 유리하다고 판단되면 서쪽에 있는 우리 진나라를 침략하고, 불리하다고 생각되면 동쪽으로 가서 산동 지역을 장악합니다. 지금 진나라는 대왕의 덕으로 강성해졌습니다. 반면 위나라는 지난해 제나라에게 대패하였고 제후들도 등을 돌리고 있으니, 이 기회에 위나라를 정벌할 수 있습니다. 위나라가 우리의 공격을 버텨내지 못하면 분명 동쪽으로 이동할 것입니다. 위나라가 동쪽으로 이동하면, 우리는 위나라의 험난한 지형을 장악하여 동쪽 제후들을 제압할 수 있습니다. 이렇게 된다면, 제왕帝王께서는 대업을 이룰 수 있을 것입니다."

효공은 이를 받아들여, 공손앙으로 하여금 군대를 이끌고 위나라를 치게 했다. 위나라는 공자公子 앙卬을 보내 맞서 싸우게 했다. 두 군대가 서로 대치하고 있을 때, 공손앙은 공자公子 앙卬에게 편지를 보냈다.

"비록 지금은 각자 적국의 장수가 되었지만, 우리는 원래 친숙한 사이입니다. 그래서 나는 차마 그대를 공격할 수가 없습니다. 그러니 공자公子와 직접 만나 맹약을 맺고 즐겁게 술을 마신 후, 군대를 퇴각하여 위魏와 진秦의 관계를 안정되게 하고 싶습니다."

공자 앙은 이 제안을 받아들였다. 두 사람은 맹약을 맺고 술을 마셨다. 그런데 공손앙은 미리 매복시킨 병사들로 하여금 공자 앙을 습격하여 사로잡게 했다. 또한 이 기세를 타고 위나라 군대를 크게 격파하고, 진나라로 돌아왔다. 위나라는 여러 차례 제齊나라와 진秦나라에게 패하여, 국가 재정은 고갈되고 국토는 날로 줄어들었다. 그러자 위왕魏王은 두려운 마음에 진나라에 사신을 보내, 황하 서쪽의 땅을 진나라에게 바치고 강화를 맺었다. 이리하여 위나라는 결국 안읍을 떠나 대량大梁으로 수도를 옮겼다. 위왕魏王이 말했다.

"과인이 이전에 공숙좌의 말을 듣지 않은 것이 한스럽구나."

공손앙이 위나라 군대를 무찌르고 돌아오자, 진나라는 공손앙에게 상으로 봉토封土를 주고 상군商君이라 불렀다.

사마천은, 기만적인 방법으로 전쟁에 승리하는 공손앙의 모습을 그려냄으로써, 그의 각박刻薄하고 비정非情한 성품을 보여주고자 했다.

혁신의 과오過誤

상군商君(공손앙)이 진秦나라의 재상이 된 지 10년이 되자, 군주君主의 종실宗室과 친척 중에 상군商君을 원망하는 사람들이 많아졌다. 진나라에서 은거하는 현자賢者 조량趙良이 상군을 만났는데, 상군은 이렇게 말했다.

"제가 맹난고孟蘭皐의 소개로 그대를 만날 수 있게 되었습니다. 저는 그대와 교분을 맺고 싶은데 허락하시겠습니까?"

"저는 불초不肖하기에 감히 그대의 청請을 들어줄 수가 없습니다. 옛말에, 자신이 있어야 할 자리가 아닌데 머무는 것을 탐위貪位라 하고, 어울리지 않는 명성名聲을 지니고 있는 것을 탐명貪名이라고 합니다. 제가 그대의 청을 들어주는 것이, 탐위貪位와 탐명貪名이 될까 두렵습니다. 그러니 청을 들어줄 수가 없습니다."

"그대는 내가 진나라를 통치하는 것이 마음에 들지 않습니까?"

"남의 말을 귀 담아 듣는 것을 총聽이라 하고, 마음의 눈으로 보는 것을 명明이라 하며, 자신을 억제하는 것을 강强이라고 합니다. 순舜임금은 스스로 낮추면 더욱 더 높아진다고 했습니다. 그대는 저에게 묻지 말고, 순임금의 도道를 행해야 할 것입니다."

그러자 상군이 또 말하였다.

"원래 진나라는, 오랑캐의 풍속을 따라 부자간에 구별 없이 한 방에서 살았습니다. 하지만 지금은 제가 그 풍습을 바꿔 남녀의 구별이 있게 했고, 궁궐을 지어 노魯나라나 위衛나라처럼 다스렸습니다. 그대가 보기에, 내가 진나라를 다스리는 것이 백리해百里奚(진秦 목공穆公을 도와 진秦나라를 부흥시킨 인물)와 비교하여 누가 더 낫습니까?"

조량이 말했다.

"천 마리의 양가죽은 한 마리 여우의 겨드랑이 털만 못합니다. 천 명의 아부阿附는 한 명이 직언直言보다 못합니다. 주周 무왕武王은 신하들의 직언 때문에 흥성했고, 은殷 주왕紂王은 신하들의 직언을 막아 망했습니다. 그대가 만약 무왕武王의 방식이 틀렸다고 생각하지 않는다면, 제가 하루 종일 직언을 해도 죽이지 않을 수 있겠습니까?"

상군이 말했다.

"꾸미는 말은 화려하기만 하고, 진실된 말은 속이 차 있으며, 쓴 말은 약藥이 되고, 달콤한 말은 병病이 된다고 했습니다. 선생께서 종일 바른 말을 해주신다면 저에게는 약이 되는 것입니다. 저는 선생님을 섬기려 하는데, 어찌 사양하십니까?"

조량이 말했다.

"백리해百里奚는 형荊 땅의 보잘것없는 사람이었습니다. 진秦 목공穆公은 백리해가 능력이 있다는 말을 듣고 만나기를 원했지만, 그는 여비旅費가 없어 남루한 옷을 입고 소 키우는 일을 했습니다. 1년이 지나, 목공은 이 사실을 알고 그를 소 키우는 사람의 신분에서 만백성의 윗자리로 끌어올렸지만, 진秦나라에서는 감히 불만을 품은 자가 없었습니다. 그가 진秦나라의 재상이 된 지 6, 7년이 지나, 동쪽으로 정鄭나라를 쳤고, 세 번이나 진晉나라의 군주를 옹립하는데 힘을 실어주었으며, 한

차례 초楚나라의 위기를 구해주었습니다. 그가 진나라에서 교화敎化를 펼치자, 파巴 지역 백성들까지 와서 공물貢物을 바쳤습니다. 또한 제후들에게 은덕을 베풀자, 사방의 오랑캐가 와서 복종했습니다. 유여由余도 소문을 듣고 진나라의 관문을 두드려 뵙기를 청했습니다. 백리해는 진秦나라의 재상이 된 후, 힘들어도 수레에 앉지 않았으며, 더워도 수레 덮개를 씌우지 않았습니다. 국내를 시찰할 때는, 수행원을 거느리지 않고 무기를 지닌 호위병도 따르게 하지 않았습니다. 그는 공로와 명예를 쌓았고, 그 덕행은 후세까지 전해졌습니다. 백리해가 죽자, 진나라의 백성들은 눈물을 흘렸고, 아이들은 노래를 부르지 않았으며, 절구질을 할 때도 저가杵歌(노동요)를 부르지 않았습니다. 이것이 백리해의 덕德입니다.

그런데 그대는 진왕秦王을 뵈었을 때, 환관인 경감景監의 소개를 거쳤으니 이는 명예로운 행동이 아닙니다. 또한 진나라의 재상이 되었을 때, 백성을 돌보지 않고 대대적으로 궁궐을 지었으니, 이것은 공적功績이 되지 못합니다. 태자의 선생을 처형하고 경형黥刑을 내리며 가혹한 형벌로 백성을 살상했으니, 이는 원한을 사고 화禍를 부르는 행위입니다. 그대의 명령은 군왕君王보다 강하며, 백성들은 군왕보다 그대의 명령을 더 신속하게 따릅니다. 지금 그대는 권위를 세우려고 법도를 바꾸고 있는데, 이것은 백성을 교화하는 것이 아닙니다. 그대는 또한 자신을 과인寡人(군주가 자신을 칭하는 말)이라 칭하고, 날마다 진나라의 귀공자를 법으로 처단하고 있습니다. 《시경詩經》에는 '쥐에게도 체면이 있는데, 사람이 예의가 없구나. 사람으로서 예의가 없으면 어떻게 일찍 죽지 않을 수 있겠는가!'라고 했습니다. 이것을 보면, 그대는 장수長壽를 누리기는 어렵습니다. 공자公子 건虔은 의형劓刑을 당한 후 8년 동안 문 밖을 나오지 않았는데도, 그대는 또 다시 축환祝歡을 사형시키고 공손고를 경형黥刑에 처했습니다. 《시경詩經》에 이르기를 '인심을 얻는 자는 흥興하고, 인심을 잃는 자는 망亡한다'고 했습니다. 이것을 보면, 그대는 인심을 얻지 못했습니다. 그대는 외출할 때, 수레 열 대와 무장 병사까지 거느리고 있습니다. 건장한 무사를 옆에 태우고, 창을 든 자가 수레 옆에 붙어 다닙니다. 이 중 하나도 구비되지 않으면 그대는 외출하지 않습니다. 《서경書經》에서는 '덕德을 믿는 자는 번창하고, 힘을 믿는 자는 망한다'라고 했는데, 그대는 지금 아침 이슬처럼 위태로우니 어찌 장수長壽하기를 바라십니까? 그대는 이제라도 봉지封地를 돌려주고 시골에서 농사나 짓는 것은 어떻습니까? 아니면 은거하는 현인賢人을 진왕秦王에게 추천하고, 노인을 봉양하고 고아를 기르며 부형父兄을 공경하십시오. 또 공功이 있는 이들에게 벼슬을 주고, 덕德이 있는 사람을 존중하십시오. 그렇게 한다면 마음이 조금은 편할 것입니다. 하지만 그대는 아직도 부유함을 탐내고 정사政事를 마음대로 하여, 백성들의 원한을 사고 계십니다. 진왕秦王이 세상을 떠나게 되면, 진나라에서 당신을 처단하려는 사람들이 한두 명이 아닐 것입니다. 그러니 그대가 망하는 것은 시간문제입니다."

그러나 상군은 이 말을 따르지 않았다.

조량趙良은 유가儒家를 대변하는 인물이다. 조량이 상군을 질책하는 말은, 유가儒家 입장에서 본 법가法家의 단점이다.

상군의 비참한 최후

이로부터 다섯 달 후, 진秦나라 효공孝公이 죽고 태자太子가 뒤를 이었다. 그러자 공자公子 건虔의 무리는 상군이 진나라를 모반하려 한다고 고발하고, 관리를 보내어 상군을 잡으려고 했다. 상군은 도망가 변경에 이르러 여관에 묵으려고 했다. 여관 주인은 그가 상군이라는 것을 알지 못하고 이렇게 말했다.

"상군商君의 법에, 여권旅卷이 없는 사람을 투숙하게 하면 연좌되어 벌을 받게 됩니다."

상군은 한숨을 쉬며 말했다.

"아! 변법變法의 폐단이 나에게까지 미치게 되었구나."

상군은 그곳을 떠나 위魏나라로 갔다. 위나라 사람들은, 상군이 예전에 공자 앙卬을 속여 위나라 군대를 격파한 것을 원망하였으므로 그를 받아주지 않았다. 그래서 상군이 다른 나라로 가려고 하자 위나라 사람들이 말했다.

"상군은 진秦나라의 적敵이다. 진나라는 막강한데 그 적이 위나라로 들어왔으니, 그를 다시 돌려보내지 않으면 안 된다."

그리하여 그를 다시 진나라로 돌려보냈다. 진나라로 돌아온 상군은, 상읍商邑으로 가 따르는 무리들과 함께 병사들을 징발했다. 그리고 북쪽으로 가서 정鄭나라를 쳤다. 진나라는 군사를 보내 정나라의 민지黽池에서 그를 죽였다. 진秦 혜왕惠王은 상군을 거열형車裂刑(사지를 수레에 묶어 찢어 죽이는 형벌)에 처하며 말했다. "상앙처럼 배반하지 마라!" 그런 다음 상군의 일족一族을 멸했다.

여관 주인의 말을 통해, 사마천은 상군이 자신이 만든 법에 의해 스스로 발목이 잡혔음을 보여준다. 이 장면은 사마천의 상상에서 나온 것이라고 학자들은 말한다.

사마천은 말한다.

"상군商君은 성품이 각박한 사람이다. 그가 자리를 얻으려고 효공孝公에게 제왕帝王의 통치술을 설명한 것을 보면, 그저 허황된 말일 뿐이며 내실內實이 있는 것은 아니다. 또 군주의 측근을 통해 벼슬을 얻었고, 공자公子 건虔을 처형했으며, 위나라의 장군 앙卬을 속였으며, 조량趙良의 충고를 따르지 않았다. 이는 상군에게 정情이 없고 각박하다는 것을 보여주기 충분하다. 나는 일찍이 상군이 저술한 〈개새開塞〉와 〈경전耕戰〉을 읽었는데, 그 내용이 상군의 행실과 비슷했다. 상군이 결국 진나라에서 악명惡名이 높았던 것은 그만한 이유가 있었던 것이다."

사마천은 상군의 변법變法과 혁신은 긍정하고 있지만, 기본적으로 법가法家에 대해 비판적이다. 그래서 그의 비참한 죽음의 원인을 비정하고 각박한 성품으로 귀결시켰다. 원인과 결과의 연결이 어딘가 어색하다.

상군은 유능한 헬스트레이너와 같다. 효공이 다이어트를 원했을 때, 상군은 식단 조절과 운동을 골자骨子로 하는 장기간의 체질 개선의 계획을 제시했다. 효공은 시큰둥했다. 몇 차례의 협상을 거쳐, 단기간 바짝 당기는 다이어트를 하는 것으로 합의하고 효공에게 고용됐다. 단기간 효과를 내지 못하면 고액의 일자리를 놓칠 수 있는 상황이다. 이 때문에 상군의 관심은 온통 효공의 체중 감량에만 집중되어 있었다. 수단과 방법을 가리지 않고 급하게 체중을 줄이는 데 온 힘을 다했다. 체중은 줄었고 계획은 성공했다. 하지만 무리한 다이어트로 인해, 효공의 몸은 이상증세를 보였고 이내 요요도 찾아왔다. 결국 온갖 비난을 받으면서 상군은 해고됐다.

상군의 혁신은 잠시 성공했지만, 그는 비참하게 죽고 말았다. 도대체 무엇이 잘못 되었기 때문일까? 상군이 처음 효공에게 오제삼왕五帝三王의 도道를 설명한 것을 보면, 그는 분명 장기간의 혁신을 원했던 것으로 보인다. 하지만 효공이 단기간의 효과를 원했기 때문에, 상군은 그에 맞춰 급하게 혁신을 추진했다. 백성과 혁신의 공감대를 형성하는 것은 생략되었고, 백성을 우둔한 무리로 인식하여 소를 몰 듯 다급히 몰아붙였다. 또한 혁신을 반대하는 권력층 역시 엄격한 법으로 처단하면서 공분公憤을 샀다. 외형적으로 사회는 안정되었으나 지층地層의 불만이 들끓었다. 결국 효공이 죽자, 그는 반대파에 의해 쫓기고 거열형의 비참한 말로를 맞이한 것이다.

한 사람의 체질 개선도 긴 시간이 필요한데, 하물며 국가 조직은 어떠하겠는가? 단기간의 혁신은 그저 외적인 변화에 치우칠 수밖에 없다. 이유 없이 시들어가는 화초를 보고, 죽은 잎을 떼어낸다고 해서 화초가 살아나는 것은 아니다. 자꾸 체하는 아이에게 소화제만 먹일 일이 아닌 것이다. 흙을 갈아엎거나 정밀 진단을 받아 근본적인 문제를 해결해야 한다. 문제는 시간과 돈이다. 국가나 조직에 혁신이 필요하다면, 그 근본적인 문제를 진단하고 긴 시간 변화하려고 노력해야 한다. 단순히 제도 개선만으로 성급하게 효과를 보려 한다면, 변화의 노력은 거열형에 처해지듯 산산이 조각 날 수 있다.

張儀列傳

제4장

국제 로비스트의 판매 전략

— 장의열전

들어가며

TV 홈쇼핑 프로를 보면 쉽게 유혹에 빠진다. 쇼호스트가 높은 목소리 톤으로 연신 상품에 대한 찬사를 늘어놓을 때 평정심이 깨진다. 어법에도 맞지 않는 "너무 좋다"를 연발하거나, "이건 무조건 사야 한다"는 애교스러운 강매의 말투, "안 사면 후회"라는 엄포 속에서 마음이 조금씩 흔들린다. 저렴한 가격과 원플러스원의 유혹에 빠져, 결국 핸드폰을 꺼내 구매 전화를 건다. 하지만 배달된 상품이 생각했던 것과 달라 반품할 때가 많다. 평정심이 깨졌던 것을 후회했건만, 다른 날이 되면 또 쉽게 동일한 유혹에 빠진다. 쇼호스트는 정말 사람을 홀리게 하는 탁월한 기술이 있는 듯하다. 후회할 수 있는 선택을 동일하게 반복하게 하니 말이다.

〈장의열전〉의 주인공 장의張儀는 전국시대戰國時代에 제후국을 돌며 자신의 외교적 아이디어를 판매했던 사람이다. 가히 오늘날의 국제 로비스트에 견줄 만 하다. 그는 쇼호스트처럼 카메라 앞에서 상품을 소개하지는 않았지만, 소비자의 마음을 다양한 방법으로 흔들어 구매를 결정하게 했다는 점에서 동일하다. 여기서 소개할 내용은, 장의가 제후국 군주들의 마음을 흔들어 놓은 방법이다.

춘추시대에는 주周나라 천자天子가 중앙을 다스리고, 지방은 제후들에게 나눠주어 다스리게 하는 봉건封建제 사회였다. 그러다가 천자天子의 영향력이 점차 약해지고 제후들의 세력이 강해지면서 문제가 발생했다. 이때 제후의 우두머리 격인 패자霸者가 등장하여, 천자天子의 권위를 인정해주고 천하의 질서를 유지했다. 그러다가 전국시대戰國時代가 되면서 패자霸者 역시 사라지고, 모든 것은 힘의 논리로 지배되었다. 제후국 안에서는 쿠데타, 암살, 권력 전복이 비일비재非一非再하게 일어났고, 제후국 간間의 전쟁이 빈번하게 발발했으며, 약육강식弱肉强食이 판을 치니 제후국들은 살아남기 위해, 저마다 부국강병富國强兵을 금과옥조金科玉條로 여기고 있었다. 이때 필요한 것은 외교술이다. 제후국들은 타국과의 연대가 필요했다. 이런 수요를 근거로 제후국 간의 동맹을 성사시켜주고, 작위爵位를 받아 권력을 누리는 사람들이 생겨났다. 그 대표적인 인물이 소진蘇秦과 장의張儀다. 소진蘇秦은 당시 가장 강성했던 진秦에 맞서기 위해, 초楚, 연燕, 제齊, 한韓, 위魏, 조趙의 6국을 동맹국으로 하는 합종책合從策을 펼쳐 성공했다. 소진의 합종合從으로 인해 6대 1의 구도가 형성되어, 진秦은 함부로 6국을 치지 못했다. 그 이후에 등장한 인물이 장의張儀다. 장의는 합종合從을 깨고, 6국이 모두 진秦을 섬기게 하는 연횡책連橫策을 성공시켰다. 전국시대에는 소진과 장의 같은 로비스트들이 많았는데, 이들을 통칭하여 종횡가縱橫家라고 한다. 합종연횡의 줄인 말이다. 흥미로운 것은 소진과 장의가 모두 같은 선생에게 동문수학同門受學한 친구라는 것이다. 이 두 사람은, 전국시대 7국의 재상을 겸하면서 권력을 휘두르고 군주君主까지 벌벌 떨게 했으니, 그 세력은 가히 대단했다. 쇼호스트들은 단지 TV 앞 시청자의 마음을 흔들었을 뿐이지만, 그들은 천하를 흔들었다. 그렇다면 장의는 어떤 판매 전략을 사용했는지 살펴보자.

비천한 신분의 장의張儀

장의張儀는 위魏나라 사람이다. 일찍이 소진蘇秦과 함께 귀곡선생鬼谷先生을 스승으로 모시고 유세술遊說術을 배웠는데, 소진은 자신이 장의의 능력에 미치지 못한다고 여겼다.

장의는 공부를 마치고 제후들을 찾아다니며 유세했다. 어느 날 초楚나라 재상과 술을 마셨는데, 술자리가 끝난 후 초나라 재상의 벽옥璧玉이 없어졌다. 그 집 사람들은 장의를 의심했다.

"장의는 가난한 데다 행실도 좋지 않으니, 그가 훔쳐간 것이 분명합니다."

그들은 장의를 붙잡아서 수백 대의 매질을 했지만, 장의는 인정하지 않았다. 그래서 어쩔 수 없이 장의를 풀어주었다. 장의가 맞고 온 것을 보고, 그의 아내가 말했다.

"아이고. 당신이 그 공부만 하지 않았으면, 어찌 이런 모욕을 당했겠소!"

장의는 아내에게 말했다.

"내 혀는 제대로 붙어 있소?"

아내가 웃으면서 그렇다고 했더니, 장의가 "그럼 됐소"라고 했다.

소진蘇秦이 장의張儀를 돕다

이 당시 소진은, 이미 조왕趙王을 설득하여 합종合縱을 성공시켰다. 그러나 진秦이 제후들을 공격하자, 소진은 자신의 합종책이 깨질까 두려웠다. 아무리 생각해도 진秦에서 힘이 되어줄 만한 사람이 떠오르지 않았다. 마침내 그는 장의를 생각해냈고, 몰래 사람을 보내 넌지시 장의에게 이렇게 권유하도록 했다.

"선생은 소진과 친한 사이입니다. 지금 소진이 조趙나라에서 권력을 잡고 있는데, 어째서 그를 찾아가 도움을 청하지 않으십니까?"

이 말을 들은 장의는 조趙나라로 가서 소진에게 만나주기를 청했다. 소진은 그를 들여보내지 말라고 아랫사람에게 당부하는 한편, 며칠 동안 떠나지도 못하게 했다. 얼마 후, 소진은 장의를 만나주었는데, 그를 당堂 아래에 앉게 하고 하인들이나 먹는 음식을 주었다. 그리고 장의를 질책하며 말했다.

"자네 같은 유능한 사람이 이런 곳에서 굴욕을 당하고 있다니 참으로 안타깝소. 내가 군주께 추천하여 자네를 부귀富貴하게 해줄 수는 있지만, 자네는 감당하지 못할 걸세."

말을 마치고 소진은 떠났다. 장의는 조趙나라에 올 때, 소진이 도움을 줄 것이라 생각했는데, 도리어 모욕을 당하니 화가 치밀어 올랐다. 장의는 제후들 중 섬길만한 군왕은 없었지만, 그래도 진秦나라만이 소진이 재상으로 있는 조趙나라를 괴롭힐 수 있다고 여겨 진秦나라로 갔다. 장의가 떠나자, 소진은 바로 가신家臣에게 말했다.

"장의는 뛰어난 사람이라 나도 그에게 미치지 못하네. 난 그저 운좋게 그보다 먼저 등용되었지만, 앞으로 진秦의 실권을 잡을 사람은 장의뿐이네. 하지만 장의는 지금 가난하여 등용될 방법이 없네. 나는 그가 작은 이익에 빠져 큰 뜻을 이루지 못할까 염려되어, 일부러 그를 불러 모욕을 주고 그의 의지를 진작振作시킨 것일세. 자네가 나 대신 몰래 그를 보살펴주게나."

소진은 조왕趙王에게 황금, 비단, 거마車馬를 요청해서 받고, 이를 가신에게 주었다. 그리고 가신을 보내 몰래 장의를 따라가 같은 객사客舍에 묵으면서, 그에게 접근하여 거마車馬와 금전을 제공하게 했다. 하지만 자신이 도와주었다는 사실을 알리지 말라고 했다. 장의는 마침내 진秦 혜왕惠王을 만날 수 있게 되었고, 혜왕惠王은 그를 객경客卿으로 삼아, 그와 함께 제후국들을 정벌할 일을 의논했다.

소진의 가신家臣이 장의에게 하직하고 떠나려하자, 장의가 말했다.

"당신의 도움으로 성공하여 이제 그 은혜에 보답하고자 하는데, 어찌 떠나려는 것이오?"

"저는 선생을 잘 알지 못합니다. 선생의 능력을 알아주신 분은 소군蘇君(소진蘇秦)입니다. 소군께서는 진秦이 조趙를 공격하여 합종이 깨질 것을 걱정하면서, 선생이 아니면 진秦의 권력을 잡을 사람이 없다고 여기셨습니다. 그래서 일부러 선생을 격발激發시키고, 저를 몰래 보내 선생에게 필요한 물자를 제공해 드리도록 했습니다. 이 모두가 소군의 계책이었습니다. 이제 선생께서 등용되셨으니 저는 돌아가겠습니다."

"아! 그런 계책은 이미 배운 것인데도 알아차리지 못했소. 나의 지략이 분명 소진에게 미치지 못하는 구려. 이제 내가 새로 등용되었지만, 어찌 소진이 있는 조趙나라를 정벌할 계책을 꾸밀 수 있겠소? 소군蘇君께 고맙다고 전해주시고, 소군蘇君이 살아 있는 한 내가 무슨 말을 할 수 있겠으며, 소군이 재상으로 있는 한 내가 감히 무슨 일을 할 수 있겠냐고 대신 말을 전해주시오."

고의로 상대방을 격발시키는 것은 잠시 큰 효과를 볼 수 있을 것이다. 하지만 증오와 분노를 성공의 에너지로 쓴다는 것은 바람직하지 않다. 소진은 왜 진심을 담아 장의를 일깨워주지 않고 이런 방법을 써야만 했을까? 소진이 배운 것은, 사람의 심리를 이용하는 술책이니 배운 대로 써먹은 것이 아닐까?

진나라의 재상이 되다

진秦나라 혜왕惠王 10년, 공자公子 화華와 장의가 위나라의 포양蒲陽을 함락 시켰다. 장의는 진왕秦王을 설득하여, 이 땅을 다시 위魏에게 돌려주고, 진秦의 공자公子 한 명을 위魏나라에 볼모로 보냈다. 그리고 장의는 위왕魏王에게 가서 이렇게 말했다.

"진왕秦王이 위魏를 이처럼 후厚하게 대우하시니, 위왕魏王께서도 사례가 없어서는 안 될 것입니다."

그러자 위왕魏王은 위나라 땅 일부를 진나라에 바치고 진왕秦王에게 사례했다. 이 일로, 진왕秦王은 장의를 재상으로 삼았다.

장의는 진나라 재상이 된 다음, 격문檄文의 형식으로 글을 써서 초나라 재상에게 고告했다.

"지난날 내가 그대와 술을 마실 때, 나는 그대의 벽옥을 훔치지 않았는데 그대는 나에게 매질을 했도다. 이제 그대는 그대의 나라를 잘 지키시오. 나는 당신의 성城을 훔칠 것이오."

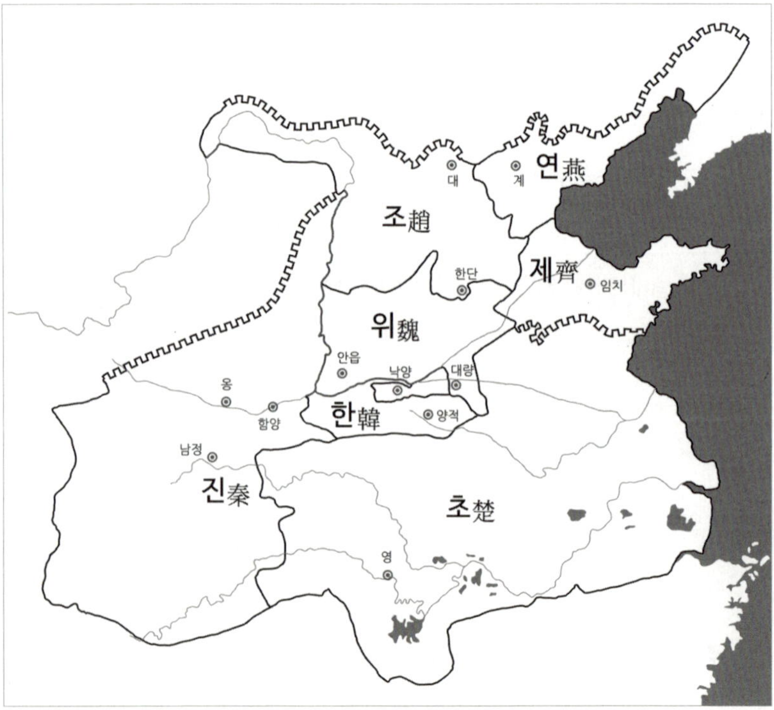

전국시대 말기 7국 지형도

위왕魏王 설득: 면밀한 소비자 분석

장의가 진秦의 재상이 된 지 4년 만에, 진秦은 후侯의 칭호를 버리고 왕王이라고 칭했다. 다시 1년이 지나서, 장의는 진秦의 장수가 되어 섬陝 지역을 빼앗고 상군上郡에 요새를 쌓았다. 2년 후, 장의는 사신으로 파견되어, 제齊, 초楚의 재상들과 설상齧桑에서 회동會同했다. 일을 마치고 돌아온 후, 진秦나라의 재상을 사직하고, 위魏나라의 재상이 되어 진秦을 위해 일했다. 장의는 위魏가 먼저 진秦을 섬기게 하여, 다른 제후들도 이를 본받게 하려고 했다. 그러나 위왕魏王은 장의의 의견을 따르려 하지 않았다. 진왕秦王은 노怒하여, 곡옥曲沃과 평주平周를 빼앗고, 은밀하게 장의를 더욱 후대厚待했다. 장의는 위왕魏王을 설득하지 못하자, 면목이 없어서 진나라에 돌아가지 못했다. 장의가 위나라에 머문 지 4년 만에, 위魏의 양왕襄王이 죽고 애왕哀王이 즉위했다. 장의는 다시 진나라를 섬기라고 애왕哀王을 설득했지만, 애왕哀王도 듣지 않았다. 그래서 장의는 몰래 진秦으로 하여금 위魏를 치게 했고, 위魏는 진秦과 싸워 패했다. 이듬해, 또 제齊가 위魏를 공격하여 위魏의 군대를 격파했다. 진秦은 다시 위魏를 치려는 목적으로, 먼저 한韓나라의 군대를 깨뜨리고 8만 명의 목을 베니 제후들이 몹시 두려워했다.

장의는 모국母國인 위魏나라에 재상이 되었지만, 그의 목적은 위왕魏王을 설득하여 진秦을 섬기게 하는 것이다. 그런데 위왕魏王이 자신의 의견을 따르지 않자, 타국인 진秦의 병력을 동원하여 모국母國인 위魏를 공격하게 했다. 자기 회사의 약을 팔기 위해, 환자를 더 아프게 해서 사지 않으면 안 되는 상황으로 몰고 가는 격이다.

장의는 다시 위왕魏王을 설득했다.

"위나라는 국토가 사방 천리千里가 못 되고, 군사는 30만 명에 지나지 않습니다. 국토는 평지라서 제후들이 사방에서 공격할 수 있습니다.

명산대천名山大川이 적병敵兵을 가로막아 주지 못하니, 신정新鄭에서 수도 대량大梁에 이르는 200여 리는 수레를 타거나 사람이 내달리면 힘들이지 않고도 도달할 수 있습니다. 위나라의 남쪽은 초楚와 국경을 맞대고 있고, 서쪽은 한韓, 북쪽은 조趙, 동쪽은 제齊와 접경하고 있습니다. 그러니 사방을 수비하는 병력이 10만은 넘어야 지킬 수 있습니다. 위魏의 지세地勢는 본래부터 전쟁터입니다. 남쪽의 초楚와 동맹하면서 제齊와 동맹하지 않으면, 제齊가 동쪽을 칠 것입니다. 동쪽의 제齊와 동맹하면서 조趙와 동맹하지 않으면, 조趙가 북쪽을 공격할 것입니다. 또 한韓과 하나가 되지 않으면 한韓이 서쪽을 칠 것이고, 초楚와 화친하지 않으면 초楚가 남쪽을 공격할 것입니다. 이것이 이른바 사분오열四分五裂의 지세地勢라는 것입니다. 합종책合從策을 따르는 제후들은, 합종의 맹약을 맺어 사직社稷을 편안하게 하고, 군주의 존엄을 높이며 강한 군대를 과시하려 합니다. 합종책合從策을 따르는 자들은, 제후국과 형제의 의義를 맺고 백마白馬를 잡아 맹약하며, 서로 굳건하게 지키자고 약속했습니다. 그러나 같은 부모에게서 난 형제도 재물을 놓고 다투거늘 하물며 사기꾼인 소진蘇秦의 합종을 신뢰하고 있으니, 이는 분명 실패할 것입니다.

대왕께서 진秦을 섬기지 않으면, 진秦이 군대를 동원해 하외河外를 치고, 위衛를 협박하여 양진陽晉을 빼앗을 것입니다. 그렇게 되면 조趙는 남쪽으로 내려오지 못합니다. 조趙의 군대가 남하南下하지 못하면 위魏도 북상北上하지 못합니다. 위魏가 북상하지 못하면 합종의 맹약은 끊어지는 것입니다. 합종이 끊어지면 대왕의 나라는 위태로울 수밖에 없습니다. 진秦이 한韓을 꺾고 위魏를 친다면, 한韓은 진秦을 두려워하여 진秦과 한韓이 같은 편이 될 것이니, 그렇게 되면 위魏의 멸망은 시간문제입니다. 저는 대왕을 위해 이 점을 걱정하는 것입니다.

대왕에게 있어 최고의 계책은 진秦을 섬기는 것입니다. 진秦을 섬기면, 초楚와 한韓은 감히 병력을 움직이지 못할 것입니다. 초楚와 한韓에 대한 걱정이 없으면, 대왕께서는 발을 뻗고 편안히 주무실 수 있으며,

나라는 우환이 없을 것입니다. 진秦이 가장 약화시키고자 하는 나라는 초楚인데, 초楚를 공격할 수 있는 나라는 바로 위魏입니다. 초楚는 부유하고 강대하다고 하나, 사실 실속은 없습니다. 초楚의 군사는 그 수가 많지만, 전쟁에 지면 쉽게 달아나기 때문에 전쟁을 오래 지속하지 못합니다. 위魏의 군대를 모두 동원하여 남쪽 초楚를 친다면 분명 승리할 것입니다. 초楚가 위魏에게 땅을 바치게 하고, 초楚를 약화시켜 진秦을 섬기는 것은, 화禍를 타국에 떠넘겨 위魏를 편안하게 하는 길이니, 어찌 좋은 일이 아니겠습니까! 대왕께서 저의 말을 듣지 않으시면, 진秦은 군대를 내어 위魏의 동쪽을 칠 것이니, 그때가 되면, 진秦을 섬기려 해도 이미 늦습니다."

이 말을 듣고 위왕魏王은 합종의 맹약을 깨고, 장의를 통해 진秦에게 화친을 청했다. 장의는 진秦으로 돌아와 다시 재상이 되었다. 하지만 3년 뒤, 위魏는 다시 진秦을 배반하고 합종을 따랐다. 그러자 진秦은 위魏를 쳐서 곡옥曲沃을 빼앗았다. 그랬더니 이듬해, 위魏는 다시 진秦을 섬겼다.

장의는 위나라의 지형과 특색뿐만 아니라, 타국과의 관계 속에서 불리한 요소 등을 꿰뚫어 알고 있다. 소비자의 수요 파악은 상품 판매의 기본이다. 장의는 판매 영업의 기본을 지키고 있다. 다만, 그들의 약점을 파고들어가 구매를 자극한다는 측면에서 도덕적이지 않다.

초왕楚王 설득 : 환상을 심어줘라

진秦이 제齊를 치려고 하자, 제齊와 초楚가 합종을 맺었다. 이때 장의는 초楚로 가서 재상이 되었다. 초楚 회왕懷王은 장의가 온다는 소식을 듣고, 상등上等의 객사客舍를 비워두고 몸소 그를 안내하였다. 초왕이 장의에게 말했다.

"초楚는 구석지고 누추한 나라입니다. 선생께서 이곳까지 오셨으니 저에게 무슨 가르침을 주시겠습니까?"

장의는 초왕楚王을 설득했다.

"대왕께서 저의 말을 들으시고 제齊와의 합종을 끊어버린다면, 저는 상오商於의 땅 600리를 초楚에 바치고, 진秦의 공주를 대왕의 시첩侍妾이 되게 할 것입니다. 진秦과 초楚가 혼례를 통해 오래도록 형제가 된다면, 이는 북쪽으로는 제齊를 약화시키고 서쪽으로는 진秦에 도움이 되는 것이니, 이보다 더 좋은 계책은 없습니다."

초왕은 매우 기뻐하여 이를 허락했다. 여러 신하들도 모두 축하했지만, 진진陳軫만이 이것을 우려했다. 초왕이 화를 내며 말했다.

"과인이 전쟁을 일으키지 않고도 600리의 땅을 얻게 되어 신하들이 모두 축하하는데, 어찌 그대만 걱정하는 것이오?"

진진이 대답했다.

"그렇지 않습니다. 신이 보기에 진秦은 상오商於의 땅을 주지 않을 것이며, 제齊와 진秦은 힘을 합치게 될 것입니다. 그렇게 되면 분명 환란患亂이 도래할 것입니다." 이에 초왕은 "어떤 근거로 그렇게 생각하는 것인가?"라고 물으니 진진이 대답했다.

"진秦이 우리 초楚나라를 중시하는 이유는, 초楚와 제齊가 화친하고 있기 때문입니다. 만약 제齊와의 합종을 끊어버리면 우리 초楚는 고립됩니다. 진秦이 고립된 나라에서 얻을 것이 뭐가 있다고 상오商於의 땅 600리를 주겠습니까? 장의는 진秦에 도착하면 분명 대왕을 저버릴 것입니다. 이는 고생을 사서하는 격입니다. 우리가 제齊와의 관계를 끊고 고립되면, 진秦과 제齊는 맹약을 맺고 우리를 쳐들어올 것이 분명합니다. 대왕을 위한 최선의 계책은, 겉으로 제齊와의 관계를 끊는 척하면서 몰래 제齊와 연합하는 것입니다. 장의에게 사람을 딸려 보내서 과연 우리에게 땅을 준다면, 그 다음에 제齊와의 관계를 끊더라도 늦지 않습니다. 그렇게 하면 설사 진秦이 땅을 주지 않는다 해도, 우리는 제齊와의 협력을 이어갈 수 있습니다."

초왕은 "공公은 입 다물고 과인이 땅을 얻는 것이나 기다리시오"라고 했다. 이에 초왕楚王은, 초나라 재상의 인印(도장)을 장의에게 주고 예물을 후하게 내렸다. 초楚는 결국 제齊와의 맹약을 끊었고, 장군 한 사람을 장의에게 딸려 보냈다.

장의는 진나라에 도착하자, 거짓으로 수레 줄을 놓쳐 수레에서 떨어진 척하며 3개월 동안 조정에 나가지 않았다. 초왕은 그 소문을 듣고 "제齊와의 단교斷交로는 부족하다고 여겨 장의가 저렇게 소극적으로 나오는 것인가?"라고 말하고, 용맹한 군사를 제나라로 보내, 공공연하게 제왕齊王을 비난하게 했다. 그러자 제왕은 몹시 화를 내면서 초楚와의 관계를 끊고 진秦에게 고개를 숙였다. 진秦과 제齊의 외교가 성사되자, 장의는 비로소 조정에 나아가 초楚의 사신에게 말했다.

"신臣의 봉토 6리를 초왕께 바치고자 합니다."

초楚의 사신이 말했다.

"제가 군왕께 명령을 받은 것은 상오商於의 땅 600리입니다. 6리라니 무슨 말씀입니까?"

사신이 초나라로 돌아가 왕에게 보고하니, 초왕은 몹시 화를 냈고, 바로 군사를 일으켜 진나라를 치려고 했다. 그러자 진진이 아뢰었다.

"신이 말씀을 올려도 되겠습니까? 진秦을 치는 것보다 땅을 떼어 진秦에게 뇌물로 주고, 진秦과 함께 제齊를 치는 것이 낫습니다. 그렇게 되면 진秦에게 떼어준 땅을 제齊에게서 보상받는 것이니, 그래도 우리 초楚나라를 보존할 수 있습니다."

초왕은 이 말을 듣지 않고 군사를 일으켜 진秦을 치게 했다. 진秦은 제齊와 연합하고 초楚를 공격하여 8만 명을 벴고, 단양丹陽과 한중漢中의 땅을 빼앗았다. 그러자 초楚는 더 많은 군사를 일으켜 진秦을 습격했다. 남전藍田에 이르러 큰 전투를 벌였으나 초楚는 다시 크게 패했다. 결국 초楚는 두 개의 성을 내주고 진秦과 강화했다.

장의는 구매를 통해 얻을 수 있는 이득을 초왕에게 설명한다. 600리의 땅과 진秦의 아리따운 공주는 초왕楚王에게 환상을 심어준다. 환상이 심어지면 비판적인 생각은 고개를 들지 못한다. 신하들의 반대에도 불구하고 장의의 말대로 했다가, 초왕은 결국 제齊나라와 원수가 되었으며, 전투에 져서 영토까지 빼앗겼다.

두 번째 초왕楚王 설득 : 미래를 보여줘라

진秦이 초楚의 검중黔中의 땅을 얻고 싶어, 진秦의 무관武關과 바꾸기를 요구했다. 초왕楚王은 "땅을 맞바꾸고 싶지 않소. 장의를 보내주신다면 검중의 땅을 그냥 바치겠소"라고 했다. 진왕秦王은 장의를 보내고 싶었지만, 장의가 초나라에 가면 분명 죽임을 당할 것이라 생각하고 차마 말을 꺼내지 못했다. 장의가 가기를 자청하니, 진왕秦王이 말했다.

"초왕은 그대가 상오商於의 땅을 주기로 한 약속을 저버린 것에 화가 나 있소. 그대를 보내라고 한 것은, 그대에 대한 원한을 갚으려는 것이오."

장의가 말했다.

"신은 초나라 근상靳尙과 친합니다. 근상은 초왕의 부인夫人인 정수鄭袖를 섬기고 있는데, 그녀의 말이라면 초왕은 모두 들어줍니다. 또 신은 대왕의 부절符節을 받들고 사신으로 가는 것이니, 초나라가 어찌 감히 저를 죽일 수 있겠습니까? 설령 신이 죽는다 해도 진秦이 검중黔中의 땅을 얻는다면, 그것은 신이 가장 바라는 것입니다."

장의는 결국 초楚에 사신으로 갔다. 초왕은 장의가 오자, 즉시 옥에 가두어 죽이려 했다. 이때 근상靳尙은 장의를 위해, 초왕楚王의 부인 정수鄭袖에게 이렇게 말했다.

"군왕께서 장차 부인을 소원하게 대할 것인데, 그 이유를 알고 계십니까?"

정수가 그 이유를 묻자 근상이 말했다.

"진왕秦王은 장의를 몹시 아껴 그를 옥에서 꺼내기 위해, 상용上庸의 여섯 고을과 미인美人을 초나라에 바치려고 합니다. 또 궁중의 노래 잘하는 여인들도 딸려 보내려고 합니다. 군왕께서는 흡족해 하며 진秦이 주는 것을 받을 것입니다. 그렇게 되면 진나라의 여인들은 분명 군왕의 총애를 받게 될 것이고, 부인께서는 배척당하게 될 것입니다. 그러니 대왕께 말씀드려 장의를 석방하는 것이 낫습니다."

그러자 정수鄭袖는 밤낮으로 초왕에게 말했다.

"신하는 자신의 군왕을 위해 힘을 다하는 것입니다. 지금 우리가 진秦에게 아직 땅을 주지 않았는데도 진秦이 장의를 보내온 것은, 대왕을 매우 존중하기 때문입니다. 대왕께서 이에 대해 사례도 하지 않고 오히려 장의를 죽인다면, 진秦은 분명 크게 노하여 우리 초楚나라를 칠 것입니다. 소첩小妾의 모자母子가 강남江南으로 옮겨가 진秦의 먹잇감이 되지 않게 해 주십시오."

이 말을 듣고, 초왕은 후회하며 장의를 석방하고 이전처럼 그를 후하게 예우했다.

장의는 옥에서 풀려나 초楚를 떠나기 전에 소진蘇秦이 죽었다는 소문을 들었다. 이에 장의는 초왕을 설득하며 말했다.

"진秦의 국토는 천하의 절반이고, 그 군대는 네 개의 제후국의 군대와 맞먹습니다. 진秦은 험지險地로 둘러싸여 있고 황하를 두르고 있어 변경邊境은 매우 견고합니다. 용맹한 군사가 100만여 명이고, 병거兵車가 천 승乘, 기마騎馬가 만 필匹이며, 군량은 산더미처럼 쌓여 있습니다. 법령이 밝게 시행되어, 사졸들은 죽음을 두려워하지 않습니다. 군왕은 현명하고 위엄이 있으며, 장수는 지혜롭고 용감합니다. 또한 군대를 출동시키지 않더라도, 상산常山의 요새를 근거하여 천하의 허리를 꺾을 수 있습니다. 따라서 진秦에 늦게 복종하는 나라는, 남보다 먼저 멸망할 것입니다. 지금 합종의 맹약을 맺은 나라들은, 양떼를 몰아서 사나운 호랑이를 공격하는 것과 같습니다. 양으로 호랑이를 대적할 수 없음은 명백한 사실입니다. 지금 대왕께서는 호랑이의 편이 되지 않고 양떼의 편이 되려 하시니, 신은 대왕의 계책이 잘못되었다고 생각합니다. 천하의 강국은 진秦이 아니면 초楚이고 초楚가 아니면 진秦입니다. 두 나라가 서로 다툰다면, 그 형세는 양립할 수 없습니다. 대왕께서 진秦과 같은 편이 되지 않는다면, 진秦은 군대를 파견하여 의양宜陽을 점령할 것이고, 그렇게 되면 한韓의 상지上地는 고립됩니다. 진秦의 군대가 하동河東으로 내려와 성고成皐를 빼앗으면, 한韓은 분명 진秦에게 복종할 것이며, 위魏는 대세를 따를 것입니다. 진秦이 초楚의 서쪽을 치고, 한韓과 위魏가 초楚의 북쪽을 친다면 초楚의 종묘사직이 어찌 위태롭지 않겠습니까?

합종을 주장하는 자들은, 약소국을 규합하여 강한 진나라를 공격하려 하는데, 이는 적을 파악하지 않고 섣불리 싸움을 벌이는 격입니다. 나라는 빈곤한데도 번번이 전쟁을 일으킨다면 망할 수밖에 없습니다. '군사력이 비슷하지 않으면 싸움을 걸지 말며, 군량軍糧이 대등하지 않으면 전쟁을 오래 끌지 말라'는 말이 있습니다. 합종을 주장하는 자들은, 빈말을 과장되게 꾸며 군왕의 자존심을 한껏 부풀리고, 이로움만 말하고 해로움은 언급하지 않습니다. 이 때문에 결국 진秦으로부터 재앙을 불러오지만, 거기에 제대로 대응할 수도 없습니다. 그러므로 대왕께서는 심사숙고하시기 바랍니다.

진秦의 서쪽에 파촉巴蜀이 있는데, 큰 배에 군량을 싣고 민산汶山을 출발하여 강을 타고 3천여 리를 내려오면 초나라에 도착합니다. 배를 두 척씩 짝지우고 병졸들을 태우는데, 배 한 척에 50명의 군사와 석 달 분의 군량을 싣고 물결을 타고 내려온다면, 하루에 300리는 갈 수 있습니다. 거리가 멀다고는 하나 소나 말의 힘을 빌리지 않고도 열흘 이내에 한관扞關에 도착할 것입니다. 한관扞關이 동요하면, 국경의 동쪽은 모두 성城만 지키고 나오지 않을 것이니, 그렇게 되면 검중黔中과 무군巫郡은 이미 대왕의 땅이 아닙니다. 진秦이 군사를 이끌고 무관武關을 나와 남쪽으로 진격한다면, 북부는 고립될 것입니다. 진秦의 군대가 초楚를 치면 석 달 안에 초楚는 위험에 빠집니다. 다른 제후국의 구원병이 도착하려면 반 년 이상은 걸릴 것인데, 지금 형세로 보면 구원병은 때에 맞게 도착하기 어렵습니다. 이는 약소국들의 도움을 믿고 강한 진秦에 대항하여 생기는 환란이니, 저는 대왕을 위해 이 점을 걱정하고 있습니다.

대왕께서는 예전에 오吳와 전쟁을 치렀습니다. 다섯 번 싸워 세 번 승리했지만 군사들을 모두 잃었고, 성城을 지키느라 백성들의 삶은 고달프게 됐습니다. 큰 공을 세우면 쉽게 위태로워지고, 백성들이 고달프면 윗사람을 원망한다고 합니다. 쉽게 사라져버릴 공을 세우려고 강한 진秦을 거스른다면, 이는 매우 위험한 일입니다. 진秦이 15년 동안 함곡관函谷關 밖으로 군대를 출동시켜 제齊와 조趙를 치지 않은 것은, 천하를 통일하려는 은밀한 계획이 있었기 때문입니다. 초楚는 일찍이 진秦과 충돌하여 한중漢中에서 싸웠습니다. 그때 초楚는 이기지 못했을 뿐만 아니라, 고관대작高官大爵 중에 죽은 자가 70명이 넘었고, 한중漢中의 땅까지 뺏기고 말았습니다. 이때, 초왕楚王은 크게 분노하여, 군사를 일으켜 진秦을 습격하여 남전藍田에서 싸웠는데, 그야말로 용호상박龍虎相搏의 결투였습니다. 결국 진秦과 초楚는 모두 피폐해졌고, 한韓과 위魏가 이 기회를 틈타 초楚를 위협했습니다. 그러니 초楚가 진秦에게 맞서는 것은 매우 위험한 계책입니다. 대왕께서는 깊이 헤아리시기 바랍니다.

진나라가 군사를 보내 위衛의 양진陽晉을 공격하는 것은, 천하의 숨통을 누르는 것과 같습니다. 상황이 이러하니, 대왕께서 군대를 총동원하여 송宋을 치신다면, 몇 달 안에 송宋을 손에 넣을 수 있을 것이며, 송宋을 이끌고 동쪽으로 진격한다면, 사수泗水 인근의 12개 제후국들은 모두 대왕이 차지할 수 있습니다.

천하 제후국에게 합종을 맺도록 한 자가 소진蘇秦입니다. 소진은 무안군武安君에 봉封해지고 연燕의 재상이 되었습니다. 그런데 연왕燕王과 몰래 짜고, 제齊를 쳐서 땅을 나누어 가질 방법을 강구했습니다. 그래서 소진은 연燕에서 죄를 지은 것처럼 거짓으로 꾸며 제齊로 달아났고, 제왕齊王은 그를 받아들여 재상으로 삼았습니다. 2년 만에 연왕燕王

과 소진蘇秦의 음모가 발각되자, 제왕齊王은 분노하여, 소진을 저잣거리에서 거열형車裂刑으로 처단했습니다. 이와 같이 한낱 사기꾼에 불과한 소진이 천하의 제후들을 하나로 묶어 놓았지만, 그것이 성공할 수 없다는 것은 분명합니다.

지금 진秦과 초楚는 국경을 맞대고 있으니, 형세로 보아 가깝게 지내야 할 나라입니다. 대왕께서 진심으로 저의 말씀을 들어주신다면, 저는 진秦의 태자를 초楚에 볼모로 보내고, 초楚의 태자를 진秦의 볼모로 보낼 것을 청합니다. 또 진秦의 공주를 대왕의 첩으로 삼게 하고, 만 호戶의 도읍을 바쳐, 오래도록 형제의 나라가 되어 영원히 서로 침공하지 않도록 하겠습니다. 이보다 더 좋은 계책이 어디 있겠습니까!"

초왕은 장의의 말에 따라 진秦과 화친하려고 했다. 그러자 굴원屈原이 말했다.

"이전에 대왕께서 장의에게 속았기 때문에, 이번에 장의가 오면 대왕께서 그를 삶아죽일 것이라고 생각했습니다. 그런데 지금 그를 풀어주면서 또다시 그의 간사한 말을 따르려 하시니, 이는 절대로 불가합니다."

초왕이 말했다.

"장의의 말을 들어주면 검중黔中의 땅을 주지 않아도 되니, 우리에겐 큰 이득이오. 약속을 저버려서는 안 되오."

그리하여 마침내 장의의 요청에 따라 진秦과 화친했다.

장의는 진秦이 초楚를 공격했을 때 벌어질 상황들을 시뮬레이션으로 보여준다. 진나라 군대의 출발점과 초나라의 목적지를 설정하여 도달하는 시간을 계산하고, 병력의 숫자와 편성 방법 그리고 군량의 배분 방법까지 구체적으로 제시한다. 또한 전쟁이 발발했을 때의 상황과 결과적으로 제후국의 지원도 받지 못하고 고립되는 초나라의 모습을 실제 벌어진 일처럼 설명해준다. 소비자에게 상품 구매 후의 변화된 모습을 보여주는 것은, 상품 판매의 효과적인 방법이 아닐 수 없다. 다만,

장의는 부정적인 방법을 사용하여, 상품을 구매하지 않았을 때의 미래 참상을 보여준다는 측면에서 위협적이다.

한왕韓王 설득 : 공포 마케팅

장의는 초楚나라를 떠나, 한韓나라로 가서 한왕韓王을 설득했다.

"한韓은 험악한 산지에 자리 잡고 있습니다. 오곡五穀 중에 나는 것이라고는 콩 아니면 보리가 전부인지라, 백성들은 대부분 콩밥에 명아주 국을 먹고 삽니다. 한 해만 흉년이 들어도 백성들은 그것마저도 배불리 먹지 못합니다. 국토는 900리를 넘지 않고, 두 해를 견딜 만한 군량도 비축하지 못합니다. 대왕의 군대는 30만 명이 전부인데, 거기에는 잡역雜役 하는 사람도 포함되어 있습니다. 변방邊方과 관문關門을 지키는 병사를 제외하면, 병력은 20만 명에 지나지 않습니다. 이에 반해 진秦은 무장한 군사가 100만이 넘고, 병거兵車는 천 승乘, 기마는 만 필匹이나 됩니다. 용맹한 병사 중에는 투구도 없이 손으로 얼굴을 감싸고 창을 휘둘러 적진으로 달려드는 자가 이루 셀 수 없을 정도입니다. 진秦은 병마兵馬가 훌륭하여, 앞발을 쳐들고 뒷발로 땅을 차면 단번에 세 길을 내닫는 말馬이 이루 셀 수 없을 정도로 많습니다. 한韓의 병사는 갑옷을 입고 투구를 쓰고 싸우지만, 진秦의 군사들은 갑옷을 벗어 던지고, 맨발에 어깨를 드러낸 채 적진으로 뛰어들어, 왼손에는 적의 수급首級(칼로 벤 적군의 머리)을 들고, 오른쪽 옆구리에는 포로를 낄 정도입니다. 진秦과 한韓의 군사는 마치 맹분孟賁(전국시대戰國時代의 장사壯士)과 겁쟁이의 대결과 같고, 그 힘으로 따지면 오획烏獲(전국시대의 장사)과 어린아이의 싸움과도 같습니다. 맹분孟賁이나 오획烏獲과 같은 군사를 이끌고 약국弱國을 치는 것은, 마치 천근의 무거운 물건을 새 알 위에 올려놓는 것과 같으니, 이런 상황에서는 승리를 바랄 수 없습니다. 군신群臣과 제후들은 국토가 협소함을 헤아리지 않고, 합종논자合從論者의 감언이설甘言

利說에 현혹되어 맹약을 맺고, 자신들이 패자霸者가 될 수 있다고 떠벌립니다. 미래의 종묘사직宗廟社稷에 도움이 되는 일은 하지 않고, 한순간의 감언이설甘言利說에만 빠져 있으니, 군왕을 망치는데 이보다 더 한 것은 없습니다.

대왕께서 진秦을 섬기지 않는다면, 진秦은 군대를 출동시켜 의양宜陽을 점거하고 한韓의 상당上黨으로 통하는 길을 차단할 것이며, 동쪽으로는 성고成皐와 형양滎陽을 빼앗을 것입니다. 그렇게 되면 홍대궁鴻臺宮과 상림원桑林苑은 이미 대왕의 것이 아닙니다. 성고成皐를 막고 상당上黨을 차단하면, 대왕의 나라는 둘로 쪼개집니다. 먼저 진秦을 섬기면 편안할 것이고, 그렇지 않으면 위태로울 것입니다. 화禍를 불러올 일을 하고서 복福을 바라는 것은, 엉성한 계책만 믿다가 원망만 깊어지는 격입니다. 진秦을 거역하고 초楚를 따르면 망하지 않을 수 없습니다. 때문에 대왕을 위한 계책으로는 진秦을 섬기는 것만이 최상입니다. 진秦이 원하는 것은 초楚를 약화시키는 것인데, 이것에 가장 적합한 나라는 한韓입니다. 이는 한韓이 초楚보다 강하다는 것이 아니라, 지리적 형세가 그렇다는 것입니다. 지금 대왕께서 진秦을 섬기고 초楚를 친다면, 진왕秦王은 분명 기뻐할 것입니다. 초楚를 쳐서 그 땅의 이득을 챙기고 진秦을 기쁘게 하는 것이 바로 최상의 계책입니다."

결국 한왕韓王은 장의의 계책을 따랐다. 장의가 진秦으로 돌아가 보고하자, 진왕秦王은 다섯 고을을 장의에게 봉읍封邑으로 주었고, 그를 무신군武信君이라 칭했다.

장의는 한왕의 불안감을 자극한다. 구체적인 수치 대비를 통해 진秦과 한韓의 확연한 병력차이를 보여주고, 진秦이 한韓을 공격하면 바로 멸망할 것 같은 불안감을 심어준다. 장의의 말에 불안감을 느낀 한왕韓王은 바로 그의 말을 따랐다.

제왕齊王 설득: 최신 트렌드로 압박

진秦나라 혜왕惠王은 장의를 동쪽으로 보내, 제齊 민왕湣王을 설득하게 했다. 장의가 제齊 민왕湣王에게 이렇게 말했다.

"천하에 제齊를 능가할 강국은 없습니다. 대신大臣은 많고 물자도 풍족합니다. 하지만 대왕을 위하여 계책을 내는 자들은, 모두 한때의 미봉책彌縫策만 늘어놓을 뿐 먼 미래의 이익은 고려하지 않습니다. 합종론자들은 대왕께 '제齊나라는 서쪽에 강한 조趙나라가 있고, 남쪽에 한韓과 위魏가 있습니다. 제齊는 바다를 등지고 있어, 국토는 넓고 백성이 많으며 군대는 강하고 용감하니, 100개의 진秦이 있다 해도 제齊를 어찌할 수 없습니다'라고 합니다. 대왕께서는 그 말을 옳다고 여기시며 실상을 따져보지 않으십니다. 합종론자들은 패거리를 만들어 합종만 하면 모든 것이 해결된다고 합니다. 신이 들으니, 제齊가 노魯와 세 번 싸워 노魯나라가 모두 이겼다고 합니다. 그러나 그 후 노魯는 위태로워져서 이내 멸망하고 말았습니다. 노魯나라는 전쟁에 승리했다는 명성을 얻었지만, 실제는 나라가 망했습니다. 이는 무엇 때문입니까? 제齊는 크고 노魯는 작기 때문입니다. 지금 진秦과 제齊의 관계는, 마치 이전의 제齊와 노魯의 관계와 같습니다. 진秦과 조趙가 황하와 장하漳河에서 두 차례 싸워서 조趙가 두 번 모두 이겼습니다. 번오番吾에서도 두 차례 싸워서 조趙가 진秦을 격파했습니다. 그러나 네 차례 싸움에서 승리한 조趙는, 수십만 명의 군사를 잃었고 겨우 수도 한단邯鄲만을 보존했습니다. 전쟁에서 이겼다는 명성은 얻었지만, 나라는 이미 피폐疲弊해졌습니다. 이것은 무엇 때문입니까? 진秦은 강하고 조趙는 약하기 때문입니다.

지금 진秦과 초楚는 혼인을 맺어 형제의 나라가 되었습니다. 한韓은 의양宜陽을 진秦에게 바치고, 위魏나라는 하외河外를 바쳤습니다. 또 조趙는 진秦의 신하가 되어, 하간河間의 땅을 진秦에게 바쳤습니다. 대왕께서 진秦을 섬기지 않는다면 한韓과 위魏를 앞세워 제齊의 남쪽을 칠 것이며, 조趙의 군대를 총동원하여 청하淸河를 건너 박관博關으로 진격할 것입니다. 그렇게 되면 임치臨菑와 즉묵卽墨은 대왕의 땅이 아닙니다. 제齊가 어느 날 갑자기 공격을 받고서, 그때가 돼서야 진秦을 섬기려 한다면 때는 이미 늦습니다. 그러므로 대왕께서는 잘 생각하시기 바랍니다."

제왕은 "제齊는 동해東海 변방의 구석진 나라로, 이제껏 종묘사직을 위한 앞날의 계책을 미처 생각하지 못하였소"라고 말하며, 장의의 의견을 따랐다.

장의는 한韓, 위魏, 조趙 등 제齊나라와 인접 국가가 모두 진秦을 섬기고 있음을 강조하면서 제齊를 압박한다. 남들이 다 하는 일을, 나만 하지 않고 있다면 불안할 수밖에 없다. "요즘 이 물건 없는 사람은 간첩이다"라는 말은 소비자에게 문화적 고립감을 느끼게 한다. 상품 구매에서도 그러한데, 하물며 국가의 존망이 걸려 있는 국제 관계에서 외교적 고립은 공포 그 자체다.

조왕趙王 설득:
기존의 구매 상품의 하자瑕疵를 지적하라

장의는 제齊를 떠나, 서쪽으로 가서 조왕趙王을 설득했다.

"저희 진왕秦王께서는 저를 이곳에 사신으로 보내, 우둔한 계책을 대왕께 올리게 하셨습니다. 대왕께서 천하의 제후들을 모아 진秦을 배척하니, 진秦의 군대가 함곡관函谷關을 나오지 못한 지가 15년이나 되었습니다. 대왕의 위엄이 산동山東지역에 떨치니, 저희 진나라는 두려움에 떨며 움츠려 있었습니다. 그러는 동안 진秦은 무기를 정비하고 군사를 훈련시켰습니다. 전차와 전마戰馬를 손보고, 말 타기와 활쏘기를 익히며, 힘써 경작하여 군량을 비축하고, 사방의 국경을 수비했습니다. 근심과 두려움에 싸인 채 감히 움직이지 않으면서, 오직 대왕께서 진秦의 잘못을 꾸짖지 않을까 마음을 졸이고 있었습니다. 이제 대왕 덕분에, 진秦

은 파촉巴蜀을 얻고 한중漢中을 병합했으며, 주周나라를 손에 넣고 구정九鼎(천하를 상징하는 아홉 개의 솥)을 옮겼으며, 백마진白馬津을 지키게 되었습니다. 진秦은 변방의 구석진 곳에 있는 나라지만, 오랫동안 분노와 원한을 품어왔습니다. 이제 진秦의 군대는 갑옷을 입고 병기를 들고 민지澠池에 머물고 있습니다. 이제 황하黃河와 장하漳河를 건너 번오番吾를 점거하고, 갑자일甲子日에 조趙나라의 수도 한단邯鄲에서 전투를 벌여 결판을 내려고 합니다. 이에 앞서 진왕秦王께서는 먼저 저를 보내시어, 대왕께 이 사실을 아뢰게 하였습니다.

대왕께서 합종을 허락하신 것은 소진을 믿기 때문입니다. 그런데 소진은 제후들을 현혹하여, 옳은 것을 그르다 하고 그른 것을 옳다고 말하며, 제齊를 배반하다가 저잣거리에서 거열형車裂刑을 당했습니다. 그러니 천하가 하나로 뭉칠 수 없다는 것이 명백해졌습니다. 지금 초楚는 진秦과 형제의 나라가 되었고, 한韓과 위魏는 동쪽의 신하가 되었으며, 제齊는 바닷가의 땅을 바쳤으니, 이는 조趙의 오른팔을 잘라버린 셈입니다. 오른팔이 잘린 채 남과 싸우고, 자기편을 잃고 외톨이가 되었는데도 위태롭지 않기를 바란다면, 그것이 어찌 가능하겠습니까?

이제 진秦이 세 명의 장군을 보낸다면, 1군軍은 오도午道를 차단하고, 제齊에 통보하여 군사를 일으켜 청하淸河를 건너 한단邯鄲의 동쪽에 주둔할 것입니다. 2군은 성고成皐에 주둔하여, 한韓과 위魏의 군대를 앞세워 하외河外에 주둔할 것이며, 3군은 민지澠池에 주둔하게 할 것입니다. 진秦, 제齊, 한韓, 위魏의 네 나라가 연합하여 조趙를 치면, 조趙는 넷으로 갈라집니다. 그러므로 감히 우리의 뜻을 숨기지 않고 미리 대왕께 알려드리는 것입니다. 신이 대왕을 위하여 생각하건대, 대왕께서는 진왕秦王과 민지澠池에서 회동하여 서로 얼굴을 맞대고 맹약을 맺어, 군사를 물려달라고 청請하시는 것이 최상의 계책입니다. 대왕께서는 생각을 정해주시기 바랍니다."

조왕은 이렇게 말했다.

"선왕先王 때에, 봉양군奉陽君이 권력을 농단하면서 선왕을 속이고 일을 자기 멋대로 처리했기 때문에, 과인은 국정國政에는 참여하지 못했습니다. 선왕께서 돌아가셨을 때, 과인은 아직 나이가 어리고 왕위를 계승한지 얼마 되지 않았습니다. 하지만 속으로 합종만을 따르면서 진秦을 섬기지 않는 것은, 국가의 먼 이득을 위한 계책이 아니라고 생각했습니다. 이제 생각을 바꿔, 우리의 땅을 진秦에게 할양하여 과거의 잘못을 사과하고, 진秦을 섬기려고 했습니다. 수레를 준비하여 진秦으로 떠나려고 했는데, 마침 사신으로 오셔서 명쾌한 가르침을 듣게 된 것입니다."

조왕이 장의의 의견을 받아들였다. 이에 장의는 조나라를 떠났다.

장의의 연횡과 소진의 합종은 제로섬(zero-sum) 게임이다. 합종이 깨져야 연횡이 살고, 그 반대도 마찬가지다. 소비자가 기존의 구매를 포기해야 나의 상품을 살 수가 있다. 거열형으로 죽은 소진의 비참한 모습을 강조해야 합종이 깨진다. 그 틈을 타고 장의는 자신의 상품을 내민다.

연왕燕王 설득 : 기존의 믿음을 흔들어라

북쪽 연燕으로 간 장의는 연燕 소왕昭王을 설득했다.

"대왕과 가장 가까운 나라는 조趙입니다. 옛날 조양자趙襄子는 자신의 누나를 대왕代王에게 시집보내 대代를 삼키려고 했습니다. 그래서 대왕代王과 구주句注의 요새에서 만나기로 했습니다. 그는 대장장이에게 사람을 칠 수 있도록 자루가 긴 국자를 만들게 했습니다. 조양자는 대왕代王과 술을 마시면서 몰래 요리사에게 '술자리가 무르익으면 뜨거운 국을 올리면서 국자를 돌려 잡고 그를 쳐라'고 했습니다. 마침내 술자리가 무르익어 뜨거운 국을 내오라고 했고, 요리사는 국을 올리다가 국자를 돌려 잡고 대왕代王을 쳐 죽이니, 그 피가 바닥을 흥건하게 적셨습니다. 그의 누이는 이 소식을 듣고 비녀를 갈아서 자결했습니다. 이 때문에 지금까지 마계산摩笄山이라는 이름이 전해집니다. 대왕代王이 죽은 이야기는 천하에 모르는 사람이 없습니다. 조왕趙王의 흉악함은 대왕께서도 알고 계십니다. 그런데도 조왕趙王을 가까이할 수 있겠습니까? 조趙는 군대를 일으켜 연燕을 쳐서, 두 차례나 연燕의 수도를 포위하고 대왕을 위협했습니다. 이때 대왕께서는 10개의 성城을 주고 사과했습니다. 지금 조왕趙王은 이미 민지澠池에서 진秦의 신하가 되어, 하간河間의 땅을 바치고 진秦을 섬기고 있습니다. 지금 대왕께서 진秦을 섬기지 않는다면, 진秦은 운중雲中과 구원九原에 군사를 보내, 조趙의 군대를 앞세워 연燕을 칠 것입니다. 그렇게 된다면 역수易水와 장성長城은 대왕의 땅이 아닙니다.

그리고 지금 조趙는 진秦의 속국屬國처럼 되었기에 감히 자기 맘대로 군사를 일으킬 수 없습니다. 지금 대왕께서 진秦을 섬긴다면, 진왕秦王은 분명 기뻐할 것이며, 조趙도 함부로 움직이지 못할 것입니다. 이렇게 되면 서쪽으로는 강대국 진秦의 원조를 받게 되며, 남쪽으로는 제齊와 조趙로 인한 우환이 없게 되는 것입니다. 대왕께서는 이 점을 잘 헤아리시기 바랍니다."

연왕燕王이 말했다.

"과인은 구석진 오랑캐 땅에 자리 잡고 있어, 다 큰 사내의 몸을 하고도 식견은 어린아이와 같아, 올바른 계책을 생각하지 못했습니다. 이제 다행히 상객上客께서 가르쳐 주셨으니, 진秦을 섬기도록 하겠습니다. 그 징표로 항산恒山 끝에 있는 5개의 성城을 바치겠습니다."

연왕은 장의의 의견을 따랐고, 장의는 이를 보고하기 위해 진秦으로 돌아갔다.

장의는 조왕趙王의 포악했던 과거를 들추며, 연燕과 조趙의 신뢰 관계를 흔든다. 일종의 이간책이다. 음식의 맛과 식당 주인의 인격은 별개의 것이다. 장의는 식당 주인의 인격을 운운하며 음식의 맛을 부정하게 만든다. 이에 현혹되어 연왕燕王은 진秦을 섬겼다.

위기를 기회로 이용

장의가 진秦나라 수도 함양咸陽에 도착하기 전에, 진秦 혜왕惠王이 죽고 무왕武王이 즉위했다. 무왕武王은 태자 때부터 장의를 좋아하지 않았다. 그가 즉위하자 여러 신하들이 장의를 비방했다.

"장의는 신의信義가 없으며, 여기저기에서 나라를 팔아 자신의 체면만 차리는 사람입니다. 진秦이 다시 그를 등용한다면, 아마도 천하의 웃음거리가 될 것입니다."

제후들은 장의와 무왕 사이에 틈이 있다는 말을 듣고는, 모두 연횡의 약속을 배반하고 다시 합종했다.

진秦 무왕武王 원년元年, 신하들이 밤낮으로 장의를 비방하는 데다 제齊의 사신까지 와서 장의를 책망했다. 장의는 처형될까 두려워 무왕에게 이렇게 말했다. "신에게 어리석은 계책이 있어 아뢰고자 합니다." 진왕은 "무슨 계책이오?"라고 물었다. 장의는 이렇게 대답했다.

"진나라의 사직을 위한 계책입니다. 동쪽 지역에 커다란 변란變亂이 있어야 대왕께서 많은 땅을 얻을 수 있습니다. 제왕齊王은 저를 매우 싫어한다고 하니, 제가 있는 곳이면 반드시 군사를 일으켜 칠 것입니다. 원컨대 저를 위魏로 보내주십시오. 그러면 제齊는 분명 군사를 일으켜 위魏를 칠 것입니다. 위魏와 제齊의 군대가 성城 아래에서 전쟁을 벌이며 그곳을 떠나지 못하고 있을 때, 대왕께서는 그 틈을 타서 한韓을 쳐서 삼천三川으로 진격하십시오. 군사를 함곡관函谷關 밖으로 출병하시되, 공격하지 말고 주周나라를 압박하면, 주周는 분명 제기祭器(천자天子의 상징)를 내놓을 것입니다. 이렇게 천자를 끼고 천하의 지도地圖와 호적戶籍을 손에 넣는다면, 이것이 진정한 왕업王業이라 할 수 있습니다."

진왕은 그럴 듯하다 여기고, 병거兵車 30승乘을 마련하여 장의를 위魏로 보냈다. 제齊는 과연 위魏를 공격했다. 위魏 애왕哀王이 두려워하자 장의가 말했다.

"대왕께서는 염려하지 마십시오. 제齊의 군대를 물러가도록 하겠습니다."

그리고 장의는 자신의 사인舍人인 풍희馮喜를 제齊로 가게 했다. 풍희馮喜가 제왕에게 말했다.

"대왕께서는 장의를 몹시 미워하시지만, 그것이 결과적으로 진秦에서 장의의 입지만 견고하게 해줄 뿐입니다."

제왕이 말했다.

"과인은 장의를 미워하기 때문에 그가 있는 위魏를 친 것이오, 그것이 뭐가 어떻다는 것이오?"

사신은 장의가 진왕과 했던 말을 상세하게 설명했다. 그리고 이렇게 말했다.

"지금 장의가 위魏로 오자, 대왕께서는 과연 그를 쳤습니다. 이는 안으로는 나라를 피폐하게 하고, 밖으로는 동맹국을 쳐서 쓸데없이 적국으로 만드는 것이며, 결과적으로 장의가 진왕秦王의 신임을 얻게 하는 처사입니다. 이것이 바로 제가 말씀드렸던, 장의의 입지만 견고하게 해준다는 것입니다."

제왕은 이에 수긍하여 즉시 공격을 중지했다. 장의는 위魏나라의 재상이 된 지 1년 만에 위나라에서 죽었다.

사마천은 말한다.

"삼진三晉(위魏, 조趙, 한韓)에는 임기응변에 능한 변사辯士가 많았다. 합종과 연횡을 주장하여 결과적으로 진秦을 강하게 만든 자들은 모두 삼진三晉 사람들이다. 장의張儀가 한 일은 소진蘇秦보다 더 한데도 세상 사람들은 소진을 더 미워한다. 그 이유는 소진이 죽은 후, 장의가 그의 잘못을 들추어냄으로써 연횡을 성공했기 때문이다. 요컨대 이 두 사람은 실로 국가를 위태롭게 했던 위험한 인물이다."

장의는 분명히 요즘 쇼호스트의 원조가 될 만하다. 장의는 소비자의 상황을 분석하여 그들의 심리를 이용했다. 그리하여 미래의 환상과 변화될 모습을 꿈꾸게 하다가도, 남과의 비교를 통해 공포를 주기도 하며, 기존에 구매한 상품의 하자를 비난하며 자신의 상품을 소개한다. 6국의 군주는 장의의 말에 홀려 결국 그의 상품을 구매했다. 그러니 장의는 진정 전 세계를 누비며, 수많은 국가원수들을 마음대로 주무르는 성공적인 국제로비스트라고 할 만하다.

그런데 장의의 판매 전략은 강국을 등에 업고 약소국을 협박하는 내용이 전부다. 소진은 장의를 이렇게 비판했다. "자국自國의 이권을 넘겨주고 외교관계를 맺게 하며, 자신의 출세만 생각하고 그 뒷일을 책임지지 않는다. 또 국가의 세금을 써서 자신의 잇속을 챙기며, 외부의 강국을 등에 업고 군주를 겁준다(割其主之地以求外交, 偸取一時之功而不顧其後, 破公家而成私門, 外挾彊秦之勢以內劫其主)." 소진의 말처럼, 장의는 소비자를 걱정해주는 것 같지만 결국 자신의 잇속을 챙기려는 것이며, 훗날의 책임은 지려고 하지 않는다. 장의에게 있어 국가란 무엇일까? 물건을 팔기 위해 타국을 동원하여 자국自國에 총을 쏴달라고 했던 장의 아니던가? 국가의 안녕安寧과 개인이 이득이 대립하는 상황에서, 그가 무엇을 선택할지는 자명自明한 일이다. 그래서 사마천도 장의를 위험한 인물이라고 했던 것이다. 약소국인 우리에게 장의의 이야기는 낯설지 않다. 주변 강국의 심기를 살펴야 한다면서 통치자와 국민을 협박하던 사람들이 참으로 많았다. 그들은 강국이 원하는 물건을 우리에게 팔면서 이권을 챙기다가, 결국 나라까지 팔아먹고 말았다. 국제 로비스트들이 물건을 파는 것은 좋으나 나라는 안 팔아먹었으면 좋겠다.

孟嘗君列傳
魏公子列傳
平原君虞卿列傳

제5장

인재 양성인가 인재 이용인가

—

맹상군열전
위공자열전
평원군우경열전

들어가며

춘추전국시대에는 '양사養士'라는 독특한 문화가 있었다. 벼슬이 없는 사람이 선비(士)이니, 양사養士는 그런 선비를 기른다는 말이다. 당시에 관리官吏는 대부분 권력자들이 대물림하거나, 인덕과 명망이 있는 사람들의 추천이 있어야 될 수 있었기 때문에 평민이 관리가 되기는 쉽지 않았다. 때문에 많은 선비들은 권력자들을 찾아다니며 자신의 학문과 능력을 과시하고 그들에게 발탁되기를 기대했다. 하지만 생업生業이 없는 상태에서 오랜 기간 천하를 돌아다니는 것은 쉽지 않다. 이런 상황에서 제후국의 몇몇 권력자들은 이런 선비들을 거두어 숙식을 제공해주고 학문 활동과 상호 교류를 할 수 있도록 도와주었다. 그래서 수많은 선비들이 그들에게 모여들면서 거대한 집단을 형성하게 되었다.

《사기》에는 〈맹상군열전〉, 〈평원군우경열전〉, 〈위공자열전〉, 〈춘신군열전〉이 차례로 배열되어 있다. 열전의 주인공인 맹상군孟嘗君, 평원군平原君, 신릉군信陵君, 춘신군春申君은 각각 제齊, 조趙, 위魏, 초楚나라에서 양사養士로 이름을 떨친 사람들이며, 후대에는 이들을 '사군자四君子'라고 칭했다. 사마천이 사군자四君子를 열전列傳에 나란히 배열한 것은 모두 양사養士라는 공통점이 있었기 때문이다. 실제 열전의 내용은 대부분 식객食客의 활약상이다.

양사養士를 하는 권력자들은 주군主君이 되고, 모여든 선비들은 그의 식객食客이 되어 일종의 주종主從관계가 형성된다. 식객의 다소多少는 주군의 영향력과 비례하여, 주군이 된 자는 제후국의 왕王이 아닌데도, 타국에서는 그들이 무서워 감히 그 나라를 공격하지 못할 정도였으니, 양사養士 집단의 영향력은 대단하다고 할 수 있다. 당시 권력자들은 경쟁하듯이 식객을 모았는데, 사군자四君子가 거두었던 식객은 각각 3천 명에 달했다고 한다. 식객食客 일인一人에게 소모되는 비용을 월 100만 원이라고 계산했을 때, 한 달에 30억이며 일 년에 360억이 필요하다. 이처럼 막대한 자금을 들여 그들이 양사養士를 했던 이유는 무엇일까?

맹자孟子가 말한 군자삼락君子三樂(군자의 세 가지 즐거움) 중에는 "천하의 영재를 얻어 교육시키는 것(得天下英才而教育之)"이 포함된다. 그만큼 뛰어난 인재를 양성한다는 것은 자부심을 가질 만한 일이다. 사군자四君子의 양사養士는 진정 인재 양성에 뜻을 둔 것인지, 아니면 그들을 이용해서 다른 목적을 성취하려고 한 것인지 살펴볼 필요가 있다. 사군자四君子 중에 〈춘신군열전〉에는 식객食客의 이야기가 거의 없다. 따라서 여기에는 기타 3인의 식객食客과 양사養士 관련 내용만 부분적으로 선별하여 소개하고자 한다.

아버지의 잘못을 지적하다

맹상군孟嘗君의 이름은 전문田文이다. 그의 아버지는 정곽군靖郭君 전영田嬰으로, 제齊나라 위왕威王의 막내아들이다. 전영은 선왕宣王 때 재상을 지냈으며, 그 후 설薛 땅을 봉읍封邑으로 받았다.

전영田嬰에게는 40여 명의 아들이 있었는데, 그중 천한 첩이 낳은 아들이 맹상군孟嘗君이다. 맹상군은 5월 5일에 태어났다. 전영이 그 첩에게 맹상군을 키우지 말라고 했지만 그녀는 몰래 키웠다. 맹상군이 성장하자, 그녀는 맹상군의 형제들에게 부탁해서, 맹상군이 아버지 전영을 만나 볼 수 있게 했다. 전영이 그녀에게 화를 내며 말했다.

"너에게 아이를 버리라고 했는데 감히 낳아서 기르다니, 이것이 어찌 된 일이냐?"

그러자 맹상군이 머리를 조아리며 말했다.

"군君께서 5월에 태어난 아이를 키우지 말라하신 것은 무슨 이유 때문입니까?"

"5월에 태어난 아이는 키가 문설주(문짝을 끼워 달기 위하여 문의 양쪽에 세운 기둥) 높이만큼 크면, 그 부모에게 해害가 되기 때문이다"

"사람이 태어남이 하늘의 명을 받는 것입니까, 아니면 문설주에서 받는 것입니까?"

전영은 대답하지 못했다. 맹상군이 말했다.

"운명을 하늘이 내린다면 군께서는 무엇을 근심하십니까? 만약 문설주에서 운명을 받는다면 문설주를 높이면 될 터이니, 어느 누가 그 높이까지 클 수 있겠습니까?"

전영은 "그만하자"라고 말했다.

당시에는 5월 5일에 태어난 남자는 아버지를 해치고, 여자는 어머니를 해친다는 풍속이 있었다.

아버지에게 식객 대우에 관하여 건의하다

얼마 후, 맹상군이 한가한 틈을 타서 아버지 전영에게 물었다.

"아들의 아들은 무엇이라 합니까?"

"손자라고 한다."

"손자의 손자는 무엇입니까?"

"현손玄孫이라고 한다."

"현손의 현손은 무엇이라고 합니까?"

"모르겠다."

"군君께서 재상이 되어 세분의 왕을 모셨으나, 제나라의 영토는 더 넓어지지 않았지만 군의 집안에는 수만금數萬金이 쌓였습니다. 그런데 군君의 문하門下에는 뛰어난 사람이 한 명도 보이지 않습니다. 장수의 집안에는 장수가 나오고, 재상의 집안에는 재상이 나온다고 들었습니다. 지금 군君의 후궁들은 지천에 깔린 비단을 밟고 다니지만, 문하에 있는 선비들은 짧은 옷도 입지 못하고 있습니다. 또한 하인과 첩들의 식탁에는 쌀밥과 고기반찬이 넘쳐나지만, 선비들은 술 찌꺼기도 배불리 먹지 못합니다. 지금 군君께서는 많은 재물을 축적하여 호칭도 알 수 없는 먼 후손에게 그것을 물려주려고 하시는데, 국가대사國家大事는 날로 위축되고 있습니다. 저는 이 점을 괴이하게 생각합니다."

이 일로 전영은 맹상군을 예우하여, 집안일을 돌보고 빈객賓客들을 대접하게 했다. 빈객들이 날로 모여들어 맹상군의 명성이 제후들에게 알려졌다. 제후들이 전영에게 사람을 보내, 맹상군을 설薛 땅의 후계자로 삼으라고 권하니, 전영이 이를 허락했다. 전영이 죽은 후, 맹상군은 설薛 땅의 주인이 되었다.

맹상군은 어린 나이임에도 식객을 잘 대우해 줄 것을 아버지에게 건의한다. 식객을 존중하는 그의 태도가 잘 드러난다. 하지만 그는 왜 식객을 잘 대우해야 한다고 주장했던 것일까?

맹상군이 식객을 대우하는 모습

맹상군이 설薛에 머물면서, 제후의 식객과 죄 짓고 도망친 사람들을 불러들였다. 맹상군은 재산을 털어 식객들을 후하게 대접했기 때문에, 많은 선비들이 모여들어 그 수가 수천 명이 되었다. 맹상군은 그들의 귀천貴賤을 구분하지 않고 모두 자신과 동등하게 대우했다. 맹상군이 식객과 함께 이야기 할 때, 항상 병풍 뒤에 관리를 두어 맹상군이 손님과 주고받는 말과 그 손님의 친척들이 사는 곳 등을 기록하게 했다. 식객이 가면, 맹상군은 그의 친척들에게 사람을 보내 안부를 묻고 예물을 줬다. 한 번은 맹상군이 식객들과 저녁밥을 먹고 있었는데, 누군가 불빛을 가린 일이 있었다. 식객은 자신과 맹상군의 밥이 같지 않다고 화를 내면서 밥을 먹지 않고 가려고 했다. 맹상군이 바로 일어나 자신의 밥그릇을 들고 객의 밥과 비교해 보았다. 객이 부끄러워 스스로 목을 찔러 죽었다. 이 일로 인해 선비들은 맹상군에게 더욱 많이 모여들었다. 맹상군은 식객을 차별하지 않고 잘 대우하니, 사람들은 저마다 자신과 맹상군이 친하다고 여겼다.

맹상군의 식객 대우는 파격적이라고 할 수 있다. 일반 선비뿐만 아니라 죄를 짓고 도망 다니는 수배자들까지 받아들이며 귀천貴賤 없이 대우해 주었다. 또한 식객의 친척들까지도 살뜰히 챙기며 식객의 주군主君 역할을 했다. 대우 받지 못하는 선비들에게 맹상군은 진정 큰 산과 같은 존재였다.

식객의 도움으로 진秦나라를 탈출하다

제齊 민왕湣王 25년 맹상군이 진秦나라에 갔는데, 이때 진秦 소왕昭王은 맹상군을 진나라의 재상으로 삼으려고 했다. 어떤 사람이 소왕에게 말했다.

"맹상군은 현자賢者지만, 그래도 제齊나라 사람입니다. 그가 진나라 재상이 되면, 제나라를 먼저 생각하고 진나라는 뒷전일 것이니, 그렇게 되면 진나라는 위태로워질 것입니다."

그래서 진秦 소왕昭王은 생각을 접고, 맹상군을 가두어 죽이려고 했다. 맹상군은 사람을 시켜 소왕의 애첩을 찾아가, 자신을 풀어달라고 청했다. 애첩이 맹상군에게 말했다.

"저는 맹상군의 호백구狐白裘(흰 여우 가죽으로 만든 옷)를 갖고 싶습니다."

당시 맹상군에게는 호백구狐白裘 한 벌이 있었는데, 가격이 천금이나 되고 천하에 둘도 없는 것이었다. 그러나 진나라에 들어와서 소왕昭王에게 그것을 바쳤기 때문에 남아 있지 않았다. 맹상군이 근심하면서 두루 식객들에게 물어보았으나, 묘안妙案을 내는 사람이 없었다. 식객의 가장 아랫자리에 도둑질을 잘 하는 이가 있었는데, 그가 말했다. "신이 호백구狐白裘를 가져 올 수 있습니다." 그는 밤에 개(狗)로 분장하여 진나라의 궁중 창고에 몰래 들어가, 이전에 바쳤던 호백구를 훔쳐 소왕의 애첩에게 바쳤다. 그러자 애첩이 소왕에게 맹상군을 풀어달라고 말하니, 소왕은 맹상군을 풀어주었다. 맹상군은 빠져나오자마자 바로 말을 타고 달려가 함곡관函谷關을 나가려고 했다. 맹상군이 함곡관函谷關에 도착하기 전, 소왕은 맹상군을 풀어준 것을 후회하여 그를 찾았으나 이미 떠난 뒤였다. 이에 즉시 사람을 시켜 그를 쫓게 했다. 맹상군은 함곡관에 도착했지만, 닭이 울어야 관문關門을 열어줄 수 있기 때문에 함곡관을 벗어나지 못했다. 맹상군은 추격하는 사람들이 곧 도착할까 두려웠다. 이때 식객 가운데 맨 끝에 앉은 자가 닭 울음소리를 내자 다른 닭들이 모두 울었고, 이 때문에 맹상군은 함곡관을 빠져나왔다. 관문을 나선지 한참 후에야 진나라의 병사들이 관關에 도착했다. 처음에 맹상군이 이 두 사람을 식객의 무리에 넣었을 때 식객들이 모두 창피하게 여겼지만, 이들의 도움으로 맹상군이 진나라를 탈출할 수 있게 되자, 식객들은 모두 한마음으로 맹상군에게 복종했다.

비굴하게 남을 속이는 하찮은 재주를 일컫는 "계명구도鷄鳴狗盜(닭의 소리를 내고 개처럼 도둑질하다)"라는 말이 바로 여기에서 나온다. 닭소리 내고 도둑질 하는 재주는 쓸모가 있을 수 있다. 하지만 양사養士라고 하면 흔히 학식 있는 선비를 떠올리기 때문에, 저들처럼 하찮은 재주를 가진 사람을 식객食客으로 두었다는 것은 선뜻 이해하기 어렵다. 맹상군이 하찮은 재주를 가진 사람까지도 거둬들여 양성한 것인지, 아니면 무분별하게 사람들을 끌어 모아 세력을 형성하려 한 것인지 의문이 가는 대목이다.

식객의 도움으로 누명을 벗다

맹상군은 제나라로 돌아와 재상이 되었다. 맹상군이 재상이 되어, 그의 사인舍人인 위자魏子가 맹상군의 봉읍封邑에서 세금 거두는 일을 맡았다. 그는 봉읍을 세 번이나 다녀왔는데, 한 번도 세금을 가져오지 않았다. 맹상군이 그 이유를 물었더니, 위자魏子가 말했다.

"현자賢者가 한 명 있어서 제가 그에게 거둔 세금을 빌려 주었습니다. 그래서 세금을 가져오지 못했습니다."

맹상군은 화를 내며 위자를 그 자리에서 물러나게 했다. 몇 년 지나, 어떤 사람이 제왕齊王에게 맹상군이 반란을 일으키려 한다고 비방했고, 제왕齊王도 내심 맹상군을 의심했다. 이 사실을 알게 된 맹상군은 두려워서 달아났다. 이때, 위자에게 도움을 받았던 그 현자賢者가 이 소식을 듣고 제왕齊王에게 글을 올렸다. 그는 맹상군이 모반謀反을 하지 않았으며 자신이 몸으로 그것을 맹세하겠다고 하고, 왕궁 문 앞에서 자신의 목을 찔러 맹상군의 결백을 증명했다. 제왕齊王이 크게 놀라, 맹상군의 행적을 상세히 조사해보니, 맹상군은 과연 반란을 꾸미지 않았다. 이에 다시 맹상군을 불렀지만, 맹상군은 병을 핑계로 관직을 사양하고 설薛 땅에서 노년을 보내고자 했다.

맹상군은 세금을 걷지 못했다는 이유로 위자魏子를 내쳤지만, 오히려 그의 도움으로 모함에서 벗어났다. 맹상군이 인재를 아낀다면 돈을 갚지 못한 현자賢者에게 호의를 베풀었어야 하는데, 왜 그에게는 각박하게 대하며 위자를 파면했을까? 인재를 아낀다는 것에 의문이 든다.

식객 풍환馮驩, 백성의 빚을 탕감해주고 맹상군을 높이다

풍환馮驩이라는 사람이 있었는데, 맹상군이 빈객을 좋아한다는 말을 듣고 짚신을 신고 와서 그를 만났다. 맹상군이 "선생께서 먼 길을 오셨는데, 나에게 어떤 가르침을 주시겠습니까?"라고 했다. 풍환은 "군께서 빈객賓客을 좋아한다는 말을 듣고, 가난한 몸을 의지하려 합니다."라고 했다. 맹상군은 풍환을 전사傳舍(식객들에게 제공한 방)에 묵게 했다. 10일이 지나, 맹상군이 전사장傳舍長에게 그가 무엇을 하고 있는지 물었다. 전사장이 말했다.

"풍환은 매우 가난하여 볼품없는 칼 한 자루만 있을 뿐인데, 그 칼을 두드리며 '장검長劍아! 돌아가자. 밥상에 생선도 없구나'라고 노래합니다."

맹상군이 그를 행사幸舍(전사傳舍보다 등급이 높은 숙소)로 옮겨주고, 생선 반찬을 올려 주도록 했다. 5일 뒤에, 다시 전사장에게 물으니 "객이 또 칼을 두드리며 '장검아! 돌아가자. 나가려고 해도 수레가 없구나'라고 노래합니다"라고 했다. 맹상군이 그를 대사代舍(행사幸舍보다 등급이 높은 숙소)로 옮겨주고, 외출할 때 수레를 타게 했다. 5일 뒤에, 맹상군이 다시 전사장에게 물으니, 전사장이 말했다.

"선생이 또 칼을 두드리며 '장검아! 돌아가자. 살 집이 없구나'라고 노래합니다."

그러자 맹상군이 언짢아했다.

맹상군이 제나라의 재상으로 있었을 때, 설 땅에 1만호萬戶를 식읍食邑으로 받았다. 하지만 식객이 3천 명이나 되어 식읍의 세금만으로 식객들을 대접하기 부족했다. 그래서 사람을 보내 설薛 땅의 백성들에게 돈을 빌려주고 이자를 받게 했다. 그런데 1년이 지나도 이자가 들어오지 않았다. 이렇게 되자 맹상군은 식객들에게 녹봉祿俸을 지급하지 못했다. 맹상군은 걱정이 되어 측근들에게 "설 땅에 세금을 걷어야 하는데 누구를 보내면 좋겠소?"라고 물었다. 전사장은 "대사代舍의 식객 중 풍공馮公이 있는데, 그는 용모와 체격이 좋고 언변이 뛰어난 사람이니, 그를 보내 이자를 걷게 하는 것이 좋겠습니다"라고 했다. 맹상군이 풍환을 오도록 하여 이렇게 부탁했다.

"저의 불초不肖함을 모르고 찾아 온 빈객이 3천 명이나 되는데, 식읍의 수입으로는 그들을 대접할 수 없어, 제가 설 땅 사람들에게 돈을 빌려주고 이자를 받고 있습니다. 하지만 매년 세금은 들어오지 않고, 돈을 빌려간 백성들은 이자를 갚지 않습니다. 그러니 이제 식객들 식사 대접도 못할까 걱정입니다. 선생께서 이 일을 맡아 주십시오."

풍환은 맹상군의 제안을 받아들여 길을 떠났다. 풍환이 설 땅에 도착하여 돈을 빌려간 사람을 다 불러 모아 10만萬 전錢의 이자를 걷었다. 그리고 술을 빚고 살찐 소를 사서 돈을 빌려간 사람 중에 이자를 갚을 수 있는 사람과 그렇지 못한 사람들을 다 불렀다. 그들은 모두 차용증서를 가져와서 한자리에 모였다. 풍환은 매일 소를 잡고 술을 대접했다. 술자리가 한창 무르익었을 때, 차용증서와 장부를 비교해 보고 이

자를 갚을 수 있는 사람에게는 상환償還의 기한을 정해주었다. 하지만 가난하여 갚을 수 없는 사람의 증서는 걷어서 모두 태워버렸다. 풍환이 말했다.

"맹상군께서 돈을 빌려준 것은 가난한 백성들이 본업本業에 힘쓰게 하려는 것이며, 이자를 받는 것은 빈객들을 대접하기 위함입니다. 지금 살림에 여유가 있는 분들은 기한을 정해드렸고, 가난한 분들은 그 문서를 다 태워버렸습니다. 그러니 여러분들은 마음껏 드십시오. 이처럼 훌륭한 군주를 어찌 우리가 저버릴 수 있겠습니까?"

그러자 앉아 있던 사람들이 모두 일어나서 두 번 절했다.

맹상군은 풍환이 증서를 불태웠다는 소식을 듣고, 화가 나서 사람을 보내 풍환을 불러들였다. 풍환이 도착하자 맹상군이 말했다.

"저의 식객이 3천 명이나 되어 그들을 대접하려고 설薛 땅에 이자를 놓은 것입니다. 그런데 백성들이 제때에 이자를 갚지 않아, 식객의 식사대접이 부족할까 봐 선생에게 이자를 걷어오라 부탁한 것입니다. 그런데 듣자하니, 선생은 이자를 걷어 잔치를 열고 증서는 태워버렸다고 하니, 어찌 된 일입니까?"

"그렇습니다. 고기와 술을 준비하지 않으면 사람들이 다 모이지 않고, 다 모이지 않으면 이자를 갚을 수 있는지 없는지 알기 어렵습니다. 그래서 잔치를 벌인 것입니다. 또 살림이 여유가 있는 자는 기한을 정해주면 되지만, 여유가 없는 사람들은 10년 동안 독촉해도 이자만 늘어날 뿐입니다. 그들은 궁핍함에 몰리면 달아날 것입니다. 궁핍함에 몰려 결국 갚지 못한다면, 군君께서는 이익을 탐하고 백성을 사랑하지 않는 사람이 될 것이며, 백성들은 군君을 저버렸다는 오명汚名만 간직하게 될 것입니다. 이는 백성들을 격려하고 군君의 명성을 높이는 방법이 아닙니다. 쓸모없는 빈 증서를 태워 헛된 기대를 버림으로써, 설薛 땅 백성들로 하여금 군君을 좋아하게 하고, 이로 인해 군君의 명성을 드러낸 것입니다. 그런데 주군께서는 무엇을 의심하시는 것입니까?"

맹상군은 그의 손을 잡고 감사를 표했다.

식읍食邑은 국가에서 공신功臣이나 왕족에게 하사하는 토지다. 토지의 소유권은 국가에게 있지만, 식읍을 받은 사람은 그 곳의 세금을 걷고 노동력을 징발할 수 있으며, 식읍을 후손에게 상속할 수도 있다. 그러니 식읍을 받은 자는 그 지역의 군주君主와도 같다. 맹상군이 받은 식읍食邑은 설薛 땅의 1만 호이며 이는 적지 않은 규모다. 현재의 관점으로 계산하여 한 가구당 일 년에 100만 원의 세금을 걷을 경우 100억의 수입이 발생한다. 하지만 이것으로 식객을 봉양하기 부족하여 식읍의 백성들에게 금전 대출을 해주고 이자를 받았던 것이다. 문제는 대출이자를 상환하지 못하는 사람들이 생겨났고, 이를 해결하기 위해 풍환을 보냈다. 하지만 풍환은 이자를 받아오지 않고 오히려 그들의 파산신청을 받아주고 왔다. 이런 풍환을 보고 맹상군이 언짢아했다. 그런데 당시 맹상군은 제나라의 재상이었다. 때문에 풍환은 백성의 입장에서 맹상군에게 위정자爲政者의 역할을 강조했던 것이다. 양사養士를 위해 백성을 저버리는 것은, 소小를 위해 대大를 희생하는 것임을 맹상군이 알도록 했다.

식객에 대한 맹상군의 인식

맹상군이 재상에서 물러났을 때, 모든 식객들이 맹상군을 떠났다. 그러나 뒤에 다시 재상이 되었을 때, 풍환은 떠났던 식객들을 불러들였다. 식객들이 아직 도착하지 않았을 때, 맹상군이 크게 탄식하여 말했다.

"내가 식객을 좋아하여 그들을 대접함에 소홀함이 없었습니다. 그래서 식객이 3천 명이나 된 것은 선생께서도 아는 바입니다. 그런데 내가 재상에서 물러나자, 식객들은 나를 버리고 뒤도 돌아보지 않고 떠났습니다. 이제 선생 덕택으로 다시 재상의 자리에 올랐지만, 그들이 무슨 면목으로 나를 다시 볼 수 있다는 말입니까? 다시 나를 보러 온다면 그 얼굴에 침을 뱉어 주려합니다."

풍환이 수레에서 내려와 말고삐를 매어 놓고 맹상군에게 절을 했다. 맹상군도 수레에서 내려와 그에게 절하며 "선생께서 식객들을 대신해서 저에게 사과하는 것입니까?"라고 물었다. 풍환이 말했다.

"식객들을 대신해서 사과하는 것이 아닙니다. 주군께서 말을 실수하셨기 때문에 그렇게 한 것입니다. 사물事物에는 필연적인 규칙과 그럴 수밖에 없는 이치가 있는데, 주군께서는 이를 알고 계십니까?" 맹상군이 모른다고 하자 풍환이 말했다.

"태어나면 반드시 죽는다는 것은 필연적이 규칙이며, 부귀富貴하면 많은 사람이 따르고 빈천貧賤하면 친구가 적은 것이 그럴 수밖에 없는 이치입니다. 주군께서는 아침에 시장으로 몰려드는 사람들을 보지 못하셨습니까? 날이 밝으면 어깨를 밀쳐가며 시장 문門으로 들어가지만, 날이 저물면 시장을 지나가면서도 거들떠보지 않습니다. 이것은 그들이 아침에는 시장을 좋아하고 저녁에는 시장을 싫어하는 것이 아니라, 저녁에 원하는 물건이 시장에 없기 때문입니다. 그러니 주군께서 식객을 원망하며, 그들이 다시 찾아오는 것을 막을 필요는 없습니다. 주군께서는 이전처럼 식객들을 대우하시기 바랍니다."

맹상군이 이 말을 듣고 두 번 절하며 "삼가 그 말씀을 따르겠습니다. 선생의 말씀을 듣고 어찌 따르지 않겠습니까?"라고 했다.

맹상군은 두 번 제나라의 재상이 되었다. 처음 재상을 그만 둔 후에 식객들은 그의 곁을 떠났고 맹상군은 이를 괘씸하게 여겼다. 그러다가 다시 재상이 되었을 때, 풍환이 이전처럼 식객을 불러 모으는 것에 불만을 품었다. 장학금을 많이 주는 대학에 학생들이 몰리는 것을 비난할 수 없다. 맹상군의 모습은 장학금 주면 오고 그렇지 않으면 오지 않는 학생에 대해 화를 내는 교장과도 같다.

사마천은 말한다.

"내가 일찍이 설薛 땅을 지나간 적이 있었는데, 그 마을은 대체로 거칠고 난폭한 젊은이들이 많아, 추鄒나라나 노魯나라와는 달랐다. 그 이유를 물으니, 어떤 이가 '맹상군이 천하의 협객과 무뢰배를 설薛 땅에 불어 모아, 그 수가 대략 6만 호戶가 되었다'라고 했다. 맹상군이 식객을 좋아했다고 전해지는데, 그 명성이 헛된 것은 아니었다."

사마천은, 맹상군이 식객을 좋아하여 명성을 얻은 것은 인정하지만, 무분별하게 식객들을 불러 모아 설 땅에 난폭한 젊은이들이 많아졌다고 지적했다. 맹상군에 대한 사마천의 비판이 잘 드러난다.

사군자四君子의 〈열전〉 제목과 본문 중의 호칭은 모두 맹산군孟嘗君, 평원군平原君, 춘신군春申君 등 수여 받은 작위爵位를 사용했다. 하지만 신릉군信陵君만은 〈위공자열전魏公子列傳〉이라고 제목을 붙였고, 본문에서도 공자公子(제후諸侯의 아들을 칭하는 말)라는 칭호를 사용했다. 이는 신릉군의 혈통을 강조한 것이며, 사마천이 신릉군을 특별히 존중했기 때문이라고 학자들은 말한다. 여기에서는 독자들의 혼동을 막기 위해 위공자魏公子를 모두 신릉군信陵君으로 번역했다.

식객을 통해 얻은 신릉군의 정보력

신릉군信陵君은 위魏나라의 공자公子이며, 이름은 무기無忌다. 신릉군과 위왕魏王이 바둑을 두고 있을 때, 북쪽의 변경에서 봉화烽火가 올랐다. 잠시 후 전령傳令이 도착하여, 조趙나라가 침범하여 곧 국경을 넘을 것이라고 알렸다. 위왕魏王은 바둑을 멈추고 대신大臣들을 불러 논의하려고 했다. 신릉군이 위왕을 말리며 "조왕趙王은 사냥을 하는 것이지 우리를 쳐들어오는 것이 아닙니다"라고 하고 계속 바둑을 두었다. 위왕은 두려워 바둑 둘 마음이 없었다. 얼마 후, 조왕이 사냥한 것이며 침범한 것이 아니라는 보고가 올라왔다. 위왕이 매우 놀라며 "공자는 어떻게 그것을 알았는가?"라고 물었다. 신릉군은 "신의 식객 중에 조왕의 은밀한 사정을 알고 있는 자가 있어, 매번 조왕이 하는 일을 신에게 알려줍니다. 그래서 알게 된 것입니다"라고 말했다. 그 뒤로 위왕은 신릉군의 능력을 두려워하여 국정國政을 맡기려고 하지 않았다.

신릉군은 제후국의 군주보다 정보 수집능력이 더 뛰어나다. 이는 모두 식객들의 네트워크를 통해서 얻어진 것이니, 식객을 많이 둔 사람을 왜 두려워하는지 잘 보여준다.

신릉군의 식객에 대한 태도

신릉군은 사람됨이 어질어 선비들에게 자신을 낮췄다. 그는 선비의 현명함과 불초不肖함을 따지지 않고 모두에게 겸손하게 예禮를 갖추어 교유交遊하였으며, 자신의 부귀함을 믿고 선비들에게 교만하게 대하지 않았다. 그리하여 사방 몇천 리 밖에서도 선비들이 모여들어 식객이 3천 명이나 되었다. 당시 신릉군은 현명하고 또 식객이 많았기 때문에, 10여 년 동안 제후들은 감히 위나라를 침범하지 못했다.

신릉군이 후영侯嬴을 초빙하다

위魏나라에는 벼슬하지 않고 은거隱居하는 후영侯嬴이라는 사람이 있었다. 그는 70세인데 집이 가난하여 도성인 대량大梁의 이문夷門을 지키는 문지기로 있었다. 신릉군이 그 소문을 듣고 많은 예물을 주고 그와 교유하기를 청하였으나, 후영은 받으려고 하지 않았다. 후영이 말했다.

"제가 몸가짐과 행동을 바르게 한 지 수십數十 년입니다. 비록 문지기의 삶이 곤궁하다고 해도 공자의 예물을 받을 수 없습니다."

그러자 신릉군은 성대한 술자리를 마련하고 빈객들을 초청했다. 자리가 정돈되자, 신릉군은 거마車馬를 거느리고 왼쪽 자리를 비워둔 채 몸소 후영을 맞으러 갔다. 후영은 사양하지 않고 다 떨어진 의관衣冠을 차려입고 곧바로 수레에 올랐다. 그는 신릉군보다 상석에 앉아 신릉군의 기색을 살펴보았다. 신릉군은 말고삐를 쥐고 더욱 공손하게 대했다. 후영이 신릉군에게 말했다.

"신臣에게는 시장의 도살장에서 일하는 친구가 한 명 있는데, 수레를 타고 거기를 지나갔으면 합니다."

신릉군이 수레를 몰아 시장으로 들어갔고, 후영은 내려 그의 친구 주해朱亥를 만나 일부러 오랫동안 서서 이야기를 나누었다. 그러면서 곁눈질로 신릉군을 살펴보았는데, 신릉군의 안색은 더욱 온화했다. 이때 신릉군의 집에서는 위나라의 장수와 재상, 왕족, 빈객들이 모두 모여 신릉군이 오기만을 기다리고 있었다. 시장 사람들은 모두 신릉군이 말고삐를 쥐고 있는 것을 보았으며, 신릉군을 수행하는 사람들은 속으로 후영을 욕했다. 후영은 신릉군의 안색이 끝까지 변하지 않는 것을 보고, 친구와 작별한 후 수레에 올랐다. 집에 도착하자, 신릉군은 후영을 상석에 앉게 하고 빈객들에게 두루 소개하니, 빈객들이 모두 놀랐다. 술자리가 무르익자, 신릉군이 일어나 술을 들고 후영의 앞으로 가서 장수長壽를 기원했다. 이에 후영이 신릉군에게 말했다.

"저도 오늘 공자公子를 위해 충분한 일을 했습니다. 저는 한낱 문지기인데도 공자께서 친히 수레를 몰고 오셔서, 많은 사람들이 있는 자리에서 저를 맞아주셨습니다. 친구의 집에 들러 달라는 무리한 요구를 했는데도, 공자께서는 특별히 거기까지 들르셨습니다. 저는 공자의 명성을 드높이고자 일부러 오랫동안 수레를 시장에 세워두면서 관찰했는데, 공자께서는 더욱 공손하셨습니다. 시장 사람들은 모두 저를 소인小人이라 하였고, 공자를 덕행德行이 있으면서도 선비에게 자신을 낮추는 분이라고 했습니다."

술자리를 마치자, 후영은 신릉군의 상객上客이 되었다. 후영이 신릉군에게 말했다.

"신이 들렀던 백정 주해朱亥는 현자賢者인데, 세상 사람들이 그를 알아주지 않아 푸줏간에서 숨어 살고 있습니다."

이 말은 들은 신릉군은 여러 차례 주해朱亥에게 가서 교유할 것을 청했다. 하지만 주해는 이에 대해 답례도 하지 않아 신릉군은 이상하게 여겼다.

신릉군의 식객을 대하는 태도는 확실히 다르다. 신릉군은 식객을 양성해서 그 결과를 얻으려 하지 않고, 단지 인재들과 함께 하는 것을 좋아하는 듯하다. 그러니 배울 것이 있는 사람이라면, 그의 신분이 미천해도 자신의 몸을 낮춰 그를 초빙하려고 했다.

식객의 도움으로 조趙나라를 구하다

위魏나라 안리왕安釐王 20년, 진秦나라 소왕昭王이 장평長平에서 조趙나라 군대를 격파하고, 더욱 진격하여 조나라 수도 한단邯鄲을 포위했다. 신릉군의 누이는 조나라 평원군平原君의 부인이었다. 평원군은 수차례 위왕魏王과 신릉군에게 편지를 보내 구원병을 요청했다. 위왕이 장군 진비晉鄙에게 명하여 군사 10만 명을 이끌고 조나라를 구하게 했다. 하지만 진왕秦王은 '만약 조나라를 구하는 자가 있으면 조나라를 쳐부순 후에 가장 먼저 칠 것'이라는 서신을 위나라에게 보내왔다. 위왕은 두려워하여, 장군 진비의 진격을 멈추게 하고 업鄴에 주둔하게 했다. 다급해진 평원군은 손을 쓰지 않는 신릉군을 원망했다. 신릉군은 수차례 위왕에게 조나라를 구해줄 것을 청했고, 빈객과 변사辯士들을 통해서도 설득했으나, 위왕은 진나라가 두려워 청을 들어주지 않았다. 그러자 신릉군은 빈객들과 함께 수레 100승乘을 모아 조나라와 함께 목숨을 걸고 싸우려고 했다. 신릉군은 조나라로 가는 길에, 이문夷門에 들러 후영侯嬴에게 이 사실을 알리고 작별 인사를 나눈 뒤 출발하려 했다. 이때 후영은 "공자께서는 수고하십시오. 노신老臣은 따라갈 수가 없습니다"라고 했다. 신릉군은 몇 리를 가는 동안 마음이 불쾌하여, 이렇게 생각했다.

"내가 후영을 대접함에 부족함이 없었음은 천하가 아는 일이거늘, 이제 내가 죽으러 가는데 후영은 일언반구一言半句도 없으니 내가 그에게 무슨 잘못을 했더란 말인가?"

신릉군은 수레를 돌려, 후영에게 다시 와서 물었다. 후영이 웃으며 말했다.

"신은 공자께서 돌아오실 줄 알고 있었습니다. 공자께서 선비를 좋아하시는 것은 천하가 다 알고 있습니다. 지금 공자께서는 아무 대책도 없이, 곤경에 처한 조나라를 구하기 위해 진나라와 맞서려고 하십니다. 이는 굶주린 호랑이에게 고기를 던져주는 격입니다. 공자께서는 신을 후하게 대우하셨지만, 신은 공자께서 떠나시는데 제대로 인사도 드리지 않았으니, 공자께서 원망하며 다시 오실 줄 알았습니다."

신릉군이 두 번 절을 하며, 조나라를 구할 방법을 물었다. 그러자 후영이 사람들을 물리치고 조용히 말했다.

"제가 들으니 진비晉鄙의 병부兵符(군주가 신하에게 병권을 줄 때 사용하는 징표)가 왕의 침실에 있다고 하는데, 여희如姬는 왕의 총애를 받아 침실에 출입할 수 있습니다. 그녀라면 병부를 훔칠 수 있을 것입니다. 신이 들으니, 여희의 부친이 누군가에게 피살되어 그녀가 3년 동안 복수하려 했고, 왕과 대신들도 그 원수를 갚아주려 하였으나 뜻을 이루지 못했다고 합니다. 그때 여희가 공자께 호소했고, 공자께서는 식객을 시켜 그 원수의 목을 베어 여희에게 바쳤다고 들었습니다. 여희는 공자의 은혜에 보답하려고 했지만, 아직 그 방법을 찾지 못하고 있습니다. 공자께서 여희에게 도움을 청한다면, 여희는 반드시 허락할 것입니다. 병부를 얻어 진비의 군대를 빼앗아, 이로써 진나라 군대를 물리치고 조나라를 구한다면, 이는 오패五霸(춘추시대 제일 강성했던 5개의 제후국 군주)의 업적에 비견比肩하는 일이 될 것입니다."

신릉군이 후영의 계책대로 여희에게 도움을 청했다. 여희는 과연 진비의 병부를 훔쳐 신릉군에게 주었다. 신릉군이 조나라로 떠나려고 하자, 후영이 말했다.

"장수가 전장戰場에 있을 때는 임금의 명령도 따르지 않습니다. 공자께서 병부를 가져간다 해도, 진비가 군대를 내주지 않고 조정에 병부兵符의 진위眞僞를 문의한다면, 일이 위태로워집니다. 그러니 저의 친구 주해를 데리고 가십시오. 이 사람은 힘이 장사입니다. 진비가 공자의 명령을 듣는다면 다행이지만, 그렇지 않다면 주해를 시켜 그를 죽이십시오."

그러자 신릉군이 눈물을 흘렸다. 후영이 "공자께서는 죽음을 두려워하십니까? 어찌하여 우십니까?"라고 하자, 신릉군이 말했다.

"진비는 용맹한 노장老將이니 아마도 내 말을 듣지 않을 것입니다. 그렇게 되면 죽일 수밖에 없으니, 그래서 눈물을 흘리는 것이오, 어찌 죽음을 두려워하겠소?"

신릉군이 주해에게 같이 갈 것을 청했다. 그러자 주해가 웃으며 말했다.

"신은 저잣거리에서 도축屠畜이나 하는 사람이온데, 공자께서 여러 차례 찾아와 안부를 물으셨음에도 답례答禮를 하지 않았습니다. 제가 그렇게 한 것은, 작은 답례는 쓸모없다고 여겼기 때문입니다. 지금 공자께서 위급한 일을 당하셨으니, 지금이야말로 제가 목숨을 바칠 때입니다."

주해는 신릉군과 함께 가기로 했다. 신릉군이 가는 길에 후영에게 들러 그와 작별 인사를 했다. 이때 후영이 말했다.

"저도 마땅히 따라가야 하지만 늙어서 갈 수가 없습니다. 대신 저는 일정을 계산하여, 공자께서 진비의 군대에 도착하시는 날에 북쪽을 향하여 목을 잘라 자결함으로써 공자께 보답하겠습니다."

마침내 신릉군은 조나라로 떠났다. 진비가 주둔한 업鄴에 도착하자, 신릉군은 왕의 명령이라 속이고, 진비를 대신하여 병력을 통솔하려고 했다. 진비는 병부를 보고 의심하며 신릉군에게 말했다.

"지금 제가 10만 대군을 거느리고 국경에 주둔하고 있습니다. 이러한 국가의 중대한 임무를 맡고 있는데, 지금 공자는 수레 한 승을 타고 와서 저를 대신하려고 하니, 어찌 된 것입니까?"

진비는 신릉군의 명을 따르려 하지 않았다. 그러자 주해가 소매에서 40근의 철퇴를 꺼내서 진비를 때려 죽였다. 마침내 신릉군이 진비의 군대를 통솔하며 군중軍中에 명령했다.

"아비와 아들이 함께 군중軍中에 있다면 아비가 집으로 돌아가고, 형과 동생이 함께 군중에 있다면 형이 돌아갈 것이며, 외아들인 자는 돌아가 부모를 봉양하라."

이렇게 하여 병사 8만 명을 선발하여 병사들을 진격시켜 진나라 군대를 쳤다. 그러자 진나라 군대가 포위를 풀고 돌아갔다. 이렇게 신릉군은 조나라를 구했다.

위의 내용은 사실 군대를 사적私的으로 사용한 사례다. 특히 병권을 몰래 탈취했으며 파견된 장수까지 살해했으니, 중대범죄가 아닐 수 없다. 하지만 사마천의 기술은 신릉군에게 매우 우호적이다. 사마천은 철저히 신릉군의 입장에 서서, 그의 행위가 타당하다고 인식하게 만든다. 사마천이 부각하려 한 것은, 신릉군의 인재를 대하는 모습이다. 위왕魏王이 구원병을 내주지 않자, 몇몇 식객만을 거느리고 진秦나라에 맞서려는 모습을 제외하고라도, 장군 진비를 죽여야 하는 문제로 괴로워하는 모습이나, 전투를 치르기 전 아버지와 형 그리고 외아들을 고국으로 돌려보내는 모습은, 사람을 아끼는 신릉군의 마음이 잘 드러난다. 사람을 아낄 수 있는 사람만이 인재를 아낄 수 있고 그런 사람만이 진정 인재를 키울 수 있지 않을까?

식객을 대하는 신릉군의 인식

위魏나라 신릉군이 조나라에 있을 때, 조나라에 모공毛公과 설공薛公이라는 현자賢者가 있다는 말을 들었다. 모공毛公은 도박하는 무리와 함께 지냈고, 설공薛公은 술파는 집에서 숨어 지냈다. 신릉군은 이 두 사람을 만나보고자 했지만, 그들은 몸을 숨기고 만나려 하지 않았다. 신릉군은 그들의 거처가 어딘지 듣고, 몰래 가서 이 두 사람과 교유하였고 이들을 매우 좋아했다. 평원군平原君이 그 소문을 듣고 부인에게 말했다.

"처음에 나는, 부인의 동생 신릉군이 둘도 없는 인물이라고 들었소. 그런데 듣자 하니, 신릉군이 도박하는 무리들과 어울리고 술파는 자와 교유한다고 하니, 신릉군은 형편없는 사람일 뿐이오."

부인이 그 이야기를 신릉군에게 전했고, 신릉군은 누이와 작별하고 떠나면서 이렇게 말했다.

"처음에 나는 평원군平原君이 어질다고 들었습니다. 그래서 위왕魏王을 저버리고 조趙나라를 구하여, 평원군平原君의 요청에 화답했던 것입니다. 그러나 평원군平原君이 선비를 대하는 것은, 그저 남의 눈에 띄기 위한 호탕한 행동일 뿐, 진정 선비를 좋아하는 것은 아닌 듯합니다."

사랑에 빠진 연인은, 상대의 신분 고하高下와 재력의 다소多少가 눈에 들어오지 않는다. 마찬가지로, 진정 선비를 좋아한다면 그의 신분과 직업은 중요한 것이 아니다. 만약 외적인 것이 중요하게 느껴진다면 그 사랑은 아직 깊지 않은 것이다. 신릉군은 평원군과 비교하여 확실히 인재를 아끼고 사랑한 것으로 보인다.

사마천은 말한다.

"내가 예전 위나라의 수도인 대량大梁을 지나면서, 후영侯嬴이 문지기로 있었던 이문夷門이라는 곳을 물어서 찾아갔다. 이문은 성城의 동문東門이었다. 천하의 여러 공자公子들도 모두 선비들을 좋아했지만, 신릉군信陵君만이 숨어 지내는 선비들과 접촉했고, 아랫사람들과 사귀는 것을 부끄러워하지 않았다. 그러니 그가 당시 천하의 으뜸이었다는 것은 거짓이 아니다. 한漢 고조高祖(유방劉邦)는 매번 대량大梁을 지날 때마다, 백성들로 하여금 신릉군에게 제사 드리는 일이 끊이지 않게 했다고 한다."

사마천은 당시 양사養士에 있어서 신릉군을 최고로 인정하고 있다. 한나라 유방劉邦까지도 그를 흠모하여 그에게 제사지내는 것이 끊이지 않도록 했다고 하니, 그의 명성이 후대에도 계속 지속된 것으로 보인다.

식객들이 떠나자 마지못해 첩의 목을 베다

평원군平原君 조승趙勝은, 조趙나라의 여러 공자公子들 중 한 사람이다. 형제 가운데 조승趙勝이 가장 현명하고 빈객을 좋아하여, 그에게 모인 빈객들이 수천 명이나 되었다. 평원군은 조나라 혜문왕惠文王과 효성왕孝成王 때 세 번이나 재상의 지위에 올랐다.

평원군의 집 누각은 민가民家를 향해 있었다. 그 민가에 다리를 저는 사람이 절룩거리며 물을 길었다. 평원군의 애첩愛妾이 누각 위에 있다가 그를 보고 크게 웃었다. 다음날 그 사람이 평원군의 집 문 앞에 와서 말했다.

"저는 주군께서 선비를 좋아한다고 들었습니다. 선비들이 수천 리를 멀다 하지 않고 오는 것은, 주군께서 첩妾보다 선비를 귀하게 여기기 때문입니다. 저는 불행히도 허리 굽은 병이 있는데, 주군의 첩이 저를 보고 비웃었습니다. 저는 저를 비웃은 그녀의 머리를 얻기 원합니다."

평원군이 웃으면서 그렇게 하겠다고 했다. 그가 돌아가자 평원군이 웃으며 말했다.

"이 작자 좀 보게. 한 번 웃었다는 이유로 내 애첩을 죽이라고 하니, 이는 너무 심하지 않은가?"

결국 평원군은 그녀를 죽이지 않았다. 그러자 1년 동안, 식객들이 조금씩 떠나더니 식객의 수가 반 이상 줄었다. 평원군이 이를 이상하게 여기며 "제가 그대들을 대우함에 있어 예의를 벗어난 적이 없었는데, 어째서 떠나는 사람이 이렇게 많은 것이오?"라고 했다. 그때, 식객 중 한 사람이 말했다.

"주군께서 절름발이를 비웃은 첩을 죽이지 않으셨기에, 선비들은 주군께서 여색女色은 좋아하면서 선비는 천하게 여긴다고 생각합니다.

그래서 떠나는 것입니다."

그러자 평원군은 마침내 절름발이를 비웃은 애첩의 머리를 베어 들고, 직접 문 앞에 가서 그에게 주고 사과했다. 그랬더니 식객들이 다시 모여들었다.

애첩의 목을 베면서까지 떠나간 식객들을 붙잡아야 했다니, 평원군에게 있어서 식객들은 꼭 필요한 존재임에 틀림없다. 이 대목에서, 평원군에게 양사養士는 단지 능력 있는 선비를 양성하는 것이 아니라, 자신들에게 꼭 필요한 신하나 부하를 관리한다는 느낌을 받는다.

식객의 도움으로 초나라와 맹약盟約을 맺다

진秦나라가 조趙나라의 수도 한단邯鄲을 포위하자, 조나라는 평원군을 시켜, 초나라와 동맹을 맺고 구원을 요청하게 했다. 평원군은 식객 중 용기 있는 사람과 문무文武를 갖춘 자 20명과 함께 가려고 했다. 평원군이 말했다.

"평화적인 방법으로 목적을 달성할 수 있다면 좋겠지만, 만약 그렇지 않다면 궁전 아래에 피를 보고서라도 반드시 맹약을 맺고 돌아오겠습니다. 선비는 외부에서 찾지 않고, 저의 식객과 문하門下에서 찾으면 됩니다."

그리하여 19명을 선발했으나, 나머지 한 명은 마땅한 자를 찾지 못했다. 평원군의 식객 중 모수毛遂라는 사람이 있었는데, 그가 평원군에게 스스로를 추천하며 말했다.

"주군께서 장차 초나라와 맹약을 맺고자 식객 20명과 동행하신다고 들었습니다. 지금 한 사람이 모자란다고 하니, 주군께서 저를 데리고 가시길 청합니다."

평원군이 "선생이 나의 문하에 몇 년이나 계셨습니까?"라고 했다.

모수는 3년이 되었다고 했다. 그러자 평원군이 말했다.

"무릇 현명한 선비는 주머니 속의 송곳과 같아서, 즉시 송곳의 끝이 드러납니다. 지금 선생께서 나의 문하에 3년 동안 계셨지만, 주위에서 칭찬하는 사람이 없고, 나도 그것을 들어본 적이 없으니, 이는 선생에게 뛰어난 점이 없기 때문입니다. 선생은 능력이 없으니 그냥 계십시오."

모수가 말했다.

"저는 지금 주군의 주머니 속에 있기를 청합니다. 진작 저를 주머니에 넣어 두었다면, 송곳의 끝부분뿐만 아니라 송곳의 머리도 드러났을 것입니다."

이 말을 듣고 평원군은 모수를 데리고 떠났다. 19명은 서로 눈빛으로 모수를 비웃었지만 따돌리지는 않았다. 초나라에 도착하기 전에, 모수는 19명과 맹약을 맺을 방법을 논의했는데, 모수의 언행에 19명이 모두 탄복했다. 초나라에 도착한 후, 평원군이 초왕楚王과 맹약에 대해 논의했는데, 각자 이해득실을 따지면서 아침부터 한낮이 되도록 결정을 내리지 못했다. 그러자 19명이 모수에게 당堂 위에 올라가서 말하라고 했다. 모수는 칼을 잡고 계단을 올라가 말했다.

"맹약의 득실得失은 두 마디 말이면 충분한데, 지금까지 결정을 내리지 못하는 까닭은 무엇입니까?"

초왕楚王은 그가 누군지 물으니, 평원군은 자신의 사인舍人이라고 말했다. 초왕이 꾸짖으면서 말했다.

"내려가지 않고 무엇을 하느냐? 내가 그대의 주군과 이야기 나누고 있거늘, 그대는 올라와서 무엇을 하는 것인가?"

모수가 칼을 만지면서 앞으로 나가 말했다.

"왕께서 저를 꾸짖는 것은, 지금 초나라 사람이 많다고 생각하기 때문입니다. 하지만 왕과 저의 십 보 거리 안에는 초나라 사람이 없으니, 왕의 목숨은 제 손에 달려 있습니다. 또 어찌하여 저의 주군 앞에서 저를 꾸짖는 것입니까? 탕왕湯王은 사방 70리의 땅을 갖고도 천하에 왕이 되었고, 문왕文王은 사방 100리의 땅으로도 제후들을 신하로 부렸다고 들었습니다. 이 모두가 어찌 군사가 많았기 때문이었겠습니까? 자신의 세력에 의지해서 위엄을 떨쳤기 때문입니다. 지금 초나라는 땅이 사방 5천 리이고, 무장병사가 100만인데 이는 패자霸者(제후국의 우두머리)가 될 만한 바탕입니다. 이처럼 강한 초나라를 천하의 어느 누가 당해낼 수 있겠습니까? 그러나 진秦나라 백기白起와 같은 하찮은 장수가 수만의 병사를 이끌고, 초나라와 한 번 싸워서 언영鄢郢을 빼앗고, 두 번 싸워서 이릉夷陵을 불사르고, 세 번 싸워서 왕의 선조先祖를 욕보였습니다. 이는 백세百世의 원한이며 초나라의 수치입니다. 그런데 왕께서는 이를 깨닫지 못하고 계십니다. 맹약은 초나라를 위한 것이지 조나라를 위한 것은 아닙니다. 그런데도 저의 주군 앞에서 어찌 저를 꾸짖으시는 것입니까?"

초왕은 "선생의 말이 맞소. 삼가 사직社稷을 걸고 맹약을 맺겠소"라고 했다. 모수가 "맹약을 결정하시겠습니까?"라고 묻자, 초왕이 그러겠다고 했다. 이리하여 초나라와 조나라의 맹약이 성사되었다.

모수의 자객과 같은 대범함과 뛰어난 언변言辯 때문에, 평원군은 초나라와 맹약을 맺을 수 있었다. 하지만 평원군이 그런 모수의 능력을 알아보지 못했으니, 모수가 초나라에 가겠다고 스스로 청하지 않았다면, 모수의 역량은 드러나지 않았을 것이다. 인재를 알아보지 못하는데, 어찌 인재를 키울 수 있겠는가?

식객의 건의로 처첩妻妾을 군대에 편성하다

평원군이 조나라에 돌아왔고, 초나라는 춘신군春申君을 장수로 삼아 군대를 이끌고 조나라를 구원하게 했다. 또 위나라의 신릉군도 진비晉鄙의 군대를 빼앗아 조나라를 구하러 갔다. 구원병이 도착하기 전, 진나라가 신속하게 한단을 포위하여, 한단이 매우 위급하게 되어 항복할 지경에 놓이자, 평원군이 이를 걱정했다. 이때, 평원군의 문하門下에 있던 이동李同이라는 사람이 말했다.

"주군께서는 조나라가 망하는 것이 걱정되지 않습니까?"

평원군이 "조나라가 망하면 나도 포로가 될 텐데, 어째서 걱정되지 않겠는가?"라고 대답했다. 이에 이동이 말했다.

"조나라 한단의 백성들은 땔감으로 사람의 뼈를 태우고, 심지어 식량이 없어 사람 고기까지 먹으면서 버티고 있으니, 실로 위급한 상황입니다. 그런데도 주군의 후궁後宮은 수백 명이며, 첩妾들은 비단옷을 입으며 쌀밥과 고기반찬을 남기고 있습니다. 하지만 백성들은 변변한 옷도 입지 못하고, 술 찌꺼기와 쌀겨조차도 넉넉하지 않습니다. 백성들은 곤궁하고 병사들은 피폐하여, 나무를 깎아 창과 화살을 만들고 있는데, 주군의 기물器物은 창고에 쌓여 있습니다. 진秦나라가 우리를 무너뜨리면, 주군께서 어찌 이런 것들을 소유할 수 있겠습니까? 조나라가 안전하게만 된다면, 주군에게 이것들이 있고 없고가 무슨 근심거리가 되겠습니까? 주군께서는 부인과 그 아랫사람들을 군졸軍卒로 편성하시어 일을 돕게 하시고, 재산을 다 나누어 군졸들에게 베풀어주신다면, 위태롭고 곤궁한 군졸들은 분명 감격할 것입니다."

평원군은 그의 말대로 행했더니, 죽음을 각오한 3천 명의 군사를 모을 수 있었다. 이동이 이 3천 명을 이끌고 진나라와 전투를 벌여, 진나라 군사는 30리나 퇴각했다. 때마침 초나라와 위나라의 구원병이 도착하여, 진나라의 군대는 물러나고 한단은 다시 보존되었다.

국가에 전쟁이 났는데도 자신의 재물과 식솔食率들을 아끼는 평원군의 모습은, 3천 명의 식객을 거느린 대인大人으로 보이지 않는다. 신릉군이 말한 것처럼 평원군의 양사養士는 그저 한때의 명성을 얻기 위해 하는 호걸스러운 행동에 불과한 것일까?

사마천은 말한다.

"평원군平原君은 혼란한 시대에 유유자적하며 지냈던 공자公子지만, 나라를 다스리는 커다란 도리는 알지 못했다. ……"

평원군에 대한 사마천의 평가는, 양사養士나 식객에 관련된 부분이 적다. 비록 그가 3천 명의 식객을 거느렸지만, 그만큼 식객에 관한 명성은 없었던 것으로 보인다.

〈열전〉의 내용에는 식객을 초빙하거나 대우해준 것만 기술되어 있고, 어떻게 키웠는지에 대해서는 설명이 없다. 한漢나라 때에 와서야 최초의 교육기간이 설립되었으니, 전국시대戰國時代의 사군자四君子가 3천 명이나 되는 식객을 체계적으로 양성할 수는 없었을 것이다. 양사養士는 그저 식객들에게 의식주를 제공해주고, 다른 식객들과 함께 지내면서, 스스로 자신의 기량을 키우도록 한 것이다. 하지만 당시 상황으로 보면, 이것마저도 식객들에게는 매우 커다란 혜택일 것이다. 한편, 열전의 내용은 대부분 식객들의 활동을 통해 주군들이 혜택을 본 일화들이다. 식객들은 주군을 위해 정보를 수집하거나, 전쟁의 계책을 수립하고, 무고함을 풀어주거나 명성을 높여주는 등 매우 다양한 일들을 했다. 이처럼 식객들에 대한 투자 대비 결실이 적지 않으니, 천하의 권력자들은 모두 양사를 하려고 했던 것이다.

맹상군과 평원군 그리고 신릉군의 차이는 명확하다. 맹상군과 평원군의 양사養士는 식객食客을 이용하기 위한 수단에 불과했다. 반면 신릉군은 비록 의도치 않게 식객의 도움을 받긴 했지만, 그는 선비들과 교유하는 것 자체를 좋아했다. 다시 말해, 맹상군과 평원군은 양사養士로 인한 결과물을 얻으려 했고, 신릉군은 양사養士의 과정을 좋아했다. 행위의 본질을 좋아하지 않고 불순한 목적이 끼어들 때, 바라는 것이 많아질 수밖에 없다. 자녀를 키울 때, 훗날 그들의 보답을 기대하는 부모는 없을 것이다. 진정한 스승은, 자신에게 배우면서 성장해가는 학생들을 보며 즐거워한다. 그러니 내가 학생들에게 얻을 것을 바란다면, 그건 더 이상 양성이 아니라 이용하려는 것이 아닐까? 그래서인지 학원 앞에 걸린 "○○대학교 ○명 입학"이라는 현수막을 보면, 왠지 마음이 씁쓸하다.

廉頗藺相如列傳

제6장

너희들이 희생의 맛을 알아

— 염파인상여열전

들어가며

"니들이 게 맛을 알어?" 원로 배우 신구씨가 2002년 출연한 CF광고의 명대사다. 헤밍웨이의 〈노인과 바다〉를 패러디하여, 잡아 올린 거대한 게를 자신의 몸에 밧줄로 연결한 채, 비스듬히 배에 누워서 장난스럽게 하는 말. "니들이 게 맛을 알어?" 〈노인과 바다〉의 진지한 노인의 삶은, 이 대사를 통해 코믹하게 변용되었다. 이후 오징어, 딸기, 더덕 등을 붙여 "니들이 ~맛을 알아" 시리즈는 무한 재생되어, 한동안 웃음 코드가 되었다. 우스꽝스럽게 비아냥거리는 말 속에는, 진정한 맛도 모르고 떠들어 대는 사람들을 풍자하고 있다.

〈염파인상여열전廉頗藺相如列傳〉의 내용은 희생과 연관이 있다. 이 편에는 염파廉頗와 인상여藺相如 이외에 조사趙奢와 조괄趙括의 어머니가 등장한다. 이들은 모두 전국시대 조趙나라 사람들이다. 그들의 신분은 서로 다르지만 타인을 위해 자신을 희생했다는 공통점이 있다. 이들은 무엇을 희생했으며, 그것이 요즘의 희생과는 어떻게 다른지 비교해 볼 만하다.

화씨벽和氏璧을 요구하는 진나라, 곤경에 빠진 조나라

염파廉頗는 조趙나라의 명장名將이다. 조趙 혜문왕惠文王 16년, 염파廉頗는 조나라의 장수가 되어, 제齊나라를 쳐서 크게 무찌르고 상경上卿(제후국의 최고 관직)이 되었다. 그의 용맹과 기개는 제후들에게 널리 알려졌다. 인상여藺相如 또한 조나라 사람으로, 환관령宦官令 무현繆賢의 문객門客이었다.

혜문왕이 초楚나라의 화씨벽和氏璧(초楚나라 변화卞和가 발견한 진귀한 옥)을 얻었다. 이 소식을 들은 진왕秦은 사신을 보내, 진秦의 15개 성城과 화씨벽을 바꾸자고 요구했다. 조왕趙王은 여러 대신大臣들과 상의했다. 화씨벽을 주자니 진나라가 성城을 주지 않을 것 같고, 안 주자니 진나라가 공격해 올 것 같아 두려웠다. 혜문왕은 결정을 못 내리고 있었다. 이 때, 무현繆賢이 인상여를 추천하였고, 왕이 인상여를 불러 물었다.

"진왕秦王이 15개의 성과 과인의 화씨벽을 바꾸자고 하는데, 어떻게 하면 좋겠소?"

"진나라는 강하고 조나라는 약하니 거절할 수 없습니다."

"그들이 화씨벽만 받고, 성을 주지 않으면 어찌해야 한단 말이오?"

"진秦나라가 성과 화씨벽을 바꾸자고 했는데, 이를 수락하지 않으면 그 잘못은 우리 조나라에게 있습니다. 그런데 조나라가 화씨벽을 주었는데도 진나라가 성을 주지 않는다면, 그 잘못은 진나라에게 있게 됩니다. 이 두 가지를 비교해볼 때, 차라리 그들의 요구에 응해주고 성을 주지 않을 경우, 그 책임을 묻는 것이 좋겠습니다."

"그렇다면 누가 사신으로 가는 것이 좋겠소?"

"왕께는 마땅한 인물이 없으니, 신이 화씨벽을 받들고 사신으로 가겠습니다. 그들이 성을 우리 조나라에 넘겨주면 화씨벽을 진나라에 두고 오겠지만, 만약 성을 주지 않으면 화씨벽을 온전하게 가져 오겠습니다."

이리하여 혜문왕惠文王은 마침내 인상여에게 화씨벽을 가지고 진나라로 가게 했다.

화씨벽을 들고 진왕秦王을 꾸짖다

진왕秦王은 장대章臺라는 곳에 앉아 인상여를 접견했고, 인상여는 화씨벽을 받들어 진왕에게 바쳤다. 진왕이 매우 기뻐하며 궁녀들과 신하들에게 돌려가며 보여주자, 그들은 모두 만세를 외쳤다. 인상여는 진왕이 약속한 성城을 주지 않을 것임을 간파하고, 앞으로 나아가 아뢰었다.

"그런데 이 화씨벽에도 흠이 있으니 대왕께 보여드리겠습니다."

진왕이 화씨벽을 다시 건네주자, 인상여는 화씨벽을 받아들고 물러나 기둥에 기대어 섰는데, 화난 얼굴에 머리카락이 관을 뚫고 지나갈 정도였다. 인상여가 말했다.

"대왕께서는 화씨벽을 얻고자 조왕趙王에게 서신을 보내셨습니다. 그래서 조왕은 신하들을 모아놓고 의논했습니다. 대신들은 모두 진秦이 거짓말로 화씨벽을 가로채고 성은 주지 않을 것이니, 화씨벽을 주면 안 된다고 했습니다. 그러나 제 생각은 달랐습니다. 평민들의 사귐에도 서로 속이지 않거늘, 하물며 대국大國이 그럴 수 있겠습니까? 그래서 저는 화씨벽 하나 때문에 강한 진나라를 거스르면 안 된다고 아뢨습니다. 그리하여 조왕께서는 닷새간 목욕재계沐浴齋戒를 하시고, 신으로 하여금 화씨벽을 받들게 하고, 궁궐 뜰에서 엎드려 국서國書를 보내셨습니다. 왜 그랬겠습니까? 이는 대국大國의 위엄을 중重하게 여기시고 경의를 표하신 것입니다. 그런데 오늘 신臣이 도착하자 대왕께서는 신을 일반 궁전에서 접견하셨는데, 이는 너무 오만한 처사입니다. 또한 화씨벽을 받으시고 궁녀들에게 돌려가며 보여주셨는데, 이 또한 신을 조롱한 것입니다. 이것으로 보건대, 대왕께서는 조나라에게 성城을 줄 마음이 없으신 듯합니다. 그래서 신이 화씨벽을 되돌려 받은 것입니다. 만약 대왕께서 화씨벽을 뺏으려고 신을 압박하신다면, 신의 머리와 화씨벽은 기둥에 부딪쳐 산산조각이 날 것입니다."

인상여는 화씨벽을 쥐고 기둥을 노려보면서 당장 내리칠 기세였다. 그러자 진왕은 화씨벽이 깨질까 겁이 나서 인상여에게 사과하고는, 관리에게 지도를 가져오게 하였다. 진왕은 손가락으로 지도를 가리키며 여기서부터 저기까지 15개 성을 조나라에 넘겨주라고 명했다. 그러나 인상여는 진왕이 속임수로 하는 말임을 알고 이렇게 말했다.

"화씨벽은 천하가 인정하는 보물이지만, 조왕께서는 대왕이 두려워 바치지 않을 수 없었습니다. 조왕께서 화씨벽을 보내실 때 닷새간 목욕재계沐浴齋戒를 하셨으니, 대왕께서도 닷새간 재계하십시오. 그런 다음 대궐 뜰에서 구빈九賓의 예禮(가장 융숭한 의식)를 갖추시면, 신은 화씨벽을 바치겠습니다."

진왕은 화씨벽을 억지로 강탈할 수 없음을 알고, 자신도 재계하겠다고 약속하고, 인상여를 광성전廣成傳에 묵게 했다. 진왕이 재계하더라도 결국 성을 주지 않을 것이라 생각한 인상여는, 수행원에게 화씨벽을 가지고 샛길로 도망쳐 조나라로 돌아가게 했다.

진왕은 닷새 동안 재계를 한 후, 궁궐에 구빈九賓의 예禮를 갖추고 인상여를 접견했다. 인상여는 자리에 와서 진왕에게 아뢰었다.

"진나라에는 목공繆公 이래로 20여 명의 군주가 있었지만, 약속을 굳게 지킨 분은 없었습니다. 신은 대왕께 속아 조왕의 믿음을 저버릴까 두려워, 사람을 시켜 화씨벽을 가지고 조나라로 돌아가게 했습니다. 진秦은 강하고 조趙는 약하기 때문에, 대왕께서 단지 사신 한 명을 보내셨을 뿐인데, 조나라는 즉시 신을 보내 화씨벽을 바쳤습니다. 지금 강대국인 진秦나라가 먼저 15개의 성을 주신다면, 조나라가 어찌 화씨벽 하나 때문에 대왕께 죄를 짓겠습니까? 신이 대왕을 속인 죄 죽어 마땅한 줄 압니다. 그러니 신에게 삶아 죽이는 벌을 내리소서."

진왕秦王과 군신들은 서로를 보면서 씁쓸하게 웃을 뿐이었다. 주위의 신하들이 인상여를 끌어내려 하자, 진왕이 말했다.

"지금 인상여를 죽이면 화씨벽은 손에 넣지 못할 것이다. 또한 조나라와의 우호관계도 끊길 것이니, 차라리 잘 대접하여 돌려보내는 것이 낫다. 조왕이 어찌 화씨벽 하나 때문에 우리 진나라를 속이겠는가?"

결국 인상여에게 예를 갖춘 뒤에 그를 조나라로 돌려보냈다.

인상여가 돌아오자, 조왕은 인상여가 진秦에게 모욕을 당하지 않고 사신의 임무를 잘 수행했다고 여겨, 그를 상대부上大夫(대부大夫 가운데 가장 높은 관직)에 임명했다. 진나라는 끝내 성을 내주지 않았고, 조나라도 화씨벽을 주지 않았다.

욕심 많은 사람에게 가장 무서운 상대는 욕심 없는 사람이다. 진왕秦王은 화씨벽을 가지려는 욕심이 있었기에 목숨까지 버리려는 인상여를 당해내지 못했다. 진왕이 욕심이 없었다면, 인상여는 죽었을 지도 모른다. 내 것을 버리려고 하면 당당해지지만 채우려고 하면 약해진다.

진왕秦王에게 악기를 연주하게 하다

그 후, 진秦나라가 조趙나라를 공격하여 석성石城을 함락시켰다. 이듬해 진秦이 또다시 조趙를 쳐서 2만 명을 죽였다. 진왕秦王은 조왕趙王에게 사신을 보내, 민지澠池에서 만나 우호조약을 맺고 싶다고 했다. 조왕趙王은 두려워하며 가지 않으려고 했다. 그러자 염파와 인상여가 상의한 후 아뢰었다.

"대왕께서 가지 않으시면, 우리가 겁을 먹었음을 보여주는 것이 됩니다."

조왕은 어쩔 수 없이 가게 되었고, 인상여는 조왕을 수행했다. 염파가 국경까지 전송하며 조왕에게 아뢰었다.

"대왕의 이번 일정을 계산해 보니, 회담을 마치고 돌아오시기까지는 30일이 넘지 않을 것입니다. 만약 30일이 지나도 돌아오지 않으시면, 태자를 왕으로 옹립하기를 청합니다. 그래야 진나라의 속셈을 끊어 버릴 수 있습니다."

조왕은 이를 허락했다. 조왕은 진왕과 민지澠池에서 만났다. 술자리가 무르익자, 진왕이 이렇게 말했다.

"왕께서 음악을 좋아한다고 들었습니다. 거문고를 한 번 연주해 주시지요."

조왕이 거문고를 타자, 진나라의 어사御史가 앞으로 나와 '모년 모월 모일에, 진왕은 조왕을 만나 술을 마셨고, 조왕에게 거문고를 타게 했다'라고 기록했다. 이에 인상여가 한걸음 나와 아뢰었다.

"우리 왕께서도 진왕께서 진나라 가락을 잘 연주하신다고 들었습니다. 대왕께 분부盆缻(장구와 비슷한 악기 이름)를 올릴 테니 연주해 주시기를 청합니다."

진왕은 노여워하며 허락하지 않았다. 그러자 인상여는 앞으로 나와 분부盆缻를 바치며 무릎을 꿇고 진왕에게 다시 청했다. 그래도 진왕이 거부하자, 인상여가 말했다.

"다섯 걸음 안에, 제 목의 피가 대왕께 뿌려질 수도 있습니다."

주위의 병사들이 인상여를 칼로 치려하자, 인상여가 눈을 부릅뜨고 호통을 치니 모두 움직이지 못했다. 진왕은 마지못해 분부를 한 번 두드렸다. 그러자 인상여는 뒤를 돌아보며 조나라의 어사御史(황제 곁에서 문서와 기록을 담당하던 관리)를 불러, '모년 모월 모일, 진왕이 조왕을 위해서 분부를 쳤다'라고 기록하게 했다. 진나라의 신하들이 말했다.

"조나라의 성 15개를 바쳐 진왕秦王의 장수長壽를 축원해주십시오."

그러자 인상여도 말했다.

"진나라의 수도 함양咸陽을 바쳐 조왕趙王의 장수長壽를 빌어주십시오."

이렇게 진왕은 연회가 끝날 때까지 조왕을 제압할 수가 없었다. 조나라도 많은 병사를 배치하여 만약의 사태에 대비했기 때문에, 진나라는 함부로 군대를 움직일 수 없었다.

배짱 좋은 약소국의 신하 한 명 때문에 진왕秦王이 쩔쩔 매는 모습은 상상만 해도 통쾌하다. 목숨에 미련을 두지 않는 인상여의 행동은, 목숨을 소중하게 여기는 진왕에게는 무서운 존재다. 자기의 것에 연연하지 않는 사람이 가장 무섭다. 출세와 명예에 연연하지 않는 관리, 수익에 미련을 두지 않는 사업가, 승리에 목숨 걸지 않는 선수. 이 모두는 자기의 것을 지키려고 하지 않기 때문에 더 위협적이다.

국가를 위해 자존심을 버리다

회담을 마치고 돌아온 후, 조왕趙王은 인상여의 공로功勞를 인정하여 그를 상경上卿으로 임명했다. 그 지위는 염파보다 높았다. 그러자 염파가 말했다.

"나는 조나라 장수가 되어, 성城을 공격하고 들판에서 싸우면서 어렵게 큰 공을 세웠지만, 인상여는 그저 입을 놀렸을 뿐인데, 그의 지위가 어찌 나보다 높다는 말인가! 또 인상여는 본래 천한 신분인데, 내가 어찌 창피하게 그의 아랫자리에 있을 수 있겠는가?"

염파는 인상여를 만나면 그에게 모욕을 줄 것이라고 했다. 인상여가 이 말을 듣고, 염파와 마주치려 하지 않았다. 조회가 있을 때면, 병을 핑계로 염파와 서열을 다투는 일을 만들지 않았다. 얼마 후, 인상여가 외출을 나갔다가 멀리서 염파가 오는 것을 보고 몸을 숨겼다. 인상여의 이런 모습을 보고 그의 문객門客들이 말했다.

"신들이 주군을 모시는 것은, 오직 주군의 의로움을 흠모하기 때문입니다. 지금 주군께서는 염장군과 같은 반열인데도, 염장군은 공공연히 주군을 악담합니다. 그런데도 주군은 그를 두려워하는 것도 모자라 몸까지 피하십니다. 보통사람들도 이를 창피하게 여기니, 다른 장군들과 대신들은 어떻게 생각하겠습니까? 저희들은 어리석어 주군의 행동을 이해하기 어려우니, 이만 떠나고자 합니다."

인상여는 그들을 만류하며 말했다.

"그대들이 보기에 염장군과 진왕秦王 중 누가 더 낫습니까?"

문객들이 말했다.

"염장군은 진왕秦王보다는 못합니다."

인상여가 말했다.

"나는 진왕의 위세에도 위축되지 않고 조정에서 그를 꾸짖고 신하들을 욕보였소. 내가 아무리 어리석다 해도 어찌 유독 염장군만을 두려워하겠습니까? 지금 정황을 살펴보면, 진나라가 우리 조나라를 함부로 공격하지 못하는 것은, 나와 염장군이 있기 때문이오. 지금 우리 두 호랑이가 싸우면, 둘 다 무사할 수 없을 것이오. 내가 염장군을 피하는 것은, 나라의 위급함을 먼저 생각하고 사사로운 감정은 뒷전에 두기 때문이오."

염파가 이 말을 전해 듣고, 어깨를 드러내고 가시나무 채찍을 진 채 인상여의 집 문 앞에 와서 사죄했다.

"비천한 제가 장군의 큰 뜻을 헤아리지 못했습니다."

마침내, 두 사람은 화해를 하고 문경지교刎頸之交를 맺었다.

인상여가 염파를 피하면서까지 비굴하게 보일 수 있는 행동을 한 것은 바로 국가를 위해서다. 철저히 자기의 것을 포기하고 더 큰 가치에 의미를 두었기 때문이다. 가족의 부양을 위해 직장 상사에게 체면 좀 구기면 어떻고, 아이를 위해 선생님께 굽신 거리면 어떤가? 더 큰 가치를 위한다면 행동의 고결함과 비루함은 따질 일이 아니다. 하지만 행동에 원대한 목적이 없을 때, 우리는 그 행동의 외적인 좋고 나쁨만을 따지게 된다.

조사趙奢가 진나라 군대를 격파하다

조사趙奢는 조趙나라의 세금 징수를 담당하는 관리였다. 그가 세금 징수의 업무를 하고 있을 때, 평원군平原君의 집에서 세금을 내려 하지 않았다. 이에 조사는 법에 따라 일을 처리하고 책임자 9명을 사형에 처했다. 평원군이 화가 나서 조사趙奢를 죽이려 하자, 조사는 그에게 다음과 같이 말했다.

"군君께서는 지체 높은 공자公子입니다. 지금 불법不法을 방치하면 국법이 흔들릴 것이며, 국법이 흔들리면 국가가 약해집니다. 국가가 약해지면 제후국이 침범할 것이니, 그렇게 되면 조나라는 사라지게 됩니다. 그때가 되면 군君께서는 지금과 같은 부福를 누릴 수 있겠습니까? 군君처럼 지체 높으신 분이 법을 준수하시면 상하上下가 모두 공평하게 되고, 상하上下가 공평하면 국가는 강해집니다. 그렇게 되면 조나라는 견고해지고 군君의 신분도 더 높아지니, 천하의 어느 누가 군君을 가볍게 여길 수 있겠습니까?"

평원군은 조사가 뛰어난 사람이라 여기고, 그를 왕에게 추천했다. 왕이 그를 등용하여 국가의 세금을 관장하게 하니, 세금 징수가 매우 공평해져서 백성들은 부유해지고 국고는 가득 차게 되었다.

그때, 진秦나라는 한韓나라를 치고 연여閼與라는 지역에 군대를 주둔시켰다. 그러자 조왕趙王은 염파를 불러, 한나라에 구원병을 보내야 할지 상의했다. 염파는 가는 길이 멀고 험하여 구원병을 보내기 힘들다고 아뢨다. 조왕은 장수 악승樂乘에게 물었으나, 그 역시 염파와 같은 대답을 했다. 조왕은 다시 조사를 불러 묻자, 조사는 가능하다고 했다. 조왕은 그를 장군으로 임명하여 한나라에 구원병을 보냈다. 군대가 조나라의 수도 한단邯鄲을 떠나 30리쯤 갔을 때, 조사는 군중軍中에 명을 내렸다. "군중軍中의 일에 대해 간언하는 자는 사형에 처할 것이다."

한편, 진나라 군대는 무안武安 서쪽에 주둔하여, 북을 요란하게 치고 함성을 지르면서 출전出戰하려고 했다. 그 기세에 무안성武安城 안의 기왓장이 모조리 흔들릴 정도였다. 조나라의 척후병斥候兵 한 사람이 와서 서둘러 무안을 구하자고 건의하자, 조사는 그 자리에서 그의 목을 베어 죽였다. 그리고 보루만 높게 쌓아 수비만 할 뿐, 28일 동안 진군하지 않았다. 진나라의 첩자가 군영으로 들어오자, 조사는 음식을 잘 대접하고 돌려보냈다. 그 첩자가 진나라 군영으로 돌아가 보고하자, 진나라 장군은 크게 기뻐하면서 말했다.

"조나라 군대는 30리 떨어진 곳에 주둔했으면서, 진군進軍하여 연여閼與를 수복하지도 않고 그저 방벽만 쌓고 있다. 그러니 연여閼與는 이제 조나라 땅이 아니로구나."

조사는 진나라 첩자를 돌려보낸 후, 군사들에게 무거운 갑옷을 벗고 급히 진나라 진지陣地로 진군하게 하여 다음 날에 도착했다. 그리고 활을 잘 쏘는 병사들을 연여에서 50리 떨어진 곳에 주둔하게 하고 보루를 쌓았다. 진나라는 이 소식을 듣고 군대를 그 곳으로 보냈다. 이때 조나라 군사軍士 허력許歷이라는 사람이 간언할 말이 있다고 하자, 조사는 그를 불러들였다. 허력許歷이 다음과 같이 아뢨다.

"진나라 군대는 우리가 여기까지 왔으리라 생각 못하고 맹렬한 기세로 쳐들어올 것입니다. 장군께서는 병력을 모아 진지를 견고히 지키며 공격에 대비해야 할 것입니다. 그렇지 않으면 반드시 패할 것입니다."

조사가 말했다.

"그대의 건의를 받아들이겠소."

허력이 말했다.

"군대의 일로 간언했으니 신에게 형벌을 내려주십시오."

조사가 말했다.

"이 일에 대해서는 나중에 한단邯鄲(조나라 수도)에 가서 다시 명령을 내리겠다."

허력은 또 간언하기를 청하며 다음과 같이 말했다.

"먼저 북산北山의 정상을 점령하는 쪽이 승리할 것이며, 늦게 도착하는 쪽은 질 것입니다."

조사는 그의 말을 듣고 만 명의 군사를 급히 그곳으로 보냈다. 진나라 군대는 뒤늦게 도착하여 산 정상을 차지하려 했으나 실패했다. 조사는 군대를 풀어 진나라 군대를 공격하여 크게 무찔렀다. 진나라 군대가 흩어져 패주敗走하자, 조나라는 마침내 연여閼與의 포위를 풀어주었고 병사를 거두어 돌아왔다. 조왕趙王은 조사趙奢를 마복군馬服君에 봉하고, 허력許歷을 국위國尉에 임명했다. 이 일로 조사는 염파, 인상여와 같은 지위에 오르게 되었다.

국가를 위해 아들이 장군이 되는 것을 반대하다

그로부터 4년 뒤, 조趙나라 혜문왕惠文王이 세상을 떠나고 아들 효성왕孝成王이 즉위했다. 효성왕 7년, 진나라와 조나라 군대는 장평長平에서 대치했다. 그때 조사는 이미 세상을 떠났고 인상여는 중병에 걸렸다. 조나라는 염파를 장군에 임명하여 진나라를 공격하게 했는데, 진나라가 여러 차례 조나라 군대를 격파했지만, 조나라 군대는 방벽을 굳게 쌓고 싸우려 하지 않았다. 진나라가 몇 번 싸움을 걸어와도 염파는 끝내 응하지 않았다. 이때 진나라의 첩자는 "진나라가 걱정하는 것은, 오직 조사의 아들 조괄趙括이 장군이 되는 것이다"라는 말을 퍼뜨리고 다녔다. 그러자 조왕趙王은 진나라 첩자의 말을 믿고, 염파 대신 조괄을 장수로 삼으려 했다. 그러자 인상여는 이에 반대했다. 왜냐하면 조괄은 자신의 부친이 남긴 병법서兵法書만 읽었기 때문에, 실제 전투를 모른다고 판단했기 때문이다. 그러나 조왕은 그의 말을 듣지 않고 조괄을 장수로 임명했다.

조괄趙括은 어려서부터 병법兵法을 배워, 병법에 관해서는 자신을 대적할 사람이 없다고 여겼다. 일찍이 그의 부친 조사와 병법에 대해서 토론했을 때에도, 조사는 조괄을 당해내지 못했지만 그를 칭찬하지는 않았다. 조사의 아내가 조사에게 그 까닭을 묻자, 조사는 다음과 같이 말했다.

“병법이란 사람의 목숨을 다루는 일이오. 그런데 괄括은 병법을 너무 쉽게 생각하고 있소. 조나라가 괄括을 장수로 삼지 않으면 다행이지만, 만약 장수로 삼는다면 분명 그 아이가 조나라 군대를 망하게 할 것이오.”

조괄이 장수가 되어 출정하기 전에, 조괄의 어머니는 조괄을 장수로 삼아서는 안 된다는 글을 조왕에게 올렸다. 조왕이 그 까닭을 묻자, 그녀는 이렇게 대답했다.

“소첩이 괄의 부친을 섬겼을 때, 그는 대장군이었습니다. 그가 먹여 살리는 사람이 수십 명이었고, 친구는 수백 명이나 되었습니다. 대왕께서 남편에게 상賞을 내리시면, 남편은 그것을 모두 군리軍吏와 사대부들에게 주었으며, 출정 명령을 받은 날부터 집안일은 돌보지 않았습니다. 그러나 지금 괄括은 하루아침에 장군이 되어, 상석上席에 앉아 부하들의 문안을 받고 있지만, 그를 존경하고 우러러 보는 사람은 없습니다. 또한 대왕께서 하사하신 돈과 비단을 집안에 감춰두고, 날마다 쓸 만한 밭이나 집을 둘러보며 사들이고 있습니다. 대왕께서는 괄括을 그의 부친과 비교해볼 때 어떠신지요? 아비와 자식의 마음 씀이 이렇게 다르니, 대왕께서는 그를 장군으로 보내지 말아주십시오.”

하지만 조왕은 자신의 결정을 번복하지 않았다.

조괄은 자신이 염파를 대신하여 장군이 되자, 군령軍令을 모조리 고치고 군리軍吏들도 교체했다. 진나라 장군 백기白起는 이 소식을 듣고 기습부대를 보내 싸우다가 거짓으로 달아나는 척했다. 또한 조나라의 보급로를 차단하여 조나라 군대를 둘로 갈라놓아, 병사들의 마음이 조괄을 떠나게 했다. 40여 일이 지나자, 조나라 군대는 굶주리기 시작했다. 조괄은 정예 부대를 출정시켜 먼저 싸움을 걸었다. 전투 중 진나라 병사가 조괄을 활로 쏴 죽였다. 그러자 조괄의 군대는 패하여 수십만 명이 진나라에 투항했고, 진나라는 그들을 모두 구덩이에 묻어 죽였다. 조나라는 이 전투에서 45만 명의 병사를 잃었다. 그리고 이듬해, 진나라 군대는 조나라의 수도 한단邯鄲을 포위했다. 1년 동안 포위당하여 꼼짝달싹 못하다가, 초나라와 위나라 군대의 도움으로 가까스로 한단의 포위를 풀었다.

조괄의 부모는 조괄의 문제를 잘 알고 있다. 조사는 아들이 장군이 되면 수많은 병사들이 희생될 수 있음을 예견했고, 조괄의 어머니는 아들을 장수로 임명하는 것을 반대했다. 어떻게든 부귀영화를 자식의 손에 쥐어주고 싶어 하는 지금의 부모들과는 달라도 많이 다르다. 그들이 걱정했던 것은, 아들의 출세가 아니라 국가가 손실이었다.

사마천은 말한다.

"사람은 죽기를 각오하면 용감해진다. 죽는 것이 어려운 게 아니라 어떻게 죽을지 선택하는 것이 어렵다. 인상여가 화씨벽을 잡고 기둥을 노려본 일과 민지澠池에서 진왕의 신하들에게 호통 치는 일은 목숨을 내어 놓는 행동이다. 그러나 일반 사람들은 이런 상황이 되면 무서워서 감히 인상여처럼 행동하지 못한다. 인상여는 용기를 발휘하여 진나라 앞에서 위신을 세웠으며, 또 귀국해서는 염파에게 몸을 낮췄다. 그러니 그의 이름은 태산보다 무거우며, 지혜와 용기를 모두 갖췄다고 할 수 있다."

인상여와 조괄의 부모가 보여준 희생은 공통점이 있다. 우선 그들은 자신의 것을 포기했다. 인상여는 자신의 생명과 명예를 포기했고, 조괄의 부모는 자식을 출세시키고 싶은 마음을 버렸다. 그들은 자기의 것을 버림으로써 국가라는 더 큰 지향을 위해 행동했다. 또한 그들의 희생은 외부의 압력이나 억압에서 나온 것이 아니었다. 자기 스스로 원해서 했고 그렇게 했음을 떠벌리고 다니지 않았다. 그들은 진정 희생이란 무엇인지 보여줬다.

희생은 타인을 위해 자기의 것을 포기하는 것이다. 이는 남을 위해 자신이 하고 싶은 것을 하지 않는 것이며, 하고 싶지 않은 일을 하는 것이다. 아이들을 위해 담배를 끊는 아빠나, 여자 친구를 위해 못 먹는 음식을 먹어주는 남자의 행동은 모두 희생이라고 할 수 있다. 그 위하는 대상이 나와 전혀 상관없는 타인일수록, 그 희생은 더욱 숭고해진다. 일본 유학 중, 일면식도 없는 취객을 구하고자 전철 철로에 뛰어들었다가 사망한 이수현씨의 숭고한 희생을, 일본 사람들은 아직도 기억하고 있다.

하지만 적지 않은 사람들이 자신을 위하는 일을 하면서 희생이라고 말한다. 국가를 위한다고 떠들어 대는 정치인들 중에 자신의 잇속을 챙기는 사람이 적지 않다. 소비자를 위한다고 하면서 뒤에서 이득을 챙기는 기업인이나, 손님을 위하는 척하는 얄팍한 가게 주인들을 우리는 너무도 많이 봐왔다. 그러고 보면, "위하여"나 "희생"을 크게 떠들고 다니는 사람들은 가짜일 경우가 많다. 진정 겸손한 사람들은 자신이 겸손하다고 말하지 않으며, 아이를 사랑하는 부모들은 말이 아닌 행동으로 사랑을 보여주기 때문이다. 희생이란 말을 마구 가져다 쓰는 사람들에게 신구씨의 명대사를 전하고 싶다. "니들이 희생의 맛을 알어?"

魯仲連鄒陽列傳

제7장

간판과 메뉴가 다른 식당

— 노중연추양열전

들어가며

김밥집에 김밥을 안 판다면 어떨까? 김밥집 간판을 걸어놓고 왜 김밥을 안 파냐고 손님들은 불평할 것이다. 삼겹살 간판을 걸어놓고 양고기를 파는 일은 없다. 하지만 "전 품목 50% 할인"이라고 걸어놓고 매장 한 귀퉁이에 이월상품만을 할인하는 경우나, "2박 3일 20만 원"의 파격적인 여행상품이라고 광고했던 것이, 실제 추가 비용이 더 들어가는 경우도 있다. 이렇게 간판과 메뉴의 불일치를 자주 겪다보니, 이제는 너그럽게 넘어가는 지경에 이르렀다. 입사 면접을 볼 때, 이력서 사진과 실제 얼굴이 달라 어리둥절했던 경험이 있다. 하지만 이런 경험이 반복되면 사진은 본인과 별개의 것으로 치부하게 된다.

간판은 명칭이고 메뉴는 내용이다. 간판과 메뉴가 일치해야 하듯, 내용은 명칭에 부합해야 한다. 군인이면 전쟁에 나가 나라를 지켜야 하며, 경찰이면 국가의 치안을 유지해야 한다. 국민에게 총을 겨누는 군인이나 시민에게 돈을 뜯는 경찰은, 돼지고기 집에서 양고기를 파는 격이다. 그러니 명칭은 내용을 규정하기 때문에 매우 중요하다.

〈노중연추양열전〉의 노중연魯仲連은 제齊나라 사람으로 벼슬을 하지 않고 사는 현자賢者다. 이 편에서, 노중연은 진秦나라를 제왕帝王으로 칭하는 것을 반대했고, 모함을 받아 적진敵陣에 갇혀 갈등하는 연나라 장수를 설득한다. 노중연의 주장은 명칭과 내용의 관계성을 다시 한 번 생각하게 만든다.

문제의 발단: 진秦나라가 조趙나라를 포위하다

노중연魯仲連은 제齊나라 사람이다. 그는 기발하고도 특이한 계책을 내는데 뛰어났지만, 벼슬을 하지 않고 지조志操를 지키면서 조趙나라를 유랑했다.

조趙나라 효성왕孝成王 때의 일이다. 진秦나라 장수 백기白起가 장평長平 전투에서 조나라 군대 40여만 명을 전멸시켰다. 진나라 군대는 여세를 몰아 동쪽으로 쳐들어가 조나라 수도 한단邯鄲까지 포위했다. 조왕趙王은 두려웠다. 하지만 다른 제후국들은 감히 구원병을 보내 진나라 군대를 공격하지 못했다. 위왕魏王은 장수 진비晉鄙를 보내 조나라를 구하려고 했으나, 진나라가 두려워 군대를 주둔시키기만 하고 진군하지 못했다. 이때 위왕魏王은 객장군客將軍 신원연新垣衍을 한단으로 보내 권문세가인 평원군平原君을 만나게 했다.

신원연新垣衍의 해결책: 명칭을 주고 실리를 찾자

신원연은 다음과 같이 말했다.

"진秦이 갑자기 조趙를 포위한 이유가 있습니다. 예전에 진왕秦王과 제왕齊王이 제후諸侯의 우두머리(제왕帝王)가 되려고 경쟁하면서, 제齊는 동제東帝, 진秦은 서제西帝로 칭했습니다. 하지만 지금 제왕齊王은 세력이 약해졌고, 진秦만이 천하를 호령하고 있습니다. 그러니 진秦이 조趙의 한단邯鄲을 포위한 것은, 한단을 뺏으려는 것이 아니라 다시 제왕帝王의 칭호을 듣고 싶기 때문입니다. 만약 조趙나라가 사신을 보내 진왕秦王을 제왕帝王이라고 높여준다면, 진왕은 기뻐하며 군대를 철수할 것입니다."

하지만 평원군은 주저하며 결정하지 못했다.

신원연은, 제왕帝王으로 불러준다면 진秦이 철수할 것이라고 했다. 명칭이 새롭게 정해지면 이에 따른 행동도 달라진다. 하지만 신원연은 명칭만 바꾸면 된다고 한다. "명의만 빌려줘"라거나 "이름만 올려줘"라는 말을 가볍게 여긴다면, 이내 뒤따라오는 의무를 감당하기 힘들게 된다.

노중연魯仲連의 반대 : 명칭은 행위를 요구한다

이때, 노중연은 조나라에 있었는데, 신원연이 진秦을 제왕帝王으로 칭하라고 권고했음을 듣고, 평원군을 만났다. 평원군과 이야기를 나눈 노중연은 평원군에게 신원연을 만나게 해줄 것을 청하였고, 노중연은 신원연을 만나서 다음과 같이 말했다.

"진나라는 예의禮儀를 버리고 전공戰功만을 숭상하는 나라입니다. 그들은 권력으로 군사를 부리고 노예 부리듯 백성을 다룹니다. 이런 저들을 제왕帝王이라고 칭하여 제멋대로 하게 내버려 둔다면, 잘못된 정치가 천하에 퍼질 것입니다. 그렇게 되면 저는 차라리 동해東海에 빠져 죽을지언정 그들의 백성이 되지 않을 것입니다. 제가 장군을 뵌 까닭은 조나라를 도와주려 하기 때문입니다."

그러자 신원연은 어떻게 조나라를 구할 것인지 물었다. 노중연은 위魏와 연燕이 조趙를 돕도록 설득하겠다고 했다. 신원연이 어떤 방법으로 설득할 것인지 다시 묻자, 노중연은 진나라를 제왕帝王으로 칭하면서 생기는 문제를 설명하면 그들이 분명 조趙를 구할 것이라고 했다. 신원연은 그것이 무엇인지 궁금했다. 노중연은 다음과 같이 말했다.

"옛날 제齊 위왕威王은 언제나 인의仁義를 지키면서, 다른 제후들을 이끌고 천자天子인 주周나라에 조회朝會(제후와 속국屬國의 사신이 천자天子를 알현하는 것)를 했습니다. 그전에, 주나라는 천자의 나라이면서도 재정은 궁핍하고 국력은 쇠약하였기에, 제후들은 조회朝會하지 않았고 오직 제나라만 조회했었던 것입니다. 그로부터 1년 후, 주周나라 열왕烈王이 죽었습니다. 그때 공교롭게도 제나라가 다른 제후국들보다 늦게 조문弔問하러 갔습니다. 그러자 주周나라 태자가 화를 내며, 제왕齊王에게 '천자께서 돌아가셨는데 동쪽 신하인 제齊가 늦게 오다니, 마땅히 목을 벨지어다'라고 했습니다. 제齊 위왕威王은 이 말을 듣고 격분하여 '뭐라? 첩의 자식인 주제에'라고 했습니다. 이 일로 제나라는 천하의 웃음거리가 되고 말았습니다. 제나라 위왕이 주나라 태자를 욕한 것은 태자의 과한 요구를 참지 못했기 때문입니다. 천자로 대우해주면 천자는 당연히 제후에게 그에 상응하는 요구를 하는 것이니, 주나라 태자가 제왕齊王을 탓하는 것은 이상할 것이 없습니다."

당시 제齊나라는 제후국이지만 천자天子의 나라인 주周나라보다 강했다. 그런데도 힘을 믿고 주나라를 능멸하지 않고 천자의 나라로 예우해주었다. 그러다보니 주나라 태자가 제왕齊王를 하대下待하여 제왕이 천하의 웃음거리가 되었다. 주나라를 천자天子의 나라로 예우했으니, 주나라 태자는 제나라를 신하로 하대하는 것은 당연한 일이다. 상대를 형님으로 예우해주면 내가 동생 대접을 받을 수밖에 없다. 그래서 호칭을 세우는 것은 식당의 간판을 세우는 것처럼 매우 중요하다.

진秦을 제왕帝王으로 칭하면 발생하는 일들

신원연이 말했다. "선생은 저 하인들을 좀 보시오. 열 명의 하인들이 주인 한 명을 따르는 것은 힘이 약하고 지혜가 부족해서겠습니까? 아닙니다. 주인을 두려워하기 때문입니다" 이에 노중연은 "어허! 그렇다면, 위魏가 진秦의 하인이나 된다는 말씀입니까?"라고 물었다. 신원연이 그렇다고 하자, 노중연은 "그렇다면 제가 어떻게 하느냐에 따라, 진왕秦王이 위왕魏王을 삶아 죽일 수도 있겠네요"라고 말했다. 신원연은 노중연의 말에 불쾌해 했다. "선생의 말씀이 지나치십니다. 선생이 무슨 수로 진왕秦王이 위왕魏王을 삶아 죽이게 할 수 있다는 말이오?" 그러자 노중연은 말했다.

"물론 할 수 있습니다. 제가 말씀드리지요. 옛날 은殷나라 때, 구후九侯, 악후鄂侯, 문왕文王은 모두 주왕紂王의 신하였습니다. 구후九侯는 미인인 딸이 하나 있었는데 그녀를 주왕紂王에게 바쳤습니다. 그런데 주왕紂王은 그녀를 볼품없다 여기고 구후九侯를 소금에 절여 죽였습니다. 악후鄂侯가 이를 강하게 따지자 이번에는 악후鄂侯를 포를 떠서 죽였습니다. 문왕文王은 이 소식을 듣고 탄식했을 뿐인데, 주왕紂王은 문왕文王을 유리牖里에 100일이나 가두고 죽이라고 명하였습니다. 지금의 위왕魏王과 진왕秦王은 모두 동등한 왕의 위치에 있는데, 만약 진왕秦王을 제왕帝王으로 칭한다면 이것은 죽음을 자초하는 것입니다."

동등한 제후국이 제왕帝王의 명칭을 사용하는 순간, 상하上下관계가 정해지고 상명하복上命下服의 역할이 주어진다. 은殷나라 주왕紂王이 구후九侯, 악후鄂侯, 문왕文王에게 포악한 행동을 한 것은 힘이 강해서가 아니다. 그것은 명칭을 통해 상하관계를 규정했기 때문이다. 위魏나라가 진秦나라를 제왕帝王으로 부르게 되면, 위魏와 진秦의 관계는 주왕紂王과 세 명의 신하의 관계로 전락한다.

천자天子의 칭호를 거부한 나라들

노중연은 말을 이어갔다.

"제齊나라 민왕湣王이 노魯나라에 갈 때, 이유자夷維子가 수레를 몰고 민왕湣王을 수행했습니다. 이유자夷維子가 노나라 사람에게 '그대들은 우리 군주를 어떻게 대접하겠소?'라고 물었습니다. 노나라 사람이 '우리는 태뢰太牢(소, 양, 돼지 등 10가지 고기를 갖춘 성대한 음식)로 그대의 군주를 대접하겠습니다'라고 대답했습니다. 이유자가 다시 말했습니다. '그대들은 어떤 예禮에 근거하여 우리 군주를 대접하려는 것이오? 우리 군주는 천자天子시오. 천자께서 방문하시면 제후들은 자신의 궁궐을 내어주고 열쇠를 내맡기며, 소매를 걷어 올리고 식탁을 옮기고, 대청 아래에서 천자의 수라를 살펴봅니다. 천자께서 식사를 마치면 물러나 천자의 말씀을 듣는 것이오'라고 했습니다. 그러자 노나라 사람들은 관문關門을 닫아걸고 제齊 민왕湣王을 입국시키지 않았습니다. 민왕은 노나라에 가지 못하게 되자 설薛 지역으로 가려 했습니다. 그런데 그곳으로 가려면 추鄒나라를 지나야 했습니다. 마침, 추鄒나라 왕이 죽어 민왕이 조문하려 했습니다. 이유자가 죽은 추왕鄒王의 아들에게 말했습니다. '천자께서 조문하면 주인은 관棺을 등지고 남쪽에서 북쪽을 향해 자리합니다. 그런 후에 천자께서 북쪽에서 남쪽을 향해 조문하는 것이오.' 그러자 추나라의 군신群臣들은 '꼭 그렇게 해야 한다면, 우리는 차라리 칼에 맞아 죽기를 택하겠소'라고 하며, 끝내 그들을 추나라로 들이지 않았습니다. 추나라 신하들은 군주가 살아 있을 때 충분히 봉양하지 못했고, 군주가 죽었을 때 상례喪禮 준비도 되어 있지 않은 상황이었는데, 제나라가 그들에게 천자의 예를 요구하니 이를 받아주지 않았던 것입니다.

지금 진秦나라와 위魏나라는 모두 대국大國이기 때문에 각자 왕이라고 칭하고 있습니다. 그런데 위魏가 진秦에게 한 번의 전쟁에서 패했다고 진秦을 제왕帝王이라 칭하고 복종한다면, 한韓, 조趙, 위魏나라의 신하들은 추鄒나라와 노魯나라의 하인만도 못한 것입니다. 또한 진秦이 제왕帝王으로 칭하는 것에 아무런 제지를 받지 않는다면, 진秦은 여러 제후국의 대신大臣을 마음대로 갈아치울 것입니다. 진秦은 마음에 들지 않는 신하는 제거하고, 자신에게 복종하는 사람만을 등용할 것이며, 자신들을 미워하는 자는 없애고, 자신들에게 호의적인 사람들로 관직을 채울 것입니다. 또한 진왕秦王의 요사스러운 여자들을 아내로 맞이하게 하여 위나라 궁궐에 살게 할 것입니다. 그렇게 되면 위왕魏王은 어찌 편히 살 수 있을 것이며, 장군 또한 어찌 총애를 받을 수 있겠습니까?"

그제야 신원연은 일어나 두 번 절하고 사과했다.

"처음엔 선생을 평범한 사람이라 생각하고 있었는데, 오늘에야 비로소 선생이 천하에 제일가는 선비라는 것을 알았습니다. 저는 곧 이곳을 떠나 다시는 진왕秦王을 제왕帝王으로 받들라고 말하지 않겠습니다."

때마침 위魏나라의 신릉군信陵君이 구원병을 이끌고 와서 진나라를 치니, 진나라는 군대를 퇴각시켰다.

이렇게 위기를 모면하자, 평원군은 노중연에게 봉지封地를 하사하려 했다. 하지만 노중연은 세 번이나 사양하며 받지 않았다. 그래서 평원군은 주연酒宴을 마련하여 술이 한창 올랐을 때 앞으로 나가 천금千金을 바치며 노중연의 복福을 빌었다. 그러자 노중연은 웃으며 말했다.

"세상 사람들이 선비를 귀貴하게 여기는 이유는, 타인의 근심을 덜어주고 재난을 해결하며 얽힌 것을 풀어주면서도 보상을 받지 않기 때문입니다. 만일 보상을 받는다면 그것은 장사꾼이 하는 짓입니다. 저는 그런 짓은 차마 하지 못합니다."

그런 다음 평원군에게 인사를 하고 떠나 평생토록 다시는 나타나지 않았다.

호의를 베풀고 받기를 바라는 순간, 선행善行은 거래가 되며 인간관계는 틀어지기 쉽다. 오른손이 한 일을 왼손이 모르게 하라는 예수님 말씀은, 선행善行을 과시하지 말고 몰래 하라는 것이다. 선행善行을 떠벌리는 것은 되돌려 받고 싶은 맘이 있기 때문이다.

실리實利와 명분名分의 갈등

그 뒤 20여 년이 지나, 연燕나라 장군이 제齊나라의 요성聊城을 공격하여 함락시켰다. 그런데 어떤 사람이 연나라 왕에게 장군를 모함하였고, 장군은 처형당할 것이 두려워 요성聊城을 지키면서 연燕나라로 귀국하지 않았다. 한편 제나라는 전단田單을 보내 요성聊城을 수복하려고

1년 넘게 공격했지만, 수많은 병사만 잃고 함락시키지 못했다. 그 무렵 노중연은 연나라 장군에게 편지를 써서, 화살 끝에 매달아 성 안으로 쏘아 보냈다. 편지의 내용은 다음과 같다.

"지혜로운 자는 기회를 놓쳐 손해를 보지 않고, 용감한 자는 죽음이 무서워 명예를 훼손시키지 않으며, 충신은 군주보다 먼저 자신의 안위安危를 돌보지 않는다고 들었습니다. 지금 장군은 한순간의 분노를 참지 못하여 연왕燕王을 저버리고 있으니, 이는 불충不忠입니다. 또 장군이 죽어 요성聊城을 잃으면 장군의 위엄을 제나라에 떨칠 수 없으니, 이는 용기가 아닙니다. 전공戰功은 무너지고 명예가 실추되면 장군은 칭송을 받지 못하게 되니, 이는 지혜로운 행동이 아닙니다. 불충不忠, 불용不勇, 부지不智한 사람은 군주도 쓰지 않을 것이며, 유세가들도 거론하지 않을 것입니다. 그러기에 지혜로운 사람은 망설이지 않고, 용감한 사람은 죽음을 두려워하지 않습니다. 장군은 지금 삶과 죽음, 영광과 굴욕, 귀함과 천함의 갈림길에 있습니다. 이번 기회는 다시 오지 않을 것이니 부디 깊이 생각하시고, 범인凡人처럼 행동하지 않기를 바랍니다.

지금의 정황으로 보건대 제나라는 요성聊城을 수복하려고 할 것이니 장군은 주저하지 말고 결단해야 합니다. 지금 초楚와 위魏의 군사는 제齊나라에서 철수하고 있으며, 연燕나라의 구원병은 오지 않을 것입니다. 그러니 제나라는 모든 병력은 총동원하여 요성聊城을 탈취하려 하는데, 장군은 이미 1년 넘게 요성聊城을 사수하고 있어 군대는 지쳐 있습니다. 이런 상황에서 장군이 요성聊城을 지키는 것은 어려울 것입니다. 또한 그대의 고국인 연燕나라는 큰 혼란에 빠져 군주와 신하가 대책을 세우지 못하고, 상하上下가 모두 정신을 잃고 있습니다. 연나라 재상인 율복栗腹은 10만의 군사를 거느리고 전쟁에 나갔다가 다섯 번이나 패했고, 그 결과 대국인 연나라가 조나라 군대에게 수도를 포위당했습니다. 국토는 깎여 나가고 군주는 곤궁困窮하여 천하의 웃음거리가 되었으며, 나라는 피폐해진데다 재난마저 잦아 백성들은 기댈 곳이 없습니다. 상황이 이런데도 장군은 지금 요성聊城의 지친 백성들을 이끌고 제나라 전체 병력에 대항하고 있으니, 이는 실로 묵적墨翟(전국시대의 사상가思想家이자 병법가兵法家)이 초나라를 막아낸 것에 비할 만합니다. 지금 성 안에는 식량이 없어 사람고기를 먹고 시신의 뼈를 땔감으로 쓰고 있는데도, 병사들은 장군을 배반할 마음을 품고 있지 있으니, 장군은 진정 병법가 손빈孫臏에 비할 만합니다. 지금까지 만천하에 장군의 능력을 보여주었습니다. 제가 장군을 위해서 생각해본다면, 병력의 손실을 없게 하여 연나라에 보답하는 것이 상책上策입니다. 병력을 보존하여 연나라로 돌아가면 연왕燕王은 분명 기뻐할 것이고, 장군의 육신肉身을 보전하여 돌아간다면 백성들은 부모를 만난 듯이 기뻐할 것이며, 장군의 친구들은 기뻐서 팔을 걷어붙이고 칭찬할 것입니다. 그리고 마침내 장군의 업적을 만천하가 다 알게 될 것입니다. 이렇게 한다면, 위로는 고립된 군주를 도와 군신群臣들을 단속할 수 있고, 아래로는 백성들을 살게 하여 유세가들에게 칭송稱頌받을 수 있습니다. 이는 나라를 바로잡고 풍속을 쇄신하는 것이니, 장군은 공적과 명예를 얻을 수 있을 것입니다. 만약 이런 것에 마음이 없다면, 연나라를 떠나 세속의 욕심을 버리고 동쪽 제나라에 머무는 것은 어떠하겠습니까? 그러면 제나라는 땅을 떼어 줄 것이고, 장군은 진秦나라 재상 위염魏冉이나 상앙商鞅과 같은 부富를 소유하고, 대대손손 권세와 부귀를 누리게 될 것이니, 이 또한 한 가지 방법일 것입니다. 이 두 가지 계책은 모두 명성을 날리고 실리實利를 챙기는 방법이니, 장군은 깊이 생각하시어 한 가지를 선택하길 바랍니다."

신하라고 간판을 세웠으면 그에 맞는 메뉴를 만들어야 한다. 그러니 연나라 장수는 임무를 완수한 후 귀국해야 한다. 하지만 실리實利가 간판과 메뉴의 틈이 벌어지도록 유혹한다. 연나라 장수는 모함을 받았다. 때문에 귀국하면 신하의 직분은 다할 수 있지만 목숨이 위태롭고, 남아 있으면 목숨을 살리지만 불충不忠한 신하가 된다. 모범식당이 이윤의 유혹에 빠져 모범적이지 않은 영업을 하려는 격이다. 이 상황에서 노중연은 연나라 장수에게 간판에 맞는 메뉴를 만들라고 당부한다.

대의大義를 위해 치욕을 참아라

노중연은 또 이렇게 말했다.

"작은 예절을 따지는 사람은 명성과 영광을 얻을 수 없고, 작은 치욕을 참지 못하는 사람은 큰 업적을 세울 수 없다고 들었습니다. 옛날 관중管仲은 제齊 환공桓公을 활로 쏘아 그의 허리띠를 맞혔으니 이는 찬탈簒奪 행위입니다. 또 관중이 자신이 모시던 공자公子 규糾가 죽었을 때 따라 죽지 않은 것은 비겁한 행동이며, 제 환공의 명령에 따라 포승에 묶이고 수갑을 찬 것은 치욕스러운 행동입니다. 이런 세 가지 행동을 한 사람은 군주도 등용하지 않고 마을 사람들도 꺼립니다. 그때, 만약 관중이 옥에서 죽어 제나라에 돌아올 수 없었다면 그는 끝내 오명汚名을 벗을 수 없었을 것입니다. 노비들조차도 관중과 비교되는 것을 치욕으로 생각할 터인데 하물며 보통 사람들이야 어떻겠습니까? 그런데도 관중은 포승에 묶여 갇혀 있는 것보다 천하를 바로잡지 못하는 것을 안타까워했고, 공자公子 규糾를 위해서 죽지 않은 것보다 제나라가 제후들에게 위세를 떨치지 못하는 것을 부끄러워했습니다. 그래서 관중은 세 가지 잘못을 저질렀음에도, 결국 환공을 보필하여 그를 오패五覇의 우두머리로 만들고, 그 명성을 천하에 떨쳤습니다.

또한 노魯나라 장수 조말曹沫은, 제나라와 세 번 싸워 세 번 다 패하여 노나라 땅 5백 리를 잃었습니다. 만약 조말曹沫이 치욕을 못 이겨 자살했더라면, 패배한 장수라는 오명을 지울 수 없었을 것입니다. 그러나 조말은 삼전삼패三戰三敗의 치욕을 떨쳐버리고, 노나라에 돌아와 임금과 계책을 상의했습니다. 그 후, 제齊 환공桓公이 제후들과 회합하는 기회를 틈타, 조말은 오직 단도短刀 한 자루만을 들고 단상壇上에 올라 환공의 심장을 겨누었습니다. 그때 조말은 두려운 기색이 없었고, 말투 역시 흐트러지지 않았습니다. 결국 세 차례 전투에서 잃은 땅을 하루아침에 돌려받았습니다. 이렇게 조말은 천하를 흔들었고, 제후들 역시 경악하여, 노나라의 위엄이 오吳나라와 월越나라에까지 미치게 되었습니다.

저 두 사람에게 있어서 지혜롭지 못한 행동이란, 청렴과 절개를 지키지 못하는 것이 아니었습니다. 저들은 자신이 죽어 가문이 끊기며, 그로 인해 공적과 명성을 세우지 못하는 것을 지혜롭지 않다고 생각했습니다. 그래서 울분과 원망을 떨쳐버리고 명성을 세웠으며, 작은 절개를 버리고 큰 공을 세웠던 것입니다. 때문에 그들의 업적은 삼왕三王(성왕聖王이란 뜻으로 하夏나라 우왕禹王, 상商나라 탕왕湯王, 주周나라 문왕文王을 가리킴)과도 같고, 명성은 오래도록 유지될 수 있었습니다. 장군께서는 이 중 하나를 택하여 실행하시기를 바랍니다."

연나라 장수는 사실 무근의 모함을 받아 치욕을 느끼고 있다. 나의 행동과 남의 평가는 일치하지 않는 경우가 많다. 충신의 역할을 다했음에도 간신이라는 비난을 받을 수 있고, 정성 들여 음식을 준비했으나 대충 만들었다고 오해받을 수 있다. 나의 행동이 타인의 평가에 휘둘릴 때 치욕의 감정은 더욱 커진다. 불쾌한 감정을 차단하고 충신忠臣의 명칭에 맞게 자신의 본분을 다하라고 노중연은 강조한다.

연나라 장군은 노중연의 편지를 읽고 사흘 동안이나 울었다. 하지만 주저하여 어떤 결정도 내리지 못했다. 연나라로 돌아가자니 연왕燕王과 사이가 벌어져 죽임을 당할까 걱정했고, 제나라에 항복하자니 그가 죽이고 포로로 잡은 제나라 사람이 너무 많아 굴욕을 당할까 두려웠다. 이에 그는 한탄하면서 "다른 사람 손에 죽느니, 차라리 내 손으로 죽겠다"라고 하고 결국 자살했다. 요성은 혼란에 빠졌고 마침내 제나라 장수 전단田單이 요성을 수복했다. 그는 제나라 왕에게 노중연의 공적을 아뢰고 벼슬을 줄 것을 청했다. 그러나 노중연은 달아나 어느 바닷가에 은둔했다. 그가 말했다. "나는 부귀를 얻으면서 남에게 눌려 사느니, 차라리 빈천하게 지내며 내 맘대로 살겠노라!"

연나라 장군은 결국 치욕을 두려워하여 스스로 목숨을 끊었다. 그러나 《전국책戰國策》에는 그가 제나라에 투항한 것으로 기록되어 있다.

사마천은 말한다.

"노중연魯仲連이 지향하는 것은 대의大義에 부합하는 것은 아니다. 하지만 벼슬이 없는 그가 호탕하게 자신의 뜻을 마음껏 펼치면서도 제후들에게 굽히지 않았고, 자신의 언변言辯을 드날리며 고관대작高官大爵들을 꺾은 것은 칭찬할 만하다."

《논어論語·안연顏淵》에서 공자孔子는 "임금은 임금 역할을 하고, 신하는 신하, 아버지는 아버지, 아들은 아들 역할을 해야 한다(君君, 臣臣, 父父, 子子.)"라고 했다. 이는 공자 정치사상의 핵심으로 일명 '정명定名'이라고 한다. '정명定名'은 명칭을 바로 세우는 것을 말한다. 명칭이 세워지면 명칭에 따른 역할이 명확해지고, 그에 따라 사회가 질서를 유지한다는 것이다. 공자는 "임금이 임금 역할을 못하고, 신하가 신하 역할을 못하며, 아버지와 아들이 각자의 역할을 하지 못했던(君不君, 臣不臣, 父不父, 子不子)" 시대에 살았다. 제후가 천자를 능멸하고, 신하가 군왕을 시해하며, 아버지와 아들이 서로를 죽이는 극도의 혼란을 보고, 공자는 정명定名이라는 치료약을 생각했다. 공자의 정명 사상은 바로 명칭에 맞게 역할을 수행하라는 것이니, 간판에 맞게 메뉴를 만들라는 말과 같다.

우리가 겪는 문제와 갈등은, 간판과 메뉴, 명칭과 역할수행의 불일치에서 오는 경우가 많다. 훈육訓育이라는 간판을 걸어 놓고 학생을 폭행하는 선생, 착한 식당을 표방하면서 잇속만 챙기는 식당 주인, 국민의 머슴이라고 칭하면서 개인적인 호주머니를 불리는 정치인 등은 모두 정명定名의 교육 대상자들이다. 간판과 메뉴가 다른 일들이 많다 보니, 이젠 어느 정도의 불일치는 그러려니 하고 넘어가게 된다. 그러면서 우리의 일상생활에서 개념과 내용이 뒤죽박죽 섞이고 있다. "술은 마셨으나 음주운전은 아니다"라거나 "구타는 했으나 폭력은 아니다"라는 식의 궤변이 그것이다. 간판에 맞게 메뉴를 만드는 노력을 한다면 이런 혼란이 사라지지 않을까?

屈原賈生列傳

제8장

때를 기다리는 이들에게

— 굴원가생열전

들어가며

체온을 유지하지 못하면 사람은 죽는다. 시키지 않았는데도 우리 몸은 늘 알아서 36.5도를 유지한다. 더우면 땀을 내서 몸을 식히고, 추우면 몸을 움츠려 온도를 뺏기지 않는다. 외부 환경의 변화에 따라 끊임없이 형태를 변화하면서, 일정하게 온도를 유지하는 것은 신비스러운 도道의 영역과도 같다. 울릉도에서 배를 타고 독도를 간다면, 매번의 운항이 동일할 수 없다. 바람과 파도의 변화에 맞게 속도와 방향은 그때그때 조금씩 변화를 주어야 한다. 동일한 방향과 속도로 초지일관 운행한다면 엉뚱한 곳에 도착할지도 모른다. 또 교통사고로 출근길이 꽉 막혀 있다면, 우회로를 찾아 돌아가는 것이 일반적이다. 제시간에 회사에 도착하기 위해 우리는 이렇게 저렇게 길을 바꿔야만 한다.

그런데 우리는 간혹 수단을 목적과 혼동하여, 수단 역시 항구하게 유지해야 한다고 생각한다. 군왕에게 직간直諫하는 것만이 충신忠臣의 역할은 아니다. 반드시 해야 할 일을 군왕이 거부한다면, 충신은 다양한 방법으로 군왕을 깨닫게 해야 한다. 서울과 부산을 늘 고속버스로만 다닌다고 해서, 우리는 그를 초심初心을 잃지 않는 사람이라 말하지 않는다. 시대의 변화를 거부하고 동일한 형태만을 고집한다면, 자칫 꽉 막힌 사람으로 오해 받을 수 있다.

〈굴원가생열전〉은 전국시대戰國時代 초楚나라 굴원屈原과 한漢나라의 가의賈誼가 주인공이다. 굴원은 중국 역사에 매우 중요한 인물이다.

그는 직간했다가 쫓겨나 충정衷情이 수용되지 않음을 한탄하며 멱라강汨羅江에 빠져 죽었다. 그래서 그는 충신의 상징이 되었다. 중국 단오절端午節에 종자粽子(연잎이나 댓잎 등에 싼 찹쌀떡의 일종)를 먹고 배 젓기 시합을 하는 것은, 모두 굴원에게서 유래된 풍습이다. 가의賈誼는 시문詩文에 뛰어나고 제가백가諸子百家의 학문에 정통하여 20세에 황제에게 발탁되었다. 하지만 자신이 주장하는 정책이 원로대신들의 반대에 부딪쳐 실행되지 못했고, 그후 지방으로 좌천되었다가 33세에 요절했다. 이 두 사람은 모두 회재불우懷才不遇(재능을 갖고 있으면서도 때를 만나지 못함)의 대표적인 인물이다. 이들은 국가에 대한 충정과 재능을 갖고 있었으면서도, 비방을 받아 제대로 능력을 발휘하지 못했고, 중간에 삶을 마감해야 했다. 그들은 진정 때를 만나지 못한 것인가? 아니면 때를 활용하지 못한 것인가?

굴원, 비방을 받고 이소離騷를 쓰다

굴원屈原의 이름은 평平으로, 초楚나라 왕실과 성姓이 같다. 그는 초楚 회왕懷王의 좌도左徒로 있었으며, 견문이 넓고 의지가 굳건했다. 또 국가의 흥망성쇠에 대해 밝았고, 언변과 문장에도 뛰어났다. 그는 조정에서 군왕君王과 국사國事를 논의하여 명령을 내렸으며, 조정을 나서면 빈객賓客을 접대하고 제후들을 응대했다. 이런 이유로 왕은 그를 매우 신임했다.

상관대부上官大夫는 굴원과 같은 지위였는데, 서로 왕의 총애를 다투게 되자 굴원의 재능을 시기했다. 한번은, 회왕懷王이 굴원에게 국가의 법령法令을 만들게 했다. 굴원이 초안을 아직 완성하지 않았을 때, 상관대부는 그 사실을 알고 그 글을 가져가려고 했다. 굴원이 주지 않자, 상관대부는 초왕에게 굴원을 비방하며 말했다.

"대왕께서 굴원에게 법령을 만들게 하신 일은 모르는 자가 없습니다. 그런데 법령이 나올 때마다 굴원은 내가 아니면 만들 수 없다고 자랑합니다."

그러자 회왕은 굴원을 멀리했다. 굴원은 애통하게 여겼다. 왕이 간신에게 눈이 가려져 옳은 말을 알아듣지 못한다고 여겼고, 비뚤어진 사람이 길을 막고 있어서 바른 사람이 등용되지 못한다고 생각했다. 굴원은 깊은 고뇌에 잠겨 「이소離騷」를 썼다. '이소'는 근심스러운 일을 겪게 되었다는 의미이다.

하늘은 사람의 근원이며 부모는 백성의 근본이다. 사람은 궁지에 이르면 근본을 돌아보기 때문에, 괴로움이 극에 달하면 하늘을 향해 부르짖고, 질병으로 고통을 당하면 부모를 찾는다. 굴원은 충성을 다하고 지혜를 바쳐 임금을 섬겼는데, 도리어 비방을 당해 궁지에 몰렸다. 신의를 지켰으나 의심을 받았고, 충성을 바쳤으나 비방을 당하니, 어찌 원망스럽지 않겠는가? 굴원이 지은 「이소離騷」는 이런 원망에서 나온 것이다.

굴원이 지은 「이소離騷」는 초사楚辭라고 하는데 초사楚辭는 초나라 풍의 노래라는 의미를 갖고 있다. 한나라를 세운 유방劉邦은 초나라 사람이기 때문에, 초사楚辭는 권력자들에게 환영받게 되었다. 북방 문화를 대표하는 《시경詩經》과 달리, 초사楚辭는 환상적이고 낭만적인 특징이 있다. 한나라 때는 굴원의 「이소離騷」 등을 모방한 부賦라는 문학 장르가 생겨났다. 이와 같이 굴원은 문학 작품으로도 후대에 커다란 영향을 끼쳤다.

초왕楚王, 욕심을 부리다 낭패를 보다

굴원이 파면된 후, 진秦나라가 제齊나라를 정벌하려고 하자, 당시 제나라는 초나라와 동맹을 맺었다. 진秦나라 혜왕惠王은 이를 두려워하여, 장의張儀를 시켜 많은 예물을 초나라에 바치게 하고, 거짓으로 초나라를 섬겼다. 장의가 말했다.

"진나라는 제나라를 매우 싫어하는데, 지금 초나라는 제나라와 동맹을 맺고 있습니다. 초나라가 제나라와의 관계를 단절하면, 우리 진나라는 초나라에게 상商과 오於의 600리 땅을 바칠 것입니다."

초楚나라 회왕懷王은, 욕심이 생겨 장의의 말을 믿고 제나라와 단교했고, 사신을 보내 그 땅을 받아오게 했다. 그러나 장의는 교활하게 "나는 초왕楚王과 6리를 약속하였지 600리를 약속하지 않았다"라고 말했다. 초나라의 사신이 돌아와 회왕에게 보고했고, 회왕은 격노하여 대군大軍을 일으켜 진나라로 쳐들어갔다. 진나라도 군대를 동원하여 초나라와 맞서 싸웠다. 진나라는 단수丹水와 석수淅水에서 초나라 군대를 격퇴하고 8만 명의 목을 베었다. 결국 진나라는 초나라의 한중漢中 지역을 탈취했다. 초나라 회왕懷王은 전군全軍을 동원하여, 진나라 깊숙이까지 진격해서 남전藍田에서 전투를 벌였다. 이때, 위魏나라가 이 소식을 듣고 초나라를 습격하여 등鄧까지 이르렀다. 이 소식이 전해지자, 초나라는 매우 놀라 진나라에서 철수했다. 한편, 제나라 역시 초나라의 배신에 화가 나서 초나라를 돕지 않았으므로 초나라는 더욱 곤경에 빠졌다.

이듬해, 진나라는 지난번 빼앗았던 한중漢中 일대를 돌려주고, 초나라와 화친을 맺고자 했다. 초나라 왕은 "땅은 필요 없으니 장의만 얻으면 된다"라고 말했다. 장의가 그 소식을 듣고 "저 한 사람으로 한중漢中의 땅을 대신할 수 있다면, 신이 초나라로 가겠습니다"라고 했다. 장의는 초나라에 갔고, 초楚 회왕懷王은 장의를 옥에 가둬 죽이려고 했다. 하지만 장의는 후한 예물로 실권자 근상靳尙의 마음을 얻고, 그를 통해 회왕의 총희寵姬인 정수鄭袖에게 자신을 풀어주도록 설득했다. 결국 회왕은 정수의 말을 듣고 장의를 풀어주었다. 이때 굴원은 파면되어 다시 복직되지 않았다. 굴원이 제나라에 사신으로 갔다가 돌아와서, 회왕에게 "어찌하여 장의를 죽이지 않으셨습니까?"라고 말했다. 그러자 회왕은 장의를 풀어준 것을 후회하고 장의를 추격했으나 잡지 못했다. 그 후 제후들이 연합하여 초나라를 공격하여 크게 격퇴했고 초나라는 장군 당말唐昧을 잃었다.

초왕楚王, 진나라에 속아 죽임을 당하다

당시 진秦나라 소왕昭王은 초나라와 인척관계여서 초나라 회왕과 만나고자 했다. 회왕이 가려고 하자, 굴원이 말했다.

"진나라는 호랑이나 이리와 같은 나라이니 믿을 수 없습니다. 가지 않는 것이 좋습니다."

그러나 회왕의 아들 자란子蘭은 "어찌 진나라의 호의를 거절하십니까?"라고 하며, 회왕에게 진나라에 갈 것을 권유했다. 결국 회왕은 진나라로 갔다. 그가 진나라의 무관武關에 들어서자, 진나라의 복병들이 그 뒤를 차단하였고, 회왕을 억류하고는 초나라의 땅을 요구했다. 화가 난 회왕은 진나라의 요구를 거절하고 몰래 도주하여 조趙나라로 갔으나,

조나라에서는 그를 받아주지 않았다. 할 수 없이 다시 진秦나라로 들어갔다가 그곳에서 죽임을 당했고, 시신은 초나라에 돌아와 묻혔다.

그 뒤 회왕의 큰아들 경양왕頃襄王이 즉위했고, 그의 동생 자란子蘭은 초나라의 재상이 되었다. 초나라 사람들은 회왕에게 진나라로 갈 것을 권유했던 자란을 질책했다. 굴원도 이를 통탄했다. 굴원은 비록 파면된 처지이지만, 초나라를 걱정하고 회왕을 안타깝게 여겨, 다시 돌아가 군주를 깨우치고 국운國運이 열리기를 간절히 바랐다. 굴원이 쓴 초사楚辭에는 임금을 살리고 나라를 다시 일으키려는 염원이 수차례 드러난다. 그러나 끝내 어찌할 방도가 없었고 회왕도 다시 돌아올 수 없었다. 군주는 현명하거나 우매함을 막론하고, 충신을 얻어 자신을 위해 일하기를 바란다. 그러나 나라와 집안을 망치는 일이 반복되고, 성군聖君이 대를 이어 나라를 잘 다스리는 경우가 드문 것은, 충신이라 여겼던 자들이 진정 충신이 아니었고, 현명하다 생각했던 자들이 현명하지 않았기 때문이다. 회왕은 충신을 분별할 줄 몰랐기에, 안에서는 정수鄭袖에게 미혹되었고 밖에서는 장의張儀에게 속았으며, 굴원을 멀리하고 상관대부上官大夫와 자란子蘭을 신임했던 것이다. 군대는 패하여 영토를 잃었으며, 몸은 진나라에서 객사客死하여 천하의 웃음거리가 되었다. 이것은 사람을 제대로 알아보지 못하여 화를 입은 것이다. 《주역周易》에서는 "우물을 깨끗하게 정비하였는데 사람들이 와서 마시지 못하니, 내 마음이 서글프다. 물은 얼마든지 마실 수 있으니, 왕이 현명하면 백성들이 그 복을 받는 법이다"라고 했다. 왕이 현명하지 못하니, 백성이 어찌 복을 받을 수 있겠는가!

자란子蘭은 굴원의 태도를 보고 격노하여, 마침내 상관대부를 시켜 경양왕에게 굴원을 헐뜯게 했다. 경양왕은 대노하여 굴원을 쫓아냈다.

쫓겨난 굴원과 어부의 대화

굴원이 강가에 이르러 머리를 풀어 헤친 채 거닐면서 시를 읊었다. 그의 안색은 초췌했고 모습은 야위었다. 어떤 어부가 그를 보고 말했다.

"그대는 삼려대부三閭大夫 굴원이 아니십니까? 어찌 이 지경이 되었단 말입니까?

"온 세상이 혼탁한데 나 혼자 맑고, 모든 사람들이 취했는데 나 홀로 깨어 있었습니다. 이런 까닭에 쫓겨났습니다."

"성인聖人이란, 하나의 형식을 고집하지 않고, 세상의 변화를 따르는 사람입니다. 온 세상이 혼탁하면, 왜 그 흐름을 맞춰 물결을 만들지 않으십니까? 모든 사람이 취해 있다면, 왜 그 남겨진 술을 마시지 않으십니까? 어찌하여 재능을 갖고 계시면서도 쫓겨나는 상황을 만드십니까?"

"머리를 감은 사람은 반드시 관을 털어서 쓰고, 목욕을 한 사람은 반드시 옷을 털어 입는다고 들었소. 어느 누가 깨끗한 몸에 더러운 오물을 묻히려 하겠습니까? 차라리 강물에 몸을 던져 물고기 밥이 될지언정, 어찌 고결한 몸에 세속의 먼지를 뒤집어쓴단 말입니까!"

그리고 굴원은 '회사부懷沙賦(상수湘水 강변에서 옛일을 회고하는 내용의 부賦 작품)'를 지었다. 그런 다음 바위를 품고 멱나강汨羅江에 빠져 죽었다.

위의 내용은 굴원이 지었다고 전해지는 〈어부漁夫〉라는 작품을 사마천이 그대로 인용한 것이다. 굴원과 어부의 대화는 실제 벌어진 사실이 아니라, 굴원이 가상의 인물을 등장시켜 자신의 감정을 토로吐露한 것이라고 학자들은 판단한다. 즉 문학적인 허구를 사용한 것인데, 사마천은 이것을 역사서에 사실로 기록해 놓았다. 사마천의 굴원에 대한 동정이 잘 드러나는 대목이다.

가의賈誼, 약관弱冠의 나이에 발탁되다

가생賈生의 이름은 의誼이며 낙양洛陽 사람이다. 18세 때, 그는 시詩를 외우고 글을 잘 지어 고을에서 유명했다. 오吳나라 정위廷尉(사법부의 최고 책임자)가 하남河南의 태수太守로 왔을 때, 가의賈誼가 수재秀才라는 말을 듣고, 자신의 문하門下에 두고 매우 총애했다. 문제文帝가 즉위했을 때, 하남河南 오공吳公의 치적이 천하제일인데다, 그가 이사李斯에게 배웠다는 말을 듣고 그를 불러 정위廷尉로 임명했다. 이때 정위廷尉는 가의賈誼를 추천했고, 문제文帝는 가의賈誼를 불러 박사博士(가르치는 일을 담당하는 관직)로 삼았다. 이때 가의의 나이는 스무 살 남짓으로 박사 중에서 가장 젊었다. 황제가 대신大臣들을 불러 정사政事를 논의할 때, 여러 박사들이 답변하지 못하는 것을 가의는 모두 대답했다. 이러하니 박사들은 자신들이 가의의 재능에 미치지 못함을 인정했다. 문제文帝는 기뻐하며 가의를 특진시켜 1년 만에 태중대부太中大夫가 되었다.

가의는 한나라의 개국開國부터 문제文帝까지 20여 년 동안 천하가 태평하니, 마땅히 역법曆法을 개정하고 복색服色을 바꾸며, 제도를 정비하고 예악禮樂을 일으켜야 한다고 생각했다. 그래서 의례儀禮와 법률에 대한 수정안을 만들었다. 황색黃色을 숭상하고, 오행五行의 법칙을 따랐으며, 관명官名을 만들고, 진秦나라의 법제를 모두 바꾸는 것이었다. 그러나 당시 문제文帝는 막 즉위했기 때문에, 소극적인 태도를 취하면서 그 일을 미루었다. 여러 법률에 관한 개정과 열후列侯의 봉지封地에 관한 안건은 모두 가의에게서 나왔다. 문제文帝는 가의를 공경公卿의 직위에 임명하려고 했다. 그러자 강후絳侯, 관영灌嬰, 동양후東陽侯 등 조정대신들은 모두 가의를 못마땅하게 생각했다. 그들은 가의를 헐뜯으며 말했다.

"가의는 나이가 어리고 학문도 미숙한데 권력을 농단하려고 하니, 여러 일들이 복잡하게 꼬이고 있습니다."

그리하여 황제도 가의를 멀리하였고, 그의 견해는 받아들여지지 않았다. 결국 가의는 제후국 장사왕長沙王의 태부太傅로 임명됐다.

지방으로 좌천되다

가의가 사직하고 길을 나섰는데, 장사長沙 지역은 지대가 낮고 습하다는 말을 듣고, 자신이 오래 살지 못할 것이라 예감했다. 또한 좌천되어 가는 것인지라 마음이 우울했다. 그가 상수湘水를 건널 때, 부賦를 지어 전국시대戰國時代의 굴원屈原을 위로했다. 가의가 장사왕長沙王의 태부太傅가 된 지 3년쯤 되자, 부엉이가 가의의 집에 날아와 구석에 앉았다. 초나라 사람들은 부엉이를 복服이라고 했다. 이때, 가의는 또 부賦를 지어 스스로를 위로했다.

그 후 1년쯤 지나, 가의는 부름을 받고 문제文帝를 알현했다. 문제文帝는 제천祭天 예식에 올렸던 음식을 받고 선실전宣室殿에 앉아 있었다. 문제文帝는 귀신의 존재를 느낀 바가 있어, 그에게 귀신의 본질에 관해서 물었다. 가의는 귀신이 되는 여러 상황을 조목조목 설명해주었다. 밤이 깊도록 문제文帝는 가의에게 바싹 다가앉아 이야기를 들었다. 가의가 설명을 다 마치자, 문제文帝는 "짐이 그대를 만나지 않는 동안 내가 그대보다 낫다고 생각했는데, 이제 보니 그대에게는 미치지 못하는 구려"라고 했다. 오래 지나지 않아, 문제文帝는 가의를 양梁 회왕懷王의 태부太傅로 삼았다. 양梁 회왕懷王은 문제文帝의 막내아들로, 문제文帝의 총애를 받았으며 글을 좋아했다. 그래서 가의를 그의 스승으로 삼았던 것이다.

조정에 복귀했으나 간언은 채택되지 않다

문제文帝는 또 회남淮南 지역 여왕厲王의 네 아들을 모두 열후列侯(가장 높은 작위爵位를 말함. 춘추전국시대 제후諸侯에 비견함)에 봉했다. 이때 가의는 이로 인해 나라의 우환이 생길 것이라고 간언諫言했다. 가의는 여러 번 상소하여, 제후들이 여러 군郡을 한꺼번에 소유하는 것은 옛날의 제도에 어긋나니, 제후들의 봉지封地를 삭감해야 한다고 주장했다. 그러나 문제文帝는 이를 받아들이지 않았다.

한나라의 국운이 쇠하게 된 주요 원인 중에 하나가 황실의 자손들을 제후왕諸侯王으로 대거 임명한 것이다. 춘추전국시대는 중앙을 천자가 다스리고, 지방을 제후가 다스리는 봉건제도가 시행되었다. 시간이 지나면서 제후들의 세력이 천자를 능가하였고, 전국시기 말에 제후국의 하나인 진나라가 천하를 통일했다. 유방劉邦이 한나라를 세운 후, 봉건제도의 폐해를 타파하기 위해 중앙 집권제도를 시행했다. 하지만 개국공신과 황실의 자손들에게 일부 지역을 나눠주고, 제후왕諸侯王으로 임명하여 다스리게 하였으니, 일부 지역에서는 봉건제가 그대로 유지되었던 것이다. 그런데 시간이 지날수록 제후왕의 수가 점차 늘어났고, 그들이 장악하는 영토가 넓어지면서 훗날 조정을 위협할 수 있게 되었다. 가의는 이러한 점을 우려하여, 황실의 자손들을 제후왕으로 임명하는 것을 반대했던 것이다. 이런 관점에서 본다면, 가의의 판단은 매우 옳았다.

몇 년이 지나, 양梁 회왕懷王이 말을 타다가 떨어져서 죽었는데, 그를 이을 후사後嗣가 없었다. 가의는 태부太傅에 있으면서 공적을 세우지 못함을 자책하며, 1년 남짓 목 놓아 울다가 죽고 말았다. 가의가 죽었을 때 그의 나이는 33세였다. 문제文帝가 죽자 무제孝武帝가 즉위하여, 가의의 손자 2명을 등용하여 군수郡守에까지 오르게 했다. 가가賈嘉는 학문을 좋아하여 가의의 가업家業을 이었다. 가가는 소제昭帝 때에 이르러 구경九卿의 대열에 들어서게 되었다.

사마천은 말한다.

"나는 〈이소離騷〉, 〈천문天問〉, 〈초혼招魂〉, 〈애영哀郢〉을 읽고서, 굴원屈原의 심정을 안타깝게 생각했다. 장사長沙에 와서, 굴원이 빠져 죽었던 강물을 바라보고 눈물을 흘리며 그의 인간됨을 떠올렸다. 가의가 굴원을 애도한 작품을 읽고 나서, 굴원이 자신의 뛰어난 재능을 가지고 다른 제후를 찾아갔다면 그를 받아주지 않는 나라는 없었을 텐데, 왜 스스로 이 지경에 이르게 했는지 궁금했다. 그러나 〈복조부服鳥賦〉를 읽으니, 그가 삶과 죽음을 동일시하고, 성공과 실패를 중요하게 여기지 않았음을 알게 되었다. 그래서 나도 모르게 먹먹해졌다."

시비 걸기

굴원과 가의는 뛰어난 재능이 있었지만, 이를 크게 발휘하지 못하고 생을 마감했다. 그들에게는 어떤 문제가 있었던 것일까? 굴원과 가의는 변화하지 않으려고 했다. 군왕과 국가를 위해 꼭 필요한 건의라면, 다양한 방법을 생각해 냈어야 했다. 한약이 너무 써서 먹으려 하지 않는 아이가 있다면, 억지로 아이의 입을 벌려 약을 먹일 수는 없다. 약을 먹이면 살고, 먹지 않으면 죽는 절박한 상황이라면, 한약에 설탕을 타거나 환약丸藥으로 만들어 겉에 꿀을 바르거나, 어떻게든 아이의 입맛에 맞게 약의 형태를 변형시켜서 먹여야 한다. 마찬가지로 굴원과 가의는 다양한 방법을 사용해서 자신의 의견을 전달했어야 했다. 이와 더불어 군왕의 측근들도 설득하여, 군왕이 자신의 의견을 받아들일 수 있도록 했어야 한다.

중국 주周나라 때, 화씨和氏라는 사람이 옥玉을 발견하여 여왕厲王에게 바쳤다. 여왕이 감정사에게 감정하게 했더니 돌이라고 했고, 자기를 속인 것에 화가 나서 여왕은 그의 왼쪽 다리를 잘랐다. 무왕武王이 즉위하자 화씨는 다시 찾아가 옥을 바쳤지만, 돌이라는 판정을 받고 이번에는 오른쪽 다리를 잘렸다. 문왕文王이 즉위했을 때, 화씨는 초산楚山에서 옥돌을 끌어안고 사흘 밤낮을 울었다. 문왕은 이 소식을 듣고 사람을 보내 그가 우는 이유를 물었다. 화씨는 "발이 잘려나가 슬피 우는 것이 아닙니다. 옥을 돌이라 하고, 정직한 사람을 거짓말쟁이로 몰아 벌을 받은 것이 슬퍼서 우는 것입니다"라고 했다. 문왕이 그 옥을 다듬게 했더니 과연 훌륭한 보배였다. 이를 이름 하여 화씨지옥和氏之玉이라 했다.《한비자韓非子·화씨和氏》에 나온 이야기다. 일반 사람들은 옥과 돌을 구분하기 힘들다. 그래서 옥석을 가리는 일은 전문가의 몫이다. 타인이 옥을 돌로 오판할 수 있다면, 어찌하여 옥을 다듬어 남들이 옥이라고 여기도록 하지 않는가? 굳이 원래 그대로의 모습만을 고집하여, 남들이 오판하게 하고 이 때문에 두 다리를 잘리는 형벌을 받는 것일까? 굴원과 가의가 화씨지옥和氏之玉의 이야기를 거울삼았다면, 안타까운 죽음을 맞이하지 않았을 것이다.

중국 송宋나라 때 소동파蘇東坡(소식蘇軾)는 〈가의론賈誼論〉을 써서 가의를 평가했다. 이 글의 요지는 이러하다. '때는 기다리는 것이 아니라 만드는 것인데, 가의는 때를 만들지 못했다. 가의의 뛰어난 개책이 쓰이려면, 긴 시간을 두고 대신들과 깊이 교유하여 그들이 자신을 꺼리지 않게 해야 했다. 또한 군주에게도 신뢰를 주어 자신을 의심하지 않게 했어야 했다. 그렇게 했다면, 10년이 지나지 않아 자신이 원하는 정책을 마음대로 펼칠 수 있었을 것이다.' 소동파의 의견은 적절하다. 자신의 능력이 발휘될 수 있는 조건을 조성하여 기회가 오도록 하는 것이 때를 만드는 것이다. 가의와 굴원은 때를 기다리지도 만들지도 못했으며, 그저 남들이 알아주지 않는 보물을 품에 안고 세상을 한탄하다 생을 마감했다. 어찌 슬프지 아니한가!

감나무 아래에서 입을 떡 벌리고만 있으면서 '때를 기다린다'고 말하지 말 것이며, 며칠 동안 입만 벌리고 있다고 '최선을 다한다'고 자부하지 말아야 한다. 또 떨어지지 않는 감을 쳐다보면서 '하늘이 날 버렸다'고 한탄하지 말 일이다. 때를 기다린다는 것은 때를 만드는 것이니, 감나무를 흔들거나 나뭇가지로 치거나, 그것도 아니면 나무를 베어 감을 손에 넣어야 할 것이다. 하늘이 감나무를 존재하게 한 것은 우리에게 이미 때를 준 것이니, 우리는 그 때를 더 잘 만들어야 하는 것이 아닐까?

呂不韋列傳

제9장

어느 기업가의 막장 드라마

— 여불위열전

들어가며

친구가 불쑥 건강식품 하나를 내민다. 먹어보라는 것이다. 면역력을 증가시키고 건강에 도움을 주는 거라 하면서. 그리고 우리 어머니께 보낸다고 주소를 알려달라고 했다. 알고 보니 친구는 하던 일을 그만두고 다단계를 시작한 모양이다. 친구가 건넨 치약, 비누, 화장품 등 상품을 소개하는 전단을 받아들고 한참 쳐다보았다. 친구의 말은, 어차피 생필품이야 계속 사야하는 것이니 질 좋은 물건을 사고파는 것이 문제될 것이 뭐가 있냐는 것이다. 그래서 그런지 어느 때부터인가 그 친구와의 대화는 주로 다단계 상품에 대한 홍보가 많아졌다. 그를 만류하다가 작은 언쟁이 생겼고, 그 후 한동안 연락을 하지 않았다. 나는 인간적인 관계가 상품을 사고파는 거래관계로 전락하는 것이 싫었다. 순수한 감정이 돈으로 계산된다면, 우정은 거래가 되고 친구는 고객이 돼버리기 때문이다. 이렇게 되면, 부모형제, 지인, 스승과 제자가 고객이 되는 것은 시간문제다. 몇십 년 만에 연락을 해온 동창을 만나러 갔다가 결국 다단계 강연장으로 이끌려갔다던 선배의 뜨악한 경험이 떠오른다.

모든 행동을 재물의 득실得失에 따라 결정하는 것이야 개인적인 판단의 영역이다. 취미생활부터 직장, 배우자, 심지어 인간관계를 맺어가는 것까지 경제적 이해득실利害得失로 판단한다 해서 문제될 것은 없다. 하지만 아이들의 선생님, 병원의 의사, 직장의 상사, 심지어 나의 배우자나 친구들이 나를 고객으로 여기고, 어떻게 하면 나를 통해 경제적 이득을 얻을 것인가 고민한다고 생각하면 인생살이가 너무나 슬퍼진다. 인생에는 손익계산으로 환산될 수 없는 일들이 많다. 어찌 이것을 다 돈으로 계산할 수 있으랴.

〈여불위열전〉의 여불위呂不韋는 전국시대 말기의 거상巨商이다. 그는 가치가 있을 만한 것을 싸게 사들이고, 그 가치를 한껏 높여 비싼 가격으로 파는 일을 했다. 그래서 여불위는 사람마저 상품으로 보게 되었고, 그의 일생일대에 최고의 투자를 '사람'에게 하게 된다. 그의 투자는 결국 어느 드라마에서도 연출하지 못한 막장의 끝판을 보여준다.

투자 상품의 발견

여불위呂不韋는 양적陽翟 지역의 거상巨商이다. 그는 여러 곳을 다니면서 물건들을 싸게 사들이고 비싸게 팔아 천금의 재물을 모았다. 진秦나라 소왕昭王 40년에 태자가 죽었고, 42년에는 소왕昭王의 둘째 아들인 안국군安國君이 태자가 되었다. 안국군에게는 스무 명이 넘는 아들이 있었다. 안국군은 애첩愛妾을 정부인正夫人으로 삼고 화양부인華陽夫人이라고 불렀다. 그런데 화양부인에게는 아들이 없었다. 한편, 안국군의 둘째 아들은 자초子楚인데, 자초의 생모生母는 안국군의 사랑을 받지 못했다. 당시 자초는 조趙나라에 볼모로 가 있었는데, 진나라가 수차례 조나라를 공격하자 조나라는 자초子楚를 함부로 대했다. 자초는 진나라의 여러 서얼庶孼 중의 한 사람인데다, 제후국의 볼모가 된 처지라서, 재물도 넉넉하지 않아 궁핍하게 살았으며 늘 의기소침했다. 여불위呂不韋가 조나라 수도 한단邯鄲에 장사를 하러 갔다가, 그를 보고 이렇게 말했다.

"사 둘 만한 기가 막힌 물건이로다."

여불위의 "사 둘만한 기가 막힌 물건(此奇貨可居)"이라는 말은, 그가 자초子楚를 사람으로 보지 않고 투자할 물건으로 봤음을 말해준다. 이것이 훗날 벌어질 모든 비극의 발단이 된다.

투자 상품의 구매

여불위는 자초를 만나서 이렇게 말했다. "저는 그대의 가문을 키워드릴 수 있습니다." 자초가 웃으면서 말했다. "우선 당신의 가문이나 키우고 나서 우리 가문을 키우시오." 여불위가 말했다. "그대는 잘 모르시는 군요. 저의 가문은 당신 가문이 커져야 커집니다." 자초는 그 말뜻을 깨닫고, 여불위와 함께 앉아 깊은 이야기를 나눴다. 여불위가 말했다.

"진나라 소왕은 이미 늙었는데, 그대의 부친 안국군이 태자가 되셨습니다. 안국군은 화양부인을 아끼시는데, 화양부인은 아직 아들이 없습니다. 지금 후사後嗣(대代를 잇는 자식)를 세울 수 있는 사람은 오직 화양부인뿐입니다. 그대는 20여 명의 형제 중에 둘째라서 아버지의 총애를 받지 못하고 오랫동안 조나라에 볼모로 와 있습니다. 그러니 소왕이 돌아가시고 안국군이 왕위에 오른다 해도, 그대는 태자 자리를 놓고 경쟁조차 할 수 없는 상황입니다."

그러자 자초는 "그럼 어찌하면 좋겠소?"라고 했다. 여불위는 다음과 같이 말했다.

"그대는 가난한데다가 이곳에서 객客의 신분이니, 어버이께 효孝를 다할 수도 없고, 권력 있는 사람들과 교유할 수도 없습니다. 저는 비록 가진 것은 없으나 천금千金을 써서 그대를 위해 진나라로 가서, 안국군과 화양부인을 섬겨, 당신이 진나라의 태자가 되도록 하겠습니다."

자초는 여불위에게 머리를 숙여 경의를 표하고 "만약 그대의 계책대로 된다면, 진나라를 그대와 함께 나누겠소"라고 했다.

여불위는 자초에게 접근하여 자초의 욕망을 부추긴다. 그리고 순수한 인간관계가 아닌 비즈니스 파트너로서의 관계를 시작한다.

작업의 시작 : 화양 부인에 대한 공포마케팅

여불위는 500금金을 자초에게 주고, 그 돈으로 빈객賓客들과 교유하도록 했다. 그리고 또 500금으로 진기한 패물을 구입하여 진나라로 갔다. 그는 화양부인의 언니를 만나 패물을 화양부인에게 전해 달라고 부탁했다. 그리고 자초의 현명함을 과장하면서, 자초가 늘 화양부인을 하늘과 같이 여기며 밤낮으로 흠모의 눈물을 흘린다고 전하게 했다. 화양부인은 이 소식을 듣고 매우 기뻐했다. 여불위는 다시 화양부인의 언니로 하여금 다음과 같은 말을 전달하도록 했다.

"미모로써 주군을 섬기는 자는, 미모가 사라지면 사랑도 시들해진다고 합니다. 지금 부인께서는 안국군의 총애를 받고 있으나 대를 이을 아들이 없습니다. 그러니 일찌감치 안국군의 여러 아들들 중, 재능 있고 효성스러운 자와 인연을 맺어, 그를 아들로 삼으셔야 할 것입니다. 그렇게 되면 안국군이 살아 계실 때도 존중받고, 돌아가신 후에도 아들 된 자가 왕이 될 것이니, 영원히 그 세력을 잃지 않게 되는 것입니다. 영화를 누릴 때 미래를 준비하지 않다가 미모가 사라지고 사랑이 식게 되면, 한마디 말을 하고 싶어도 어떻게 하실 수 있겠습니까? 지금 자초는 현명하지만 차남이라서 자신은 후사後嗣가 될 수 없음을 알고 있으며, 그의 생모生母도 안국군의 사랑을 받지 못하고 있습니다. 그는 스스로 부인께 의탁하고 있으니 그를 후사로 세우신다면, 부인께서는 평생 동안 진나라에서 존경을 받게 될 것입니다."

화양부인은 그 말이 매우 옳다고 여기고 틈만 나면 안국군에게 자초를 칭찬했다. 화양부인은 또 눈물을 흘리며 이렇게 말했다.

"소첩은 다행히 후궁보다 훨씬 나은 대우를 받고 있으나 불행하게도 아들이 없습니다. 그러니 자초를 후사로 세워 소첩이 의탁할 수 있기를 바라옵니다."

안국군은 화양부인에게 자초를 후사로 삼겠다고 약속했다. 그 후, 안국군과 화양부인은 자초에게 많은 예물을 보냈고, 여불위에게 자초를 잘 보살피도록 부탁했다. 이렇게 해서 여러 제후국에 자초의 명성이 퍼졌다.

여불위는 우선 화양부인에게 공포마케팅을 시작한다. 자신이 소개하는 상품을 구매하지 않을 경우 도래하는 불행한 상황을 강조하면서 위기감을 조성한다. 이와 더불어 상품을 구매할 경우 얻어지는 이득에 대해 환상을 심어준다.

막장 드라마의 서막

여불위는 조나라의 여러 첩들 중에 절세미인이면서 춤을 잘 추는 여인과 함께 살았는데, 어느 날 그녀가 임신한 것을 알게 되었다. 하루는 자초가 여불위의 집에서 술을 마시다가 그녀를 보게 되었다. 그러자 자초는 여불위에게 그녀를 달라고 요구했다. 여불위는 화가 났으나, 이미 자초를 위해서 가산을 다 쏟아 부었기 때문에, 큰 이득을 위해서 그녀를 자초에게 주었다. 그녀는 자신이 임신했다는 것을 숨겼으며, 출산일이 다 되어 아들 정政을 낳았다. 그가 바로 진시황秦始皇이다. 자초는 마침내 그 첩을 아내로 맞이했다.

진 소왕 50년(B.C.257)에 진나라 장수 왕의王齮가 조나라의 수도 한단을 포위했다. 상황이 다급해지자 조나라에서는 자초를 죽이려고 했다. 여불위는 자초를 지키는 관리에게 금 600근斤을 주어 매수하고 자초를 탈출시켰다. 자초는 진나라 진영陣營으로 도망쳤고, 마침내 고국인 진나라로 돌아갔다. 한편, 조나라는 자초의 부인과 아들을 죽이려고 했으나, 자초의 부인은 조나라 부호의 딸이라서 몸을 숨길 수 있었고, 두 모자母子는 살아남았다.

출생의 비밀이라는 막장 드라마의 단골 메뉴가 여기에서도 등장한다. 만약 여불위가 자초를 투자할 상품으로 생각하지 않았다면, 자신의 애첩을 줄 일도 없었을 것이며, 막장 드라마도 발생하지 않았을 것이다.

욕망의 완성과 이면裏面의 그림자

진 소왕이 죽자, 태자인 안국군이 왕위에 올랐다. 화양부인은 왕후王后가 되었고, 자초는 드디어 태자가 되었다. 조나라에서도 자초의 부인과 아들 정政을 진나라로 돌려보냈다. 안국군은 왕이 된 지 1년 만에 죽었고, 태자인 자초가 왕위를 이었다. 그가 바로 장양왕莊襄王이다. 자초는 왕위에 오르자, 여불위를 승상丞相으로 삼고 문신후文信侯에 봉封하여, 하남河南의 낙양雒陽에 10만 호戶를 봉지封地로 주었다.

장양왕은 즉위 3년 만에 죽고, 태자 정政이 왕위에 올랐는데 그가 바로 진시황이다. 진시황은 여불위를 존중하여 상국相國으로 임명하고, 그를 '중부仲父(작은아버지)'라고 불렀다. 진시황이 왕이 되었을 때는 겨우 13살에 불과했다. 이때, 태후太后는 때때로 몰래 여불위와 정情을 통했다. 여불위의 집에는 하인이 만 명이나 되었다. 이 당시에는 위魏나라의 신릉군信陵君, 초楚나라의 춘신군春申君, 조趙나라의 평원군平原君, 제齊나라의 맹상군孟嘗君 등이 있었는데, 그들은 모두 빈객賓客들을 길렀다. 여불위는 강국인 진나라가 그렇게 하지 못함을 부끄럽게 여기고, 선비를 불러들여 후하게 대접했는데, 당시 여불위의 식객이 3천 명에 달했다. 전국시기에 각 제후국에는 유세가遊說家가 많았는데, 그중 순자荀子의 무리들은 책을 지어 천하에 퍼트렸다. 여불위는 자기의 식객들로 하여금 각각 식견識見을 쓰게 하고 그것을 모아, 팔람八覽, 육론六論, 십이기十二紀로 구성된 책을 지었는데, 그 분량이 20여만 자字나 되었다. 이 책은 천지만물과 고금古今의 사적事績을 총망라한 것으로, 그 이름을 《여씨춘추呂氏春秋》라고 했다. 여불위는 그것을 진나라의 수도 함양咸陽의 성문城門에 진열하고, 그 위에 천금千金을 걸어놓았다. 그리고 이 내용에 한 글자라도 더 보태거나 빼는 자가 있으면 천금을 주겠다고 했다.

진시황이 차츰 장년壯年이 되었는데도 태후의 음행淫行은 그치지 않았다. 여불위는 이 일이 발각되어 화禍를 입을까 두려워했다. 그는 음경陰莖이 큰 노애嫪毒라는 사람을 몰래 구해 자신의 가신家臣으로 삼았다. 그리고 수시로 연회를 베풀어 노애로 하여금 그의 음경에 오동나무 수레바퀴를 끼고서 걷게 했다. 태후가 그 소식을 듣고 남몰래 노애를 소유하려고 했다. 여불위가 노애를 그녀에게 바칠 때, 사람을 시켜 거짓으로 노애가 궁형宮刑을 받을 죄를 지었다고 고발하도록 했다. 그리고 여불위는 태후에게 이렇게 말했다.

"거짓으로 궁형을 받은 것처럼 하면 궁궐에서 그를 쓸 수가 있습니다."

태후는 궁형을 담당하는 관리에게 비밀리에 뇌물을 주어 거짓으로 궁형을 집행한 것처럼 서류를 꾸몄고, 노애의 수염과 눈썹을 뽑아 환관으로 만들게 했다. 이리하여 노애는 마침내 태후의 시중을 들 수 있게 되었다. 태후는 남몰래 그와 정을 통했으며 그를 몹시 아꼈다. 그러다 태후는 임신까지 하게 되었고, 이 일이 알려질까 두려워 처소處所를 옮겨야 한다는 점괘를 핑계로 옹雍 지역으로 옮겨가서 살았다. 노애는 항상 태후를 따랐고, 태후는 그에게 후한 상을 내렸다. 이렇게 되니 모든 일이 노애에 의해 결정되었다. 당시 노애의 가신家臣은 수천 명이었으며, 벼슬을 얻기 위해서 노애의 빈객賓客이 된 자는 천여 명이 되었다.

진시황 9년, 어떤 이가 노애를 고발했다. 그가 고발한 내용은, 노애는 실제 궁형을 당하지 않았으며 늘 태후와 사통했고, 두 아들까지 낳아 숨겨두었다는 것이다. 또 진시황이 죽으면, 이들로 후사後嗣를 세우려고 태후와 모의했다는 것이다. 진시황이 관리를 보내 조사해보니, 모두 사실이었고 여불위와도 연루되어 있었다. 9월, 진시황은 노애의 3족族을 멸하고, 태후가 낳은 두 아들도 죽였으며, 태후를 옹雍 땅으로 추방했다. 또 노애의 모든 가신들의 재산을 몰수하고 그들을 촉蜀 땅으로 추방했다. 진시황은 여불위까지 죽이려 했지만, 그가 자신의 아버지를 받든 공로가 크고, 여불위를 변호하는 빈객賓客과 변사辯士가 많았으므로, 차마 처단하지 못했다.

여불위가 투자했던 상품은 가격이 폭등하여 시세차익을 볼 수 있게 되었다. 그러나 무리한 투자로 상품의 가치를 형성하고 있던 여러 요소들이 서로 상충하면서 상품의 가치는 하락되었고, 여불위는 파산의 위기에 직면하게 되었다.

막장 드라마의 결말

진시황 10년 10월, 여불위를 파면시켰다. 그리고 태후를 옹雍 땅으로부터 수도인 함양咸陽으로 돌아오게 했고, 여불위를 하남河南의 봉토封土로 내보냈다. 1년쯤 지났을 무렵, 여불위에게 안부를 물으러 찾아가는 빈객과 제후의 사신 행렬이 도로에 이어졌다. 진시황은 그가 반란을 일으킬까 두려워서 그에게 서신을 보내 다음과 같이 말했다.

"그대가 진나라에 무슨 공로가 있기에 진나라는 그대에게 하남의 10만 호를 봉토封土로 주었는가? 그대가 진나라와 무슨 친족관계가 있기에 중부仲父라고 불리는가? 그대는 가족과 함께 촉蜀 땅으로 옮겨 가라!"

여불위는 점점 처벌의 압박을 느꼈고 참수당할까 두려워 독약을 마시고 죽었다. 진시황은 자신을 분노하게 했던 여불위와 노애가 모두 죽자, 촉蜀 땅으로 쫓아냈던 노애의 가신들을 다시 돌아오게 했다. 진시황 19년, 태후가 죽자 시호를 제태후帝太后라고 칭했고, 장양왕과 채양茝陽에 합장했다.

사마천은 말한다.

"여불위呂不韋는 노애嫪毒까지 귀한 신분으로 만들었고 자신은 문신후文信侯에 봉해졌다. 어떤 사람이 노애를 고발했을 때, 노애도 그 소문을 들었다. 진시황은 주위의 신하들을 시켜 조사하게 했지만 아직 사실이 밝혀지지 않았다. 진시황은 옹雍 땅으로 가서 교제郊祭를 지냈는데, 노애는 화禍가 닥칠까 두려워, 자기의 무리들과 공모하여 태후太后의 도장을 위조하여 기년궁蘄年宮에서 반란을 일으켰다. 진시황은 군사를 보내 노애를 공격하자 노애는 패하여 달아났고, 군사들이 그를 추격하여 호치好畤에서 그의 목을 베고 일족一族을 멸했다. 여불위도 이 사건에 연루되어 쫓겨났다. 공자孔子가 말한 '소문만 그럴 듯한 자'가 바로 여불위일 것이다."

만약 여불위가 자초를 투자할 상품으로 보지 않고, 인간적으로 접근하여 친교를 맺었다면 어떠했을까? 그러면 자신의 첩을 자초에게 주지 않았을 것이고, 그로 인한 수많은 비극은 발생하지 않았을 것이다. 여불위는 자신의 투자가 성공하기 위해, 수많은 사람들의 욕망을 자극하여 그들의 평탄했던 삶을 욕망으로 들끓게 했다. 결국 그의 투자는 성공했지만, 자기 아들에게 죽임을 당할까 두려워하며 스스로 목숨을 끊는 불행한 최후를 맞이했다. 그렇다면 여불위의 투자는 진정 성공한 것인가?

한편, 태후의 입장은 어떠했을까? 사랑하는 남자 여불위가 사업의 성공을 위해 하루아침에 자신을 자초에게 양도했다. 그리고 여불위의 아들을 자초의 아들로 키워야 했다. 그녀는 여불위와의 관계를 숨기고 궁궐에서 몰래 그를 사랑할 수밖에 없었다. 여불위가 태후를 자초에게 넘겨줌으로써, 여불위에 대한 그녀의 사랑은 한순간 사통私通으로 전락했다. 한 사람의 삶이 타의他意에 의해서 이리저리 짐짝처럼 옮겨 다니며 살아야 했고, 그녀의 감정 역시 타인의 의해서 재단 당해야 했다. 이런 상황에서 태후는 정상적으로 살 수 있었을까?

진시황에 대한 동정도 일어난다. 진시황은 여불위가 생부生父라는 것을 알고 있었을 것이고, 생부와 친모의 사통私通을 눈감아 줘야 했을 것이며, 친모와 노애의 사통과 그 결과 역시 눈으로 확인했어야 했다.

아버지를 아버지라 부르지 못하고 결국 아버지를 죽음으로 몰고 갈 수 밖에 없는 운명 속에서, 진시황 역시 고통 속에서 살았을 것이다.

여불위의 막장 드라마와 그로 인한 여러 사람들의 비극적인 삶은 무엇 때문인가? 바로 사람을 돈으로 봤기 때문이다. 그러고 보면 사람들 간의 관계를 이득으로 셈하고 거래의 수단으로 이용하는 것은 매우 위험해 보인다. 친구가 돈을 빌려달라고 하면, 빌려주고 돌려받으려 하지 말거나 아예 빌려주지 말라는 말이 있다. 친구를 거래의 대상으로 여기면서 친구 잃고 돈 잃는 사람이 많았기 때문이 아닐까? 이런 측면에서 여불위의 이야기는, 인간의 관계를 이득으로 판단하지 말라는 경고로 느껴진다.

刺客列傳

제10장

나를 인정해 준다면

— 자객열전

TV 프로에, 40이 다 되어 권투에 도전한 사람의 이야기가 나왔다. 하고 싶었던 권투를 하지 못하다가 더 늦으면 못할 것 같다고 시작한 권투. 이미 자녀도 있는 가장家長인데, 부인과 가족들의 걱정도 아랑곳 하지 않고, 퇴근 후 도장에 가서 열심히 샌드백을 두드린다. 시합 대상은 20대 초반의 기량 좋은 선수. 삼회전三回戰 내내 수세守勢에 몰리고, 쉴 새 없이 날라 오는 주먹에 안면과 복부가 출렁거린다. 맞고 쓰러질만한데도 버티고 버티면서 한두 번 주먹을 뻗는다. 그가 휘청거릴 때마다 나도 움찔하게 되고, 맞아서 퉁퉁 부은 얼굴이 화면에 비칠 때 나도 모르게 눈물이 주르르 흘렀다. 드라마도 아니고 권투를 보다 눈물을 흘리다니 이건 도대체 뭔가? 그의 숭고한 도전이 눈물겨웠다. 해도 안 된다는 것을 뻔히 알 터인데, 육신을 고달프게 하면서 하는 헛된 도전. 아무것도 얻을 게 없는 그의 도전에 왜 내 마음이 짠했던 것일까? 나는 언제 한번 저런 무모한 도전을 해본 적이 있던가? 늘 갈 수 있는 길만 갔고, 도달할 수 있는 것만 꿈꾸면서, 해도 안 될 것 같은 수많은 염원들을 죽이고 살지 않았던가? 그는 비록 몸이 만신창이가 되어 패했지만, 뭐든지 도전할 수 있다는 신념을 얻어갔으니 그는 진정 승리자다.

〈자객열전〉에서 자객刺客은 '사람을 몰래 죽이는 것을 전문으로 하는 사람'이라는 뜻이다. 몰래 죽이니 정당한 방법은 아닐 테고, 정당하지 않게 살인을 하는 사람에게 무엇이 배울 게 있어서 사마천은 그들을 위해 전傳을 썼을까? 〈자객열전〉에는 모두 5명의 자객이 등장하는데 그들은 대부분 미천한 신분이다. 자객의 대상들은 제齊나라 환공桓公이나 진시황秦始皇과 같은 제후국의 군주들로 당시 최고 권력자들이다. 이들의 주위에는 호위 병사들이 늘 삼엄하게 경비를 서고 있어 접근조차 힘들다. 설사 어렵게 기회를 얻어 그들을 찌른다 해도 자신의 목숨은 보장받을 수 없다. 이런 극명한 신분상의 차이와 기회 획득의 어려움으로 인해 자객행위는 근본적으로 불가능한 일이다. 그렇기 때문에 그들의 자객행위는 한 시대를 뒤흔든 커다란 사건이었다. 남들이 모두 불가능하다고 여기는 일에 자신의 한 목숨을 투신한 사람들이니, 위에 소개된 권투선수의 도전과는 비교도 안 될 정도다. 그들은 안 될 것을 뻔히 알면서 무모한 도전을 했던 사람들이다. 그들은 왜 이런 길을 갔을까?

조말曹沫, 빼앗긴 땅을 되찾아오다

조말曹沫은 노魯나라 사람이다. 그는 힘이 세고 용맹하여 노魯나라 장공莊公을 섬겼다. 장공莊公은 무력武力을 좋아했다. 조말曹沫은 노나라의 장군이 되어 제齊나라와 싸웠는데, 세 번이나 패하여 도주했다. 장공은 두려운 나머지 수읍遂邑의 땅을 제나라에게 바치고 화친했다. 그런 후에도 장공은 조말을 계속 장군으로 임용했다.

제齊 환공桓公은 노魯 장공莊公과 가柯 지역에 모여 화친의 맹약을 맺기로 했다. 환공과 장공이 단상에서 맹약을 맺고 있을 때, 조말이 비수를 손에 쥐고 환공을 협박했다. 환공 주위에 있던 사람들은 감히 움직일 수가 없었다. 환공이 물었다.

"그대는 무엇을 원하는가?"

조말이 말했다.

"제나라는 강하고 노나라는 약합니다. 그런데 강국인 제나라가 노나라를 침범하는 것은 너무 지나친 처사입니다. 지금 제나라가 노나라 깊숙이 밀고 들어왔으니, 대왕께서는 이 점을 헤아려주시기 바랍니다."

환공은 즉시 노나라에게 빼앗은 땅을 돌려주겠다고 했다. 환공의 말이 끝나자, 조말은 비수를 던져버리고 단상에서 내려와 신하들의 자리로 왔다. 그의 안색은 변하지 않았고 말소리도 이전과 같았다. 환공은 화가 나서 약속을 어기려고 했다. 이때, 관중管仲이 말했다.

"안됩니다. 작은 이익을 탐하면 잠시 즐거울 수는 있으나, 제후들의 신망信望은 사라지고 천하의 지지를 잃게 됩니다. 그러니 약속대로 그 땅을 돌려주시는 것이 좋습니다."

그래서 환공은 노나라에게 빼앗은 땅을 돌려주었다. 이번 일로 조말은 세 번의 전투에서 빼앗겼던 땅을 모두 되돌려 받았다.

제齊나라가 무력으로 노魯나라의 땅을 빼앗자, 조말은 국제회의 장소에서 인질극을 벌였다. 그로인해 빼앗긴 땅을 모두 되찾아 왔다. 조말의 대사는 너무도 질박하다. "이거 힘센 사람이 너무 심한 거 아닙니까?" 어떤 증오와 분노의 표출도 아닌 질박한 약자弱者의 감정 그대로를 전달했다. 장공은 조말이 세 번이나 전쟁에 패했어도 그를 내치지 않았다. 장공의 항구한 믿음이 조말로 하여금 목숨을 걸고 인질극을 벌일 수 있게 한 것이 아닐까? 제환공은 약속을 번복하려 했으나 관중 때문에 하지 못했다. 아이러니하게도 약속을 깨지 않았기 때문에, 제환공은 제후국들에게 약속을 지키는 인물로 더욱 신뢰를 얻었다. 이 사건은 당시의 제후국들을 놀라게 한 커다란 사건으로, 훗날 형가荊軻의 진시황 암살은 이를 모방한 것이다.

전제專諸 : 쿠데타의 선봉先鋒

전제專諸는 오吳나라의 당읍堂邑 사람이다. 오자서伍子胥가 초楚나라에서 달아나 오나라로 갔을 때, 그는 전제의 능력을 알게 되었다. 오자서는 오왕吳王 요僚를 만나서 초나라를 치는 것이 유리하다고 설득했다. 그 때, 오나라 공자公子 광光이 말했다.

"오자서는 아버지와 형이 모두 초나라에서 죽임을 당해 초나라를 치자고 하는 것입니다. 오자서는 복수를 하려는 것이지 결코 오나라를 위한 것은 아닙니다."

오왕은 이 말을 듣고 초나라를 치려는 계획을 중단했다. 오자서는 공자公子 광光이 오왕 요僚를 시해하려 함을 알아차리고, "공자 광은 내란을 일으키려고 하니, 지금은 초나라의 일을 거론할 때가 아니다"라고 생각했다. 그리고 전제를 공자公子 광光에게 추천했다.

공자公子 광光의 아버지는 이전의 오왕吳王 제번諸樊이다. 제번諸樊에게는 동생인 여제餘祭, 이말夷昧, 계찰季札이 있었다. 제번은 막내 계찰이 현명한 것을 알고, 그에게 왕위를 물려줄 생각에 자신의 아들을 태자로 옹립하지 않았다. 제번은 왕위를 세 아우들에게 차례대로 넘기면 결국에 계찰이 나라를 맡을 수 있다고 생각했다. 제번諸樊이 죽은 뒤 여제餘祭에게 왕위를 전하였고, 여제餘祭가 죽은 후에는 이말夷眛에게 왕위를 전했다. 이말夷眛이 죽고 계찰季札이 왕이 될 차례였으나, 계찰季札은 왕이 되지 않으려고 달아나니, 오나라 사람들은 결국 이말夷眛의 아들 요僚를 왕으로 옹립했다. 이에 대해 제번諸樊의 아들인 공자公子 광光은 불만을 품었다.

"형제의 순서대로 왕위를 물려준다면, 응당 계찰이 왕위를 이어야 한다. 하지만 만일 아들에게 물려준다면, 내가 진정한 적통이니 내가 왕이 되어야 한다."

그래서 평소 은밀하게 책사策士들을 길러, 자신이 왕위에 오르는 방법을 모색했다.

공자公子 광光은 전제를 얻고 나서, 그를 빈객賓客으로 잘 대우했다. 오왕吳王 요僚 9년, 초楚 평왕平王이 죽었다. 그해 봄에 오왕吳王 요僚는 초나라 국상國喪을 틈타, 동생인 갑여蓋餘와 촉용屬庸으로 하여금 군사를 거느리고 가서, 초나라 잠潛 지역을 포위하게 했다. 그러자 초나라는 군대를 출동시켜 갑여蓋餘와 촉용屬庸의 퇴로를 차단하였고, 오나라 군대는 오나라로 돌아갈 수 없게 되었다. 이때, 공자公子 광光이 전제에게 말했다.

"지금이야말로 놓칠 수 없는 좋은 기회다. 이때 행동하지 않으면 무엇을 얻을 수 있겠는가! 게다가 나는 진정한 왕의 적통이니 왕이 되는 것이 마땅하다."

전제가 말했다.

"지금 오왕을 죽이는 것이 가능합니다. 그의 어머니는 늙었고 아들은 어립니다. 또한 두 아우가 군사를 거느리고 초나라를 치러 갔는데, 초나라는 그들의 퇴로를 끊어버렸습니다. 지금 오나라는 밖으로 초나라 때문에 곤경에 처해 있고, 조정에는 충직한 신하가 없으니 우리를 어떻게 하지 못할 것입니다."

공자公子 광光은 고개를 끄덕이며 "나 광光의 몸은 바로 그대의 몸이오"라고 말했다.

4월 병자일丙子日에, 공자公子 광光이 무장한 병사를 지하실에 숨겨두고, 술자리를 마련하여 오왕을 초청했다. 오왕은 병사들을 보내 왕궁王宮부터 공자公子 광光의 집까지 진陣을 치게 했고, 문과 계단 주위에는 모두 오왕의 친척들이 있었다. 그들은 오왕을 에워싸서 호위하였는데, 모두 긴 칼을 차고 있었다. 술자리가 무르익자, 공자公子 광光은 발이 아픈 척하며 연회장에서 물러나 지하실로 갔다. 그리고 전제에게 명하여 뱃속에 비수를 감춘 구운 생선을 올리게 했다. 오왕 앞에 나아간 전제는, 생선을 가르고 그 안에 있던 비수로 오왕을 찔러, 오왕이 그 자리에서 숨졌다. 그러자 왕의 주위에 있던 사람들이 전제를 죽였고, 주변의 신하들은 큰 혼란에 빠졌다. 공자公子 광光은 매복시켰던 병사들을 내보내, 오왕의 무리를 모두 죽인 후에 스스로 즉위하여 왕이 되었다. 그가 바로 합려闔閭다. 합려는 전제의 아들을 제후국의 최고 벼슬인 상경上卿으로 봉했다.

전제는 합려를 위해서 오왕 요를 죽이고 자신도 죽임을 당했다. 왕위계승이 부당하여 합려가 불만을 품었다고는 하나, 이는 명백한 쿠데타다. 아쉽게도 전제가 왜 죽음을 무릅쓰면서 살인을 했는지는 기록되지 않았다.

예양豫讓: 주군의 은혜를 갚다

예양豫讓은 진晉나라 사람으로, 한때 대부大夫 범씨范氏와 중항씨中行氏를 섬긴 적이 있으나 이름을 떨치지는 못했다. 예양豫讓은 그들을 떠나 지백智伯을 섬겼는데, 지백은 그를 매우 존중하고 총애했다. 지백智伯이 대부大夫 조양자趙襄子를 치자, 조양자는 한씨韓氏, 위씨魏氏와 공모하여 지백과 지백의 후손까지 죽였으며, 그가 소유하던 땅을 셋으로 나누어 가졌다. 또한 조양자는 지백을 매우 원망하여, 지백의 해골에 옻칠을 해서 술잔으로 사용했다. 예양은 산속으로 달아나 탄식하며 말했다.

"아! 선비는 자기를 알아주는 사람을 위해 죽고, 여자는 자기를 좋아하는 사람을 위해 얼굴을 단장한다고 했다. 지백이 나를 알아주었으니, 내 기필코 죽음으로 원수를 갚아 지백에게 보답한다면, 내 혼백이 부끄럽지 않을 것이다."

예양은 이름을 바꾸고 일부러 죄인의 신분이 되어, 조양자의 궁에 들어가 뒷간의 벽을 바르는 일을 했다. 그는 비수匕首를 몸에 숨기고 기회가 생기면 조양자를 찔러 죽이려고 했다. 조양자가 뒷간에 갔다가 무엇인가 이상한 낌새를 느껴, 뒷간의 벽을 바르는 죄수를 잡아다 심문하니, 그가 예양이었는데 몸에 흉기를 지니고 있었다. 예양이 "지백을 위해서 원수를 갚으려 하였소"라고 자백하니, 좌우 신하들이 그를 죽이려 했다. 그러자 조양자가 말했다.

"저 사람은 의義로운 자다. 내가 조심하여 피하면 그만이다. 게다가 지금 지백은 죽고 후사後嗣도 없는데, 그의 가신家臣이 그를 위해서 원수를 갚겠다니, 이 사람이야말로 천하의 현인賢人이로다."

조양자는 예양을 풀어주었다.

얼마 후 예양은 다시 몸에 옻칠을 하여 나병癩病 환자로 가장하였고, 숯을 삼켜 목을 쉬게 하여, 자신의 모습을 아무도 알아보지 못하게 한 후, 거리에서 구걸을 했다. 그의 아내까지도 그를 알아보지 못했다. 예양이 지나가다 친구를 만났는데, 그 친구는 그를 알아보며 "자네는 예양이 아닌가?"라고 하자, 예양이 "맞네. 나일세"라고 했다. 그 친구는 눈물을 흘리면서 이렇게 말했다.

"자네의 재능을 조양자에게 바치고 그의 신하가 된다면, 조양자는 분명 자네를 총애하여 가까이 할 것이네. 그때 복수를 한다면 더 쉽지 않겠는가? 그런데 어째서 자신의 육신을 망가트리고 모습을 추하게 하면서까지 복수하려 하는가? 이 방법이 더 어렵지 않겠는가?"

그러자 예양이 말했다.

"신하가 되어 주군을 섬기는 사람이, 도리어 주군을 죽인다면 이는 두 마음을 품고 주인을 섬기는 것일세. 지금 내가 하려는 일은 매우 어려운 일이긴 하나, 이렇게까지 하는 것은 훗날 두 마음을 품고 주군을 섬기는 자들에게 부끄러움을 알게 하려는 것일세."

예양은 말을 마치고 떠났다.

얼마 후, 조양자가 외출할 때에 예양은 그가 지나가려는 다리 밑에 숨어 있었다. 조양자가 다리에 이르자 말馬이 무엇인가에 놀랐다. 조양자가 "주위에 분명 예양이 있을 것이다"라고 말하고, 사람을 시켜 주위를 살펴보게 하였더니 과연 예양이 있었다. 이에 조양자가 예양을 꾸짖으며 말했다.

"그대는 한때 범씨와 중항씨를 섬기지 않았는가? 지백이 그들을 전부 죽였는데, 그대는 범씨와 중항씨를 위해서는 복수하지 않고 오히려 지백의 신하가 되었다. 지금은 지백도 죽었는데, 그대는 어찌 유독 그를 위해서만 이토록 끈질기게 복수를 하려는 것인가?"

예양이 말했다.

"신이 범씨와 중항씨를 섬겼으나, 그들은 모두 저를 보통 사람으로 대우하였기에, 저 또한 보통 사람으로서 그들에게 보답했습니다. 그러나 지백은 저를 국사國士(국가의 뛰어난 인물)로 대우하였기에, 저도 국사國士로서 그에게 보답하려는 것입니다."

그러자 조양자는 감탄하면서 눈물을 흘리며 말했다.

"아아, 예양선생이여! 그대가 지백을 위했다는 명성은 이미 얻었고 과인寡人도 그대를 충분히 용서하였소. 과인은 그대를 다시 놓아줄 수 없소."

조양자는 병사들을 시켜 그를 포위하도록 했다. 이때 예양이 말했다.

"현군賢君은 타인의 뛰어난 점을 덮지 않고, 충신은 절개를 위해 의롭게 죽는다고 했습니다. 지난번 군君께서 이미 신臣을 관대히 용서하시어, 천하에 군君의 현명함을 칭찬하지 않는 자가 없었습니다. 오늘의 일로 말하자면 신은 죽어야 마땅하오나, 원컨대 신이 군君의 옷을 얻어 칼로 그것을 쳐서라도 저의 복수의 염원을 이루게 해 주십시오. 그렇다면 신은 죽어도 여한이 없겠습니다. 감히 바랄 수 있는 일은 아니지만, 그저 마음을 전달하고 싶을 뿐입니다."

이 말을 들은 조양자는 예양이 매우 의롭다고 여기고, 사람을 시켜 자기 옷을 예양에게 건네주었다. 예양은 칼을 뽑아들고 세 번을 뛰어 그 옷을 치면서 "내 비로소 지하에 잠든 지백에게 보답할 수 있게 되었구나"라고 말했다. 그리고 칼로 자신을 찔러 자결했다. 그가 죽던 날, 조趙나라의 뜻 있는 선비들이 이 소식을 듣고 모두 그를 위해 눈물을 흘렸다.

우리가 알고 있는 "선비는 자기를 알아주는 사람을 위해서 죽고, 여자는 자기를 좋아하는 사람을 위해서 얼굴을 단장한다.(士爲知己者死, 女爲說己者容.)"라는 말이 여기에서 나온다. 예양이 자객이 된 이유는 매우 상세하게 기술되어 있다. 아무도 알아주지 않는 평민 예양을 지백은 국빈國賓으로 대우해주었다. 교육부 장관이 시골 마을 평범한 학생에게 꾸준히 장학금을 주어 격려한 것 이상이다. 친구와 지인의 인정을 받아도 우쭐하는 우리들인데, 국가를 움직이는 인물이 그랬다면 어떠하겠는가? 그 은혜가 얼마나 컸는지, 예양은 일부러 죄인이 되어 궁궐에 들어가 노역을 하면서까지 주군의 원수를 갚으려고 했다. 받은 것이 클수록 보답하려는 마음은 오래도록 유지된다.

섭정攝政 : 청부살인의 원조

섭정攝政은 지軹 땅의 심정리深井里 사람이다. 그는 사람을 죽이고 보복을 피해, 어머니와 누이를 데리고 제齊나라로 도망가 백정 일을 하며 살았다. 한편, 복양濮陽 사람 엄중자嚴仲子가 한韓나라의 애후哀侯를 섬겼는데, 엄중자는 한韓나라 재상 협루俠累와 사이가 매우 나빴다. 엄중자는 죽임을 당할까 두려워, 그곳을 떠나 여러 곳을 다니며 협루에게 원수를 갚아줄 사람을 구했다. 엄중자가 제齊나라에 왔을 때, 섭정이라는 용감한 사내가 사람을 죽이고 도망 와서, 백정 일을 하며 숨어 지낸다는 말을 들었다. 엄중자가 그의 집을 찾아가 교유하기를 원했고, 그 후 두 사람은 자주 왕래했다. 어느날 엄중자는 술자리를 마련하여 직접 섭정의 어머니에게 술잔을 올렸다. 술자리가 한창 무르익자, 엄중자는 황금 100일鎰(중량 단위, 1일鎰은 20냥에 해당함)을 섭정의 어머니 앞에 바치고 술잔을 올리며 장수를 빌었다. 섭정은 후한 예물에 깜짝 놀라 극구 사양했다. 엄중자가 한사코 바치려 하자, 섭정이 사양하며 말했다.

"신에게는 노모老母가 살아 계십니다. 집은 가난하지만 객지를 떠돌며 백정 노릇을 했기에, 아침저녁에 맛있는 음식으로 어머니를 봉양할 수 있었습니다. 지금 어머니께 봉양할 음식이 있으니, 주군主君의 예물은 받을 수가 없습니다."

엄중자는 사람들을 물리치고 섭정에게 말했다.

"나에게는 원수가 있소. 그 원수를 갚아줄 사람을 찾아 여러 나라를 두루 돌아 다녔소. 그런데 제나라에 와서 그대의 의기義氣가 높다는 말을 들었소. 지금 황금을 바친 것은, 어머니를 봉양하는데 쓰게 하여 우리의 교분을 두텁게 하려는 뜻이었지, 어찌 감히 다른 바람이 있겠소?"

그러자 섭정이 말했다.

"신이 뜻을 굽히고 몸을 욕되게 하면서까지 시장에서 백정 노릇을 하는 이유는 단지 늙으신 어머니를 봉양하기 위해서입니다. 노모가 살아 계신 동안에는 제 몸을 남에게 감히 허락할 수가 없습니다."

엄중자가 아무리 권해도 섭정은 끝내 황금을 받으려고 하지 않았다. 그래도 엄중자는 끝까지 빈객과 주인의 예를 다하고 떠났다.

시간이 지나, 섭정의 어머니가 세상을 떠났다. 상례喪禮를 마치고 상복을 벗은 후, 섭정이 말했다.

"나는 시장에서 짐승을 잡는 백정이다. 그런데 엄중자는 제후국의 대신大臣인데도, 천리 길도 멀다 아니하고 수레를 몰고 찾아와 나와 교유交遊했다. 내가 그를 대접한 것은 매우 볼품없었으며, 아직까지 보답할 만한 큰 공도 세우지 못했다. 그런데도 엄중자는 황금을 받들어 어머니의 장수長壽를 기원하였으니, 내가 비록 받지는 않았지만, 그렇게까지 한 것은 나를 깊이 알아주었기 때문이다. 이토록 현덕賢德한 사람이 자그마한 원한 때문에 나 같은 촌부村夫를 가까이 하고 믿어주니, 내가 어찌 가만히 있을 수가 있겠는가? 지난번 그가 나를 필요로 하였으나 노모老母가 계신다는 이유로 사양했다. 모친께서 이제 세상을 떠나셨으니 나는 지금부터 나를 알아주는 사람을 위해서 힘을 다하리라."

그리하여 서쪽 복양濮陽으로 가서 엄중자를 만나 이렇게 말했다.

"전에 주군主君께 제 몸을 허락하지 않은 까닭은, 모친이 살아 계셨기 때문입니다. 이제 불행히도 모친께서 천수天壽를 누리시고 돌아가셨습니다. 주군께서 원수를 갚으려는 자가 누구입니까? 청컨대 제게 그 일을 맡겨주십시오."

그러자 엄중자가 상세하게 말해주었다.

"나의 원수는 한韓나라 재상 협루俠累인데, 그는 한왕韓王의 숙부叔父입니다. 그 일족一族은 수가 많고, 그의 거처에는 경비가 삼엄합니다. 그래서 사람을 보내 그를 베려고 했지만 끝내 실행하지 못했습니다. 지금 다행히도 그대가 거절하지 않으니, 그대에게 도움이 되도록 수레와 말馬 그리고 장사壯士들을 딸려 보내겠습니다."

그러자 섭정이 말했다.

"한나라와 위나라는 거리가 멀지 않습니다. 협루는 한韓나라 재상이고 한왕韓王의 친족이니, 이런 경우에 수행원이 많으면 안 됩니다. 사람이 많으면 의외의 일이 터지고, 그렇게 되면 비밀이 누설될 것입니다. 비밀이 누설되면, 한나라는 주군을 원수로 삼을 것이니 어찌 위험하지 않겠습니까?"

그리하여 수레, 말馬, 장사壯士들을 모두 사양하고, 섭정은 혼자 길을 떠났다.

섭정이 칼을 차고 한나라에 이르자, 한나라 재상 협루가 마침 관부官府에 앉아 있었는데, 그 주위에 무기를 들고 호위하는 자들이 매우 많았다. 섭정이 곧장 들어가 계단을 올라가서 협루를 찔러 죽이니, 주위의 부하들은 큰 혼란에 빠졌다. 섭정은 큰소리로 외치며 수십 명을 죽인 후, 스스로 자신의 얼굴 가죽을 벗기고 눈을 도려냈으며, 자신의 배를 갈라 창자를 끄집어내고 숨을 거두었다.

한나라는 섭정의 시체를 시장 바닥에 두고, 그가 누군지 알아내려 하였으나 그를 아는 사람은 아무도 없었다. 그리하여 상금을 걸어 이 사람이 누군지 말해주는 사람에게 천금千金을 주겠다고 했다. 그러나 오랜 시간이 지나도록 아는 사람이 나타나지 않았다. 한편, 섭정의 누나 섭영聶榮은, 한나라의 재상을 찔러 죽인 자가 있는데 범인의 신원을 파악하지 못하였으며, 한나라에서는 그의 시체를 저잣거리에 내어놓고 천금의 상금을 걸었다는 소문을 들었다. 그는 목이 메어 말했다.

"그는 내 동생일 것이다. 아아, 엄중자가 내 동생을 알아주었구나!"

이에 곧바로 한나라 저잣거리로 가서 보니 그는 과연 섭정이었다. 그녀는 시체 위에 엎드려 통곡하며 말했다

"이 사람은 지軹 땅 심정리에 살던 섭정이라는 자입니다."

저잣거리를 지나던 여러 사람들이 말했다.

"이 자는 우리 재상에게 포악한 짓을 하여, 군왕께서 그의 신분을 알려고 천금을 걸었는데 부인은 이를 듣지 못하였소? 어찌 감히 와서 이 자를 안다고 하시오?"

그러자 섭영이 말했다.

"그 말은 들었습니다. 그러나 섭정이 치욕을 무릅쓰고 시장에서 지낸 것은 노모老母가 살아계시고 저도 아직 시집을 가지 않았기 때문입니다. 지금은 어머니께서 돌아가시고 저 또한 시집을 갔습니다. 일찍이 엄중자는 궁핍하게 사는 내 동생을 인정해주고 교유했습니다. 그의 은혜가 이토록 크니 제 동생이 어찌하겠습니까? 선비는 자신을 알아주는

사람을 위해서 죽는 것입니다. 지금 제가 아직 살아 있기 때문에 섭정은 자신의 몸을 상해傷害하여 남들이 못 알아보게 한 것입니다. 그러니, 제가 어찌 죽음이 두려워 동생의 장한 이름을 묻히게 하겠습니까?"

섭영의 말에 한나라 사람들은 크게 놀랐다. 그녀는 크게 하늘을 세 번 부르짖고 오열하더니, 결국 섭정의 곁에서 숨을 거두었다. 진晉, 초楚, 제齊, 위衛나라 사람들이 이 소문을 듣고 모두 말했다.

"섭정만이 대단한 것이 아니라, 그의 누이 역시 장한 여인이다. 섭영이 참고 견디는 성격이 아니어서, 천리 험난한 길을 달려와 동생의 이름을 알리고, 동생과 나란히 시장 바닥에서 죽을 것임을 섭정이 알았다면, 섭정은 감히 자신의 몸을 엄중자에게 허락하지 않았을 것이다. 엄중자 역시 사람을 알아주어 현사賢士를 얻었다고 말할 수 있다."

섭정과 엄중자의 관계는 지백과 예양의 그것과는 조금 다르다. 지백은 예양에게 원수를 갚아 줄 것을 요구하지 않았지만, 예양은 자발적으로 주군의 원수를 갚으려고 했다. 하지만 엄중자는 살수殺手를 물색했고 청탁의 과정을 거쳐 자객 행위가 이루어졌다. 섭정이 엄중자가 준 황금을 받지 않았지만, 이는 오늘날의 청부살인과 다름없다. 그렇다면 섭정은 왜 대가代價도 없이 처참한 죽음을 감내하면서 자객행위를 한 것인가? 섭정은 백정 일을 하는 천민賤民이다. 그에게 고관대작이 찾아와서 고개를 숙이고 교유를 청한다면 그 자체가 감복할 일이다. 일개 신입사원에게 회장이 찾아와 업무를 논의한다면 어떨까? 그 신입사원은 회장에게 감복하여, 휴일도 반납하고 아침부터 늦은 밤까지 혼신渾身을 다해 회사를 위해 일할 것이다. 그렇게 건강을 해치면서까지 회사를 위해 일하는 것이나, 섭정처럼 자신의 몸을 바쳐 복수하는 것이나 크게 다르지 않다.

형가荊軻 : 진시황의 옷소매를 베다

형가荊軻는 위衛나라 사람이다. 그의 선조는 제齊나라 사람인데, 형가荊軻는 위衛나라로 이주하여 살았다. 위나라 사람들은 그를 경경慶卿이라 불렀고, 연燕나라로 갔을 때는 형경荊卿이라고 불렀다. 형가는 독서와 검술을 좋아하여 그 능력으로 위衛나라 원군元君에게 유세했지만 등용되지는 않았다. 그 후 진秦나라가 위衛나라를 쳐서 동군東郡을 설치하였고, 원군元君의 일족을 야왕野王으로 옮겼다.

형가는 일찍이 여기저기 떠돌다가 조趙나라 유차楡次를 지나게 되었다. 그때 개섭蓋聶이라는 사람과 검술에 대해서 이야기하다가, 개섭이 화를 내며 그를 노려보자 형가가 나가버렸다. 어떤 사람이 형가를 부르자고 하자 개섭이 말했다.

"얼마 전에 내가 그와 검술을 논하다가, 서로 맞지 않는 부분이 있어 그를 노려보았더니 가버렸소. 그가 더 있지 않을 것 같아 만류하지 않았소."

이에 사람을 보내 그가 묵고 있는 곳에 가보게 했더니, 형가는 이미 떠난 뒤였다. 심부름 했던 사람이 돌아와 보고하자, 개섭이 말했다.

"떠났을 것이네. 내가 지난번에 눈을 부라린 적이 있으니 말이오."

형가가 조趙나라 수도 한단邯鄲에 갔을 때, 노구천魯句踐과 장기를 두다가 다투었다. 노구천이 화를 내며 꾸짖자, 이때에도 형가는 아무 말없이 떠나서 다시는 나타나지 않았다.

그런 뒤에 형가는 연나라로 가서, 개백정(개를 잡는 일을 하는 사람)과 축筑이라는 악기를 잘 타는 고점리高漸離와 친하게 지냈다. 형가는 술을 좋아하여 개백정, 고점리高漸離 등과 함께 저잣거리에서 술을 마셨다. 술이 얼큰해지면, 고점리는 축筑을 타고 형가는 그 소리에 맞춰 노래를 부르며 서로 즐거워하다 울기도 했는데, 주위 사람들의 시선은 신경 쓰지 않았다. 형가는 술꾼들과 어울리긴 했지만, 침착하고 진중鎭重했으며 책 읽기를 좋아했다. 그가 제후국을 돌아다니며 교유한 사람들은 모두 현인賢人이나 호걸이었다. 형가가 연나라에 있을 때, 전광田光 선생이 형가가 보통 사람이 아님을 알고 잘 대우해 주었다.

얼마 뒤에, 마침 연燕나라 태자太子 단丹이 진秦나라의 볼모로 있다가 달아나 연나라로 돌아왔다. 태자 단丹은 이전에 조趙나라의 볼모로 있었는데, 진나라의 정政(훗날의 진시왕秦始皇)도 조나라에서 태어났기 때문에 어린 시절에는 서로 사이가 좋았다. 그 후, 정政이 진왕秦王으로 즉위하자, 태자 단丹은 진나라의 볼모가 되었다. 그런데 진왕은 단丹을 제대로 대우해 주지 않았다. 그래서 단丹은 이를 원망하여 달아나 연나라로 돌아온 것이다. 단丹이 연나라로 돌아와 진왕秦王에게 복수할 방법을 찾았으나, 연燕은 약하여 그럴만한 힘이 없었다. 그 후, 진나라는 날마다 산동山東 지역으로 출병하여 다른 5개 제후국을 쳐서, 제후국의 땅을 조금씩 잠식했다. 그 세력이 이제 연나라에 미치려 하자, 연왕燕王과 신하들이 모두 두려워했다. 태자 단丹은 이를 우려하여 사부師傅(태자를 지도하는 관직)인 국무鞠武에게 대책을 물었다. 국무가 대답했다.

"진나라가 천하의 영토를 잠식하면서 한韓, 위魏, 조趙를 위협하고 있습니다. 진나라는 북쪽에 감천산甘泉山과 곡구谷口의 험난한 지형이 있고, 남쪽에 경하涇河와 위하渭河의 옥토가 있으며, 파巴와 한중漢中의 풍요로운 땅을 차지하고 있습니다. 오른쪽에는 농隴과 촉蜀의 험한 산악지대가 있고, 왼쪽에는 함곡관函谷關과 효산殽山의 요새가 있습니다. 백성들은 많고 병사들은 거칠며 무기도 넉넉합니다. 진나라가 출병하면 장성長城의 남쪽과 역수易水의 북쪽은 안전하지 않습니다. 그러니 태자께서는 어찌 한때 모욕당한 것을 원망하며, 진왕秦王을 거스르려 하십니까!"

단丹이 "그렇다면 어떻게 해야 한다는 말이오?"라고 하자, 국무는 "곰곰이 생각해 보겠습니다"라고 말했다.

얼마 뒤에, 진나라 장군 번오기樊於期가 죄를 짓고 연나라로 망명해 오자, 단丹은 그를 받아주었다. 국무가 말했다.

"안 됩니다. 저 흉악한 진왕이 연燕에 대해 원망을 품는 것도 가슴이 서늘한데, 하물며 번장군이 연燕에 있다는 소문을 듣는다면 어찌 되겠습니까? 이야말로 굶주린 호랑이가 다니는 길목에 고기를 던져놓는 격이니, 화를 면할 수가 없을 것입니다. 비록 관중管仲과 안영晏嬰같은 훌륭한 재상宰相이 있다 해도, 어찌할 방법이 없을 것입니다. 태자께서는 빨리 번장군을 흉노匈奴로 보내 트집 잡힐 일을 없애십시오. 그리고 서쪽의 한韓, 위魏, 조趙와 맹약을 맺고, 남쪽의 제齊, 초楚와 연합하며, 북쪽 흉노와 친교를 맺으십시오. 그런 후에야 대책을 세울 수 있을 것입니다."

태자가 말했다.

"선생님의 계책은 너무 많은 시간을 필요로 합니다. 저는 근심 때문에 어지러워 잠시도 견딜 수가 없습니다. 뿐만이 아니라, 번장군은 궁핍한 처지에 몰려 나에게 몸을 기탁했습니다. 그러니 저는 진나라의 협박이 무서워 애틋한 사귐을 끊을 수는 없습니다. 제가 죽기 전에는 절대 번장군을 흉노에게 보낼 수 없습니다. 선생님께서는 다시 고려해 주십시오."

국무가 말했다.

"위태롭게 행동하면서 안전하기를 바라고, 화禍를 만들면서 복福을 구하며, 계책은 얕으면서 원망만 깊으시군요. 친구 한 명 때문에 연나라가 받아야 할 피해를 생각하지 않는다면, 이는 원한을 쌓아 재앙을 부르는 격입니다. 기러기 털 하나를 화로 위에 놓는다면 한순간에 없어집니다. 하물며 독수리 같은 진나라가 분노를 터트린다면 무슨 말이 필요하겠습니까? 나라 안에 전광田光이라는 분이 계신데, 그는 지모智謀가 뛰어나고 용맹을 감추고 있으니 함께 일을 의논할 만합니다."

그러자 태자가 "선생님께서 전광선생과 만나게 해줄 수 있겠습니까?"라고 하자, 국무가 "네 알겠습니다"라고 말했다. 국무는 전광을 만나 "태자께서 선생과 국사國事를 논의하고 싶어 하십니다"라고 했다. 전광은 "삼가 말씀대로 따르겠습니다"라고 하고 태자를 만나러 갔다. 태자는 전광을 맞이하였고 뒷걸음질하며 전광에게 길을 안내하더니 무릎을 꿇고 앉을 자리를 훔쳤다. 전광이 자리에 앉았는데 주위에는 아무도 없었다. 태자가 전광에게 가르침을 청했다.

"연燕과 진秦은 양립할 수 없으니, 선생께서 이를 유념해 주십시오."

"천리마가 기운이 왕성할 때에는 하루에 천리를 달리지만, 노쇠하면 둔한 말보다 느리다고 합니다. 태자께서는 제가 왕성할 때의 일만 들으시고, 신이 늙어 기력이 없는 것은 모르고 계시군요. 제가 비록 국사國事를 도모할 수는 없어도, 다행히 친구 중에 형경荊卿이라는 쓸 만한 사람이 있습니다."

"형경과 만날 수 있도록 소개해 줄 수 있겠습니까?"

"삼가 명을 받들겠습니다."

전광은 일어나 나갔고, 태자는 문까지 그를 배웅하면서 말했다.

"저와 선생이 나눈 이야기는 국가의 대사大事입니다. 누설하지 말아 주십시오."

전광이 고개를 숙여 경의를 표하고, 웃으면서 알겠다고 대답했다. 전광은 허리를 굽히고 형경을 찾아가 말했다.

"내가 그대와 친하다는 것을 연나라에서 모르는 사람이 없소. 지금 태자께서는 나의 젊은 시절 일만 들으시고 내가 이미 늙었음을 생각지 않으시네. 그러면서 나에게 '연燕과 진秦은 양립할 수 없으니, 선생께서 유념해주시기 바랍니다'라고 하였소. 내가 감히 태자의 부탁을 외면하지 못하고 그대를 태자께 말씀드렸소. 그대는 궁궐로 가서 태자를 알현하기 바라오."

이에 형가는 말씀을 따르겠다고 했다. 전광이 말했다.

"덕망이 있는 사람은 의심 살 행동을 하지 않는다고 들었소. 태자께서는 나에게 오늘 나눈 이야기는 국가의 대사大事이니 누설하지 말라고 말씀하셨소. 이는 태자가 나를 의심한 것이오. 타인을 의심하도록 했다면, 이는 절조節操있는 자의 행동이 아니오."

그런 다음 스스로 목숨을 끊어 형경의 의기意氣를 격발시키려고 했다. 전광이 말했다.

"어서 빨리 태자를 찾아가, 전광은 이미 죽어 비밀을 누설하지 않았음을 전해주시오."

전광은 말을 마치고 스스로 목을 찔러 자결했다.

형가는 태자를 찾아가 전광이 이미 죽었다는 사실과 전광이 남긴 말을 전했다. 태자는 두 번 절을 하고 무릎을 꿇은 채로 눈물을 흘리더니, 잠시 후 입을 열었다.

"내가 전광선생께 누설하지 말라고 한 것은 국가의 대사를 이루자는 뜻이었습니다. 지금 전광선생이 죽음으로써 누설하지 않음을 밝혔는데, 그것이 어찌 제가 바라던 일이겠습니까?"

형가가 자리에 앉자, 태자는 자리에서 내려와 머리를 조아리며 말했다.

"전광선생은 나의 어리석음을 알지 못하시고 그대를 만날 수 있게 해주었습니다. 감히 말씀 드리건대, 이는 하늘이 연燕을 가엾게 여기고 저를 버리지 않았다는 징표입니다. 지금 진나라는 이득을 탐하는 맘이 지나쳐 만족할 줄 모릅니다. 천하의 땅을 다 빼앗고 제후국들을 모두 신하로 삼지 않으면 만족하지 않을 것입니다. 지금 진나라는 이미 한왕韓王을 사로잡고 그 땅을 모두 가져갔습니다. 또한 군사를 일으켜 남쪽으로는 초楚나라를 치고, 북쪽으로는 조趙나라를 압박하고 있습니다. 왕전王翦이 수십만 대군을 거느리고 장漳과 업鄴으로 갔으며, 이신李信은 태원太原과 운중雲中으로 출병했습니다. 그러니 조趙나라는 버티지 못하고, 분명 진秦나라에게 복속될 것입니다. 조趙나라가 복속되면 그 화가 우리 연燕나라에 미치게 됩니다. 연燕은 약소한데다 수차례 전쟁에 시달려, 나라의 힘을 다 모아도 진나라를 당해내기 부족합니다. 제후들도 모두 진나라에 복종하여, 감히 우리와 연합하려 하지 않습니다. 나의 어리석은 생각으로는, 천하의 용감한 사람을 얻어 진나라에 사신으로 파견하고, 커다란 이익을 미끼로 내세우는 것이 좋을 듯합니다. 진왕秦王은 탐욕스럽기 때문에 분명 자신의 원하는 것을 얻으려 할 것입니다. 이때 만약 조말曹沫이 환공桓公에게 했던 것처럼, 진왕을 위협하여 제후들에게서 빼앗은 땅을 돌려받을 수 있다면, 이는 최상의 수확이 될 것입니다. 만약 그렇게 할 수 없다면, 기회를 틈타 그를 찔러 죽이는 방법도 있습니다. 진나라의 장수들은 밖에서 군사를 통솔하고 있어 내부에 난亂이 일어난다면, 군왕과 신하가 서로 의심할 것입니다. 이 틈을 이용해 제후들이 연합하여 대항한다면, 반드시 진나라를 쳐부술 수 있을 것입니다. 이것이 나의 가장 큰 염원이지만, 아직 일을 맡길만한 사람을 찾지 못하였으니, 형경荊卿께서 유념해 주시기를 바랍니다."

한참 후에 형가가 말했다.

"이는 국가의 대사大事입니다. 신은 노둔駑鈍하고 재주가 없어 사신으로 가기에는 부족합니다."

태자가 다가가 머리를 조아리며 사양하지 말 것을 간청한 뒤에야 형가는 허락했다. 태자는 형가를 상경上卿으로 삼고 최고의 객사에 머물게 했다. 태자는 날마다 그에게 찾아가서 진귀한 음식과 물건으로 대접했으며, 좋은 수레와 말과 미녀를 바쳐 형가가 원하는 것을 다 할 수 있게 해 주었다.

시일이 꽤 지났는데도 형가는 진나라로 떠날 낌새가 없었다. 그 사이, 진나라 장군 왕전王翦이 조나라를 쳐부수고 조왕趙王을 사로잡았으며 그 영토를 모두 차지했다. 이어 북쪽으로 진격하여 연나라 남쪽 경계까지 이르렀다. 태자가 두려워하며 형가에게 말했다.

"진나라 군대가 조만간 역수易水를 건너오면, 오랫동안 선생을 모시고 싶어도 그럴 수가 없습니다."

형가가 말했다.

"태자의 말씀이 아니더라도 신이 뵙고자 했습니다. 지금 진나라로 간다 해도, 믿음을 줄만한 것이 없으면 진왕秦王에게 접근할 수 없습니다. 진왕秦王은 번장군을 얻기 위해 황금 천근千斤과 만호萬戶의 고을을 상금으로 걸었습니다. 만약 번장군의 머리와 연燕의 옥토인 독항督亢의 지도를 진왕에게 바친다면, 진왕은 기뻐하며 반드시 신을 만나 줄 것입니다. 그렇게 되면 신도 태자의 은혜에 보답할 수 있을 것입니다."

태자가 말했다.

"번장군은 다급한 상황에 몰려 나에게 몸을 의탁했는데, 나의 이익을 위해 그를 해칠 수 없습니다. 선생께서는 다른 방도를 생각해 주십시오."

형가는 태자가 번장군의 목을 차마 베지 못할 것임을 알고, 몰래 번장군을 찾아가 말했다.

"진나라가 장군의 부모와 친척을 모두 몰살했으니, 진나라가 장군을 대우하는 것이 참으로 가혹합니다. 내가 듣기로 장군의 목에 황금 천근千斤과 만호萬戶의 고을을 내걸었다고 하니, 이를 어찌하시렵니까?"

번오기는 하늘을 보고 길게 탄식하더니 눈물을 흘리며 말했다.

"이 일을 생각할 때마다 골수에 사무치도록 괴로우나, 어찌해야 할지 모르겠습니다."

형가가 말했다.

"지금 연나라의 근심을 없애고 장군의 원수를 갚을 방법이 하나 있는데 말씀드려도 되겠습니까?"

번오기는 형가에게 다가가며 "어떻게 하면 되는 것이오?"라고 했다. 형가가 말했다.

"장군의 목을 얻어 진왕에게 바치면 진왕은 반드시 기뻐하며 저를 만나줄 것입니다. 그때에 제가 왼손으로 그의 소매를 잡고, 오른손으로 그의 가슴을 찌르겠습니다. 그렇게 하면 장군의 원수도 갚고 연나라가 당한 모욕도 씻을 수 있습니다. 장군께서는 어떻게 생각하십니까?"

번오기가 한쪽 어깨를 드러내고 한손으로 팔을 움켜쥐고 다가서며 말했다.

"이는 내가 밤낮으로 이를 갈고 가슴 졸이며 고민하던 일인데, 오늘에서야 가르침을 받고 깨닫게 되었습니다."

그리고 스스로 목을 찔러 죽었다. 태자는 이 소식을 듣고 달려가 시체 앞에 엎드려 통곡하며 매우 슬퍼했다. 하지만 이미 어쩔 수 없는 일이라 번오기의 목을 상자에 넣어 봉했다.

태자는 천하에서 가장 예리한 비수를 구하던 중에, 조趙나라 사람 서부인徐夫人의 비수가 있다는 것을 알게 되었고, 황금 100근을 주고 그것을 사들였다. 그리고 장인匠人을 시켜 칼날에 독약을 묻혀 사람을 찔러 보니, 한 방울의 피만 흘려도 즉사卽死하지 않는 자가 없었다. 그래서 짐을 챙겨 형가를 진나라에 보내기로 했다. 연나라에는 진무양秦舞陽이라는 용맹한 사람이 있었는데, 그는 13살에 살인을 할 정도여서 사람들은 감히 그를 똑바로 쳐다보지 못했다. 태자는 진무양秦舞陽을 형가의 조수助手로 삼았다. 한편 형가에게는 함께 가려던 사람이 있었는데, 그가 사는 곳이 멀리 떨어져 있어 아직 도착하지 않았다. 그래서 형가는 행장이 다 꾸려졌는데도 출발하지 않았다. 태자는 출발이 더디다고 여겨 혹시 형가의 마음이 변한 것은 아닌지 의심했다. 이에 다시 요청하면서 말했다.

"기한이 다 되었습니다. 형경께서는 무슨 생각을 하시는지요? 진무양이라도 먼저 보내는 것이 어떻겠소?"

형가는 화를 내며 태자를 질책했다.

"태자께서는 누구를 보낸다고 말씀하시는 겁니까? 한 번 가면 돌아오지 못하는 길에, 저 녀석을 보내신다는 말입니까? 한 자루의 비수를 들고 진나라로 들어가면서 제가 아직 떠나지 않는 것은, 동행할 사람을 기다려 같이 가려는 것입니다. 지금 태자께서 지체한다고 여기시니 바로 떠나겠습니다."

그리고 형가는 진秦을 향해 출발했다.

태자와 이 일을 아는 빈객들이 모두 흰 옷에 흰 관을 쓰고 그를 배웅했다. 역수易水 강변에 이르러 노제路祭를 지낸 후, 형가는 길에 올랐다. 고점리高漸離가 축筑을 타니 형가가 화답하여 노래를 불렀는데, 슬픈 곡조의 노래가 울려 퍼지자 사람들이 모두 눈물을 흘렸다. 그리고 길을 떠나며 노래를 불렀다.

바람소리 스산하고 역수易水는 차디찬데
장사壯士는 한 번 가면 다시는 돌아오지 못하리라.

다시 비장한 곡조로 노래하니, 그 소리가 격앙되어 사람들이 모두 눈을 부릅떴고, 머리카락은 관冠을 찌를 듯 쭈뼛 섰다. 형가는 수레에 올라 떠나면서 뒤를 돌아보지 않았다.

드디어 진나라에 도착한 형가는 천금千金의 예물을 마련하여 진왕秦王의 총신寵臣인 중서자中庶子 몽가蒙嘉에게 주었다. 몽가는 형가를 위해 진왕에게 이렇게 아뢰었다.

"연왕燕王이 대왕의 위엄을 두려워하여 감히 우리 군대에 대항하지 못하고, 온 나라를 바쳐 진나라의 신하가 되기를 원하고 있습니다. 그리하여 제후국의 반열에 서서 진나라의 군현郡縣처럼 공물과 세금을 바치면서, 자신들의 종묘宗廟를 지킬 수 있기만을 원하고 있습니다. 그러나 두렵고 떨려 감히 대왕께 직접 아뢰지 못하고, 번오기의 목과 연나라 독항督亢의 지도를 가지고 왔습니다. 연왕이 조정에서 엎드려 전송하며 사신을 보내 대왕께 아뢰도록 하였으니, 대왕께서 명을 내려 주십시오."

진왕은 이를 듣고 매우 기뻐했다. 진왕은 조복朝服을 갖춰 입고, 국빈國賓을 맞이하는 예식을 거행하여, 연나라 사신을 함양궁咸陽宮에서 접견했다. 형가는 번오기의 머리가 든 상자를 받들고, 진무양은 독항督亢의 지도가 들어 있는 갑匣(물건을 담는 상자)을 받들고 차례로 나아갔다. 어전御前의 계단 밑에 이르자, 진무양이 겁에 질려 안색이 변하며 벌벌 떨었다. 이를 보고 여러 신하들이 이상하게 여겼다. 그러자 형가는 진무양을 돌아보고 웃으며 앞으로 나아가 사죄했다.

"북방 오랑캐 땅에 살던 미천한 사람이 천자를 뵌 적이 없어 두려워 떠는 것입니다. 대왕께서는 너그러이 용서하시고 어전御前에 나가 사신의 임무를 마칠 수 있도록 해주십시오."

그러자 진왕이 형가에게 말했다.

"진무양이 가지고 있는 지도를 가져오라."

형가가 지도를 진왕에게 바쳤고, 진왕이 지도를 펼쳤다. 지도가 다 펼쳐지자 지도 안에 있던 비수가 드러났다. 이때, 형가는 왼손으로 진왕의 옷소매를 붙잡고, 오른손으로는 비수를 쥐고 진왕을 찔렀으나 비수가 진왕의 몸에 닿지 않았다. 진왕이 놀라서 몸을 일으키니 소매가 끊어졌다. 진왕은 칼을 뽑으려 했는데 칼이 길어 뽑지는 못하고 칼집만 잡고 있었다. 다급한 상황에서 칼이 굳게 꽂혀 있어 바로 뺄 수가 없었던 것이다. 형가가 진왕을 쫓아가자 진왕은 기둥을 돌며 달아났다. 군신들은 모두 놀랐고 갑자기 일어난 일이라 어찌할 바를 몰랐다. 진나라 법에 의하면, 전상殿上에서 왕을 모시는 신하들은 작은 무기라도 몸에 지닐 수 없었다. 여러 호위병이 무기를 지니고 궁전 아래에 있었지만, 왕이 부르지 않으니 올라갈 수가 없었다. 너무도 다급하여 아래에 있는 군사들을 미처 부르지 못했기 때문에, 형가가 진왕을 쫓아다닐 수 있었던 것이다. 갑자기 일이 벌어졌으며 지닌 무기도 없어서, 대신들은 맨손으로 형가를 내리쳤다. 이때 의관醫官인 하무저夏無且가 들고 있던 약주머니를 형가에게 던졌다. 진왕은 기둥을 돌며 달아나느라 황급하여 어떻게 해야 할지를 몰랐다. 이때, 주위의 신하들이 말했다.

"대왕, 칼을 등에 지고 뽑으십시오."

진왕이 칼을 등에 지고 뽑아 형가를 치자, 형가의 왼쪽 다리가 끊어져 나갔다. 형가는 쓰러져서 비수匕首를 진왕에게 던졌으나 맞지 않고 구리 기둥을 쳤다. 진왕은 다시 형가를 가격加擊하여 여덟 군데나 상처를 입혔다. 형가는 일이 실패하였음을 알고 기둥에 기대앉아 웃으면서 진왕을 꾸짖었다.

"일이 실패한 까닭은, 진왕을 산 채로 겁박하여 약속을 받아내 태자에게 보답하고자 했기 때문이다."

이때 주위의 신하들이 몰려가서 형가를 죽였다. 진왕은 오래도록 불쾌했다. 그런 후에 공功을 논論하여 여러 신하들에게 상을 주었고, 죄를 받을 사람들도 각각 차등을 두었다. 진시황은 하무저夏無且에게 황금 200일鎰을 주며 "하무저가 나를 도우려고 약주머니로 형가를 맞췄다"라고 했다.

형가의 일로 진왕은 크게 노하여, 더 많은 군사를 동원해서 조趙나라로 보내고, 왕전王翦에게 명命하여 연燕나라를 치게 했다. 10월 연나라의 계성薊城이 함락되니, 연왕燕王과 태자 단丹 등은 모두 정예 병사를 이끌고 동쪽으로 달아나 요동遼東을 지켰다. 진나라 장군 이신李信이 급히 연왕을 추격하자, 대왕代王은 연왕에게 서신을 보냈다.

"진秦이 거세게 연왕燕王을 추격하는 것은 태자太子 단丹 때문입니다. 지금 왕께서 단丹을 죽여 진왕秦王에게 바치면, 진왕秦王은 반드시 압박을 풀 것입니다. 그렇게 되면 연나라의 사직社稷은 보존할 수 있습니다."

그 뒤로 이신이 단丹을 추격하자, 단丹은 연수衍水에 몸을 숨겼다. 연왕燕王은 사신을 보내 태자太子 단丹의 목을 베어 진나라에 바치고자 했으나, 진나라는 다시 군사를 보내 연나라를 쳤다. 5년 후, 진나라는 마침내 연나라를 멸하고 연왕燕王을 사로잡았다. 그 이듬해 진나라는 천하를 통일하고 황제라고 칭했다. 진나라가 태자太子 단丹과 형가의 빈객들을 추적하자, 그들은 모두 달아나 버렸다.

한편, 형가와 교분을 나눴던 고점리高漸離는 이름과 성을 바꾸고 송자宋子라는 곳에서 남의 머슴으로 일했다. 그는 오랫동안을 고된 일을 하며 지냈다. 주인집 마루 위에서 손님이 축을 타는 소리를 들으면, 고점리高漸離는 주변을 서성거리며 떠나지 않았다. 매번 연주를 듣고는 "저 사람은 이런 것은 잘하는데 저런 것은 부족하군"이라고 했다. 하인이 그 주인에게 "저 머슴은 소리를 아는지, 혼자 옳고 그름을 말합니다"라고 했다. 그러자 주인이 고점리를 불러 축을 타게 하니, 자리에 있던 사람들이 모두 잘한다고 칭찬하며 술을 주었다. 고점리는 오랫동안 이렇게 숨어서 살면 두려움과 가난함이 끝이 없을 거라 생각했다. 이에 자리에서 물러나 짐짝에서 좋은 옷을 꺼내어 차림새를 바꾸고 다시 나타났다. 자리에 앉았던 손님들이 모두 놀라서, 자리에서 내려와 대등한 예를 갖추고, 그를 상객上客으로 모셨다. 그가 다시 축을 타며 노래를 부르자, 손님들은 모두 눈물을 흘리며 떠났다. 송자宋子 고을에서는 돌아가며 그를 손님으로 맞이하니, 그 소문이 진시황秦始皇에게까지 들리게 되었다. 진시황이 그를 불러 만났을 때, 어떤 사람이 그를 알아보고 이 자가 형가의 친구 고점리라고 아뢨다. 진시황은 축을 잘 타는 그의 솜씨를 아깝게 여겨 그를 용서했다. 대신 그의 눈을 멀게 하여 축을 타게 했는데, 연주할 때마다 감탄하지 않은 적이 없었다. 진시황은 점점 그를 가까이하자 고점리는 납덩어리를 축 속에 감추어 두고, 진시황의 곁에 가까이 갔을 때 축을 들어 진시황을 내리쳤다. 그러나 진시황은 맞지 않았다. 진시황은 결국 고점리를 죽이고, 평생 동안 제후국의 사람들을 가까이하지 않았다.

이전에 조나라에서 형가와 교유했던 노구천魯句踐은, 형가가 진왕을 찔러 죽이려 했다는 소식을 듣고 혼자 말했다.

"아아, 애석하구나. 내가 검술을 제대로 알려 줄 것을. 내가 이렇게 사람을 알아보지 못하다니. 처음 내가 그를 꾸짖었을 때, 그는 나를 사귈만한 사람이 못 된다고 여겼을 것이다."

형가의 이야기는 〈자객열전〉 중에 가장 길다. 그만큼 형가의 진시황 암살사건은 한 시대를 놀라게 했으며, 후대에도 다양한 문학 장르로 재현되었다. 형가에게 살인을 청탁한 사람은 태자다. 다른 청탁자들에 비해 그의 신분이 가장 높다. 형가의 자객 행위에는 다양한 조연이 등장한다. 비밀 누설을 막기 위해 자결한 전광선생, 진시황의 암살을 위해 목을 바친 번오기, 진나라에 따라간 진무양이 그들이다. 모두 자신의 생명을 바쳐 거사巨事를 성사시키려 했다. 그들은 공통적으로 타인에게 받은 인정과 은혜를 보답하려 했다.

사마천은 말한다.

"세상 사람들이 형가荊軻와 태자 단丹의 운명에 대해 말하면서, '하늘에서 곡식이 내리고, 말의 머리에 뿔이 돋아났다'라고 하는데 이는 과장이 심한 것이다. 또한 형가가 진왕을 찔러 상처 입혔다고 하는 것도 모두 잘못된 말이다. 당시 공손계공公孫季功과 동중서董仲舒는 하무저

夏無且와 교유하였으므로 이 사건을 자세히 알고 있었다. 그들이 나에게 말한 바는 위와 같다. 조말曹沫부터 형가에 이르기까지 다섯 사람의 자객들은, 그 협객의 의로움을 이루기도 하고 실패하기도 했다. 그러나 그들이 품은 생각은 매우 분명했고, 또 그 염원을 포기하지 않았으니 그들의 이름이 후세에 전해지는 것이 어찌 잘못된 일이겠는가."

태자 단丹에 관한 이야기가 여러 형태로 전승되었다. 그 중 하나는 이러하다. 태자 단이 진秦나라에 볼모로 있을 때, 진왕秦王에게 자신을 풀어줄 것을 요구했다. 진왕은 까마귀 머리가 희어지고 말 머리에 뿔이 나면 보내준다고 했다. 단이 하늘을 우러러 탄식하자, 까마귀 머리가 희어지고 말 머리에 뿔이 났다. 진왕은 할 수 없이 단을 풀어주었다.

저들은 돈이나 권력을 대가로 자객이 된 것이 아니다. 자신을 인정해주고 은혜를 베풀어 준 주군主君에게 감복하여 기꺼이 목숨을 바치려고 했던 것이다. 타인에게 인정받고 대우받는 것이 한 사람의 삶을 바칠 정도로 그렇게 중요하던가? 나를 알아주는 사람의 신분이 자신과 현격히 차이가 날수록, 또 그 대우의 정도가 깊을수록 보답하려는 마음은 더욱 강렬해진다. 그렇게 해서 품은 보은報恩의 마음은 진정 불순하지 않은 그 무엇일 것이다. 그래서 사마천은 "그들이 품은 뜻이 매우 분명했고, 또 그 염원을 포기하지 않았으니 그들의 이름이 후세에 전해지는 것이 어찌 잘못된 일이겠는가"라고 했다. 그들의 염원은 맑고 투명했으며, 많은 고통을 겪으면서도 초심初心을 저버리지 않았으니 실로 타인에게 칭송받을 만하다.

사람들은 남에게 인정받기를 바라지만 왜 자기 자신의 능력을 인정하는 것은 인색할까? 자신이 어떤 능력과 가능성이 있는지 살피지 않고, 늘 타인의 평가와 인정을 통해 자신의 가치를 확인하려고 한다. 친구 아버지가 나를 인정해준 것보다 나의 아버지가 인정해주는 것이 더 기쁘고 힘이 난다. 마찬가지로 타인의 인정認定보다 스스로 나를 인정할 때 더욱 강한 힘이 발휘된다. 40세의 권투선수는 자신 속에 있는 대우받지 못한 자객들을 알아보고 인정해 주었다. 그 결과 남들이 모두 미친 짓이라 여기는 권투를 시작했다. 비록 자객들처럼 승리하지는 못했지만, 숨은 잠재력을 일으켜 세웠으니 커다란 결실이 아닐 수 없다. 〈자격열전〉은 우리에게 인정해 주는 것에 대한 화두를 던진다. 우리가 타인과 나의 가능성을 인정해 주었을 때, 우리에게 숨어 있는 자객들이 거침없이 활약하여 세상을 놀라게 할 만한 일들이 벌어질 것이다.

李斯列傳

제11장

탐욕의 결말

— 이사열전

밥을 먹되 배부르지 않게 먹고, 술을 마시되 취하지 않게 마신다. 이것이 얼마나 어려운 일인가? 배 부르려고 먹는 밥이고, 취하려고 마시는 술 아닌가? 그러니 목적을 달성하지 않으면 늘 아쉬움이 남는다. 하지만 배부름과 술 취함의 극점에 올라가면 종종 후회가 남는다. 목적의 최고점은 늘 즐거움과 고통의 접점이다. 배부름과 체하는 것은 한끝 차이고, 기분 좋게 술 취한 것과 만취의 괴로움은 동전의 양면이다. 열심히 노력해서 1등을 한 운동선수의 심정은 어떨까? 성취감을 만끽하는 것도 잠시, 다음에 1등을 뺏기지나 않을까 하는 두려움이 찾아온다. 그래서 정점에 오르면 항상 두려움과 고통이 동반한다.《주역周易》건괘乾卦의 가장 위에 있는 6효의 효사爻辭는 "끝까지 올라간 용은 후회할 일이 있다(亢龍有悔)"라고 되어 있고, 그 아래의 5효의 효사는 "하늘에 용이 난다(飛龍在天)"라고 했으니《주역周易》역시 최고점보다는 그 아래의 위치가 더 좋다고 설명한다. 최고점에 올라가지 않고 아쉬움을 남겨두는 것은 사계절의 변화에서도 찾을 수 있다. 봄, 여름, 가을에 농사일을 하고 겨울에는 쉰다. 사람도 쉬고 땅도 쉰다. 어디 그뿐인가? 우리도 하루 1/4 정도는 수면을 취하지 않는가? 그러니 다 채우지 않고 비워두는 것은 자연의 섭리가 아닐까? 비워두면 아쉬움이 남지만, 그 아쉬움의 공백은 다시 미래를 기약하게 한다. 아쉽게 헤어진 친구는 또 만나고 싶어지는 이유다.

〈이사열전〉의 주인공 이사李斯는, 순자荀子의 제자로 법가法家 계열의 사람이다. 그는 진시황을 보좌하면서 제도를 정비하고 천하통일의 기틀을 마련했다. 하지만 그의 말로는 비참했다. “위의 한 사람을 모시고, 만인 위에 군림하는(一人之下, 萬人之上)” 통일 제국의 승상丞相이 되어 부와 권력을 쥐었던 이사는 왜 그렇게 비참한 최후를 맞았을까? 그것은 아마도 더 가지고 싶어 했던 탐욕 때문이 아닐까? 여기서 우리는 이사가 어느 시점에서 탐욕을 멈췄어야 했는지 살펴볼 필요가 있다.

쥐의 철학: 부귀富貴가 잘난 사람을 만든다

이사李斯는 초楚나라 상채上蔡 사람이다. 젊었을 때에 군郡의 하급 관리로 있었는데, 관청의 변소에서 쥐가 오물을 먹다가 사람이나 개가 다가오면 놀라는 것을 자주 보았다. 어느 날 이사는 창고에 들어갔다가 곡식을 먹는 쥐들을 보았다. 쥐들은 넓은 창고 안에서 곡식을 먹으면서도 사람이나 개를 겁내지 않았다. 이에 이사는 탄식하며 말했다.

"사람의 잘나고 못난 것은 쥐와 같아서, 그저 어떤 환경에 처해 있느냐에 달려 있을 뿐이다."

이사는, 같은 쥐라 하더라도 변소에 사느냐 창고에 사느냐에 따라서 그 잘나고 못남이 결정된다고 생각했다. 이사는 이때부터 자신을 성장시켜줄 부富와 권력을 얻으려고 노력한다. 이사는 쥐를 보고 왜 가난함과 부유함을 떠올렸을까. 이는 이사의 주관적 의식이 사물에 투영된 것이다. 이 일이 결국 이사의 앞날에 모든 행동을 좌우한다.

그 후, 이사는 순경荀卿(순자荀子)에게서 국가를 통치하는 법을 배웠다. 학문을 마치고 난 후, 이사는 다른 제후국들 중에는 섬길만한 군주가 없다고 여기고 진秦나라에 가기로 결심했다. 그는 선생님인 순경에게 하직인사를 하면서 이렇게 말했다.

"때가 왔을 때 그 기회를 놓치지 말라고 들었습니다. 지금은 대국들이 서로 패권을 다투는 때라서 말 잘하는 유세가遊說家들이 정사政事를 주도하고 있습니다. 지금 진秦은 천하를 삼키고 황제皇帝라 칭稱해지길 바라고 있습니다. 지금이야말로 관직 없는 선비들이 분주히 제후국을 다니며 유세할 수 있는 좋은 기회입니다. 비천한 위치에 있으면서 아무 것도 계획하지 않는 것은, 짐승이 고기를 보고도 먹고 싶은 생각을 참으며 억지로 사람의 얼굴을 하고 두 발로 걸어가는 것과 같습니다. 비천卑賤함보다 더 큰 부끄러움은 없으며, 가난보다 더 슬픈 것은 없습니다. 오랫동안 비천한 지위와 고달픈 처지에 있으면서도, 세상만 비관하고 아무 일도 하지 않는다면, 이는 선비의 진심이 아닙니다. 이런 까닭에 저는 서쪽으로 가서 진왕秦王에게 유세하고자 합니다."

이사는 비천한 신분과 궁핍한 삶을 그저 숙명으로 받아들이고, 아무것도 하지 않는 것을 선비의 치욕이라고 생각했다. 드디어 그는 큰 뜻을 품고 진나라로 향한다.

진시황의 책사策士가 되다

이사가 진나라에 도착했을 때, 마침 진시황의 아버지인 장양왕莊襄王이 죽었다. 이사는 진나라의 상국相國인 여불위呂不韋의 사인舍人(일종의 가신家臣)이 되고자 했다. 여불위는 이사의 능력을 알아보고 랑郎(호위護衛와 수행隨行을 담당하는 관리)으로 임명했다. 이사는 이 기회를 이용해 진왕秦王(훗날의 진시황秦始皇)에게 유세할 수 있게 되었다. 이사가 진왕秦王에게 말했다.

"평범한 사람은 기회를 놓치지만, 큰 공을 세우는 자는 기회를 틈타 과감하게 행동합니다. 옛날 진秦 목공穆公이 막강한 패자霸者가 되었는데도, 끝내 동쪽의 여섯 제후국을 병합하지 못한 이유는 무엇입니까? 당시 제후들은 많았고, 천자天子 주周나라의 권위도 쇠퇴하지 않았습니다. 때문에 다섯 명의 패자霸者(춘추오패春秋五覇)가 번갈아 흥기興起하여, 주나라 왕실을 받들었습니다. 진秦 효공孝公 이후로 천자天子 주周나라의 영향력이 약해졌고, 제후들은 서로 전쟁을 벌여 타국을 차지하려 했습니다. 함곡관函谷關 동쪽에는 여섯 개의 제후국이 있었는데, 진나라는 오랫동안 그들을 통제했고 그들은 진나라를 섬기고 있습니다. 진나라는 강성하고 대왕은 현명하시니, 부엌의 먼지를 털듯이 제후국을 멸滅하고 천하를 통일하여 황제가 되실 수 있습니다. 이는 만년萬年

에 한 번 오는 기회입니다. 지금 주저하여 서두르지 않으시면, 제후국들은 다시 강해져서 서로 연합할 것이니, 그렇게 되면 아무리 뛰어난 군주가 나온다 해도 제후들을 병합할 수 없습니다."

진왕秦王은 이사를 장사長史(각 부서의 막료幕僚 역할을 하는 관리)로 삼았고, 그의 계략에 따라 사신使臣들에게 예물을 주어 제후국에게 가서 유세하게 했다. 뇌물이 통하는 제후국의 명사名士에게는 많은 예물을 주어 결탁했고, 받아들이지 않는 자는 날카로운 칼로 찔러 죽였다. 또한 먼저 제후와 신하 사이를 이간질시킨 다음, 그들의 틈이 벌어지면 용맹한 장수를 보내 공격하게 했다. 일이 잘 진척되자, 진왕秦王은 이사를 객경客卿(공경公卿의 직위를 타국 출신에게 줄 때 사용하는 명칭)으로 임명했다.

진나라의 기틀 마련: 글로벌 인재 수용

그때 마침 한韓나라의 정국鄭國이라는 사람이 수로水路를 만든다는 명분으로 진나라에 왔는데, 얼마 지나지 않아 그가 한韓나라의 첩자라는 것이 발각되었다. 진나라의 왕족과 대신들이 진왕秦王에게 아뢰었다.

"다른 나라 사람들이 와서 진秦을 섬기는 것은, 사실 진나라를 이간질시켜 자신의 군왕君王을 이롭게 하려는 것입니다. 그러니 외국인들을 모두 쫓아낼 것을 청하옵니다."

이사는 진나라 사람이 아니므로 그 역시 축출 대상으로 논의되었다. 이사는 이에 〈간축객서諫逐客書〉라는 글을 지어 진왕秦王에게 올렸다.

"지금 대왕께서는 곤강昆崗의 옥, 수후隨侯의 구슬, 화씨和氏의 옥을 가지고 계시며, 명월주明月珠를 차고 태아太阿의 명검을 지니셨습니다. 또한 섬리마纖離馬를 타고 취봉기翠鳳旗를 세우셨으며, 영타靈鼉의 북을 설치하셨습니다. 이 보물들은 모두 타국에서 생산되는 것인데, 대왕께서 좋아하시는 이유는 무엇입니까? 반드시 진나라의 물건만 사용해야 한다면, 야광주夜光珠로 조정을 장식할 수 없으며, 물소의 뿔이나 상아로 만든 그릇을 사용할 수 없습니다. 또한 정鄭나라와 위衛나라의 미녀들도 후궁으로 들이지 못하며, 결제駃騠와 같은 준마駿馬들로 마구간을 채울 수 없습니다. 강남江南의 금金과 주석朱錫도 쓸 수 없으며, 서촉西蜀의 단청丹青으로 색칠을 할 수 없습니다. 후궁을 장식하고 여자들을 꾸며서 눈과 귀를 즐겁게 하고 마음을 기쁘게 하는 모든 기물도 반드시 진나라 물건만 써야 한다면, 완宛의 진주珍珠 비녀, 부傅의 구슬 귀거리, 아阿의 명주옷, 금수錦繡로 된 장식품들을 모두 대왕께 바칠 수 없을 것입니다. 또한 세련되면서 아름다운 조趙나라의 미녀들도 왕의 곁에 있지 못할 것입니다. 지금 외국의 물건을 이렇게 많이 사용하고 있으면서도 인재를 쓰는 문제는 다르게 생각합니다. 그 사람이 쓸 만한 사람인지 아닌지를 묻지 않고, 진나라 출신이 아니면 쫓아내려고 합니다. 이는 여색女色, 음악, 주옥珠玉 등은 중시하면서 사람은 경시하는 것과 같습니다. 이는 중국을 아우르고 제후를 제압하는 방법이 아닙니다.

땅이 넓으면 곡식이 풍부하고, 나라가 크면 백성이 많으며, 군사력이 강하면 병사가 용감해진다고 합니다. 태산泰山은 한 줌의 흙도 마다하지 않아서 우뚝 솟아오를 수 있었고, 바다는 작은 물줄기도 가려 받지 않기 때문에 깊어질 수 있는 것입니다. 마찬가지로 제왕帝王은 백성들을 물리치지 않기 때문에 덕德을 드러낼 수 있었던 것입니다. 제왕帝王의 국토는 동서남북東西南北을 차별하지 않으며, 백성은 본국과 타국의 구분이 없으니, 사계절이 풍요롭고 하늘이 복을 내립니다. 이것이 오제五帝(전설 속의 임금. 황제黃帝, 전욱顓頊, 제곡帝嚳, 요堯, 순舜)와 삼왕三王(하夏나라 우왕禹王, 상商나라 탕왕湯王, 주周나라 문왕文王)이 무적無敵일 수 있었던 까닭입니다. 그런데 지금 진나라는 백성을 쫓아내서 적국敵國을 이롭게 하고, 빈객賓客을 물리쳐서 타국他國에서 공功을 세우게 하며, 천하의 인재들이 진나라로 향하지 못하게 합니다. 이것은 이른바 적에게 무기를 빌려주고, 도적에게 양식을 주는 격입니다. 진나라에서 생산되지 않은 물건들 중에 귀중한 것이 많듯이, 진나라 출신이 아닌 인재들 중에 충성을 바치려는 자가 많습니다. 지금 빈객들을 내쫓아 적국을 이롭게 하고, 백성을 빼내어 적국에게 보태준다면, 안으로는 국가가 텅 비고 밖으로는 제후들의 원한을 사게 될 것이니, 이렇게 되면 나라를 구하고 위기를 극복하는 것이 가능하겠습니까?"

맹자孟子는 "국가의 경계로 백성을 구분하지 않아야 한다.(域民不以封疆之界)《맹자孟子, 공손축하公孫丑下》"고 했다. 담을 높이 쌓으면 도둑은 들어오지 못하지만, 밖을 보지 못해 답답하다. 또 갇혀 있는 물은 썩기 마련이니 끊임없이 새로운 물을 소통시켜야 한다. 국가도 마찬가지다. 지나친 국수주의는 고립을 자초한다. 잉글랜드 프리미어 리그(EPL, English Premier League)가 영국 선수로만 채워졌다면, 지금의 저 호황을 누릴 수 있겠는가? 그러니 이사의 말은 매우 타당하다.

진왕秦王은 축객령逐客令을 취소하고 이사를 복직시켜 그의 계책을 썼다. 이사의 관직이 정위廷尉(사법司法을 주관하는 최고 장관)에까지 이르렀다. 20여 년 후, 결국 진나라는 천하를 통일했으며, 진왕秦王은 황제皇帝라고 칭해졌고, 이사는 승상丞相이 되었다. 진시황은 군郡과 현縣의 성城을 허물고 무기들을 녹여 다시는 전쟁을 하지 않겠다는 의지를 보였다. 또한 공신功臣이나 친척들에게 자그마한 땅도 봉奉해주지 않음으로써 훗날 전쟁의 여지를 남기지 않았다.

학문 통제 : 분서갱유焚書坑儒

진시황秦始皇 34년, 함양궁咸陽宮에서 연회를 베풀었는데, 박사복야博士僕射(교육과 학문을 담당하는 박사 중 최고 책임자) 주청신周靑臣 등이 시황제의 위엄과 덕망을 칭송했다. 이때 제齊나라 사람 순우월淳于越이 나아가 아뢰었다.

"은殷나라와 주周나라가 천여 년 동안 자제子弟와 공신功臣에게 땅을 봉封하여 주고 왕실을 보필하도록 했습니다. 지금 폐하께서는 천하를 통일하셨지만, 폐하의 자제子弟는 필부匹夫에 지나지 않습니다. 만약 갑자기 천하에 반란이 생기면, 폐하를 보필할 힘 있는 신하가 없으니 어떻게 나라를 구할 수 있겠습니까? 옛 제도를 계승하지 않고 국가를 오래도록 유지한 사례는 없습니다. 지금 주청신의 무리는 폐하께 아첨하면서 과오를 범하게 만드니 그들은 충신이 아닙니다."

진시황은 이 의견을 승상에게 검토하도록 했다. 승상 이사는 그 견해가 잘못된 것이라 여기고, 다음과 같은 글을 올렸다.

"옛날에는 천하가 통일되지 않아 어지러웠습니다. 이때 지방의 강한 제후들은 모두 옛것을 근거하여 현실을 비난했으며, 헛된 말을 만들어 실질實質을 어지럽혔습니다. 사람들은 자신이 배운 것을 옳다고 생각하며 국가에서 세운 제도는 틀리다고 여겼습니다. 지금 폐하께서는 천하를 통일하시어, 흑백黑白을 명확히 구분하시며, 오직 하나의 존귀한 황제만이 있다고 천명하셨습니다. 그런데도 학자들은 함께 모여 법과 제도를 비방하고 있으며, 조칙詔勅이 공표되면 저마다 자신이 배운 것으로 그것을 따집니다. 혼자 있으면 마음으로 비방하고, 밖에 나가면 거리에서 떠들어 댑니다. 군주를 비방하면서 우쭐해하고, 국가에 반대하는 것을 고상하다 여기면서, 추종자들을 이끌고 비방을 일삼고 있습니다. 지금 이를 금禁하지 않으면, 위로는 군주의 권위가 추락하고, 아래로는 당파黨派가 만들어질 것입니다. 때문에 신臣은《시경詩經》,《서경書經》, 제자백가諸子百家의 책들을 모두 폐기시킬 것을 청합니다. 금지령이 내린 후 30일이 지나도록 폐기하지 않으면, 경형黥刑(이마에 문신을 새기는 형벌)에 처하고 노역勞役을 하는 형벌을 내리십시오. 폐기하지 않아도 되는 것은, 점술占術, 농림農林에 관련 된 책으로 하시고, 이를 배우고자 하는 사람이 있으면 관리를 시켜 가르치게 하십시오."

진시황은 이사의 말이 옳다고 여겨, 유가儒家의 경전인《시경詩經》,《서경書經》과 제자백가의 서적들을 수거하여 폐기함으로써, 백성들을 현혹시키거나 옛것을 들먹이며 현실을 비방하지 못하도록 했다. 법도를 반포하고 법령法令을 제정하는 것은 모두 진시황秦始皇으로부터 시작되었다. 또한 문자를 통일하고, 지역 곳곳에 별궁別宮을 지어 천하를 두루 다니며 시찰했다. 이듬해에 진시황은 또 천하를 시찰하였고, 외부적으로 이민족들을 물리쳤는데, 이 모든 일에 이사가 힘을 썼다.

진나라 통일 후, 일단의 사람들이 진秦의 획일적인 법치法治에 불만을 품고, 옛것을 근거로 시황제의 정치를 비난했다. 이를 계기로 B.C.213년에 분서령焚書令을 내렸다. 이는 역사, 의학, 농업 이외의 모든 서적을 몰수하여 30일 내에 소각하는 것이다. 이는 사학私學을 금지하고 관학官學으로 통일하여 중앙통제를 강화하기 위함이다. 그 다음해에 진시황은 자신을 속인 방사方士(신선神仙의 술법術法을 닦는 사람) 노생盧生에 대한 화풀이로, 평소 자신의 정책에 반대했던 학자 460명을 함양咸陽에서 파묻어 죽였다. 이것을 일명 '갱유坑儒'라고 한다. 진시황秦始皇의 분서갱유焚書坑儒는 학문 탄압의 대표적인 사례가 되었다.

물극필반物極必反을 두려워하다

이사의 장남인 이유李由는 삼천군三川郡의 군수郡守가 되었으며, 또 아들들은 모두 진나라의 공주와 결혼했고, 딸들은 진나라의 공자公子에게 시집갔다. 이사의 아들 이유李由가 휴가를 얻어 함양咸陽으로 돌아오자, 이사는 집안에서 잔치를 베풀었다. 여러 관리의 우두머리가 참석하여 이사에게 만수무강을 빌었으며, 대문과 뜰에 수레가 수천 대나 되었다. 이때 이사가 한숨을 쉬며 말했다.

"아아! 선생님 순자荀子께서는 사물이 지나치게 성대盛大해서는 안 된다고 하셨다. 나는 상채上蔡 지역의 필부匹夫였는데, 폐하께서 나를 발탁하여 지금의 자리까지 오르게 해주셨다. 지금 신하 중에 나보다 윗자리에 있는 자가 없으니, 나의 부귀福貴함이 이미 정점頂點에 이르렀다고 할 수 있다. 사물은 극에 달하면 이내 쇠퇴하거늘, 내가 언제 이 부귀의 수레에서 내려갈지 모르겠다."

이사는 최고의 위치에 올랐다. 최고점에 오르면 내려가야 하니 마음이 불안할 수 있다. 그 불안은 어디에서 오는 것일까? 계속 유지하고 싶지만 유지할 수 없음에서 오는 것이다. 총선을 앞둔 국회의원은 다시 당선 되지 못할까 두려워하고, 기관의 장이 된 사람은 연임하는 일로 노심초사勞心焦思한다. 산의 정상에 오른 사람이 하산하지 않는다면 어떻게 될까? 해가 지고 온도가 내려가 산에서 죽을 수도 있다. 그러니 부와 권력을 잡았다면, 늘 놓을 준비를 해야 마음이 편하다. 세상에는 산에 올라가서 내려오지 않으려는 사람들이 적지 않다. 이들의 집착은 타인의 눈살을 찌푸리게 할 뿐만 아니라 그동안 쌓아 놓은 성과를 한순간에 날려 버릴 수도 있다. 이사가 이 시점에서 내려올 준비를 했다면, 그의 앞날은 편안했을 것이다.

진시황의 죽음

진시황 37년(B.C.201년), 진시황은 회계산會稽山에 갔다가 낭야琅邪에 이르렀다. 이사와 중거부령中車府令(황제의 행차를 담당하는 관직) 조고趙高가 문서와 명령을 담당하는 부새령府璽令의 일을 겸하니, 관리들이 모두 그를 따랐다. 진시황에게는 20여 명의 아들이 있었다. 장남 부소扶蘇는 여러 차례 직언했기에, 황제는 그를 변경으로 보내 변방 군대를 감독하게 했다. 그 곳의 장수는 몽염蒙恬이었다. 진시황은 막내아들 호해胡亥를 총애했는데, 그가 황제의 순행巡行에 따라가기를 청하자, 황제가 허락했다. 나머지 아들들은 아무도 따라가지 못했다.

그해 7월, 진시황이 사구沙丘에 도착했을 때 병이 위중해졌다. 진시황은 조고에게 명하여, 장남 부소에게 편지를 보내 "군대는 몽염蒙恬에게 맡기고, 함양咸陽에 와서 나의 장례를 치르라"는 말을 전하게 했다. 편지를 봉하여 사신使臣에게 전달하기 전에 진시황이 죽었다. 그 편지와 옥새는 모두 조고가 가지고 있었고, 황제의 죽음을 아는 사람은 단지 아들 호해, 승상 이사, 중거부령 조고와 환관 대여섯 명뿐이었다. 나머지 군신들은 이 사실을 알지 못했다. 이사는 황제가 외유外遊 중에 죽었고, 태자가 아직 책봉되지 않았음을 고려하여 황제의 죽음을 비밀에 부쳤다. 진시황의 시신은 온량거轀輬車(안에서 누울 수 있도록 만든 커다란 수레) 속에 안치되었고, 관리들이 정사政事를 보고하고 식사를 올리는 일은 평소처럼 했다. 그리고 환관이 온량거 안에서 여러 가지 국사國事를 결재했다.

조고의 농간 : 호해胡亥의 마음을 흔들다

조고는 진시황이 부소에게 보내라고 했던 편지를 자기가 보관한 채, 호해에게 이렇게 말했다.

"황제께서 돌아가셨을 때, 태자 책봉에 관한 명령은 내리지 않으셨고, 단지 장남 부소에게만 글을 남기셨습니다. 부소가 오면 바로 황제로 되는 것이니, 그렇게 되면 공자公子께서는 손바닥만 한 땅도 소유할 수 없게 됩니다. 이를 어떻게 하시겠습니까?"

호해가 말했다.

"당연한 일입니다. 현명한 군주는 신하를 잘 알고, 현명한 아버지는 아들을 잘 안다고 했습니다. 아버지께서 돌아가실 때까지 태자를 책봉하지 않으셨으니, 이에 대해 제가 무슨 말을 할 수 있겠습니까?"

조고가 말했다.

"그렇지 않습니다. 지금 천하의 권력은 공자公子와 저 그리고 승상에게 달려 있습니다. 공자公子께서 이 기회를 놓치지 않길 바라옵니다. 남을 신하로 부리는 것과 남의 신하가 되는 것, 남을 부리는 것과 남에게 부림을 당하는 것이 어찌 같다고 할 수 있겠습니까!"

호해가 말했다.

"형을 폐廢하고 동생이 옹립되는 것은 불의不義입니다. 아버지의 명을 따르지 않고 죽음을 두려워하는 것은 불효不孝입니다. 능력도 없으면서 억지로 남의 공功에 편승하는 것은 무능無能입니다. 이 세 가지는 덕德을 거스르는 것이니, 천하 백성들은 그런 사람에게 복종하지 않을 것입니다. 그렇게 되면 자신은 위태로워지고, 종묘사직宗廟社稷도 유지되기 어렵습니다."

조고가 말했다.

"탕왕湯王과 무왕武王은 자신들의 군주를 죽였지만, 천하 백성들은 그들을 의義롭다고 칭송했으니, 그것은 불충不忠이 아닙니다. 위衛나라 군주는 자기 아버지를 죽였지만, 위나라 백성들은 그 덕을 받들었으며 공자孔子도 이 사건을 기록했으니, 불효不孝가 아닌 것입니다. 큰일을 할 때에는 작은 일에 얽매이지 않고, 큰 덕을 행하는 사람은 작은 예절에 신경 쓰지 않습니다. 또한 마을마다 해야 할 일이 다르고 관리들도 업무가 서로 다릅니다. 작은 것을 신경 쓰다가 큰일을 잊으면 훗날 반드시 손해를 보고, 의심하며 주저하면 나중에 반드시 후회하게 됩니다. 결단을 내리고 과감하게 행동하면 하늘도 그것을 막지 못할 것이니, 그런 다음에야 성공할 수 있습니다. 신은 공자께서 이 일을 실행하시길 바라옵니다."

호해가 탄식하며 말했다.

"아직 황제께서 돌아가신 것을 공표公表하지도 않았고 장례도 끝나지 않았는데, 어찌 이런 일로 승상과 상의할 수 있겠습니까?"

조고가 말했다.

"때가 때인 만큼, 상의하기도 촉박합니다. 양식을 지고 말을 달리면 늦지 않을까 걱정입니다."

호해는 조고의 말이 옳다고 여겼다. 조고가 말했다.

"승상과 상의하지 않으면 이 일은 성공할 수 없으니, 신이 공자公子

 를 대신해서 승상과 상의해 보겠습니다."

호해는 처음에는 조고의 제안을 거절했다. 그러나 조고가 호해의 욕망을 교묘하게 부추겼다. 만약 호해가 완강히 거절했다면 조고의 농간은 통하지 않았을 것이다. 그런데 호해도 황제가 되고 싶은 일말의 욕망이 있었다. 그 욕망의 틈으로 조고의 야릇한 유혹이 비집고 들어온다. 악의 세력은 집요하고 치밀하다.

조고의 농간 : 이사를 설득하다

이리하여 조고는 승상 이사를 찾아가서 말했다.

"황제께서 돌아가실 때, 부소扶蘇에게 편지를 남기시어, 함양에서 장례를 치르고 황위皇位를 이으라 하셨습니다. 편지가 발송되기 전에 황제께서 돌아가셔서 이 일을 아는 사람은 아무도 없습니다. 부소에게 쓰신 편지와 옥새는 모두 호해가 가지고 있습니다. 태자를 정하는 일은 승상과 저에게 달려 있습니다. 이 일을 어떻게 하시겠습니까?"

이사가 말했다.

"어찌 나라를 망칠 말을 하십니까! 이는 신하가 논의할 일이 아니오!"

조고가 말했다.

"승상께서는 몽염蒙恬 장군과 승상 중에 누가 더 뛰어나다고 생각하십니까? 공功은 누가 더 많고, 계책은 누가 더 원대합니까? 천하의 원망을 사지 않는 것은 누가 더 뛰어납니까? 부소와의 교분은 누가 더 굳건합니까?"

이사가 대답했다.

"다섯 가지 모두 내가 몽염보다 못한데, 왜 이리 따져 물으시는 거요?"

조고가 말했다.

"저는 하찮은 일을 하는 환관이지만, 운 좋게도 능력을 인정받아 진나라 궁궐에 들어와 20여 년 동안 일해 왔습니다. 그동안 여러 승상과 대신들이 파면 당한 후에, 그들이 받은 봉토封土가 후손에까지 이어지는 것을 본 적이 없습니다. 결국 그들 모두 처형되어 죽었습니다. 황제의 20여 명의 아들들은 승상께서도 모두 잘 알고 계십니다. 맏아들 부소扶蘇는, 강직하고 용맹하여 사람을 믿어주며 인재들을 등용합니다. 부소扶蘇가 즉위하면, 반드시 몽염蒙恬을 승상으로 임명할 것이고, 그렇게 되면 승상께서는 분명 권력을 잃고 고향으로 돌아가실 것입니다. 제가 황제의 명을 받아, 호해에게 법률을 가르친 지 몇 해가 되었지만, 아직 그가 과실過失을 범하는 것을 보지 못했습니다. 호해는 인자하고 정이 많아, 인재를 중시하는 일이라면 재물을 아끼지 않습니다. 속으로는 판단을 내리면서도 말은 신중하게 하며, 예의를 다하여 선비를 공경합니다. 진나라의 여러 공자公子들 중에 그만한 사람이 없으니, 후계자가 될 만합니다. 승상께서 헤아려 결정하십시오."

이사가 말했다.

"그대는 황위皇位를 뒤집어 놓으려는 것이오? 이 몸은 군주의 조서를 받들고 하늘의 명命을 들을 뿐이니, 내가 고려하여 결정할 일이 무엇이 있겠소이까?"

조고가 말했다.

"세상일이라는 것이 편안하다가 위태로울 수 있고 위태롭다가도 편안해지는 것입니다. 편안함과 위태로움을 스스로 결정하지 못한다면, 성인聖人이라고 해도 어찌 존중을 받을 수 있겠습니까?"

이사가 말했다.

"저는 상채上蔡의 평민이었다가 다행히 황제께서 발탁하시어 승상이 되었습니다. 또 저를 통후通侯로 봉封하시어, 자손들도 모두 높은 지위와 많은 봉록을 받게 되었습니다. 황제께서는 국가의 존망存亡과 안위安危를 신臣에게 맡기셨는데, 내가 어찌 그 뜻을 저버릴 수 있다는 말이오! 충신은 죽음을 피하면서 요행을 바라지 않고, 효자는 일부러 고생하면서까지 위험한 상황을 만들지 않으며, 신하는 각자 자기의 직분에 맞는 일을 하는 것이오. 다시는 그런 말을 해서 나로 하여금 죄를 짓게 하지 마시오."

조고가 말했다.

"성인聖人은 하나의 방법만을 고집하지 않고 때에 맞게 변화하며, 현상을 보고 본질을 파악하기에 시작하는 것을 보면 끝을 안다고 들었습니다. 세상의 이치 또한 이러하니, 어찌 고정 불변의 법칙이 있겠습니까! 저는 지금 천하의 권력과 운명이 호해胡亥에게 달려 있음을 알고 있습니다. 승상께서는 어찌 판단이 그리 더디십니까?"

이사가 대답했다.

"진晉나라는 태자太子를 교체했다가 3대에 걸쳐 국가가 불안했고, 제齊나라 환공桓公의 형제들은 왕위를 다투다가 살육殺戮이 벌어졌습니다. 은殷나라 주왕紂王은 친척을 죽이고 간언諫言을 듣지 않아서 국가는 황폐해지고 사직社稷이 위태로워졌습니다. 이 세 가지 경우는, 모두 하늘의 뜻을 거역하여 패가망신敗家亡身한 사례입니다. 나도 이들과 같은 처지에 있는데, 어찌 모반을 꾸밀 수 있겠습니까?"

조고가 말했다.

"상하上下가 마음이 같으면 오래 갈 수 있고, 안과 밖이 일치하면 겉과 속이 다르지 않습니다. 승상께서 저의 계책을 따라주신다면, 오래도록 봉후封侯를 유지하고 대대로 왕후王侯로 칭해질 것입니다. 또한 신선神仙처럼 장수하실 것이고, 공자孔子와 묵자墨子의 지혜를 지니게 될 것입니다. 그런데 만약 따르지 않으시면, 재앙이 자손에까지 미쳐 통탄할 일이 생길 것입니다. 현명한 사람은 화禍를 복福으로 바꿉니다. 승상께서는 어찌하시렵니까?"

이사는 하늘을 우러러 탄식하고 눈물을 흘리며 말했다.

"아! 어지러운 세상을 만나 진작 죽지 못했으니 이 목숨을 어디에 맡긴다는 말인가!"

이리하여 이사는 조고의 계책을 받아들였다.

조고는 이 사실을 호해에게 보고했다.

"신은 공자公子의 명을 받들어 승상에게 이를 전하였는데, 승상도 감히 거역하지 못했습니다."

조고가 이사를 유혹하는 것은 쉽지 않았다. 진시황의 유언을 어기고 호혜를 태자로 옹립하는 것을 이사는 완강하게 거부한다. 그러나 조고는 이사의 약점을 건드린다. 그것은 이사의 권력욕과 물욕物慾이다. 자신의 손에 쥔 재물과 권력을 잃어버릴 수 있고, 자손들도 화禍를 입을 수 있다는 말에 이사는 무너지고 만다.

모략의 시작 : 부소扶蘇를 자살하게 하다

이리하여 세 사람은, 진시황이 승상에게 조서를 내린 것으로 꾸며 호해를 태자로 삼았다. 그리고 부소에게 보낼 편지를 날조하여 다음과 같이 썼다.

"짐이 천하를 순시巡視하며 명산名山의 여러 신들에게 장수하게 해 달라고 기도했다. 지금 부소扶蘇는 장군 몽염蒙恬과 함께 수십만 대군을 거느리고 변경에 주둔한 지 10여 년이 지났으나, 진격하여 전공戰功을 세우지도 못하고 수많은 병력만 소모했다. 그런데도 수차례 글을 올려, 내가 하는 일에 대해 직언直言하고 비방했으며, 궁궐로 돌아와 태자가 되지 못한 것을 밤낮으로 원망했다. 부소는 아들 된 자로 불효不孝를 저질렀으니, 내가 내린 칼로 자결하라! 장군 몽염은 부소와 함께 변방을 지키면서 부소의 행동을 바로잡지 못했으니, 지모智謀가 어떠한지 알 수 있다. 몽염은 신하된 자로 불충不忠했으니 죽음을 내리노라. 몽염의 군대는 비장裨將 왕리王離에게 맡겨라."

편지를 봉하고 황제의 옥새를 찍은 뒤, 호해의 빈객을 보내 부소에게 전하게 했다. 사신이 도착하여 부소가 편지를 뜯어보고는, 눈물을 흘리며 내실內室로 들어가 자살하려고 했다. 몽염은 부소를 말리면서 말했다.

"폐하는 도성을 떠나 계시고 아직 태자를 책봉하지 않으셨습니다. 또한 저로 하여금 30만 대군을 지휘하여 변방을 지키게 하셨으며, 공자公子에게 군대를 감독하게 하셨으니, 이 일은 천하의 막중한 임무입니다. 이런 상황에서, 사신 한 사람이 왔다고 바로 자살을 하신다는 말입니까? 그것이 속임수가 아님을 어찌 장담할 수 있겠습니까? 다시 폐하께 간청하시기를 바라옵니다. 그런 다음에 죽어도 늦지 않습니다."

사신은 여러 차례 자살할 것을 독촉했다. 부소는 사람됨이 어진지라 몽염에게 이렇게 말했다.

"아버지께서 자식에게 죽음을 내리셨는데, 어찌 다시 간청할 수 있겠습니까?"

말을 마치고 부소는 바로 자살했다. 하지만 몽염은 자살하려고 하지 않아, 사신은 몽염을 관리에게 넘기고 양주陽周 지역에 감금하게 했다.

갱유坑儒의 도화선이 되었던 노생盧生이란 사람은 연燕나라 출신의 방사方士다. 진시황이 한창 불노장생不老長生의 약을 찾고 있을 때, 그는 바다로 파견되었다가 돌아와서, 진나라를 망하게 할 사람이 "호胡"라고 예언했다. 이에 진시황은 장군 몽염蒙恬으로 하여금 군사 30만 명을 거느리고 북쪽 오랑캐(호胡는 오랑캐의 의미가 있음)를 공격하게 하여 하남河南지역을 점령했고 몽염을 그곳에 주둔하게 했다. 진시황이 노생盧生의 일로 갱유坑儒를 결정했을 때, 부소扶蘇가 이를 반대했다. 이 일로 화가 난 진시황은 부소扶蘇를 몽염의 군대로 보내, 몽염의 군대를 감독하게 했다. 이렇게 해서 몽염과 부소는 함께 있게 된 것이다. 그런데 진나라를 망하게 한 근본 요인은, 오랑캐(호胡)가 아니라 호해胡亥였다.

호해胡亥의 등극登極과 피의 숙청

사신이 돌아와 보고하자, 호해와 이사 그리고 조고는 매우 기뻐했다. 그들은 함양으로 돌아와 진시황의 장례를 치렀고, 태자 호해는 2세 황제로 즉위했다. 조고는 낭중령郎中令(황제의 측근에서 궁궐을 보위하는 관리)이 되어, 늘 황제를 모시며 권력을 장악하기 시작했다. 2세 황제는 한가할 때마다 조고를 불러 함께 의논했다. 2세 황제가 말했다.

"사람이 이 세상에 산다는 것은, 여섯 마리 준마가 끄는 빠른 수레를 타고 좁은 구멍을 스쳐 지나가는 것과 같습니다. 나는 이미 천하에 군림했습니다. 그러니 눈과 귀로 즐거움을 마음껏 누리며, 종묘를 안정시키고 백성을 즐겁게 하면서, 오래도록 천하를 소유하다가 천수天壽를 마치고 싶습니다. 이것이 가능하겠소?"

조고가 말했다.

"이것은 현명한 군주만이 할 수 있으며, 어리석은 군주에게는 금지해야 하는 것입니다. 신은 처형을 두려워하지 않고 한 말씀 올리고자 하오니, 폐하께서는 유념해주시기 바라옵니다. 사구沙丘에서 승상과 제가 모의 했던 것을, 여러 공자公子들과 대신들이 의심하고 있습니다. 공자들은 모두 폐하의 형님들이시고, 대신들도 선제先帝께서 등용한 사람들입니다. 지금 폐하께서 즉위하신 후, 이들은 못마땅하게 여기며 복종하지 않고 있으니, 신은 반란이라도 일어날까 두렵습니다. 몽염은 이미 죽었지만, 그의 동생 몽의蒙毅는 군대를 거느리고 변방에 주둔하고 있습니다. 신은 이것이 매우 걱정되옵니다. 상황이 이러한데 폐하께서 어찌 그러한 즐거움을 누리실 수 있겠습니까?"

2세 황제가 말했다. "이 일을 어찌하면 좋겠소?"

조고가 말했다.

"법 집행을 엄격하게 하고 형벌을 가혹하게 시행하여, 죄를 지으면 관련자를 함께 처단하고 일가족까지 잡아들이게 하십시오. 대신들을 없애고 친족을 멀리 하시고, 가난한 자를 부자가 되게 하고 비천한 자들을 귀貴하게 쓰십시오. 선제의 옛 신하들을 모두 제거하시고, 폐하께서 믿는 사람으로 교체하십시오. 이렇게 하면 음덕陰德이 폐하께 돌아가게 되니, 해로움은 제거되고 사악한 논의는 막힐 것입니다. 신하들은 폐하의 은덕恩德을 입지 않은 자가 없게 되니, 폐하께서는 편안한 마음으로 마음껏 즐기실 수 있을 것입니다. 그러니 이보다 더 좋은 계책은 없습니다."

2세 황제는 조고의 말이 옳다고 여겨 법률을 바꾸었다. 여러 신하들과 공자公子들 중에 죄를 지은 자가 있으면, 2세 황제는 그때마다 조고를 보내 조사하도록 했다. 이런 과정에서 몽의蒙毅 등은 죽임을 당했고, 12명의 공자公子가 저잣거리에서 처형당했으며, 10명의 공주公主도 사지四肢가 찢겨 죽었다. 그들의 재산은 모두 관청에 몰수되었고, 연좌連坐되어 처벌받은 사람은 이루 다 헤아릴 수 없었다.

이사가 호해를 독재자로 만들다

법령과 형벌이 날로 가혹해지자, 신하들 중에 위험을 느껴 모반하려는 자가 많아졌다. 또한 2세 황제는 아방궁阿房宮을 지었고, 대로大路와 황제의 전용도로를 건설하느라 세금을 점점 많이 거두었으며, 노역勞役과 병력 징발이 그치지 않았다. 이런 상황에서 초楚 땅의 수비병인 진승陳勝과 오광吳廣 등이 반란을 일으켜 산동山東지역에서 봉기蜂起했는데, 이에 여러 사람들이 떨쳐 일어나 스스로를 제후諸侯나 왕王이라 칭하며 진나라를 모반했다. 한때, 반란군이 홍문鴻門까지 진격했다가 퇴각했다. 이사는 수차례 틈을 보아 간언하려 했으나, 2세 황제는 이를 허락하지 않았으며 오히려 이사를 질책했다.

"짐도 할 말이 있소. 한비자는 '요堯임금이 천하를 소유하셨을 때에 마루의 높이는 3자(尺)를 넘지 않게 했고, 서까래에는 문양文樣을 새겨 넣지 않았으며, 억새풀로 만든 지붕도 수리하지 않았으니, 나그네의 숙소도 이보다 더 초라하지는 않았다. 겨울에는 사슴 가죽옷을 걸치고 여름에는 칡베 옷을 입었으며, 기장과 현미밥, 명아주와 콩잎으로 끓인 국을 질그릇에 담아 먹었으니 문지기의 생활도 이보다 나을 것이다. 우禹임금은 용문산龍門山을 뚫어, 대하大夏까지 통하게 하여 아홉 개의 하천을 잇고, 아홉 구비에 제방을 쌓아, 물길을 터 바다로 흘러가게 했다. 이러면서 다리에 잔털이 다 닳았으며, 손발에는 굳은살이 박이고 얼굴은 새까맣게 그을렸다. 그러다 결국 객지에서 죽어 회계산會稽山에 묻혔으니, 포로들의 노동도 이보다 더 참혹하지 않았다'라고 했습니다. 그런데 천하를 소유했으면서, 어찌 여인숙에 머물며 문지기의 음식을 먹고 노예의 일을 할 수 있겠소? 이는 못난 사람이 할 일이지 현자賢者가 할 일은 아니오. 현명한 사람이 천하를 소유하면 오직 천하를 자기에게 맞추게 할 뿐이니, 이것이 바로 천하를 소유한 사람이 존귀해지는 이유입니다. 현명한 사람은 천하를 안정시키고 백성을 다스려야 하거늘, 그 몸이 고달프고 편안하지 않다면 어찌 능히 천하를 다스릴 수 있겠소. 그러므로 짐은 내가 하고 싶은 것을 맘껏 하면서, 오래도록 천하를 소유한 기쁨을 누리고자 하니, 어떻게 하면 되겠소?"

이사의 아들 이유李由는 삼천군三川郡의 군수郡守였는데, 오광吳廣의 도적떼가 서쪽지역을 약탈하며 지나갈 때 그들을 막지 못했다. 이러한 이유 때문에 조정에서 삼천 군수를 조사하는 사신들이 잇달아 내려왔다. 그리고 대신들은 어찌 도적을 이렇게 내버려 두었냐고 이사를 나무랐다. 이사는 자신의 누리고 있는 신분과 녹봉祿俸이 어떻게 되지 않을까 두려워했지만 어떤 방법을 써야 할지 몰랐다. 그래서 2세 황제에게 아부하여 용서를 받을 생각으로, 글을 올려 2세 황제의 질문에 답했다.

"현명한 군주는 신하를 질책할 수 있는 사람입니다. 군주가 신하의 책임을 질책하게 되면, 신하는 능력을 다 바쳐 군주를 따릅니다. 이렇게 되면, 신하와 군주의 위치가 정해지고 상하上下의 역할이 명확해져서, 천하의 모든 사람들이 온 힘을 다해 군주를 따르지 않을 수 없게 됩니다. 이런 까닭에 군주는 혼자 천하를 다스릴 뿐 어떤 통제도 받지 않습니다. 즐거움의 극치를 추구할 수 있어야 진정 현명한 군주이니, 어찌 그렇게 되는 방법을 생각하지 않을 수 있겠습니까! 신불해申不害는 '천하를 소유하고도 마음대로 하지 못하면, 천하는 족쇄가 되는 것이다'라고 했습니다. 군주가 자기 마음대로 하지 못하는 이유는, 바로 신하를 질책하지 못하기 때문입니다. 요堯임금과 우禹임금처럼 그저 백성만을 위해 자신을 고달프게 한 것은 족쇄로 비유할 수 있습니다. 신불해나 한비자의 학술을 배웠다면, 신하를 질책하면서 천하를 자신에게 맞추게 할 수 있을 것입니다. 자신을 고달프게 하는 것은, 평범한 백성들이나 하는 일이지 천하를 소유한 자의 일은 아닙니다. 그렇게 해서 어찌 존귀함을 얻겠습니까! 남들이 나를 따르면 내가 귀貴해지고 그들은 천淺해집니다. 반대로 내가 남을 따르면 내가 천해지고 그들이 귀해집니다. 그러므로 남을 따르는 자는 천하게 되고, 남들이 나를 따르게 하면 귀하게 되는 이치는 옛날이나 지금이나 변함이 없습니다. 현자賢者를 존중하는 것은 그가 귀하기 때문이며, 어리석은 자를 싫어하는 것은 그가 비천하기 때문입니다. 요堯와 순舜은 천하 백성을 위해 자신의 몸을 바친 사람들인데, 그들을 존경하게 되면 현자를 존경하는 진정한 이유가 사라지게 되니 이는 큰 잘못입니다. 그러니 그들을 빗대어 족쇄라고 한 것은 당연한 것입니다. 그렇게 된 것은 신하들을 질책하지 못했기 때문입니다.

한비자韓非子는, 자애로운 어머니에게는 집안을 망치는 아들이 생기지만, 엄격한 집에는 방자한 하인이 없다고 했습니다. 왜 그렇겠습니까? 잘못을 저지르면 반드시 벌을 주기 때문입니다. 옛날 진나라 상군商君이 만든 법에는 길에 재를 버리면 형벌을 내렸습니다. 재를 버리는 것은 가벼운 죄이지만, 형벌은 무겁게 내렸습니다. 현명한 군주만이 가벼운 죄도 엄하게 질책할 수 있습니다. 가벼운 죄도 엄하게 처벌하는데 하물며 큰 죄는 어떠하겠습니까? 그러므로 백성들은 감히 죄를 짓지 않았습니다. 한비자는 또 자그마한 비단을 보면 평범한 사람들은 가져가지만, 100일鎰의 황금이 떨어져 있으면 도둑들조차 가져가지 않는다고 했습니다. 이렇게 된 것은, 평범한 사람들이 자그마한 이득을 탐해서 그런 것도 아니며, 도둑이 욕심이 적어서도 아닙니다. 또한 도둑이 100일鎰의 황금을 가볍게 여겨서 그런 것은 더욱 아닙니다. 가져가면 반드시 형벌을 받기 때문에 도둑이 훔쳐가지 않은 것뿐입니다. 형벌을 내리지 않으면, 평범한 사람들은 하찮은 물건도 가져갑니다. 성벽의 높이가 낮아도 힘 센 장사壯士도 함부로 뛰어넘지 않습니다. 반면 태산의 높이는 백 길(인仞)이나 되는데, 절름발이 목동도 그 위에 올라 양을 칩니다. 장사가 낮은 성벽을 어려워하고, 절름발이 목동이 태산을 가볍게 보기 때문에 그렇겠습니까? 이는 그 높이의 형세가 다르기 때문입니다. 현명한 군주가 존귀한 자리에서 강한 권력을 장악하고, 천하의 이득을 독차지 할 수 있었던 것은, 다른 이유가 있어서가 아닙니다. 혼자 결단하고 질책할 일을 살펴 반드시 엄한 벌을 내렸기 때문에, 천하 백성들이 감히 죄를 짓지 못한 것입니다. 지금 처벌에 힘쓰지 않고, 자애로운 어머니가 아들을 망치는 것을 본받으려고 하는 것은, 성인의 말씀을 제대로 이해하지 못했기 때문입니다. 성인聖人의 말씀을 실행하지 못하면, 질책하는 권한을 버려두고 도리어 천하 사람들에게 부림을 당하게 될 것이니, 어찌 애석한 일이 아니겠습니까?

검소하고 절약하면서 인의仁義를 중시하는 사람이 조정에 있으면, 화려한 음악이 중단됩니다. 이치를 따지며 간언하는 신하가 곁에 있으면, 마음껏 즐기려는 마음이 사라집니다. 절개를 지키는 열사烈士의 행동이 세상에 드러나면, 넘치는 즐거움은 없어집니다. 때문에 훌륭한 군주는 이 세 부류의 사람을 멀리하고, 오직 통치수단을 장악하여 신하를 다스렸습니다. 이 때문에 군주의 몸은 존귀해지고 권세는 무거워진 것입니다. 현명한 군주는 풍속을 장악하여, 자신이 싫어하는 것을 없애고 좋아하는 것을 세웁니다. 그러므로 살아서는 존귀해져 막중한 권세를 누리고, 죽어서는 현명하다는 칭송을 받게 됩니다. 현명한 군주는 홀로 결단하니 권력이 신하에게 가지 않습니다. 그런 다음에야 인의仁義의 길을 없애고, 직언直言하는 입을 막으며, 열사烈士의 행동을 차단할 수 있어서, 눈을 막고 귀를 닫아도 혼자 보고 들을 수 있습니다. 이렇게 되면 밖으로는 인의지사仁義之士와 열사烈士에게 마음이 기울어지지 않으며, 안으로는 간언하는 신하의 언변言辯에 마음을 뺏기지 않을 것입니다. 때문에 거리낌 없이 마음대로 행동해도 감히 거역하지 못하게 됩니다. 이렇게 할 수 있다면, 신불해와 한비자의 통치 기술을 밝게 이해하고, 상군商君의 법을 이해했다고 할 수 있습니다. 통치 기술을 익혔는데도 천하가 어지러워진 경우는 아직 없습니다. 왕도王道는 간략하여 행하기 쉽다고 했습니다. 현명한 군자는 능히 그 방법을 행할 수 있고 신하를 빈틈없이 질책할 수 있어서, 신하들은 사악한 마음을 먹지 못하고 천하가 안정되며 군주의 권위가 높아집니다. 군주의 권위가 높아지면 질책의 효력이 드러나고, 질책의 효력이 드러나면 원하는 것을 얻게 되고, 원하는 것을 얻게 되면 나라가 부유해지고, 나라가 부유해지면 군주의 즐거움은 넘쳐납니다. 그러므로 신하를 질책하는 방법을 장악하면, 원하는 것을 모두 얻을 수 있습니다. 신하와 백성들이 자신의 잘못을 벗어나는 일에만 온통 정신을 집중할 것이니, 그들이 어찌 반란을 꾀할 수 있겠습니까? 이렇게 되면 황제의 도道가 갖추어질 것이니, 진정 군신君臣 관계를 명확하게 정립할 수 있습니다. 그렇게만 된다면, 비록 신불해와 한비자가 다시 태어난다고 해도 이보다 뛰어나지는 않을 것입니다."

이 글이 올라가자, 2세 황제는 기뻐했다. 이리하여 신하를 질책하는 것이 더욱 엄격해졌고, 백성에게 세금을 가혹하게 거두는 자가 유능한 관리로 대접받았다. 2세 황제가 말했다.

"이 정도면 질책을 잘한다고 할 수 있도다."

길에 다니는 사람들 중 반 정도가 형벌을 받은 사람이고, 사형을 당한 사람들이 매일 저잣거리에 쌓였으며, 사람을 많이 죽인 자가 충신이 되었다. 2세 황제가 말했다.

"이 정도면 질책을 잘한다고 할 수 있도다."

이사는 온갖 감언이설甘言利說로 군주의 권위를 높여주고 그의 눈과 귀를 멀게 했다. 또한 자만심과 욕망을 부추기고 향락을 탐닉하게 하며 권력을 휘두르는 재미에 빠지게 했다. 군주가 권력을 향유할수록 국정國政은 등한시하게 되어, 간신들은 국정을 맘껏 주무르며 자신들의 이권을 챙긴다. 이렇게 되면 그 고통은 모두 백성의 몫으로 돌아간다.

조고의 정치 농간

조고가 낭중령郎中令이 된 이후, 사람을 죽이거나 사적인 원수를 갚는 일이 많았다. 그래서 조고는 대신들이 이 일로 자신을 헐뜯을까 두려워 2세 황제에게 이렇게 말했다.

"천자天子가 존귀한 이유는, 신하들이 단지 천자의 목소리만 들을 수 있고 그 얼굴을 볼 수 없기 때문입니다. 그래서 천자는 스스로를 '짐朕(원래는 눈에 잘 드러나지 않는 조짐兆朕이라는 의미)'이라고 칭하는 것입니다. 폐하께서는 젊으셔서 국정國政을 두루 알지 못하십니다. 지금 조정에 국사國事를 처리하실 때, 만약 타당하지 않은 처사를 보이시면 대신들은 이것을 약점으로 잡으려 할 것입니다. 이는 폐하의 현명하심을 드러내는 방법이 아닙니다. 폐하께서는 궁궐 깊숙이 들어가셔서 편안히 계십시오. 그러면 법法에 익숙한 신臣과 시중侍中(황제를 시중드는 관리) 등이 안건이 올라오면 상의하여 결정하겠습니다. 이렇게 하면 대신들은 감히 의심스러운 안건을 아뢰지 못할 것이며, 천하 백성들은 폐하를 훌륭한 군주라고 칭송할 것입니다."

2세 황제는 이 계책을 수용하여, 조정에서 대신들을 접견하지 않았고 궁궐 깊숙이 머물렀다. 조고는 항상 황제를 곁에서 모시면서 권력을 장악했고 모든 일이 조고에 의해 결정되었다.

2세 황제는 이제 자신만의 궁궐에 갇혀 국정을 돌보지 않게 된다. 황제와의 소통창구는 측근들이 모두 장악하게 되면서 '문고리 권력'이 탄생한다. 측근의 호가호위狐假虎威와 국정 농단은 이렇게 시작된다.

측근들의 권력 다툼:
조고가 이사를 함정에 빠뜨리다

조고는 이사가 이 일에 대해 간언하려 한다는 말을 듣고 이사를 만나서 이렇게 말했다.

"함곡관函谷關 동쪽에 도적떼가 많이 일어나고 있는데도 지금 황제께서는 백성을 동원하여 아방궁을 짓고, 개나 말馬 등 쓸모없는 것들을 모으고 계십니다. 신이 이 일로 간언하려고 해도 직위職位가 낮습니다. 이는 실로 승상의 일이거늘 승상께서는 어찌 간언하지 않으십니까?"

이사가 말했다.

"정말 그러하오. 제가 진작부터 말씀드리려고 했습니다. 그런데 지금 폐하께서는 조정에 나오지 않으시고 궁궐 깊숙이 머물고 계시니, 올릴 말씀이 있어도 전할 수가 없고, 알현하려고 해도 기회가 없었소."

조고가 말했다.

"승상께서 간언하시겠다고 하니, 제가 승상을 위해서 폐하가 언제 한가하신지를 알려드리겠습니다."

조고는 2세 황제가 막 연회를 즐기며 미녀들을 앞에 두고 있을 때를 기다렸다가, 사람을 보내 승상 이사에게 폐하께서 지금 한가하시니 말씀을 올릴 수 있다고 전했다. 이사가 궁문宮門에 이르러 세 번이나 2세 황제에게 알현하기를 청했다. 2세 황제는 화를 내면서 말했다.

"짐이 평소 한가한 때는 오지 않더니, 오랜만에 연회를 즐기려고 하면 승상이 번번이 와서 주청을 하는 구려. 승상이 짐을 어리다고 우습게 보는 것이 아니오?"

조고가 말했다.

"그렇게 말씀하시면 위험하십니다. 사구沙丘에서 모의했을 때 승상도 우리와 함께했습니다. 지금 폐하께서는 황제가 되셨지만, 승상의 지위는 더 높아지지 않았습니다. 그래서 승상은 영토를 나누어 가져 왕이 되려고 합니다. 또한 폐하께서 묻지 않아 신이 감히 말씀드리지 못한 일이 있습니다. 승상의 아들 이유李由는 삼천군三川郡의 군수郡守입니다. 그런데 초나라 도적인 진승陳勝 일당은 모두 승상의 고향에 살던 사람들입니다. 그래서 도적들이 공공연히 돌아다니며 삼천三川을 지나가도, 군수는 성만 지킬 뿐 나가서 물리치지 않았습니다. 신은 그들 사이에 문서가 오갔다고 들었지만, 아직 증거를 찾지 못해 감히 말씀드리지 못했습니다. 게다가 승상은 궁궐 밖에 있을 때는 그 권세가 폐하보다 무겁습니다."

2세 황제는 맞는 말이라고 여기고 승상을 심문하려고 했으나 증거가 확실하지 않았다. 그래서 사람을 시켜 삼천 군수가 도적과 내통한 정황을 조사하게 했다. 이사가 이 소식을 들었다. 이때 2세 황제는 감천궁甘泉宮에 있으면서 공연이나 연극을 관람하며 지냈다. 이사는 황제를 알현할 수가 없자, 글을 올려 조고를 비방했다.

"신하가 임금을 의심하면 나라가 위태로워지고, 아내가 남편을 의심하면 집안이 위태로워진다고 합니다. 지금 폐하 곁에는 국정을 자기 맘대로 결정하는 신하가 있사온데, 그의 권위가 폐하와 같으니 이는 매우 위험한 일입니다. 옛날 자한子罕이 송宋나라의 재상이 된 후, 사적私的으로 형벌을 집행하여 위세를 과시하더니, 마침내 1년 만에 임금의 자리를 빼앗았습니다. 또 제齊나라의 대신 전상田常은 간공簡公의 신하였는데, 높은 작위를 갖고 있었고 집안의 재물이 제나라 공실公室과 맞먹었습니다. 그것으로 은덕恩德을 베풀어, 아래로는 민심을 얻고 위로는 여러 신하들을 끌어들여 은밀하게 제나라를 탈취하기 시작했습니다. 그는 결국 간공簡公을 시해하고 제나라를 차지했습니다. 이 일은 천하에 널리 알려진 일입니다. 지금 조고가 사악한 생각을 품고 나라를 위태롭게 하며 국정國政을 어지럽히는 행동을 하는 것이, 마치 자한子罕이

송宋나라 재상을 할 때와 같습니다. 또 자신의 재력을 축적하는 것도 전상田常이 제나라에서 했던 행동과 같습니다. 조고는 자한과 전상처럼 삐뚤어진 도道를 행하면서 폐하의 위신威信을 훼손하고 있으니, 이는 한기韓玘가 한韓나라의 재상으로 있을 때와 상황이 같사옵니다. 폐하께서 이에 대처하지 않으시면, 그가 반란을 일으킬까 두렵습니다."

2세 황제가 말했다.

"무슨 말씀이오. 조고는 본래 환관이오. 그는 제멋대로 자신의 뜻을 펼치거나 마음을 바꾸지 않는 사람이오. 그가 충심을 보여주어 승진했고, 신의를 지키며 직분을 수행하고 있기에, 짐은 그를 현명하다 여기고 있는데, 그대가 그를 의심하는 이유가 무엇이오? 또한 짐은 어려서 선친先親을 잃어, 아는 것은 없고 백성을 다스리는 것도 익숙하지 못하오. 그러니 짐이 조고에게 국사國事를 맡기지 않는다면 누구에게 맡겨야 한다는 말이오! 게다가 조고는 사람됨이 청렴하고 부지런하며, 아래로는 민심을 알고 위로는 짐의 뜻을 헤아리고 있소. 그러하니 그대는 의심하지 마시오."

이사가 말했다.

"그렇지 않습니다. 조고는 미천한 사람으로, 이치는 밝지 않은데 탐욕은 끝이 없어 이익을 챙기는 것이 멈추지 않습니다. 조고의 권세가 폐하의 다음인데도 욕망이 끝이 없기 때문에, 제가 위험한 자라고 말씀드린 것입니다."

2세 황제는 조고를 신임하고 있었기 때문에 이사가 조고를 죽일까 걱정했다. 그래서 조고에게 이 사실을 알려주었다. 조고가 말했다.

"승상이 꺼리는 사람은 오직 저 조고뿐입니다. 제가 죽으면 승상은 전상田常이 했던 행동을 할 것입니다."

이 말을 듣고, 2세 황제는 "이사를 낭중령郎中令에게 넘겨 조사하라"고 명命했다.

호해를 황제로 만든 것은 조고이기 때문에 2세 황제는 조고를 신뢰한다. 또한 황제와 신하들의 소통 창구를 조고가 장악했기 때문에 이사가 어떠한 이야기를 해도 황제는 이사를 믿지 않는다. 만약 2세 황제가 여러 신하들과 다양하게 접촉했다면 그렇게 고립되지는 않았을 것이다.

조고가 이사를 죽이다

조고가 이사의 죄를 심문했다. 이사는 감옥에 갇히자 하늘을 우러러 탄식하며 말했다.

"아아 슬프구나! 어리석은 군주가 무엇을 헤아리겠는가! 옛날 하夏나라 걸왕桀王은 관용봉關龍逢을 죽였고, 은殷나라 주왕紂王은 왕자王子 비간比干을 죽였으며, 오왕吳王 부차夫差는 오자서伍子胥를 죽였다. 이 세 신하가 어찌 충성을 바치지 않았겠는가! 그런데도 죽음을 면치 못했던 이유는, 저 세 군왕君王은 목숨을 바치면서까지 충성을 다할 군주가 아니었기 때문이다. 지금 나의 지혜는 저 충신들보다 못하고, 2세 황제의 무도無道함이 걸왕桀王, 주왕紂王, 부차夫差보다 더 하니, 내가 충성을 바쳤지만 죽게 된 것은 당연한 일이다. 장차 2세 황제의 다스림이 어찌 혼란스럽지 않겠는가! 이전에 그는 형제들을 죽이고 황제에 올라, 충신을 죽이고 미천한 자를 귀하게 등용했으며, 아방궁을 짓느라 온 천하에 세금을 거두었다. 이 문제로 내가 간언하려 했지만 내 말을 들어주지 않았다. 옛날 훌륭한 군주들은 식사할 때에도 예절을 지켰고, 수레와 기물을 사용할 때도 정해진 숫자를 따랐으며, 궁실에도 법도가 있었다. 이 때문에 오래도록 안정되게 다스릴 수 있었다. 2세 황제는 지금 형제의 도道에 어긋난 일을 하고도 그 잘못을 돌아보지 않고, 충신을 죽이면서도 그에 따른 재앙을 생각하지 못한다. 또 궁실을 크게 짓기 위해 백성들에게 세금을 많이 거두면서도 그 비용을 아껴 쓰지 않는다. 이 세 가지가 이미 행해지고 있어 천하의 백성들은 그에게 복종하지 않을 것이다. 지금 반역을 꿈꾸는 자가 천하 백성의 반이나 되는데도, 황제는 이를 깨닫지 못한 채 조고의 말만 믿고 있으니, 이제 도적들이 함양에까지 쳐들어와 고라니와 사슴이 조정에서 뛰노는 꼴을 반드시 보게 되리라."

2세 황제는 조고에게 이사의 죄를 처리하도록 했다. 또한 이사와 아들 이유李由에게 모반謀反의 죄를 물어 그 일족과 빈객들을 모조리 잡아들였다. 조고가 이사를 심문하면서 천여 차례나 매질하고 고문하자, 이사는 고통을 이기지 못하고 허위로 자백했다. 이사는 자신이 죽지 않을 것이라 생각했다. 그 이유는 자신은 변론辯論에 뛰어나고 또 그간 세운 공적功績이 적지 않으며, 실제 모반하려는 마음이 없기 때문이다. 그래서 글을 올려 사정을 잘 말하면 2세 황제가 사실을 깨닫고 자신을 사면해 주리라고 생각했다. 이에 이사는 옥중에서 글을 올렸다.

"신이 승상이 되어 백성을 다스린 지 30년이 넘었습니다. 선왕先王 때에는 진나라의 영토가 사방 천 리를 넘지 않았고, 병력도 10만에 불과했습니다. 신은 변변치 못한 재능을 발휘하여 법령을 받들었고, 몰래 지략이 있는 신하를 파견하여 제후들을 설득하게 했습니다. 또 군비軍備를 갖추고 정치와 교화의 기틀을 다졌으며, 장수에게는 벼슬을 주고 공신功臣에게는 직위와 봉록을 높여 주었습니다. 그리하여 마침내 6국을 통합하여 진秦나라를 천자天子로 세웠습니다. 이것이 저의 첫 번째 죄입니다. 영토가 넓지 않은 것도 아니었지만, 북쪽으로 가서 호胡와 맥貉을 쫓아냈고, 남쪽으로 가서 백월百越을 평정하여 진나라의 강성함을 보여주었습니다. 이것이 저의 두 번째 죄입니다. 대신들을 존중하여 그들의 직위와 봉록을 높여주어 군신君臣 간의 친밀함을 공고히 했습니다. 이것이 저의 세 번째 죄입니다. 사직社稷을 세우고 종묘宗廟를 수리하여 황제의 현명함을 밝힌 것이 저의 네 번째 죄입니다. 문물제도와 도량형度量衡을 개정하여 천하에 공표함으로써 진나라의 명성을 세운 것이 저의 다섯 번째 죄입니다. 도로를 정비하고 지방 순시의 제도를 만들어 황제가 득의양양得意揚揚할 수 있게 한 것이 여섯 번째 죄입니다. 형벌을 완화하고 세금을 덜어주어 황제가 민심을 얻도록 하였으며, 만백성이 황제를 받들다가 죽어도 그 은혜를 잊지 않도록 한 것이 일곱 번째 죄입니다. 제가 신하가 되어 진작 죽어도 마땅한 죄를 지었으나, 폐하께서 다행히 저의 능력을 발휘하게 하시어 오늘에까지 이르게 되었습니다. 원컨대 폐하께서 이를 굽어 살펴주시기 바라옵니다."

표면적으로는 자신의 죄를 기술하고 있지만, 속으로는 자신의 공적을 과시하는 표현이다. 이는 당시 진나라 사람들의 화법이다.

이 글이 올라가자, 조고는 관리를 시켜 이를 폐기하고 황제에게 전달되지 못하게 했다. 그러면서 "죄인이 어찌 글을 올린단 말인가!"라고 했다. 조고는 자신의 식객 10여 명을 어사御史, 알자謁者, 시중侍中이라고 속이고 교대로 이사를 심문하게 했다. 이사가 죄를 인정하다가 어느 순간 태도를 바꿔 사실을 말하면 그때마다 사람을 시켜 매질하게 했다. 나중에 2세 황제가 사람을 시켜 이사를 심문하게 했다. 이사는 예전처럼 사실을 말하려고 했으나 결국 말을 번복하지 않고 죄를 시인했다. 이 사실이 황제에게 보고되자, 2세 황제는 기뻐하며 "조고가 아니었으면 승상에게 속을 뻔했구나"라고 했다. 삼천 군수 이유李由의 죄를 심문하러 파견된 관리가 도착했지만, 이유는 이미 반란군 항량項梁에게 죽임을 당한 뒤였다. 사신이 삼천에서 돌아오자, 이사는 형리刑吏에게 넘겨졌고, 조고는 이사의 모반죄 보고서를 허위로 날조했다.

2세 황제 2년 7월에, 이사에게 오형五刑(얼굴에 먹물을 치는 경형黥刑, 코를 베는 의형劓刑, 다리를 절단하는 비형剕刑, 생식기를 도려내는 궁형宮刑, 머리는 쪼개는 대벽형大辟刑)을 내린 뒤 함양의 저잣거리에서 허리를 자르도록 했다. 이사가 감옥에서 나올 때, 둘째 아들과 함께 묶였는데 그 아들을 돌아보며 말했다.

"내가 너와 함께 누런 개를 끌고 상채上蔡의 동문東門으로 나가 토끼 사냥을 하고 싶었는데, 그렇게 할 수 없게 되었구나."

마침내 부자父子는 서로 울음을 터뜨렸고, 이사의 삼족三族(부모, 형제, 처자)이 모두 사형을 당했다.

호해와 조고의 말로末路

이사가 죽자 2세 황제는 조고를 중승상中丞相으로 임명하여, 크고 작은 모든 일을 조고가 결정하도록 했다. 조고는 자신의 권력이 막강하다는 것을 알고, 2세 황제에게 사슴을 바치면서 말馬이라고 했다. 2세 황제가 좌우의 신하들에게 사슴이 아니냐고 물었다. 하지만 좌우의 신하들은 모두 말馬이라고 대답했다(지록위마指鹿爲馬). 2세 황제는 깜짝 놀라 스스로 정신이 이상해진 것이라 여겼다. 그래서 태복太卜(점술을 관장하는 관리)을 불러 점을 치게 했다. 태복이 말했다.

"폐하께서 봄과 가을에 제사를 지내시고 종묘의 조상을 받드실 때, 몸과 마음을 깨끗하게 재계齋戒하지 않아 생긴 일입니다. 성덕盛德을 쌓고 재계를 분명히 하시옵소서."

이리하여 2세 황제는 상림원上林苑(황제의 사냥터)에 들어가 재계했다. 2세 황제는 날마다 사냥을 했는데, 지나가던 어떤 사람이 상림원에 들어갔다가 2세 황제가 쏜 화살에 맞아 죽었다. 조고는 자신의 사위를 시켜 누군가 사람을 죽여 상림원에 버려 놓았다고 폭로하게 했다. 그런 다음 조고는 2세 황제에게 말했다.

"천자께서 아무 이유 없이 죄 없는 사람을 죽였으니, 이는 하늘에서 금禁하는 것이옵니다. 이제 귀신은 제사를 받지 않을 것이며 하늘도 재앙을 내릴 것이니, 궁궐을 벗어나 먼 곳으로 가셔서 재난을 피할 수 있도록 제사를 지내셔야 합니다."

그리하여 2세 황제는 망이궁望夷宮으로 나가 살았다. 사흘 뒤에 조고는 위병들에게 명하여 모두 흰 옷을 입고 무장한 채 궁 안으로 들어가게 했다. 그런 다음 2세 황제에게 "산동山東의 도적떼가 몰려오고 있습니다"라고 아뢰게 했다. 2세 황제가 높은 곳에서 바라보고는 겁에 질렸다. 조고는 2세 황제를 위협하여 자살하게 했다. 2세 황제가 죽은 후, 조고는 옥새를 꺼내 허리에 찼지만, 좌우 관리들 중 어느 누구도 그를 따르지 않았다. 조고가 황제의 자리에 올랐는데 궁전이 세 번이나 무너지려고 했다. 조고는 하늘이 자신을 돕지 않고 신하들도 동조하지 않음을 알고, 진시황秦始皇의 동생 자영子嬰을 불러 옥새를 주었다. 자영子嬰이 즉위했지만 조고를 두려워하여 병을 핑계대고 정사政事를 돌보지 않았다. 그리고 환관인 한담韓談과 그의 아들들과 함께 조고를 죽일 계획을 세웠다. 조고가 황제가 된 자영子嬰을 문병問病하러 왔을 때, 자영子嬰은 조고를 들어오게 하고 한담韓談을 시켜 조고를 찔러 죽였으며 그의 3족族을 멸했다.

자영이 즉위한 지 석 달 만에 유방劉邦의 군대가 무관武關을 거쳐 함양에 들어왔다. 여러 대신들은 모두 자영을 배반하고 유방에게 저항하지 않았다. 자영과 그의 처자妻子는 스스로 목에 밧줄을 매어 지도軹道 부근에서 항복했다. 유방은 자영을 관리에게 넘겼으나, 나중에 항우가 와서 그의 목을 베었고 마침내 진나라는 멸망했다.

사마천은 말한다.

"이사李斯는 천한 신분으로, 여러 제후국을 거쳐 진나라에 들어가 권력자를 섬겼으며, 기회를 얻어 진시황을 보좌하여 천하를 통일했다. 이사가 삼공三公이 되었으니 존귀하게 되었다고 할 것이다. 이사는 육경六經의 핵심을 알면서도, 정치를 밝히고 황제의 결점을 바로 잡는 일에 힘쓰지 않았다. 그는 높은 지위에 있으면서, 황제에게 아부하고 구차하게 영합하며, 권력을 높이고 형벌을 가혹하게 했다. 또한 조고의 사악한 말을 듣고, 적자嫡子를 폐하고 서자庶子를 즉위하게 했다. 제후국들이 이미 배반한 뒤에야 이사는 간언하여 바로잡으려 했으니 너무 늦었다. 사람들은 모두들 이사가 충심을 다했는데도 오형五刑을 받아 죽었다고 여기지만, 그 근본을 살펴보면 세속의 여론과는 다르다. 이사가 그렇게 행동하지 않았다면, 그의 공功은 주공周公이나 소공召公과 같은 반열이었을 것이다."

호해를 황제로 세우는 일의 결정권은 이사에게 있었다. 호해는 황제가 될 마음이 없었고, 조고 또한 그런 호해를 황제로 만들 능력이 없었다. 이사는 승상이라는 직위에 있었기 때문에, 조고는 이사의 동의 없이 일을 성사시킬 수 없었다. 이사만 허락하지 않았다면 호해의 마음도 흔들리지 않았을 것이며, 편지를 위조하여 부소와 몽염을 죽음에 이르게 하지도 않았을 것이다. 그렇다면 이사는 왜 조고의 제안을 받아들인 것일까? 그것은 이사의 욕심 때문이다. 이사는 진시황의 책사로 천하를 통일하는데 기틀을 마련했고, 그 공로를 인정받아 통일된 진나라의 명실상부한 넘버2가 되었다. 하지만 부소가 황제가 된다면 자신과 자손들이 부富와 권력을 잃을 수 있다는 두려움이 있었고, 조고는 이 점을 파고들어 결국 이사의 승낙을 받아냈다.

이사는 출세에 대한 욕망이 지대했다. 변소의 쥐는 사람을 두려워하고 창고의 쥐는 그렇지 않은 것은, 그들이 처한 환경과는 관련이 없을 수 있다. 그런데도 이사가 그것을 환경의 좋고 나쁨으로 본 것은 분명 이사의 욕망이 투영된 것이다. 이런 이사의 욕망은 그를 진취적으로 만들었다. 이사는 출세하기 위해 열심히 노력했고, 결국 진시황이 천하통일을 이루도록 도왔으며, 자신도 부와 권력을 거머쥐었다. 하지만 이사의 욕망은 만족함을 알지 못했다. 승상이 되었을 때, 그는 순자荀子의 말을 떠올리며 더 가지려고 하는 욕망을 경계하려고 했지만, 한번 내달린 욕망의 전차는 멈출 줄을 몰랐다. 결국 가진 것을 잃을까 두려워 조고와 모의했고 그 결과 오형五刑을 받고 삼족三族이 멸하게 되었다. 만족함을 알고 더 가지려는 욕망을 포기했다면, 이사의 비참한 최후는 막을 수 있었을 것이다.

청탁금지법이 제정되기 이전, 필자는 지인이나 제자들에게 이런 저런 선물을 받곤 했다. 특히 술을 받으면, 지인과의 모임에 들고 가서 마셨다. 문제는 그것이 두 병 세 병 쌓이다 보면 쉽게 나눠 먹지 못하게 된다는 것이다. 더 가지고 싶은 욕망이 발동하는 시점이다. 선물이 들어올 때마다 자주 비워버리지 않으면 점차 쌓아 놓는 즐거움에 젖어들게 된다. 가진 사람이 더 가지려는 욕망은, 없는 사람이 가지려는 욕망의 몇 배 이상이다. 하물며 가진 사람이 그것을 잃게 된다는 것은, 그들에게는 일종의 공포가 아닐 수 없다. 그래서 "있는 놈이 더 한다"는 말이 있다. 가진 자를 비난하는 것이 아니다. 어느 누구도 가진 자가 되면 그렇게 될 수밖에 없다. 비우는 습관 없이 채우려고만 한다면, 삶의 다양한 영역에서 우리는 이사가 받았던 유혹을 뿌리칠 수 없게 될 것이다.

淮陰侯列傳

제12장

분위기 파악의 중요성

— 회음후열전

들어가며

대학시절, 내가 다니던 대학 야구팀이 라이벌 대학과 동대문운동장에서 시합이 있었다. 수업을 마치고 갔던 터라, 운동장에 도착했을 때는 경기가 한참 진행되고 있었다. 관중석에 막 들어섰을 때, 우리 대학 선수가 홈런을 쳤다. 공이 담장을 넘는 순간, 나는 두 팔을 벌려 환호했다. 그런데 이게 웬일인가? 다른 관중들은 아무도 환호하지 않았고 모두 나를 분노의 눈으로 쳐다보았다. 그곳은 라이벌 대학의 관중석이었던 것이다. 나는 생명의 위협을 느껴 몰래 도망치듯 빠져나왔다. 경기가 과열되어 종종 패싸움도 하던 시절이었다. 수천 명이 있는 적진에서, 팔을 들고 환호하던 그때를 생각하면 지금도 오싹하다.

돌잔치와 장례식을 같은 날 참석해야 한다면, 돌잔치에 가서는 웃고 장례식장에서는 울어야 한다. 이것을 거꾸로 하는 바보는 없을 것이다. 마찬가지로 상황에 따라 우리의 복장, 얼굴, 행동, 마음가짐 역시 수시로 변화를 주어야 한다. 더운 여름에는 땀을 흘려 체온을 낮추고, 추운 겨울에는 몸을 움츠려 체온을 유지하는 것도 같은 이치다. 상황에 맞춰 요구되는 행동을 하지 않으면 우리의 생존은 위협을 받는다.

〈회음후열전〉은 회음후淮陰侯 한신韓信의 이야기다. 젊은 시절 그는 동네 불량배의 가랑이를 기어가는 치욕을 참을 줄도 알았고, 적진의 장수를 스승으로 모시는 도량도 있었으며, 변화되는 전쟁 상황에 맞춰 전투를 승리하는 법도 알았다. 또 유방 휘하의 최고의 장수로 한나라

건립에 혁혁한 공을 세웠다. 하지만 이런 한신이 반란을 일으키려다가 목이 베어 죽임을 당했다. 가슴에 수많은 훈장을 달고 국가 최고 원로의 대우를 받아야 했던 그가 왜 이런 참담한 최후를 맞이해야 했을까? 그것은 변화되는 분위기를 파악하지 못했기 때문이다.

밥을 빌어먹던 겁쟁이

회음후淮陰侯 한신韓信은 회음淮陰 사람이다. 젊을 때는 가난한데다 특출한 재능도 없어, 누군가의 추천을 받아 관리가 되지 못했다. 그렇다고 장사를 할 줄도 몰라 늘 남에게 얻어먹었으니, 사람들은 그를 싫어했다. 일찍이 어떤 지역의 정장亭長에게 여러 번 밥을 얻어먹었는데, 그렇게 몇 달을 지내니 정장의 아내 역시 한신을 싫어했다. 그래서 그들은 새벽에 자기들끼리 침상에서 밥을 먹었고, 식사시간이 되어도 한신에게 밥을 차려주지 않았다. 한신이 그들의 의도를 알고 화를 내며 떠났다. 한신이 성城 아래에서 낚시를 하고 있었는데, 여러 여인들이 그곳에서 빨래를 하고 있었다. 그중 어떤 여인이 한신이 굶주리고 있는 것을 알고 밥을 주었다. 한신이 그 여인에게 말했다.

"이 은혜는 내가 반드시 크게 갚겠습니다."

여인이 화를 내며 말했다.

"대장부가 스스로 끼니도 해결하지 못해 내가 그대에게 밥을 준 것이오. 그러니 어찌 보답을 바라겠소."

그 지역에 한신을 무시하는 젊은 백정 한 명이 있었다. 그가 한신에게 말했다.

"너는 키가 크고 칼 차고 다니는 걸 좋아하지만 사실 겁쟁이일 뿐이다."

그러면서 다른 사람들과 함께 모욕을 주며 말했다.

"사람을 죽일 수 있다면 나를 찔러 봐라. 죽일 수 없으면 내 가랑이 사이로 지나가 보아라."

한신은 한참동안 쳐다보더니, 몸을 구부려 가랑이 밑으로 기어갔다. 저잣거리의 사람들은 모두 한신을 비웃으며 겁쟁이라고 여겼다.

과하지욕袴下之辱(가랑이 밑을 기어가는 치욕)이라는 말이 여기에서 나온다. 큰일을 하기 위해 작은 치욕을 참는다는 뜻이다.

소하蕭何의 추천으로 대장군이 되다

진秦나라 말기, 항우項羽와 유방劉邦이 패권을 다투던 때에, 항우의 작은 아버지인 항양項梁이 회수淮水를 건너오자, 한신은 칼을 잡고 그를 따랐다. 하지만 그의 휘하麾下에서 이름을 날리지는 못했다. 항양項梁이 전쟁에 패하자, 한신은 이번에는 항우項羽의 군대를 따랐다. 항우는 한신을 낭중郎中(경호업무를 담당하는 관리)에 임명했다. 한신은 여러 번 항우에게 계책을 올렸으나, 항우는 받아들이지 않았다. 그러던 중 유방劉邦의 군대가 촉蜀 지역에 들어오자, 한신은 항우의 군대에서 도망쳐 유방의 군대로 귀순했다. 하지만 그곳에서도 능력을 인정받지 못하고 연오連敖(빈객을 접대하는 관리)라는 직책을 받았을 뿐이다. 어느 날, 한신은 법을 어겨 참형斬刑을 당하게 되었다. 같은 무리 13명이 모두 목이 베어진 후, 한신 차례가 되었다. 한신은 고개를 들어 하늘을 보다가 장군 하후영夏侯嬰을 보고 말했다.

"한왕漢王(유방)께서는 천하를 얻고 싶지 않으십니까? 어찌 장사壯士를 죽이려고 하십니까!"

하우영夏侯嬰은 그 말을 기이하게 여긴데다 그의 용모도 장하여 죽이지 않고 풀어주었다. 하우영은 한신과 이야기를 나누고는 크게 기뻐하여, 유방에게 그를 추천 했다. 유방은 한신을 치속도위治粟都尉(군량을 담당하는 군관)로 임명했지만, 아직 뛰어난 인물이라 여기지는 않았다. 그런데 유방의 승상丞相인 소하蕭何가 한신과 몇 차례 대화를 나누고는 한신이 뛰어난 인물이라 여겼다. 유방의 군대가 어느 지역으로 이동할 때, 수십 명의 장수가 도망치는 일이 있었다. 이때 한신도 그들과 함께 도망쳤다. 왜냐하면 소하가 여러 차례 자신을 유방에게 추천했지만, 유방이 자신을 쓰지 않는다고 생각했기 때문이다. 소하는 한신이 도망쳤다는 말을 듣고, 유방에게 보고도 하지 않고 한신을 쫓아갔다. 어떤 이가 소하가 도망쳤다고 유방에게 아뢰었다. 유방은 마치 수족手足을 잃은 것처럼 크게 화를 냈다. 하루 이틀이 지난 뒤, 소하가 돌아와 유방을 알현했

 다. 유방은 화가 났지만 기쁜 마음에 소하를 이렇게 꾸짖었다.

"그대는 어찌하여 달아났소?"

"신이 도망친 것이 아니라 도망친 자를 쫓았을 뿐입니다."

"그대가 쫓은 자가 누구인가?"

"한신입니다."

"도망친 장수가 수십 명인데, 그들을 쫓지 않고 한신을 쫓아갔다니 어찌 그 말을 믿을 수 있겠소."

"다른 장수들이야 쉽게 얻을 수 있지만, 한신과 같은 사람은 둘도 없는 인물입니다. 대왕께서 만약 한중漢中 지역에서만 왕이 되시려 한다면 한신을 쓸 필요는 없습니다. 하지만 천하를 얻고자 하신다면, 한신 말고는 대왕의 대업을 함께 이룰 사람은 없습니다. 대왕께서 깊이 헤아려주시기 바랍니다."

"나는 동쪽으로 가서 천하를 취取할 것이오. 어찌 답답하게 이곳 한중漢中에 오래 머무르겠소."

"왕께서 천하를 얻으려 하신다면 한신을 크게 쓰십시오. 그러면 한신은 대왕 곁에 머무를 것입니다. 그러나 한신을 쓰지 않으시면 그는 또 달아날 것입니다."

"그대의 생각이 그러하다면 한신을 장수로 삼겠소."

"장수로 삼는다고 해도 한신은 떠날 것입니다."

"그렇다면 대장大將으로 삼겠소."

"참으로 다행한 일입니다."

유방이 한신을 불러 임명하려고 하자, 소하가 이렇게 말했다.

"대왕께서는 평소 무례無禮하시어, 어린아이를 부르듯이 대장을 임명하려 하십니다. 이렇기 때문에 한신이 떠난 것입니다. 대왕께서 그를 대장으로 임명하시려거든, 좋은 날을 골라 목욕재계沐浴齋戒 하시고 단壇을 설치하여 예식을 갖추어야 할 것입니다."

유방이 이를 허락했다. 대장을 임명한다는 소식에 여러 장수들이 모두 기뻐하며, 서로 자신이 대장이 될 것이라 생각했다. 그런데 한신을 대장으로 임명하니 모두가 놀랐다.

한신은 그릇이 큰 사람이었으나 자신을 알아봐주는 사람이 없어 이곳 저곳을 옮겨 다녔다. 한신의 능력을 알아 본 소하는, 격을 갖춰 한신을 대장군으로 임명하도록 유방에게 권유했다. 소하가 없었다면 한신은 한낱 이름 없는 병사로 남았을 것이다.

유방에게 천하를 얻을 계책을 바치다

한신을 장군으로 임명하는 예식을 마치자 유방이 말했다.

"소하가 여러 번 장군의 이야기를 했소. 장군은 어떤 계책을 과인에게 가르쳐 주시겠소?"

한신이 감사를 표하고 유방에게 말했다.

"지금 대왕께서 천하를 두고 경쟁하는 상대는 항왕項王이 아니겠습니까?"

"그렇소."

"대왕께서 스스로 생각하시기에, 용감하고 사납고 어질고 굳셈에 있어서 항우와 비교하여 누가 더 낫습니까?"

유방이 말없이 한참을 있다가 말했다.

"내가 항우만 못하오."

한신이 두 번 절하고 예를 표하며 말했다.

"저도 그렇게 생각합니다. 그런데 신臣이 일찍이 그를 섬겨보았기에 항우의 사람됨을 말씀드려 보겠습니다. 항우가 화를 내며 큰 소리로 꾸짖으면, 천 명이 모두 엎드립니다. 하지만 장수를 믿고 병권兵權을 맡기지 못하니, 이는 필부匹夫의 용기일 따름입니다. 항우가 사람을 대할 때는 공경을 다하고 자애로우며 말투도 부드럽습니다. 아픈 사람이 있으면 눈물을 흘리며 음식을 나누어줍니다. 그러나 공功을 세운 사람에게 상賞을 줄 때에는 머뭇거리며 명命을 내리지 못합니다. 그러니 이는 아녀자의 인仁일 뿐입니다. 항우가 천하의 패자霸者가 되어 여러 제후들을 신하로 삼았지만, 관중關中 지역에 머물지 않고 팽성彭城에 도읍했습니다. 또 초나라 의제義帝와의 약속을 저버리고, 개인적인 친분으로 왕王을 임명하여 제후들이 불평했습니다. 제후들은 항우가 의제義帝를 강남江南으로 쫓아 낸 것을 보고, 모두 자기 나라로 돌아가서 자신들의 임금을 쫓아내고 좋은 땅을 차지하여 왕이 되었습니다. 항우의 군대가 지나간 곳마다 학살과 파괴를 자행하니, 백성들은 그를 믿지 않고 원망하면서도 단지 그의 위세에 고개를 숙일 뿐입니다. 항우가 패자霸者라고 말하지만 사실은 천하의 인심을 잃었습니다. 그렇기 때문에 그의 강함은 쉽게 무너집니다.

지금 대왕께서는 항우와는 반대로, 용맹한 자들을 믿고 맡기신다면 멸滅하지 못할 곳이 어디 있겠으며, 공功을 세운 신하에게 땅을 하사하신다면 복종하지 않을 신하가 어디 있겠습니까? 삼진三秦 지역의 세 명의 왕은(진秦나라에서 항우에게 투항한 장함章邯, 사마흔司馬欣, 동예董翳) 원래 진秦나라의 장수였습니다. 그들은 진나라의 자제子弟들을 거느렸지만, 그들 중 죽은 사람이 헤아릴 수 없을 정도입니다. 그러면서도 휘하의 병사들을 속여 항우에게 항복했는데, 항우는 항복한 병졸 20여만 명을 구덩이에 묻어 죽였습니다. 이때 오직 저 세 명의 왕만이 죽지 않았습니다. 그래서 진나라의 부모들은 이 세 사람들을 골수骨髓에 사무치도록 원망하고 있습니다. 지금 항우는 이 세 사람을 왕으로 삼았지만, 진나라 백성들 가운데 이들을 좋아하는 사람은 없습니다.

그런데 대왕께서는 무관武關에 진입하셨어도 터럭만큼도 진秦나라 백성들을 해치는 일이 없었으며, 진나라의 가혹한 법을 없애고, 진나라 백성들에게 삼장三章의 법(살인, 상해, 도둑질을 금하는 법)만을 두겠다고 약속하셨습니다. 그래서 진나라 백성들 가운데 대왕께서 진나라의 왕이 되는 것을 바라지 않는 자가 없습니다. 먼저 관중關中으로 진격한 자가 왕이 될 것이라고 제후들끼리 약속했으니, 대왕이 마땅히 관중의 왕이 되셔야 합니다. 관중의 백성들도 이 사실을 알고 있습니다. 대왕께서 얻어야 할 왕의 자리를 얻지 못하고 한중漢中으로 이동하자, 관중關中의 백성들 가운데 안타까워하지 않는 이가 없습니다. 이제 대왕께서 군사를 이끌고 동쪽으로 쳐들어가신다면, 저 삼진三秦의 땅은 쉽게 평정될 것입니다."

이 말을 듣고, 유방은 매우 기뻐하면서 한신을 너무 늦게 얻었다고 생각했다. 마침내 그의 계책을 따르기로 하고, 여러 장수들이 해야 할 임무와 역할을 정했다.

진秦나라가 천하를 통일하고 12년째 되던 해(B.C.209), 산동山東 지역의 진승陳勝과 오광吳廣이 반란을 일으켰다. 이들은 모두 초나라 평민출신으로 옛 초나라의 영광을 회복한다는 기치를 내걸었고, 진秦의 과중한 노역勞役과 법치法治에 시달렸던 백성들이 진秦의 관리를 살해하고 반란에 동참하면서 규모가 커졌다. 이런 상황에서 각 지방의 과거 권력자들도 모두 반란에 참여하여 반진反秦의 기치를 내걸었다. 그중 초나라에서 일어난 사람이 항우와 유방이다. 이들 초나라 장수들은 전국시대 말 진나라에 억류되었다가 죽은 초나라 회왕懷王의 손자를 옹립하여 회왕懷王이라고 칭했다. 회왕懷王은 진나라에 대한 원한을 격발시킬 수 있는 상징적인 인물이었다. 회왕은 여러 장수들을 모아놓고, 가장 먼저 진나라의 수도 함양咸陽에 진격하는 장수를 진秦의 본거지인 관중關中 지역의 왕王(제후의 개념)으로 삼겠다고 공언했다. 당시 조趙나라 지역의 반란군이 진나라 군사에게 공격당하고 있어서, 회왕은 상장군上將軍 송의宋義와 차장군次將軍 항우를 파견하여 구원하도록 했으나, 항우가 송의를 죽이고 병사를 통솔했다. 이 틈을 타서 유방이 먼저 함양咸陽에 입성入城했고, 당시 황제였던 자영子嬰의 항복을 받아내면서 진나라는 멸망하게 된다(B.C.206). 유방은 함양咸陽에 입성하여, 진나라의 궁전과 창고를 봉쇄하여 보존하고, 진나라 백성을 안정시키기 위해 진나라의 법을 모두 폐지하고, 살해殺害와 상해傷害에 관련된 기본적인 법만을 남겨두었다. 이때 하북河北지역을 평정했던 항우가, 유방이 먼저 함양을 접수했다는 소식을 듣고 대노大怒했다. 그리고 급히 40만 대군을 이끌고 함양까지 진격하여 진나라 궁실을 불태웠으며, 황제 자영子嬰을 죽이고 진나라 병사들을 살상殺傷했다. 당시 모든 실권을 갖고 있던 항우는 함양 근처의 홍문鴻門에서 유방을 초대하여 죽이려 했지만 결국 죽이지 못했다. 항우는 회왕懷王을 의제義帝로 옹립하고, 자신을 서초패왕西楚霸王이라고 칭했다. 그리고 이전에 회왕이 했던 약속과는 다르게 관중關中 지역의 땅을, 진秦나라에서 항복한 세 명의 장수들에게 주었고, 유방에게는 한중漢中 지역(산시성陝西省의 남서쪽으로 한강漢江 북쪽의 땅. 사천四川과 호북湖北에 이르는 요충지要衝地)을 주었다.

전공戰功을 올리는 한신

8월, 유방은 군대를 일으켜 삼진三秦 지역을 평정했다. 한漢나라 2년(B,C.205년), 유방이 위魏나라와 하남河 지역을 수복하자, 한왕韓王과 은왕殷王이 모두 항복했다. 그리고 제齊, 조趙의 군대와 연합하여 항우를 공격했다. 4월에 팽성彭城에 이르렀지만, 유방의 군대는 패하여 흩어졌다. 이때 한신이 다시 병사를 모아 유방과 형양滎陽에서 합류하여, 항우의 군대를 경京과 삭索 지역에서 격파했다. 이리하여 항우의 군대는 더 이상 서쪽으로 진격할 수 없었다.

유방의 군대가 팽성에서 패하여 물러났을 때, 사마흔司馬欣과 동예董翳가 유방에게서 도망쳐 항우에게 항복했다. 제齊와 조趙 역시 유방을 배신하고 항우와 화친했다. 6월, 위왕魏王이 유방을 알현하고 부모의 문병을 핑계로 귀향했다가, 위왕魏王 마저도 유방을 배신하고 항우에게로 갔다. 8월, 한신이 위魏나라를 공격했다. 위왕魏王이 수비를 강화하고 임진臨晉의 수로를 막았다. 한신은 대규모 군사가 배로 임진臨晉에서 황하를 건너는 것처럼 위장하고, 군사로 하여금 몰래 나무로 만든 통에 의

지하여 강을 건너게 하여 안읍安邑을 습격했다. 위왕은 깜짝 놀라 군사를 이끌고 한신을 맞아 싸웠지만, 한신이 마침내 위왕을 사로잡아 위나라를 평정했다. 유방은 한신으로 하여금 동북쪽으로 가서 조趙나라와 대代나라를 치게 했다. 9월, 그들은 대代나라 군대를 격파하고 재상인 하열夏說을 사로잡았다. 한신이 위魏나라를 함락하고 대代나라를 격파하자, 유방은 한신으로 하여금 형양滎陽으로 가서 항우의 군대를 막게 했다.

스스로를 서초패왕西楚霸王이라고 칭한 항우는, 총 18명의 장수들에게 땅을 배분하여 그들이 제후가 되어 다스리도록 했다. 하지만 땅을 배분함에 있어 불공평하다고 여긴 제후들은 반란을 일으키며 항우에 대항했는데, 항우는 그때마다 이들을 제압했다. 이런 상황에서 각 지역 제후들은 자신들의 이불리利不利를 따져, 항우나 유방에게 붙으면서 이합집산이 일어나게 된다. 항우와 유방은, 이들 제후들을 무력으로 진압하여 복종시키거나 설득을 통해 회유하면서 자신의 세勢를 불려나갔다. 각 지역 제후들이 모두 항우에게 투항할 때, 한신이 전투력을 발휘하여 그들을 모두 제압했다. 이때 한신이 아니었다면 유방은 항우에게 맞서기 어려웠다.

지략을 써서 조나라를 치다

한신은 동쪽으로 진격하여 정형井陘에서 내려와 조나라를 치려고 했다. 조왕趙王과 성안군成安君은 유방의 군대가 습격한다는 소식을 듣고, 군사를 정형井陘 어귀에 집결시키고 그 수가 20만 명이라고 소문을 냈다. 이좌거李左車가 성안군成安君에게 말했다.

"들리는 바로는 한신이 위왕魏王과 하열夏說을 사로잡고, 연여閼與 지역을 피로 물들게 했다고 합니다. 이런 상황에서 저들의 예봉을 꺾기는 어렵습니다. 천리 밖으로 군량미를 보내면, 운송이 어려워 병사들이 굶주리게 됩니다. 더욱이 매 끼니마다 땔나무를 하고 풀을 베야 밥을 할 수 있으니, 군사들은 배불리 먹지 못합니다. 그런데 지금 정형은 길이 좁아 수레가 다니지 못하고 기병騎兵도 지나갈 수 없습니다. 이렇게 되면 군대의 행렬이 수백 리에 걸쳐 길게 늘어서 있어야 하니, 이런 상황이라면 군량미는 분명 후미後尾에 있을 것입니다. 원컨대 저에게 날랜 병사 3만 명을 내어주신다면, 지름길로 가서 그들의 군량미 수송을 끊어놓겠습니다. 주군主君께서는 물길을 깊이 파고 보루堡壘를 높이 쌓아 진영을 굳게 지키고 맞서 싸우지 마십시오. 그렇게 하면 저들은 앞으로 나아가 싸울 수도 없고 뒤로 물러나 돌아갈 수도 없습니다. 이때 우리 기습 병사들이 저들의 후방을 차단하면, 열흘도 되지 않아 저들 두 장수의 머리를 바칠 수 있을 것입니다. 주군께서는 신의 계책을 유념해 주십시오. 이렇게 하지 않으면 우리들은 저들에게 사로잡히는 신세가 될 것입니다."

성안군이 말했다.

"병법兵法에는 아군의 수가 적군의 열 배가 되면 포위하고, 두 배가 되면 싸우라고 했소. 지금 한신의 병력이 수만 명이라고는 하지만, 실제로는 수천에 지나지 않소. 게다가 천리 먼 곳에서 와서 우리를 치는 것이니, 저들은 이미 매우 지쳤을 것이오. 지금 이러한 적을 피하기만 하고 치지 않는다면, 나중에 대군이 쳐들어올 때 어떻게 싸우겠소? 그대가 말한 대로 하면 제후들이 우리를 비겁하다 여길 것이오."

결국 성안군은 이좌거의 계책을 받아들이지 않았다.

한신이 첩자를 보내 조나라를 염탐하게 하여, 이좌거의 계책이 받아들여지지 않았다는 사실을 알게 되었다. 한신은 매우 기뻐하며 군대를 이끌고 나아가, 정형 어구에서 30리 떨어진 곳에서 군대를 주둔시켰다. 밤중에 군령軍令을 내려 날랜 기병 2천 명을 선발하여, 각각 붉은 깃발 한 개씩을 들고 지름길로 산속에 숨어들어가, 조나라의 군대를 관찰하게 했다. 한신이 말했다.

"조나라 군대는 내가 달아나는 것을 보면, 분명 보루堡壘를 비워놓고 나를 쫓아올 것이다. 그때 너희들은 재빨리 보루堡壘로 들어가, 조나라 깃발을 뽑아버리고 한나라의 붉은 깃발을 세워라."

한신은 부하 장수에게 명하여 간단한 음식을 병사들에게 나누어 주도록 했다. 그리고 이렇게 말했다.

"오늘 조나라를 격파하고 모여서 잔치를 벌이자."

여러 장수들은 아무도 그 말을 믿지 않았지만, 거짓으로 "예. 알겠습니다"라고 말했다.

한신은 군리軍吏들에게 말했다.

"조나라 군대는 우리보다 먼저 유리한 곳을 골라 보루堡壘를 쌓았으니, 우리 대장의 깃발을 보기 전에는 나와서 싸우려 하지 않을 것이다. 왜냐하면 우리가 좁고 험난한 곳에 이르면 퇴각할까 우려하기 때문이다."

한신은 만 명을 먼저 보내, 정형 어귀에서 배수진背水陣을 치게 했다. 조나라 군대가 이것을 보고 크게 비웃었다. 새벽이 되자, 한신이 대장의 깃발을 세우고 북을 치며 행군하여 정형 입구로 다가갔다. 조나라 군대도 보루堡壘를 열고 나와 공격하여 오랫동안 격렬하게 싸웠다. 한신은 거짓으로 대장의 깃발과 북을 버리고, 강가의 진영陣營으로 달아났다. 강가의 진영에서는 문을 열어 그들을 들어오게 하여 다시 치열하게 싸웠다. 조나라 군대는 과연 보루堡壘를 비워놓고, 한나라의 깃발과 북을 빼앗으려고 한신을 뒤쫓았다. 한신이 강가의 진영으로 들어간 후, 한나라 군대는 필사적으로 싸워 물러나지 않았다. 한신이 앞서 보냈던 기습 병사 2천 명은, 조나라 군대가 보루堡壘를 비우고 나오는 틈을 노렸다가 바로 보루堡壘 안으로 달려갔다. 그리고 조나라 깃발을 다 뽑아버리고, 한나라의 붉은 깃발 2천 개를 세워놓았다. 강가에서 싸우던 조나라 군대는 전투에 이기지도 못하고 한신을 사로잡을 수도 없어 보루堡壘로 돌아가려고 했다. 그러나 보루堡壘에는 한나라의 붉은 깃발만 세워져 있어 크게 놀랐다. 조나라 군사들은 한신의 군대가 이미 조왕趙王과 장수들을 다 사로잡았다 생각하고 혼란에 빠져 달아났다. 조나라 장군들은 병사들이 도망가지 못하도록 달아나는 자들을 베어 죽였지만, 도망가는 것을 막을 수는 없었다. 이때, 한신의 군대가 앞뒤에서 협공하여 조나라 군대를 크게 무찌르고 많은 병사를 사로잡았다. 결국 한신은 성안군의 목을 베고 조왕을 사로잡았다.

적군의 인재를 등용하여 연나라를 손에 넣다

한신이 군중軍中에 명령을 내려 이좌거李左車를 죽이지 말라고 하며, 그를 사로잡는 자에게 천금을 내리겠다고 했다. 그러자 어떤 이가 이좌거를 결박하여 데리고 왔다. 한신이 이좌거의 포승을 풀어주고 그를 스승으로 예우했다. 여러 장수들이 자신들이 벤 적들의 머리와 포로를 바치며 축하한 뒤, 한신에게 물었다.

"병법兵法에는 산과 언덕은 오른쪽이나 뒤에 두고, 강과 연못은 앞이나 왼쪽에 두라고 했습니다. 그런데 오늘 장군께서는 저희에게 배수진背水陣을 치라고 명하시고, 조나라를 깨트리고 잔치를 하자고 하셨습니다. 그때 저희들은 수긍하지 않았습니다. 그런데 결국 우리가 이겼는데, 이것은 무슨 병법입니까?"

한신이 대답했다.

"이것도 병법에 있는 것인데 그대들이 자세히 살펴보지 않았을 뿐이다. '죽을 상황에 놓인 뒤에야 살아나고, 망할 상황에 처한 뒤에야 생존한다'고 병법에 있지 않던가? 내가 거느린 병사들은 평소 제대로 된 훈련을 받지 않았으니, 그야말로 저잣거리의 사람들을 데려와서 전투를 한 것이다. 그들을 사지死地에 놓이게 하여 죽기 살기로 싸우도록 한 것이다. 그렇지 않고 도망갈 수 있는 곳에서 싸우게 했다면, 그들은 모두 달아났을 것이다. 이 방법이 아니면 어찌 그들이 역량을 발휘할 수 있었겠는가!"

여러 장수들이 모두 탄복하며 말했다.

"훌륭하십니다. 장군의 지략은 저희들이 따라갈 수가 없습니다."

한신이 이좌거李左車에게 말했다.

"저는 연燕나라와 제齊나라를 치려고 합니다. 어떻게 하면 성공할 수 있겠습니까?"

이좌거는 사양하며 말했다.

"패敗한 장수는 무용武勇에 대해 말할 수 없고, 망국亡國의 대부大夫는 살기를 바라면 안 된다고 들었습니다. 저는 패망한 나라의 포로이거늘 어찌 대사大事를 논할 수 있겠습니까!"

한신이 말했다.

"백리해百里奚가 우虞나라에 살 땐 우虞나라가 망했지만, 그가 진秦나라에 있을 때에는 진나라가 패자覇者가 되었습니다. 이는 백리해가 우虞나라에서는 어리석었다가 진나라에서는 똑똑해져서 그런 것이 아닙니다. 이는 군주가 그를 등용했는지 안했는지, 그의 계책을 받아들였는지 아닌지에 따라 달라진 것입니다. 만약 성안군成安君이 그대의 계책을 받아들였다면, 저는 오히려 조나라의 포로가 되었을 것입니다. 성안군이 그대를 쓰지 않은 덕분에 제가 그대를 모실 수 있게 된 것입니다."

한신은 간곡하게 부탁하며 말했다.

"제가 마음을 다해 그대의 계책을 따르겠습니다. 부디 사양하지 말아 주십시오."

이좌거가 말했다.

"지혜로운 자도 천 번을 생각하면 한 번 실수할 때가 있고, 어리석은 자도 천 번을 생각하면 한 번은 맞을 수 있다고 했습니다. 그래서 미치광이의 말도 성인聖人은 가려서 듣는다고 했던 것입니다. 신의 계책은 채택될 만한 것은 못되지만, 그래도 미흡하나마 충정衷情을 아뢰겠습니다. 성안군은 백전백승의 계책이 있었지만, 한 번의 실수로 군대는 패하고 자신은 목숨을 잃었습니다. 지금 장군께서는 위왕魏王과 하열夏說을 사로잡았습니다. 또 단번에 정형井陘으로 내려와 하루아침에 조나라

20만 대군을 깨뜨리고, 성안군을 베어 죽였습니다. 그리하여 장군의 이름은 온 나라에 퍼지고 위엄이 천하에 떨쳤습니다. 농부들도 농사일을 버려두고 모두들 장군의 명령이 떨어지기만을 기다리고 있습니다. 이것이 바로 장군의 뛰어난 능력입니다. 그러나 백성들은 고단하고 병졸들은 지쳐 있어, 그들을 다시 전투에 내보내기는 어렵습니다. 그런데 장군께서는 피곤에 지친 군사를 이끌고 연燕나라로 진군하려 하십니다. 전투가 시작되면 단기간에 끝나지는 않을 것이며, 그렇게 되면 아군我軍의 피폐함이 드러나, 기세는 꺾일 것이며 군량미도 바닥날 것입니다. 이렇게 약한 연나라도 함락시키지 못하면, 제나라는 분명 수비만 할 뿐 싸우려 하지 않을 것입니다. 이러다가 연燕과 제齊가 서로 연합하여 항복하지 않는다면, 한왕漢王(유방)과 항우의 전쟁은 승부가 나지 않을 것입니다. 이런 상황은 장군에게 불리합니다. 신의 생각으로는, 연燕과 제齊를 공격하는 것은 좋지 않습니다. 용병에 능한 자는 아군의 단점을 가지고 적군의 장점을 치는 것이 아니라, 아군의 장점을 가지고 적군의 단점을 칩니다."

한신은 그렇다면 어떤 계책을 써야 하냐고 물었다. 이좌거가 대답했다.

"지금은 싸움을 멈추고 군사를 쉬게 하며, 조趙나라의 민심을 안정시키고 전쟁고아들을 어루만지는 것이 최상의 계책입니다. 매일 소를 잡고 술을 내어 잔치를 벌여서 사대부와 군사들을 대접한 뒤 연燕나라로 향하십시오. 언변이 능한 사신으로 하여금 장군의 서신을 받들고 연나라에 가서 우리의 뛰어남을 알리게 하면, 연나라는 복종하지 않을 수 없습니다. 만약 연나라가 복종하면 다시 언변이 능한 사신을 제나라로 보내십시오. 그러면 제나라도 복종할 것입니다. 우리가 이렇게 그들을 대한다면 저들은 어떤 계책도 내기 어려울 것입니다. 용병술에 '소리를 먼저 내고 군사는 뒤에 보낸다(선성후실先聲後實)'는 것이 바로 이것입니다."

한신은 좋다고 말하고 그의 계책을 따랐다. 한신이 사신을 연나라에 보내니 연나라는 바람에 쓰러지듯 복종했다. 한신은 사신을 보내 유방에게 보고하고 조나라를 안정시킬 수 있도록 장이張耳를 조왕趙王으로 봉封할 것을 청했다. 한왕이 이를 허락하여 장이가 조왕趙王이 되었다.

적군이었던 이좌거를 극진히 모시며 가르침을 구하는 한신의 모습이 대단하다. 한 칼에 베어버릴 수 있는 적군이지만 그의 재능을 아끼는 한신의 모습이 잘 드러난다. 적이라는 것은 한때 편을 갈라 대립한 것일 뿐 상황이 바뀌면 아군이 될 수도 있다. 진영이 대립했다고 적을 모두 악惡으로 규정하는 일은 바람직하지 않다.

제齊나라를 함락하다

항우의 군대가 자주 황하를 건너와 조趙나라를 기습했다. 조왕趙王이 된 장이張耳와 한신이 여기저기를 오가면서 조나라를 구원했다. 그 틈에 조나라의 여러 성읍을 평정했으며 병사를 징발하여 유방의 군대로 보냈다. 그러던 중, 항우의 군대가 갑자기 형양滎陽에 있는 유방의 군대를 포위했다. 유방은 남쪽으로 달아나다가 장군 경포黥布를 만나, 성고成皐 지역으로 이동했다. 그러자 항우가 또다시 그곳을 급히 포위했다. 6월에 유방이 성고를 빠져나와, 하후영夏侯嬰만을 데리고 수무修武에 주둔하고 있는 장이張耳에게 몸을 맡기려고 찾아갔다. 유방은 새벽에 조나라 성城 안으로 들어갔다. 장이와 한신은 아직 일어나지 않았는데, 유방이 곧장 그들의 침실로 들어가 장군의 인부印符(장군의 권한을 상징하는 징표)를 빼앗고는, 여러 장군들을 소집하여 그들의 배치를 바꾸어놓았다. 한신과 장이가 일어나 유방이 와 있는 것을 알고 매우 놀랐다. 유방은 두 사람의 군대를 빼앗아 장이에게 명하여 조나라를 지키게 하고, 한신을 상국相國으로 임명했다. 그리고 아직 징발되지 않는 조나라 병사를 모아 제나라를 치게 했다.

유방은 한신의 주군이다. 그러나 유방이 항우에 의해 포위당하여 꼼짝하지 못하고 있을 때, 한신은 승승장구하며 위용을 떨치고 있었다. 그러자 유방이 갑자기 찾아와 한신의 병권을 뺏고 자신이 직접 한신의 군대를 지휘했다. 신하가 주군보다 커지면 주군은 의심한다. 당시 유방은 분명 한신의 세력이 커지는 것에 압박감을 느꼈을 것이다.

한신이 제齊나라를 치려고 군대를 이끌고 평원진平原津을 건너기전에, 유방이 역이기酈食其를 시켜 이미 제나라를 설득하고 항복을 받았다는 소문을 들었다. 한신은 진격을 멈추려고 했다. 이때 괴통蒯通이 한신을 설득했다.

"장군은 한왕漢王의 명을 받고 제齊를 치러 가는데, 한왕이 따로 밀사를 보내어 제나라를 항복시켰습니다. 그런데 장군에게 공격을 그만두라는 한왕의 명령이 있었습니까? 그러니 어찌 진격하지 않을 수 있습니까? 게다가 역이기酈食其는 한낱 말 잘하는 변사辯士입니다. 그런 그가 세 치의 혀를 놀려서 제나라의 항복을 받아 냈습니다. 그러나 장군께서는 수만 명의 병사를 거느리고 일 년 동안 겨우 조나라의 50여 개 성을 함락시켰을 뿐입니다. 장군이 몇 년 동안 쌓은 공功이, 저 보잘것없는 선비보다 못하다는 말씀입니까?"

한신도 그 말이 옳다고 여겨, 그대로 진격하여 평원진平原津을 건넜다. 제나라는 이미 역이기의 말에 설득을 당하여 항복하기로 했다. 때문에 이를 축하하기 위해 연회를 베풀면서 유방의 군대가 쳐들어온다는 생각을 하지 못했다. 한신이 이 틈을 타서 제나라 군대를 습격하고, 수도인 임치臨菑에 이르렀다. 한신의 군대가 쳐들어오자, 제왕齊王은 역이기가 자기를 속였다고 여기고 그를 삶아 죽였다. 그리고 고밀高密로 달아나, 항우에게 사신을 보내 구원을 요청했다. 한신은 제왕齊王을 추격하여 고밀高密 서쪽에 이르렀다. 이때, 초나라의 장수 용저龍且가 20만 대군을 거느리고 제나라를 구원하러 왔다. 제왕齊王은 용저의 군대와 함께 전쟁을 준비했다. 싸움이 벌어지기 전에 어떤 이가 용저에게 이렇게 말했다.

"한신의 군대는 전력을 다해 싸울 것이니 그 예봉을 꺾기 어렵습니다. 제齊와 초楚는 자신들의 땅에서 싸우기 때문에 전세戰勢가 불리하면 병사들이 흩어지기 쉽습니다. 그러니 제왕齊王께서는 성벽을 높게 쌓아 수비하면서, 한신의 군대에게 함락된 제나라의 여러 성城에 사신을 보내, 제왕齊王이 아직 건재하며 초나라의 구원병까지 왔다는 사실을 알리게 하십시오. 그러면 분명 함락된 성의 장수들은 한신을 배반할 것입니다. 한신의 군대는 멀리에서 원정을 나온 것이라, 제나라의 여러 성들이 배반하면 군량이 떨어질 것입니다. 그렇게 되면 싸우지 않고도 항복시킬 수 있을 것입니다"

용저가 말했다.

"내가 평소 한신을 잘 아는데, 그는 상대하기 쉬운 사람이다. 또한 내가 제나라를 구원하러 왔는데 전쟁도 하지 않고 적들을 항복시킨다면 내게 무슨 공이 있겠는가? 지금 싸워서 승리하면 제나라 땅 절반을 얻을 수 있는데, 어찌 이대로 그만두겠는가?"

결국 싸우기로 했다. 용저의 군대는 유수濰水를 사이에 두고 한신과 마주하여 진을 쳤다. 한신이 밤에 병사들을 시켜 만여 개의 자루를 만들고, 자루에 모래를 가득 채워 유수濰水의 상류를 막게 했다. 그리고 군대를 이끌고 반쯤 건너가서 용저를 공격하다가 거짓으로 달아나는 척했다. 용저는 기뻐하며 "내가 진작 한신이 겁쟁이라는 것을 알고 있었다"라고 말했다. 그리고 한신을 뒤쫓아서 유수를 건너가기 시작하였다. 한신이 사람을 시켜 모래자루를 터뜨리게 하니 갑자기 물이 쏟아져내려왔다. 용저의 군사들은 절반도 물을 건너지 못했고, 혼란한 틈을 타서 한신은 급히 용저를 습격하여 죽였다. 용저가 죽자, 유수 동쪽에 있던 용저의 군사들도 흩어져 달아났고 제왕도 도망갔다. 한신은 이들을 뒤쫓아 가서, 성양城陽에 이르러 초나라 군사들을 모두 사로잡았다.

용저가 싸움에 패한 이유는 두 가지다. 적장 한신을 너무 가볍게 봤다는 것이 그 첫째며, 공을 세우려는 마음이 컸다는 것이 그 두 번째다. 싸우지 않고 항복을 받아낸다면, 수많은 병사의 목숨을 살릴 수 있을 것이며 기물器物의 손실도 막을 수 있을 것이다. 그러나 자신의 공을 세우기 위해 용저는 이 모든 것을 희생시키려고 했다. 결국 그는 죽었고 공적도 세울 수 없게 되었다.

한신의 뼈아픈 실수 : 한신이 제왕齊王이 되다

한漢 4년(B.C.203), 한신이 드디어 제나라를 모두 평정했다. 이때, 한신이 유방에게 사신을 보내 이렇게 말했다.

"제나라 사람들은 거짓이 많고 변절을 잘하기 때문에 늘 반란이 많습니다. 게다가 남쪽으로는 초나라와 변경을 맞대고 있어 위험합니다. 그러니 제가 임시로 왕이 되어 그들을 진정시키고자 하오니, 원컨대 신臣을 임시 왕(가왕假王)으로 삼아주시기를 바랍니다."

당시 유방은 항우의 급습을 받아 형양滎陽에서 포위되어 있었다. 이때 한신의 사신이 왔고, 유방이 편지를 열어 보고는 크게 화를 내며 한신을 욕했다.

"나는 지금 곤경에 빠져 있어 구원병을 기다리고 있는 처지인데, 자기는 스스로 왕이 되겠다는 말이더냐?"

장량張良과 진평陳平이 유방의 발을 지그시 밟고는 귓속말로 말했다.

"지금 우리의 처지가 불리하니 한신이 왕이 되는 것을 어찌 막을 수 있겠습니까? 차라리 왕으로 봉封하여 제나라를 지키게 하는 것이 낫습니다. 만약 그렇게 하지 않으면 변란變亂이 일어날 것입니다."

유방도 이 말의 의미를 깨닫고 거짓으로 한신을 꾸짖으며 말했다.

"사내대장부가 제후를 평정했으면 진짜 왕(진왕眞王)이 되어야지, 어찌 임시 왕(가왕假王)이 된다는 말이냐?"

이에 장량을 사신으로 보내 한신을 제왕齊王으로 임명하고, 그곳의 군사를 징발하여 초나라를 치게 했다.

권력의 최고 정점에 이르면 의심이 많아진다. 혹여 아랫사람이 권력에 도전하지 않을까 하는 의심, 특히 권력에 집착하는 사람일수록 그 의심은 더욱 심하다. 이때 권력자의 측근들은 말과 행동을 조심해야 한다. 조금이라도 권력에 대한 야심이 있음을 보여서는 안 된다. 권력자의 측근에서 무고하게 의심을 받아 사라진 사람들이 많다. 그런데 한신은 실제로 의심을 받을만한 행동을 했다. 이때부터 유방의 한신에 대한 신뢰는 점차 흔들리기 시작한다.

토사구팽兎死狗烹을 이해하지 못하다

용저龍且를 잃게 되자 항우도 두려웠다. 그래서 항우는 무섭武涉이란 사람을 한신에게 보내 그를 설득하게 했다. 무섭武涉이 이렇게 말했다.

"천하 사람들이 진秦나라로 인해 고통을 당한 지 오래되어, 서로 힘을 합하여 진나라를 쳤습니다. 진나라가 깨지자 공적을 따져서 땅을 나누어 왕을 봉하였고 병사들을 쉬게 했습니다. 그런데 지금 한왕漢王(유방)이 다시 병사를 일으켜 동쪽으로 진격하여 남의 땅을 침범하여 빼앗았습니다. 한왕漢王은 삼진三秦을 격파하고 함곡관函谷關을 나와, 제후들의 군사들을 병합하여 항왕項王(항우)의 군대를 공격하고 있습니다. 한왕漢王은 천하를 다 차지하지 않으면 전쟁을 멈추지 않으려고 하니, 그는 이처럼 만족할 줄 모릅니다. 또한 한왕漢王은 믿을만한 사람이 아닙니다. 그는 항왕項王의 손아귀에 여러 번 들어갔으나, 항왕項王은 매번 그를 가엾게 여겨 살려주었습니다. 그런데도 위기를 모면하면, 그때마다 약속을 어기고 다시 항왕項王을 공격했습니다. 이처럼 한왕漢王은 믿을 수 없는 사람입니다. 지금 그대는 한왕漢王과 친분이 깊다고 여겨 전력을 다해서 싸웠지만, 결국 그에게 묶인 신세가 되었습니다. 그대가 짧은 시간에 지금의 위치에 오를 수 있었던 것은, 항왕項王이 건재한 덕분입니다. 지금 항왕項王과 한왕漢王의 승패는 그대에게 달려 있습니다. 그대가 오른쪽으로 기울면 한왕漢王이 이길 것이며, 왼쪽으로 기울면 항왕項王이 이길 것입니다. 만약 항왕項王이 망하면 그 다음은 그대의 차례입니다. 그대는 과거에 항왕項王과 교분交分이 있으니, 한왕漢王을 배반하고 항왕項王과 화친을 맺어, 천하를 셋으로 나누어 왕이 되는 것은 어떠합니까? 지금 이 기회를 놓치고, 한왕漢王만을 믿고 항왕項王을 치는 것은 지혜로운 처사가 아닙니다."

한신이 사절하며 말했다.

"신이 예전에 항왕項王을 섬겼지만, 그는 나에게 낮은 벼슬을 주었을 뿐입니다. 또 진언進言해도 들어주지 않았고, 계책을 내도 받아들이지 않았습니다. 그래서 항왕項王을 떠나 한왕漢王에게 갔습니다. 그런데 한왕漢王은 나를 상장군上將軍으로 임명했습니다. 자신의 옷을 벗어 나에게 입혀주었고, 자신의 밥을 주어 나를 먹게 했습니다. 말을 하면 받아들였고 계책을 내면 채택되었습니다. 그리하여 제가 지금의 위치에 오르게 되었던 것입니다. 남이 나를 아끼고 믿어주는데, 내가 그를 배신하는 것은 옳은 일은 아닙니다. 죽어도 내 마음을 바꿀 수는 없습니다. 저를 위해 항왕項王에게 거절의 뜻을 전하여 주십시오."

한신의 세력이 커지니 항우도 두려웠다. 유방과 한신을 갈라놓지 않으면 자신이 위태롭기 때문이다. 무섭武涉이 한신에게 제안한 것은 두 가지다. 먼저 유방의 단점을 지적하며 항우를 따르게 하는 것이 첫 번째다. 두 번째는 한신을 유방에게 떼어내어 따로 왕이 되게 하는 것이다. 그렇게 된다면 유방, 항우, 한신의 삼각구도가 형성되어 견제와 균형을 이룰 수 있기 때문에 당시 유방과 항우의 장기간의 소모적인 전투를 끝낼 수가 있다. 하지만 한신의 유방에 대한 감사의 마음은 뿌리 깊게 자리 잡았다. 그래서 유방을 배반하여 새롭게 군주가 되라는 건의를 받아들이지 않았다.

무섭武涉이 떠난 뒤에, 제나라 사람 괴통蒯通이 한신의 마음을 움직여 보려고 했다. 이에 관상을 본다는 구실로 그를 만나 이렇게 말했다.

"제가 일찍이 관상 보는 법을 배웠습니다."

"선생께선 어떤 방법으로 관상을 보시는지요?"

"사람의 귀천貴賤은 골상骨相을 보면 알고, 근심과 기쁨은 낯빛을 보면 압니다. 또한 성공과 실패는 결단함에 달려 있습니다. 이러한 것을 참고하면 조금도 빗나가는 일이 없습니다."

"훌륭합니다. 선생이 보시기에 저의 관상은 어떠합니까?"

"잠시 시간을 주십시오."

"좌우 신하들은 잠시 물러가 있거라."

"주군의 관상을 보니, 제후에 불과하며 게다가 위태롭고 불안합니다. 하지만 주군의 뒷모습을 보면 고귀高貴하기가 이루 말할 수가 없습니다."

"그게 무슨 뜻이오?"

"천하가 처음 어지러워졌을 때, 영웅호걸들이 저마다 나라를 세워 왕이라고 칭했으며, 크게 한 번 호령하니 천하의 선비들이 구름처럼 몰려들었습니다. 당시의 염원은 오직 진나라를 멸하는 것이었습니다. 그런데 지금 항왕項王과 한왕漢王이 권력을 다투게 되자, 천하 백성들의 시체가 길바닥에 널브러지고 부자父子의 해골이 들판에 나뒹구는 일이 수없이 일어나고 있습니다. 항왕項王은 팽성彭城에서 일어나 싸움을 거듭하여 형양滎陽에 이르렀고, 승세를 타고 각 지역을 석권하니 그 위엄이 천하를 흔들어 놓았습니다. 그러나 그의 군대가 경京과 삭索 지역에서 곤경에 처하더니, 서산西山에 가로막혀 전진할 수 없게 된 것이 벌써 3년이 되었습니다. 한왕漢王은 수십만 대군을 거느리고, 공鞏과 낙洛 지역의 험준한 지형을 방패삼아 하루에도 수차례 전투를 했지만, 자그마한 공功도 세우지 못했습니다. 전투가 패하여 사기士氣는 꺾인 데다 구원병도 오지 않아 결국 완宛과 섭葉 지역으로 달아났습니다. 이것을 일러 지혜는 다하고 용기도 부족하다는 것입니다. 날카로운 기세는 꺾이고 군량은 고갈되었으며, 민생은 파탄 나고 민심은 의지할 곳 없이 흩어지고 있습니다. 신臣이 생각하기에, 성현聖賢이 아니라면 지금의 환란을 멈추게 할 수 없습니다. 지금 한왕漢王과 항왕項王의 운명은 대왕께 달려 있습니다. 대왕이 한왕漢王을 위하면 한왕漢王이 이길 것이며, 항왕項王을 위하면 항왕項王이 이길 것입니다. 신은 진심을 담아 계책을 말씀드리려고 하오나, 대왕께서 이를 받아들이지 않을까 걱정됩니다. 저의 생각으로는, 항왕項王과 한왕漢王으로부터 모두 이득을 얻으면서 천하를 셋으로 나누는 것이 가장 좋은 방법입니다. 천하가 셋으로 나누어지면, 어느 쪽에서도 먼저 군사를 일으키지 못할 것입니다. 대왕께서는 제나라를 근거하여 연燕과 조趙를 복종시키고, 항왕項王과 한왕漢王의 후방을 제압하십시오. 제왕께서 서쪽으로 진격하여 도탄에 빠진 백성을 구해주신다면, 천하 백성들이 바람처럼 달려와 호응할 것이니 누가 감히 그 명을 따르지 않겠습니까! 그리고 대왕의 휘하에 제후를 세우십시오. 제후들이 세워지면 천하 사람들은 엎드려 대왕의 명을 받들 것입니다. 대왕께서 제나라를 잘 다스리면서 제후들을 덕德으로 포용하고 예禮로 대우하면, 천하의 군주들이 앞을 다투어 제나라에 입조入朝할 것입니다. 하늘이 주는 것을 받지 않으면 도리어 벌을 받고, 때가 왔을 때에 행동하지 않으면 도리어 그 재앙을 받는다고 합니다. 대왕께서는 깊이 생각하시기 바랍니다."

한신이 말했다.

"한왕漢王은 나를 후하게 대우해 주었습니다. 자신의 수레를 태워주고, 자신의 옷을 주었으며, 자신의 음식을 나에게 주었습니다. 남의 수레를 탄 사람은 그의 근심을 함께 지어주고, 남의 옷을 입는 자는 그의 걱정을 함께 품어주며, 남의 음식을 먹는 자는 그를 위해 목숨을 바친다고 합니다. 내 어찌 나의 이득을 탐하면서 의리를 저버리겠습니까!"

괴통이 말했다.

"대왕은 한왕漢王을 잘 섬겨 공을 세우려고 하시지만, 신臣은 그것이 잘못이라고 생각합니다. 처음에 장이張耳와 진여陳餘가 벼슬이 없었을 때에는 서로를 위해 목숨을 내어줄 만큼 우정이 깊었습니다. 하지만 나중에 두 사람은 서로 원망하는 사이가 되었습니다. 장이張耳는 항왕項王을 배반하고 한왕漢王에게 귀순했고, 한왕漢王의 명을 받은 장이張耳는 군대를 거느리고 동쪽으로 쳐들어가 진여陳餘를 죽였습니다. 결국 진여陳餘의 시신은 찢겨져 천하의 웃음거리가 되고 말았습니다. 이 두 사람은 천하에 둘도 없는 친구였지만, 끝내 서로 원수가 된 이유는 무엇입니까? 지나친 욕심이 근심을 낳고, 사람의 친분은 예측할 수 없기 때문입니다. 지금 대왕은 충성과 신의를 다하여 한왕漢王과의 친분을 유지하려 하지만, 두 분의 관계는 장이張耳와 진여陳餘의 우정보다 견고하지 않습니다. 그리고 대왕과 한왕漢王의 불화不和는 장이張耳와 진여陳餘가 서로 원망한 것보다 더 큽니다. 대왕께서는 한왕漢王이 대왕을 결코 위태롭게 하지 않을 것이라 생각하시는데, 저는 그것이 잘못된 판단이라고 사료됩니다.

월나라의 종種과 범려范蠡는 망해가는 월越나라를 살리고 월왕越王을 패자覇者로 만들었지만, 결국 자신들은 죽임을 당했습니다. 들짐승이 다 없어지면 사냥개도 쓸모없어져 주인에 의해 삶아 먹힙니다(토사구팽兎死狗烹). 대왕과 한왕漢王의 교우는 장이張耳와 진여陳餘의 그것만 못하고, 대왕이 한왕漢王에게 바치는 충성은 종種과 범려范蠡의 충성에 미치지 못합니다. 대왕께서는 이 두 가지 일을 깊이 살펴보시기 바랍니다. 신하의 용기와 지략이 군주를 떨게 할 정도가 되면 자신의 몸이 위태롭고, 천하를 뒤덮는 정도의 공을 세운 자는 끝내 군주君主의 상賞을 받지 못합니다. 대왕께서는 위왕魏王과 하열夏說을 사로잡았으며, 정형井陘에서 성안군成安君을 베고 조趙나라를 함락시켰습니다. 또한 연燕나라를 위협하고 제齊나라를 평정하셨으며, 남쪽에서 항왕項王의 20만 대군을 꺾으셨습니다. 동쪽에서 항왕項王의 장수 용저龍且를 죽이고, 서쪽으로 돌아와 한왕漢王에게 승리를 보고했으니, 이것은 진정 천하를 덮을만한 공적이며, 한 시대에 한 번 나오기 힘든 지략입니다. 지금 대왕께서는 한왕漢王을 떨게 할 만한 위력을 지니셨으며, 상賞을 내리기 어려울 만큼의 공적을 세우셨습니다. 공적과 지략이 이러하니, 항왕項王에게 가면 그들이 믿지 못할 것이며, 한왕漢王에게 가면 그들이 두려워 떨 것입니다. 대왕께서는 이런 상황에서 어디로 가려고 하십니까? 대왕께서는 신하의 신분이면서도 한왕漢王을 떨게 할 정도의 위력이 있고, 그 명성 또한 천하에 드높습니다. 그래서 저는 대왕께서 위태롭다고 생각합니다."

한신이 말했다.

"알겠습니다, 여기까지 하시지요. 이 일에 대해서 생각을 해보겠습니다."

며칠 뒤 괴통이 다시 한신을 설득하며 말했다.

"남의 말에 귀 기울이는 것은 일이 성사될 수 있는 징후이며, 일을 계획한다는 것은 사업이 성공할 수 있는 징조입니다. 남의 말을 잘못 알아듣고 그릇된 계획을 세우면, 오랫동안 안정을 유지하기 어렵습니다. 산에서 나무나 캐고 말이나 기르는 사람은 대국大國의 권력을 얻을 수 없고, 작은 봉록俸祿에 연연하는 사람은 경상卿相의 지위에 오를 수 없습니다. 그러므로 지혜가 있는 자는 결단하지만, 의심하는 자는 일을 그르칩니다. 터럭같이 작은 것에 집착하면 천하의 대운을 놓칩니다. 머리로는 분명히 알면서도 결단하지 못하는 것은, 모든 일의 화근禍根이 됩니다. '호랑이도 머뭇거리면 벌이나 전갈이 쏘는 것만 못하고, 천리마도 머뭇거리면 느린 말馬이 천천히 가는 것만 못하며, 맹분孟賁과 같은 장사도 머뭇거리면 필부匹夫가 결행決行하는 것만 못하다'고 했습니다. 또한 '성인聖人의 지혜가 있더라도 말을 하지 않으면, 귀먹고 눈먼 사람이 손짓하는 것보다 못하다'고 했습니다. 이것은 실행하는 것이 중요하다는 말입니다. 공功이란 이루기는 어렵고 망가지기는 쉬우며, 때란 얻기는 어렵고 놓치기는 쉬운 법입니다. 지금이 바로 때가 온 것입니다. 이 때는 다시 오지 않을 것이니, 대왕께서는 잘 헤아리시기를 바랍니다."

그러나 한신은 망설이면서 차마 유방을 배반하지 못했다. 그리고 자신이 공功을 많이 세웠으니 유방이 제왕齊王의 자리를 빼앗지 않을 것이라고 생각했다. 그리하여 결국 괴통의 제안을 거절했다. 괴통은 한신이 자신의 말을 들어주지 않자, 거짓으로 미친 사람처럼 행동하며 무당이 되었다.

괴통은 한신에게 형세에 대해 말했다. 동일한 일도 어떤 형세에 놓여 있느냐에 따라 평가와 가치가 달라진다. 같은 태양이라도 무더위의 태양과 한겨울의 태양은 다르다. 태양이 아무리 '나는 그때나 지금이나 같다'고 해도, 땅에서는 '작렬하는 태양'과 '따뜻한 햇살'로 평가가 달라진다. 한신은 자신이 유방의 일개 장수일 때나 제왕齊王이 된 지금이나 유방에 대한 충심은 같다고 생각했다. 문제는 유방이 한신에 대한 생각이 변했다는 것이다. 한신은 이를 이해했어야 했다.

유방이 항우를 꺾고 한신을 압박하다

유방이 고릉固陵에서 곤경에 처했을 때 한신을 불렀다. 한신이 군대를 이끌고 해하垓下에서 유방과 만났다. 그 후, 항우가 패하자 유방은 제나라를 습격하여 한신의 병권을 빼앗았다. 한漢 5년(B.C.202) 정월, 유방은 한신을 제왕齊王에서 초왕楚王으로 임명했다.

한신이 초나라에 도착하여, 예전에 자기에게 밥을 주었던 빨래터 여인을 불러 천금千金을 내렸다. 그리고 예전에 자신에게 밥을 주었던 정장亭長에게도 100전錢을 내리면서 말했다.

"그대는 소인小人이오. 끝까지 덕을 베풀지 못했으니."

그리고 가랑이 사이로 지나가라고 욕보인 자를 불러, 초나라 중위

中尉로 임명하면서 여러 장수들과 재상들에게 이렇게 말했다.

"이 사람은 장사壯士다. 나를 욕보였을 때, 내가 어찌 이 사람을 죽일 수 없었겠는가? 죽인다하더라도 내 이름을 날릴 수 없었기에 참고 오늘의 공업功業을 이룬 것이다."

한편, 항우에게서 도망해온 종리매鍾離昧라는 장수가 있었다. 종리매는 평소 한신과 친분이 있어서 항우가 죽은 뒤에 한신에게 와서 의탁했다. 유방은 종리매에게 원한이 있었으므로, 그가 초나라에 있다는 말을 듣고 명을 내려 체포하라고 했다. 한신이 처음 초나라에 왔을 때, 지역을 순시하면서 무장 병사들을 데리고 다녔다. 그런데 어떤 사람이 이것을 보고 한신이 모반을 꾀한다고 글을 올렸다. 유방은 지방을 순시한다고 하며, 남방의 운몽雲夢이라는 큰 호수에서 제후들을 모이게 했다. 이것은 사실 한신을 습격하려 한 것이었는데, 한신은 이를 알지 못했다. 유방이 초나라에 도착할 무렵, 한신이 병사를 일으켜 모반하려고 했으나, 자신은 지은 죄가 없다고 생각하고 유방을 알현하려고 했다. 그러면서도 혹시 유방에게 사로잡히지 않을까 걱정했다. 어떤 사람이 한신에게 "종리매의 목을 베고 황제를 뵙는다면, 황제께서는 반드시 기뻐하실 것이니, 걱정할 것이 없습니다"라고 했다. 한신이 종리매를 만나서 이 일을 의논하자 종리매가 말했다.

"황제가 그대를 공격하지 못하는 이유는 내가 그대 곁에 있기 때문입니다. 나를 체포하여 황제에게 잘 보이고자 한다면 그렇게 하십시오. 그러나 오늘 내가 죽고 나면, 그대도 곧 망하게 될 것이오."

이어서 그는 "그대는 인품이 뛰어난 사람이 아니구려"라고 욕하며 스스로 목을 찔러 죽었다. 한신은 종리매의 목을 가지고 유방을 알현했다. 이때 유방이 무사武士들을 시켜 한신을 결박하게 하고 수레 뒤에 실었다. 이에 한신이 탄식하며 말했다.

"교활한 토끼가 죽고 나면 충직한 사냥개는 삶아 죽고, 높이 나는 새가 사라지면 훌륭한 활도 치워버리며, 적국을 깨뜨리고 나면 지략이 있는 신하가 죽는다고 하는 말이 틀리지 않는구나. 천하가 이미 평정되었으니 내가 삶아 죽는 것은 당연한 일이로다."

고조高祖(유방)가 말했다.

"공이 모반했다고 어떤 이가 고발하였소."

그리고 한신에게 수갑과 형구刑具를 채웠다. 낙양에 도착하였을 때, 유방은 한신의 죄를 용서하였고, 초왕楚王에서 물러나게 한 후 회음후淮陰侯의 관작을 내렸다.

항우를 죽이고 천하를 통일한 유방은 이제 한신을 압박하기 시작한다. 유방은 한신을 제왕齊王에서 초왕楚王으로, 다시 회음후淮陰侯로 격하시켰다. 한신이 제왕齊王이 되겠다고 청하면서부터 유방은 한신을 권력을 찬탈할 수 있는 위험한 인물로 본 것이다.

권력을 잃은 쓸쓸한 말년末年

한신은 유방이 자기의 능력을 두려워하는 것을 알고, 늘 병을 핑계로 조회朝會에 참여하지 않았다. 이때부터 한신은 밤낮으로 유방을 원망했다. 또한 조정에서 자신이 강후絳侯나 관영灌嬰 등과 같은 반열에 있는 것을 부끄럽게 여겼다. 언젠가 한신은 장군 번쾌樊噲의 집에 들른 적이 있었다. 이때 번쾌는 스스로를 신臣이라고 칭하고 무릎을 꿇고 절하면서 "대왕께서 친히 신臣의 집에 왕림하셨군요"라고 했다. 한신이 문을 나와서 자조 섞인 말로 말했다.

"내가 이제 번쾌와 같은 반열이 되었구나."

한번은, 유방이 조용한 자리에서 한신과 여러 장수들의 능력의 차이를 말한 적이 있었다. 유방이 물었다.

"나 같은 사람은 얼마나 되는 군사를 거느릴 수 있겠소?"

"폐하는 단지 10만을 거느릴 수 있습니다."

"그대는 어떠한가?"

"신은 많으면 많을수록 좋습니다."

고조가 웃으면서 "많으면 많을수록 좋다면서, 어째서 나에게 사로잡혔는가?"라고 했다.

한신이 대답했다.

"폐하께서는 병사는 거느릴 수 없지만, 장수는 잘 거느리십니다. 이것이 바로 신이 폐하께 사로잡힌 까닭입니다. 폐하의 능력은 하늘이 내린 것이니 사람의 힘으로는 되는 것이 아닙니다."

반란을 모의하다 삼족三族이 멸滅해지다

진희陳豨가 거록鉅鹿 지역의 군수郡守로 임명되어, 한신에게 작별인사를 하러 왔다. 한신이 그의 손을 잡고 좌우를 물리친 뒤에, 함께 뜰을 거닐면서 하늘을 우러러 탄식하며 말했다.

"내 그대에게는 터놓고 말할 수 있겠네. 그대에게 하고 싶은 말이 있소."

"장군 명령만 내리십시오."

"그대가 다스리게 될 곳은 천하의 정예 병력이 모이는 곳이며, 그대는 폐하가 신임하는 충신이오. 그대가 모반한다고 누군가 말하더라도 폐하께서는 분명 믿지 않을 것이오. 하지만 두 번 그 말이 들리면 폐하께서는 의심할 것이며, 세 번 들리면 노怒하여 친히 정벌할 것이오. 그때 내가 도성에서 병사를 일으키면 천하를 도모할 수 있을 것이라 생각하오."

진희는 평소 한신의 능력을 알고 있었기에 그를 믿고 "삼가 분부대로 하겠습니다"라고 했다.

한漢 10년(B.C.197), 진희가 과연 모반했다. 유방이 친히 군사를 이끌고 나섰지만 한신은 병을 핑계로 따라가지 않았다. 그리고 몰래 진희에게 사람을 보내 "아우가 군사를 일으키면 내가 여기서 아우를 돕겠네"

라는 말을 전했다. 한신은 가신들과 모의하여 밤중에 거짓 조서를 내려 각 관아의 죄인들과 노비들을 사면하고, 이들을 동원하여 여후呂后(한고조의 황후)와 태자太子를 습격하려고 했다. 임무 배치를 마친 한신은 진희에게서 소식이 오기만을 기다렸다. 그런데 한신의 사인舍人 중에 한신에게 죄를 지어 처형을 기다리던 자가 있었다. 그의 동생이 여후呂后에게 한신이 반란을 일으키려 한다는 것을 고告했다. 여후가 한신을 불러들이려고 했지만, 그가 오지 않을까 걱정했다. 그래서 소하蕭何와 의논하고, 거짓으로 유방이 사람을 보낸 것처럼 꾸며, 진희가 이미 사형을 당했으며, 여러 제후들과 신하들이 모여 축하하고 있다고 전하게 했다. 소하도 한신을 속여 이렇게 말했다.

"몸이 불편하겠지만, 억지로라도 들어와서 축하하시지요."

한신이 궁 안에 들어서자, 여후가 무사武士를 시켜 그를 포박하게 하고 장락궁長樂宮에서 한신의 목을 베었다. 한신은 죽기 직전에 탄식하며 말했다.

"내가 괴통蒯通의 계책을 쓰지 못한 것이 한스럽다. 여후呂后에게 속았으니 어찌 하늘의 뜻이 아니랴!"

결국 한신의 삼족三族을 멸하였다. 유방이 진희를 정벌하고 돌아와 궁궐에 이르자 한신이 죽었다는 것을 알았다. 한편으로는 기쁘고 한편으로는 가엾기도 했다. 유방은 "한신이 죽을 때 무엇이라 하였소?"라고 묻자 여후가 "괴통蒯通의 계책을 쓰지 못한 것이 한스럽다고 했습니다"라고 대답했다. 유방은 괴통이 제나라의 변사辯士라는 것을 알고 그를 잡아오게 했다. 괴통이 잡혀오자 유방이 물었다.

"네가 한신에게 모반하라고 가르쳤느냐?"

"그렇습니다. 신이 분명 그렇게 말해줬는데, 그 못난이가 신의 계책을 쓰지 않았기 때문에 이 지경에 이르고 말았습니다. 만약 그 못난이가 신의 계책을 썼다면 폐하가 어찌 그를 무찌를 수 있었겠습니까!"

유방이 노怒하여 "이놈을 삶아 죽여라!"고 했다. 이에 괴통이 "아 억울하도다. 삶아 죽임을 당하다니"라고 했다. 유방이 말했다.

"네가 한신에게 모반하라고 해 놓고 무엇이 억울하다는 것이냐?"

괴통이 대답했다.

"진나라의 기강이 흔들리자 산동山東이 크게 들썩였고, 여러 영웅호걸이 들고 일어나 군사들이 까마귀처럼 모여들었습니다. 진나라가 사슴을 잃자 천하가 모두 그것을 쫓았는데, 능력 있고 발 빠른 자가 먼저 그 사슴을 잡았습니다. 도적의 개가 성인聖人을 보고 짖는 이유는, 성인이 어질지 않아서가 아니라, 주인이 아니기 때문입니다. 그때 신은 오직 한신만 알았을 뿐이지 폐하를 알지는 못했습니다. 또한 당시 천하에는 무기를 들고 폐하께서 하셨던 일을 해보려고 하는 사람들이 많았습니다. 그렇다면 폐하께서는 그들을 모두 삶아 죽이시겠습니까?"

이 말을 듣고 유방은 "이 사람을 놓아 주어라"고 명命하고 괴통의 죄를 용서했다.

사마천은 말한다.

"내가 회음淮陰에 갔을 때, 회음 사람들이 나에게 말해주었다. 한신韓信이 벼슬하기 전에도 그 포부가 남달랐다. 자기 어머니가 죽었을 때 너무 가난해서 장사도 지낼 수 없었다. 그러나 높고 넓은 땅에 무덤을 만들어, 그 곁에 만 호戶의 집이 들어설 수 있게 했다. 내가 그의 어머니 무덤을 보니 정말 그러했다. 만약 한신이 도리를 배우고 겸양을 알아 자신의 공로를 자랑하지 않았다면, 그 공훈이 주공周公, 소공召公, 태공太公의 그것과 견줄 수도 있었을 것이며, 후세에까지 제사를 흠향歆饗할 수 있었을 것이다. 이것을 힘쓰지 않고 천하가 통일 된 후에 반역을 꾀하였으니, 삼족三族이 전멸된 것도 또한 마땅하지 않은가!"

한신은 유방을 위해 온갖 전투에서 혁혁한 전공戰功을 세웠다. 하지만 유방이 항우를 깨트리고 천하를 소유한 후에는 점차 한신의 권력을 빼앗았고, 이에 실망한 한신은 반란을 꾀하다 목이 베어 죽임을 당했다. 괴통蒯通이 토사구팽兎死狗烹을 언급하며 유방을 배반하라고 할 때에도 유방에 대한 신뢰를 저버리지 않았던 한신이 아니던가? 도대체 한신이 무엇을 잘못했단 말인가? 한신이 죽은 것은 변화하는 분위기를 파악하지 못했기 때문이다.

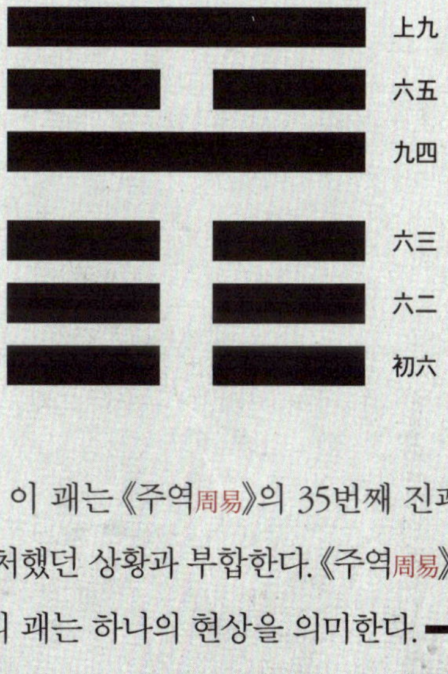

이 괘는《주역周易》의 35번째 진괘晉卦다. 이 진괘晉卦는 당시 한신이 처했던 상황과 부합한다.《주역周易》에는 총 64개의 괘卦가 있는데 각각의 괘는 하나의 현상을 의미한다. ━은 양陽이며 "적극", "발산"의 의미가 있다. ╍은 음陰이며 "소극", "수렴"을 의미한다. 이 각각의 부호를 효爻라고 칭하는데, 하나의 괘는 모두 6개의 효爻로 구성되어 있다. 6개의 효 중에 아래의 세 개 효를 하괘下卦라 하고, 위의 세 개의 효를 상괘上卦라 한다. 하괘는 피지배층, 상괘는 지배층을 의미하기도 한다. 위의 괘에서 가장 중심이 되는 효爻는 상괘의 가운데에 있는 六五효다. 이는 유방을 상징한다. 유방은 음험하고 소극적인 면이 있어서 음陰의 성질과 부합한다. 그 바로 아래에 있는 九四효는 한신을 상징한다. 유방의 아래에 있으면서 유방을 보좌하고 있으며, 적극적이고 진취적인 양陽의 특징과 부합한다. 그 아래에 있는 3개의 음효陰爻는 백성을 의미한다. 한신이 다스렸던 조나라와 제나라 백성들이 모두 한신을 추앙한 것과도 부합한다. 위의 진괘晉卦는 "발전하다" 혹은 "나아가다"의 의미를 갖고 있고, 이는 한신이 제왕齊王이 되어 백성의 추앙을 받고 있는 상황과 부합한다. 괘卦의 형상을 설명해주는 것을 괘사卦辭라고 하는데, 진괘晉卦의 괘사는 다음과 같다.

> 강후康侯가 말을 바치는 것이 많고, 낮 동안 세 번 접견한다.(康侯, 用錫馬蕃庶, 晝日三接)

강후는 주周나라 무왕武王의 동생이다. 강康 지역에 봉해져서 강후康侯라고 했다. 강후는 봉지封地를 잘 다스려 백성들의 지지를 받았는데, 이 때문에 천자天子가 자신을 의심할까 두려워 말을 바치고 낮에도 세 번이나 접견했다는 것이다. 이런 상황은 한신의 경우와 매우 흡사하다. 천자의 제후가 모든 백성의 지지를 받고 있을 때, 천자는 그를 의심하거나 질투할 수 있다. 이런 의심을 없애기 위해 신하는 수시로 자신의 충성을 권력자에게 표현해야 한다. 당시 유방은 항우의 군대에 갇혀 있어 고전苦戰을 면치 못한 반면, 한신은 파죽지세破竹之勢로 연燕과 제齊를 무너뜨려 막강한 병력을 소유하며 승승장구했다. 이런 상황에서 유방은 한신을 의심하지 않을 수가 없었다. 그런데 이런 분위기를 파악하지 못하고, 한신은 스스로 제왕齊王이 되겠다고 유방에게 청했으니, 유방이 한신을 의심하는 마음이 더욱 커질 수밖에 없었다. 또《주역周易》에는 각각의 효爻가 어떻게 행동해야 하는지 설명했는데, 한신을 의미하는 九四의 효사爻辭는 다음과 같다.

나아가는 것이 다람쥐와 같아야 한다.(晉如鼫鼠)

다람쥐는 앞으로 가다 멈춰 서서 주위를 둘러보고 다시 앞으로 나간다. 이는 매우 조심스럽게 움직이는 것을 비유한 것이다. 한신은 자칫하면 권력자의 의심을 받아 목숨이 위태로워질 수 있는 상황에 처했다. 이럴 때는 다람쥐처럼 매우 신중하게 행동했어야 했다. 하지만 한신은 그렇게 하지 못했다. 한신이《주역周易》을 참고했었다면 어떻게 처신해야 할 지 알았을 것이다.

한신이 제왕이 되겠다고 청하는 순간, 유방의 의심과 한신의 비참한 말로는 예정되어 있었다. 이미 제왕齊王이 되었다면 유방의 신뢰를 회복할 방법은 없다. 이런 상황에서는 괴통의 말대로 유방을 떠나 새로운 군주가 되어 한신, 유방, 항우가 서로 힘의 균형을 이뤘다면, 본인의 목숨은 보전할 수 있었을 것이고 전쟁으로 인한 백성의 피해도 막을 수 있었을 것이다. 상황이 바뀐 줄도 모르고 그저 "유방이 나의 충성을 알아주겠지"라고 우직하게 믿었던 한신이 안타까울 따름이다. 유방의 압박이 가해지면서, 한신은 제왕齊王에서 초왕楚王으로 옮겨갔고, 다시 회음후淮陰侯로 입지가 축소되었다. 그제야 유방이 자신을 대하는 것이 예전 같지 않음을 알고 반란을 도모하려 했으니, 때가 너무 늦은 것이 아니겠는가? 사마천은 한신이 "자신의 공로와 능력을 자랑했다"라고 했는데, 이는 한신의 입장에서는 너무 억울한 평가가 아닐까?

劉敬叔孫通列傳

제13장

꼰대인가 아닌가

—

유경숙손통열전

들어가며

'왕따'라는 말이 있기 전에는 왕따가 없었다. 1990년 후반부터 일본에서 '이지메(イジメ)'란 말이 들어와 '왕따'라는 말로 변형되면서, 우리 사회에는 왕따의 현상이 생기기 시작했다. 그 전에는 싫어하거나 상대하기 꺼리는 대상들은 있었지만, 집단으로 따돌리는 행위는 많지 않았다. 그러다가 '왕따'라는 말이 생기면서 집단으로 따돌리는 행위가 생겨났다. 언어가 행위를 만든 것이다. '꼰대'도 이와 유사하다. 꼰대의 사전적 정의는 '늙은이'나 '선생님'을 지칭하는 은어다. 과거에는 단지 고지식한 선생님을 꼰대라고 불렀고, 꼰대는 주로 학교에 있었다. 하지만 꼰대가 '구태의연한 사고방식을 고집하며 이를 타인에게 강요하는 사람들'로 의미를 확장하면서, 꼰대는 학교 담을 넘어 사회 곳곳에서 출몰하게 되었다. 그리하여 자신의 주장을 강하게 하는 사람들은 연령고하를 막론하고 꼰대로 의심받기 일쑤이며, "나 때는 말이야"로 시작되는 과거의 '라떼' 이야기는 선뜻 꺼내기 어려운 상황이 되었다. 이렇게 꼰대의 개념이 확대되다보니, 사람들은 자신의 행동이 꼰대 같은지 그렇지 않은지에 항상 신경을 쓰고, "꼰대 같다"는 말을 들으면 매우 상심한다.

사람마다 꼰대의 정의가 다르겠지만, 대략적인 의미는 타인의 수용여부를 고려하지 않고 자신의 생각만 옳다고 주장하는 사람일 것이다. 그렇다면 이런 꼰대의 행동은 늘 비판받아야 하는 것인가? 상황을 고려하지 않고 자신이 해야 할 말을 하는 것은 나쁜 것인가? 꼭 그렇지만은 않을 것이다. 학자의 경우는 꼰대적인 기질이 필요하다. 인문학과 사회학은 그렇다 치더라도 이공계통의 경우, 1mm의 수치만 차이가 나도 결과는 천양지차天壤之差로 달라진다. 어떤 물질의 유해함과 무해함은 오늘과 내일이 다를 수 없으며, 건물의 위험과 안전은 어떤 정치적 상황이냐에 따라 변하지 않는다. 목에 칼이 들어와도 아닌 것은 아니어야 하며, 모든 사람이 싫어하고 꺼려도 끝까지 꼰대 짓을 해야만 하는 것이 학자다. 하지만 적지 않은 학자들이 꼰대 콤플렉스에 시달린 탓인지 너무도 쉽게 자신의 꼰대 짓을 포기하는 경우가 있다.

〈유경숙손통열전〉은 한나라 때의 신하인 유경劉敬과 숙손통叔孫通이 주인공이다. 숙손통叔孫通은 유학을 공부한 학자이며, 유경劉敬은 황제를 보필하던 신하다. 이 두 사람이 황제를 대하는 모습은 완전히 상반된다. 한사람은 골수 꼰대였으며 다른 한 사람은 분위기에 맞게 자신의 모습을 변화시키는 사람이다. 사마천이 이 두 사람을 같은 전傳에 수록한 것은 비교를 위한 것이다. 그들의 행동이 꼰대인지 아닌지, 또 그것이 적절한지 아닌지를 살펴보기로 하자.

유경劉敬, 자신의 복장을 바꾸지 않다

유경劉敬의 원래 이름은 누경婁敬이며 제齊나라 사람이다. 한漢 고조高祖 5년, 유경劉敬이 변방의 수비병으로 가는 길에 마침 낙양洛陽을 지나게 되었는데, 그때 유방劉邦이 낙양에 머물고 있었다. 유경은 자신의 끌던 수레를 내려놓고 양가죽 옷을 입은 채, 제나라 출신인 우장군虞將軍에게 말했다.

"폐하를 뵙고 국익에 도움이 되는 말씀을 아뢰고 싶습니다."

우장군이 그에게 새 옷을 주려고 하자 유경이 말했다.

"비단옷을 입고 있으면 비단옷을 입은 채 뵐 것이고, 베옷을 입고 있으면 베옷을 입은 채 뵐 것입니다. 절대 옷을 바꿔 입지 않겠습니다."

우장군이 안으로 들어가 유방에게 아뢰자, 유방은 유경을 만나 음식을 하사했다.

입고 있던 옷을 그대로 입고 유방을 만나겠다는 것은 사소한 일이다. 그런데 사마천은 왜 이 일을 기록해 놓았을까? 옷은 신분이며 자신의 색깔을 의미한다. 권력자에 따라 자신의 모습을 변화시켜 영합하지 않겠다는 의미다. 이 일화逸話는 뒤에 소개될 숙손통의 이야기와 대비가 된다.

수도首都 이전을 건의하는 유경

잠시 후, 유경에게 찾아온 이유를 물으니 유경이 말했다.

"폐하께서 낙양洛陽으로 도읍을 정하신 이유가 주周나라가 낙양에 도읍한 것을 본받으려고 하신 것입니까?"

황제가 그렇다고 하자 유경이 말했다.

"폐하께서 천하를 얻으신 것은 주周나라의 경우와는 다릅니다. 주周나라 때는, 무왕武王의 아들 성왕成王이 즉위하자, 주공周公이 성왕을 보좌하여 도읍을 낙양洛陽으로 정했고, 그곳이 천하의 중심이 되었습니다. 사방 제후국들이 낙양에 이르는 거리는 서로 비슷하여 공물貢物을 바치기 편리했습니다. 낙양은 덕德이 있으면 왕업王業을 펼치기 쉽지만 덕이 없으면 망하기 좋은 곳입니다. 주나라가 낙양으로 도읍을 정한 것은 덕으로써 백성을 이끌기 위한 것이며, 폭정을 일삼는 제후국처럼 험준한 지형만 믿고 교만과 사치로 백성 위에 군림 하지 않기 위함입니다. 주나라가 흥성했을 때는 천하가 화합했고, 이민족들이 주나라의 풍속을 따랐으며, 주나라의 의義와 덕德을 흠모하여 모두 천자天子를 섬겼습니다. 그리하여 한 사람의 백성도 변방에 수비를 세우거나 전쟁을 내보내는 일이 없었습니다. 주변 강대국의 백성들은 모두 복종하여 공물貢物과 세금을 바쳤습니다. 그러나 주나라가 쇠퇴하여 서주西周와 동주東周로 나눠지자, 제후들은 입조入朝하지 않았고 주나라도 이를 어찌할 수 없었습니다. 이것은 주나라의 덕德이 없어서가 아니라 형세가 약해졌기 때문입니다.

지금 폐하께서는 풍읍豐邑과 패현沛縣에서 일어나 3천의 군사를 모아 촉한蜀漢과 삼진三秦을 평정했습니다. 또 항우項羽와 천하를 다투면서 크고 작은 수많은 전투를 하셨습니다. 그리하여 대지에 뒹구는 시신屍身과 들판에 버려진 유골은 헤아릴 수가 없었습니다. 통곡 소리가 아직 끊이지 않고 부상당한 이들도 회복되지 않았는데, 폐하께서는 도읍을 낙양으로 정하여 주나라 때의 태평성세를 염원하신다니, 소인은 이것이 잘못된 처사라 생각되옵니다.

그런데 진秦나라는 산과 강으로 둘러싸여 있고, 사방의 요새는 견고한데다 위급한 사태가 터지면 백만의 군사를 동원할 수 있습니다. 진나라의 옛 땅을 차지하여 비옥한 토지를 소유한다면, 그곳이야말로 하늘의 내려준 요지입니다. 폐하께서 함곡관函谷關 안으로 들어가 도읍을 세우신다면, 산동山東지역에 반란이 일어나도 도읍은 온전히 소유할 수 있습니다. 싸움에 임할 때, 상대방의 목을 조르거나 등을 치지 않으면 완전히 승리할 수 없습니다. 지금 폐하께서 함곡관 안에 도읍을 세워 진나라의 옛 땅을 차지하는 것은, 천하의 목을 조르고 그 등을 치는 것과 같사옵니다."

이에 대해 유방이 여러 신하들에게 의견을 물었다. 그러나 그들은 모두 산동山東 사람들이라, 주周나라가 낙양에 도읍하여 수백 년간 왕업을 이뤘으며, 진나라는 함곡관 안에 도읍하여 2대代 만에 멸망했다고 말하며, 낙양에 도읍하자고 주장했다. 유방은 주저하며 결정하지 못했다. 그때 장량張良이 함곡관 안으로 들어가는 것이 낫다고 말하자, 그날로 수레를 몰아 관중關中 지역에 도읍했다.

함곡관函谷關은 중국 고전古典에 자주 등장하는 지명地名으로, 현재 하남성河南省 낙양洛陽 서쪽에 있는 관문關門이다. 함곡관은 중원中原지역과 진나라 수도 함양 일대의 관중關中을 연결하는 관문으로, 양쪽을 왕래하려면 이 함곡관을 넘어야 하기 때문에 고대에 전투가 많이 일어나던 곳이다. 함곡관 서쪽은 관중關中이라고 칭하며 현재 중국 섬서성陝西省의 서안西安, 함양咸陽, 위남渭南 등을 포괄한다. 관중關中 지역의 사방에는 함곡관을 포함하여 4개의 관문이 있고, 토지는 비옥하고 수원水源이 풍부하여 하늘이 내린 땅으로 인식되었다. 그래서 "관중關中을 얻는 자가 천하를 얻는다(得關中者得天下)"라는 말이 생겨난 것이다.

유방이 말했다.

"처음 진나라의 땅에 도읍하자고 말한 사람은 누경婁敬이다. 누婁와 유劉가 발음이 비슷하다."

그러고는 누경에게 자신과 같은 유씨劉氏 성姓을 하사하고, 궁정을 관리하는 낭중郎中으로 임명했으며, 그를 봉춘군奉春君이라 불렀다.

수도는 국가의 기틀이다. 당연히 수도를 정할 때는 먼 미래를 고려해야 한다. 그런데 유방은 산동 출신 장수들의 요구에 따라 낙양洛陽에 도읍했다. 현재 권력 구도만 고려한 것이니 미래를 내다보지 못한 처사다.

유경의 건의는 산동 출신 장수들에게 미움을 받을 만한 행동이지만, 유경은 자신의 정치적 입지보다 국가의 미래를 더 고려했다.

황제 앞에 사실만을 말하다

한漢 고조高祖 7년, 한왕韓王 신信이 반란을 일으키자 유방은 친히 군대를 이끌고 정벌하러 나섰다. 유방이 한왕韓王을 치기 전에, 한왕韓王이 흉노匈奴와 힘을 합해 반격할 것이라는 소식이 들렸다. 유방은 크게 노하여 흉노에 사신을 보냈다. 그러자 흉노는 장정들과 살찐 가축은 감추고 노약자와 야윈 가축만 보여줬다. 열 명의 사신들이 흉노에 다녀왔지만 모두 흉노를 공격해도 좋다고 말했다. 그러자 유방은 다시 유경을 사신으로 보냈다. 유경은 돌아와서 보고했다.

"두 나라가 싸우려 할 때, 자신들의 강함을 과시하는 것이 일반적입니다. 그런데 신이 흉노에 가보니 여윈 가축과 노약자만 보였습니다. 이는 분명 그들이 일부러 단점을 보여주고 기병騎兵을 숨겼다가 우리를 치려는 속셈입니다. 그러니 흉노를 공격해서는 안 된다고 생각하옵니다."

그 무렵 한나라 군대는 이미 구주산句注山을 넘어서 20여 만의 군대가 흉노로 진격하고 있었다. 유방은 화를 내며 유경을 꾸짖었다.

"제齊나라 촌놈이 한 두 마디 말로 벼슬을 얻더니, 이제는 감히 망발을 하면서 군대의 출병을 막는구나."

유방은 유경을 형틀에 채워 옥에 가두고 자신은 진군進軍하여 평성平城에 이르렀다. 흉노는 과연 기병騎兵을 보내 백등산白登山에서 유방을 포위했고, 유방은 7일 만에 겨우 풀려났다. 유방은 돌아와 유경을 풀어주며 말했다.

"내가 공公의 말을 듣지 않았다가 평성平城에서 곤경을 당했소. 그리하여 전에 흉노에 사신으로 다녀와 공격해도 좋다고 했던 열 명을 모두 참斬하였소."

그리고 유경에게 2천 호戶의 봉지를 하사하여 관내후關內侯라는 작위를 내렸으며 건신후建信侯라고 불렀다.

여기에 나온 한왕韓王 신信은 회음후淮陰侯 한신韓信과 동명이인同名異人이다. 흉노匈奴는 중국 북방에 있는 이민족으로 자주 중국을 침략하여 약탈했다. 황제는 흉노를 치고 싶었다. 사신을 보내 흉노의 정황을 살피게 한 것은 그저 요식행위에 불과하다. 눈치 빠른 신하들은 황제의 의중에 맞춰 흉노를 정벌해도 좋다고 말했지만, 유경은 황제의 의중을 살피지 않았다. 분명 황제가 싫어할 것임을 알면서도 아니라고 한 것이다. 객관적 판단에 근거하여 사실만을 말하는 것이 학자의 본분이다. 돈과 권력은 학자의 양심을 자주 유혹한다. 때문에 종종 어제 옳다고 했다가 오늘은 그르다고 한다. 권력자에 따라 판단을 달리 한다면, 그것은 정치이지 학문이 아니다.

흉노와 화친을 맺게 하다

유방이 평성에서 돌아오자, 한왕韓王은 흉노로 도망쳤다. 그 무렵 묵돌冒頓이 흉노의 우두머리가 되었다. 그는 30만 군대를 이끌고 와서 자주 북쪽 변경을 괴롭혔다. 유방은 이 일을 걱정하며 유경에게 대책을 물었다. 유경이 대답했다.

"천하가 이제 막 전쟁을 끝내 군사들은 모두 지쳐 있는 상태입니다. 그러니 다시 병력을 동원하여 흉노를 치는 것은 마땅하지 않습니다. 묵돌은 자기 아버지를 죽이고 왕위에 올라, 아버지의 후비后妃들을 아내로 삼고 무력으로 위세를 자랑하고 있으니, 인의仁義로는 그를 설득하기 힘듭니다. 그의 자손들을 대대손손 한나라의 신하로 만드는 계책이 있긴 한데, 폐하께서는 시행하기 힘드실 것입니다."

유방이 말했다.

"가능하기만 하다면야 무엇을 못하겠는가? 그것이 무엇이오?"

유경이 대답했다.

"폐하께서 맏공주를 그에게 시집 보내시고 후하게 대접해 준다면, 저들은 우리가 하는 것을 보고 공주를 왕후王后로 삼을 것입니다. 만약 공주께서 아드님만 낳으시면 아들은 분명 흉노의 태자가 될 것입니다. 왜냐하면 그들은 한나라의 많은 예물에 마음이 있기 때문입니다. 폐하께서는 철마다 한나라에는 넘쳐나지만 그들에게는 없는 선물을 보내어 자주 안부를 묻고, 그 편에 언변이 출중한 사신을 보내 그들에게 예절을 가르치시면 됩니다. 묵돌冒頓이 살아 있는 동안에는 폐하의 사위가 될 것이며, 그가 죽은 후에는 외손자가 우두머리가 되는 것입니다. 외손자가 어찌 할아버지와 맞설 수 있겠습니까? 그렇게 되면 전쟁을 하지 않고도 점차 그들을 신하로 만들 수 있습니다. 만일 폐하께서 맏공주를 보내지 않고 종실宗室의 딸이나 후궁後宮을 공주라고 속여서 보내신다면, 그들도 눈치를 채고 그녀를 귀하게 대하지 않을 것이니, 그렇게 하면 아무 소용이 없습니다."

유방은 이를 승락하고 맏공주를 시집보내려 했다. 그러나 여태후呂太后가 밤낮으로 울며 사정했다.

"소첩에게는 태자와 공주 둘뿐인데 어째서 그 아이를 흉노에게 보내려 하십니까?"

유방은 결국 맏공주를 보내지 못하고, 그 대신에 다른 종친宗親의 딸을 맏공주라고 속여 시집을 보냈다. 그리고 유경을 사신으로 보내 화친을 맺게 했다.

흉노를 처리하는 문제는 오랜 기간 한나라 조정의 숙제였다. 한 무제武帝가 집권하여 무력으로 응징하기 전까지 한나라는 무력과 화친의 방법을 번갈아 사용했다. 한나라 공주를 흉노에게 시집보내는 방법은, 이때부터 시작하여 계속 진행되었으며 흉노를 제어하는 적절한 방법으로 사용되었다.

신도시 건립

유경은 흉노에서 돌아와 이렇게 보고했다.

"하남河南 지역에 사는 흉노가 빠른 말을 타고 이곳 관중關中으로 오면 채 하루도 걸리지 않습니다. 이곳 관중關中 땅은 전란戰亂을 겪어 백성은 적지만 토지가 비옥하니 백성들을 더 채워야 합니다. 진秦나라 말기 제후들이 봉기할 때, 제齊나라의 전씨田氏나 초楚나라의 귀족인 소씨昭氏, 굴씨屈氏, 경씨景氏가 없었다면 나라는 흥성하지 못했을 것입니다. 지금 폐하께서 관중關中에 도읍을 정했으나 백성이 너무 적습니다. 게다가 북쪽으로는 흉노와 인접해 있고, 동쪽으로는 여섯 개의 지방 제후국이 있으니, 이들이 강성해져서 어느 날 반란이라도 일으킨다면 폐하께서는 편안히 주무실 수 없을 것입니다. 신이 바라건대, 제齊나라의 전씨田氏와 초楚나라의 소씨昭氏, 그리고 지방 제후국의 왕족 후손들과 여러 명문가들을 관중 지역으로 이주시키십시오. 천하가 평안하면 이들로써 흉노를 대비하고, 제후들이 반란을 일으키면 이들을 이끌고 정벌에 나설 수 있습니다. 이것이 바로 근본은 강화시키고 말단을 약화시키는 방법입니다."

유방은 좋다고 말하고, 유경으로 하여금 10여 만의 인구를 관중關中으로 이주하게 했다.

신도시 건립은 두 가지 목적이 있다. 첫째 변경지역에 인구를 이주시키면서 북방 이민족의 침략을 대비할 수 있다는 것과, 둘째 호족 세력을 분산시킴으로써 권력 집중을 미리 차단하는 것이다. 이제 막 즉위하여 국가의 기틀을 세워야 하는 유방에게는 매우 필요한 정책이 아닐 수 없다.

살기 위해 거짓을 말하는 숙손통

숙손통叔孫通은 설薛 지역 사람이다. 진秦나라 때에는 학문을 인정받아 박사博士가 되었다. 몇 년 뒤, 진승陳勝이 산동에서 반란을 일으켰다는 소식이 조정에 전해졌다. 진나라 2세二世 황제는 박사와 여러 유생을 불러 물었다.

"초나라에서 병사들이 반란을 일으켰다는데, 공公들은 어떻게 생각하시오?"

박사와 유생 30여 명이 이렇게 말했다.

"신하는 마음대로 병력을 동원할 수 없는데 그렇게 했으니 이는 분명 반란입니다. 그들은 죽어 마땅하오니 폐하께서는 군대를 보내 치십시오."

2세 황제는 화나가서 안색이 변했다. 그때 숙손통이 말했다.

"여러 유생들의 말은 모두 틀렸습니다. 지금 천하는 통일이 되어 한집이 되었고, 선왕先王께서는 무기를 녹여 다시는 전쟁을 하지 않겠다고 천하에 밝히셨습니다. 또한 위로는 뛰어나신 황제가 계시고 아래로는 법령이 완비되어, 백성들은 각자 자신의 일에 전념하고 있으며 사방에서 백성들이 모여들고 있습니다. 그런데 어찌 감히 반란을 일으킬 수 있겠습니까? 그들은 그저 물건이나 훔치는 좀도둑 패거리에 불과하니 입에 올릴 가치도 없사옵니다. 현재 지방 장관과 관리들이 그들을 잡아드릴 방책을 세우고 있으니, 폐하께서는 걱정하실 필요가 없습니다."

이 말을 듣고 2세 황제는 기뻐했다. 황제의 질문에 반란이라고 하는 자도 있었고 도적떼라고 하는 자도 있었다. 2세 황제는 어사御史에게 명하여, 반란이라고 말한 유생들을 처벌하게 했다. 그들은 하지 말아야 할 말을 했기 때문이다. 그리고 도적떼라고 말한 사람은 모두 돌려보냈다. 2세 황제는 숙손통에게 비단 20필과 옷 한 벌을 하사하고 박사로 임명했다. 숙손통이 궁궐을 나와 숙사로 돌아오자 유생들이 말했다.

"선생은 어찌하여 그렇게 아부를 하셨습니까?"

숙손통이 말했다.

"그대들은 모르오. 나는 하마터면 호랑이의 입에서 목숨을 잃을 뻔 했소."

그리고 바로 설薛 지역으로 도망갔다.

유경과 달리, 숙손통은 황제의 안색을 살핀다. 황제의 심기에 따라 해야 할 말이 그때그때 달라진다. 권력자의 심기에 맞춰 때와 장소를 구분하여 간언諫言할 필요는 있다. 그러나 간언의 내용이 바뀐다면 문제가 있다. 사실대로 말하면 죽고 반대로 말하면 생존하는 상황에서, 숙손통은 후자를 선택하여 관직을 얻었다. 사슴이 상황에 따라 사슴도 되고 말馬도 된다면, 그것은 더 이상 사슴이 아니다.

황제가 원하여 옷을 바꿔 입다

그러나 설薛 땅은 벌써 항우項羽의 군대에 항복한 뒤였다. 그러던 중 항우項羽의 숙부 항양項梁이 이끄는 부대가 설薛 땅에 왔을 때, 숙손통은 그를 따랐다. 그 후 항양項梁이 패하자, 숙손통은 이번에는 초나라 회왕懷王을 따랐다. 회왕懷王이 의제義帝가 되어 세력을 잃자, 숙손통은 다시 항우項羽를 섬겼다. 한나라 2년, 유방劉邦이 다섯 제후들을 이끌고 팽성彭城에 입성하자, 숙손통은 항우를 떠나 유방에게 항복했으며, 그 후 줄곧 그를 따랐다. 숙손통은 유생儒生의 옷을 입고 있었다. 그런데 유방이 유생儒生의 옷을 몹시 싫어하자 숙손통은 초나라 풍속의 짧은 옷을 입었다. 그러자 유방이 기뻐했다.

이 일화는 유경과는 상반된다. 숙손통은 진나라 2세 황제, 항양項梁, 회왕懷王, 항우項羽, 유방劉邦 등 주군을 여러 번 바꿨다. 이러한 변화 속에서 숙손통은 생존의 법칙을 체득했다. 숙손통은 카멜레온처럼 주위

황제를 위해 한나라 예제禮制를 만들다

한나라 5년, 드디어 유방이 천하를 통일했다. 제후들은 유방을 황제로 추대했는데, 숙손통이 그 예식의 의례儀禮를 맡았다. 유방은 진나라의 가혹한 법령과 의례를 고쳐 간결하게 했다. 그랬더니 여러 신하들은 술을 마시면 자신들이 세운 전공戰功을 과시했고, 크게 소리를 지르고 칼을 뽑아 기둥을 치기도 했다. 유방은 이를 걱정했다. 숙손통은 유방이 그것을 싫어함을 알고 이렇게 아뢨다.

"유생儒生들은 앞에 나서서 일을 추진하기는 힘들지만, 이미 성취한 것을 지킬 수는 있습니다. 원컨대 노魯나라의 여러 유생들을 불러서 신臣의 제자들과 함께 조정의 의례儀禮를 제정하고자 합니다."

유방이 어렵지 않겠냐고 묻자, 숙손통이 말했다.

"오제五帝(중국 전설 속의 다섯 제왕) 때는 각각 음악이 달랐고, 삼왕三王(하夏나라 우왕禹王, 상商나라 탕왕湯王, 주周나라 문왕文王)의 예법禮法 역시 서로 달랐습니다. 예법禮法은 각 시대의 상황과 인정人情에 따라 제정하는 것입니다. 그런 까닭에 하夏, 은殷, 주周의 예禮는 이전의 것을 근거로 줄이기도 하고 늘리기도 하면서 중복되지 않았습니다. 원컨대 고대와 진나라의 예법禮法을 결합하여 새로운 예법을 만들어 보겠습니다."

유방이 말했다.

"한 번 만들어보시오. 다만 알기 쉽게 하고, 내가 시행할 수 있는지를 따져서 만드시오."

숙손통은 노나라에 가서 유생 30여 명을 불렀다. 그때 노나라의 두 선비가 가기를 거절하며 말했다.

"공公은 지금까지 열 사람의 군주를 섬겼는데, 모두 면전에서 아첨하여 총애를 얻었습니다. 지금 천하가 이제 막 평정되어, 죽은 자는 장례도 못 치렀고 부상당한 자도 아직 낫지 않았는데, 또 무슨 예악禮樂을 만든다고 하십니다. 예악禮樂을 정비하는 일은, 100년 동안 덕德을 쌓은 뒤라야 가능합니다. 우리는 그 일을 할 수 없습니다. 공이 하는 일은 옛 법도에 맞지 않습니다. 우리는 가지 않을 것이니 공은 그만 돌아가 우리를 욕되게 하지 마십시오."

숙손통이 웃으며 말했다.

"그대들은 진정 비루한 유생이구려. 세상의 변화를 모르다니."

숙손통은 모집한 30명의 유생들과 함께 돌아왔다. 그리고 황제 측근 학자들과 제자 100여 명과 함께 교외에서 한 달여 동안 연습했다. 의례가 완성되자 숙손통이 말했다.

"폐하께서 한 번 살펴보시기 바랍니다."

유방이 나아가 예식을 거행하는 것을 보고 말했다.

"이 정도면 나도 할 수 있겠소."

이에 뭇 신하들에게 명命을 내려 예식을 익히도록 하였고, 10월에 군신群臣들을 모았다.

한나라 7년, 장락궁長樂宮이 완성되자 제후와 군신群臣이 모두 조회에 참가했다. 예식은 이러했다. 날이 밝기 전에 알자謁者(빈객을 담당하거나 명령을 전달하는 관리)가 예식을 주관하여, 조회하는 사람들을 차례로 궁전 안으로 들어오게 했다. 뜰 가운데에는 전차戰車, 기병騎兵, 보병步兵과 위병衛兵을 배열하여 병기와 깃발을 설치했다. 그런 다음 "추趨(종종걸음)"라고 명령하자, 궁전 아래의 계단을 사이에 두고 낭중郎中들이 양옆에 도열했는데 계단마다 수백 명이 되었다. 여러 공신功臣과 신하들은 서열에 따라 서쪽에 줄지어 서서 동쪽을 바라보게 했다. 승상丞相 이하의 문관文官들은 동쪽에 줄지어 서서 서쪽을 바라보게 했다. 빈객賓客의 접대를 담당하는 관리는 신분에 따라 9등급으로 자리를 배치하여, 위에서부터 차례로 명령이 전달되게 했다. 이때 황제가 수레를 타고 나타나면, 백관들은 깃발을 잡고 차례로 황제가 도착했음을 복창하여 전달하도록 했다. 제후왕諸侯王과 고위 관리들은 차례대로 인도되어 황제께

하례賀禮를 올리도록 했다. 이렇게 하니 제후왕諸侯王 이하 모든 관리들은 두려운 마음으로 엄숙하게 예식을 따랐다.

하례賀禮가 끝나고 연회가 거행되었다. 궁전 위에 황제를 모시고 있던 사람들은 모두 엎드려 머리를 조아리고 있다가 서열에 따라 일어나서 황제에게 장수長壽를 축원했다. 술잔이 아홉 순배가 돌자, 알자謁者가 "파주罷酒(주연을 끝낸다)"라고 말했다. 어사御史는 예법을 집행하다가 법도를 지키지 않는 사람이 있으면 바로 끌고 나갔다. 그래서 조회를 끝내고 주연을 베푸는 동안 어느 누구도 감히 시끄럽게 떠들며 예禮를 어기지 않았다. 유방이 말했다.

"나는 오늘에서야 비로소 황제의 존귀함을 알았도다."

그리고 숙손통을 태상太常(종묘의례를 관장하는 관리)에 임명하고 황금 500근을 하사했다.

숙손통이 예제禮制를 만든 것은 그 목적이 모두 황제를 향하고 있다. 황제가 개국공신들의 거친 행동을 걱정하고 있음을 알고 예제禮制를 만들겠다고 했으며, 황제가 너무 번잡한 예법을 싫어하니 황제에 맞게 예제를 만들었다. 황제는 흡족해했고 숙손통은 상賞을 받았다.

만세를 부르는 숙손통의 제자들

숙손통이 처음 유방에게 항복했을 때, 그를 따르는 제자들이 100여 명이었다. 그런데 숙손통은 이들을 유방에게 추천하지 않고, 단지 이전에 도적질을 했던 이들만 추천했다. 제자들은 뒤에서 숙손통을 비난했다.

"우리가 선생을 따라 한왕漢王(유방)에게 항복했지만, 선생은 우리들은 추천하지 않고 오직 교활한 사람만을 추천하시니, 이것이 어찌된 일인가?"

숙손통은 이 말을 전해 듣고 말했다.

"지금 한왕은 전투를 거듭하며 천하를 다투고 있는데, 그대들은 전장에서 싸울 수 있겠는가? 그래서 내가 우선 적장敵將을 베고 적과 싸울 수 있는 사람을 추천한 것이다. 너희들은 기다리고 있거라. 내가 그대들을 잊지 않고 있으니."

숙속통은 자신이 만든 예법을 처음 거행한 후, 유방이 흡족해 하는 틈을 타서 자신의 제자들에 대한 이야기를 꺼냈다.

"여러 제자들과 유생들이 저를 따른 지가 오래되었습니다. 그들은 저와 함께 예법을 만들었으니 바라옵건대 그들에게도 벼슬을 내려주시옵소서."

그러자 유방은 그들을 모두 황제의 시중을 드는 낭관郎官으로 임명했다. 숙손통은 궁궐에서 물러나와 자신이 받은 황금 500근을 제자들에게 나누어주었다. 이에 그들은 기뻐하며 말했다.

"우리 선생님은 진정 성인聖人이시다. 이 시대에 무엇을 해야 할지 알고 계시지 않는가!"

제자들의 모습이 숙손통과 다르지 않다. 그들은 출세에 도움을 주지 않는 스승을 비난하다가, 관직과 황금을 받자 숙손통을 "성인聖人"이라고 추켜세웠다. 그 스승의 그 제자다.

태자 교체를 반대하다

한나라 9년, 유방은 숙손통을 태자를 보좌하는 태부太傅에 임명했다. 한나라 12년, 유방은 원래 임명했던 태자를 조왕趙王 여의如意로 바꾸려 했다. 이에 숙손통은 간언했다.

"옛날에 진晉나라 헌공獻公은 총애하던 여자 때문에 원래의 태자를 폐위하고 해제奚齊를 태자로 세웠습니다. 그리하여 진晉나라는 수십 년 동안 혼란에 빠져 천하의 웃음거리가 되었습니다. 진秦나라는 일찌감치 부소扶蘇를 태자로 세우지 않았기 때문에, 조고趙高가 황제의 명을 사칭하여 호해胡亥를 태자로 세워 종묘사직宗廟社稷이 끊어졌습니다. 이는 폐하께서 직접 보신 일입니다. 지금 태자의 인자함과 효성은 천하 사람들이 모두 알고 있습니다. 또한 여후呂后께서는 폐하와 온갖 고초를 함께 하셨는데, 어찌 그것을 저버리실 수 있습니까? 만약 폐하께서 적자嫡子를 폐하고 어린 여의如意를 태자로 세우려 하신다면, 신臣은 먼저 형벌을 받고 죽어, 목의 피로 땅을 적시겠사옵니다."

유방이 말했다.

"공公은 그만하시오. 그저 농담을 했을 뿐이오."

그러자 숙손통은 말했다.

"태자는 천하의 근본이니, 근본이 한 번 흔들리면 천하가 진동합니다. 그런데 어찌 천하를 가지고 농담을 하실 수 있으십니까?"

유방이 말했다.

"공의 말을 따르겠소."

유방이 연회를 베풀 때, 장량이 초대한 상산사호商山四皓가 태자를 따라와 알현하는 것을 보고, 유방은 태자를 바꾸려는 생각을 버렸다.

유방의 정부인은 여후呂后이며, 그의 아들 유영劉盈(훗날 혜제惠帝)은 이미 태자로 세워졌다. 그런데 유방은 둘째부인인 척부인戚夫人을 총애하여, 그에게서 낳은 아들 여의如意를 태자로 삼으려 했다. 위기감을 느낀 여후는 장량張良에게 계책을 물었고, 장량은 상산商山 지역에 은거하던 상산사호商山四皓(동원공東園公, 녹리선생甪里先生, 기리계綺里季, 하황공夏黃公)를 태자가 가서 모셔오도록 했다. 이 일로 유방은 태자를 교체하는 것을 포기했다. 이 부분은 앞의 숙손통의 모습과 완전히 상반된다. 늘 황제의 심기를 살펴 이에 영합했던 숙손통이 이번에는 목숨을 걸고 황제에게 직간을 한다. 어색하고 낯설다. 순손통이 직간한 데는 이유가 있었다. 그는 태자를 보필하는 태부太傅이기 때문에 자신의 정치적 이득은 태자의 운명과 함께 한다. 태자 교체를 적극적으로 반대하면, 훗날 태자가 황제가 되었을 때 덕德을 볼 수가 있다. 한편, 당시 여후呂后의 세력이 막강했기 때문에 그의 심기를 살필 필요가 있었다. 마지막으로 유방이 태자를 교체하려는 의도가 강하지 않았으며 황제의 측근들조차 이를 반대했기 때문에 태자가 교체될 가능성은 많지 않았다. 이런 이유 때문인지, 숙손통은 한순간 직간하는 신하로 변신했다.

황제의 잘못을 덮어줌

유방이 죽고 혜제惠帝가 즉위하자, 혜제는 숙손통에게 말했다.

"선대先代 황제의 원릉園陵과 침묘寢廟(침寢은 천자天子의 묘 뒤에 있는 건물로 의관衣冠 등을 비치하며, 묘廟는 천자의 묘 앞 건물로 위패位牌와 초상화畵像를 비치함)의 예절을 신하들이 잘 모르고 있소."

그런 다음 숙손통을 다시 태상太常으로 옮겨, 종묘의 예법禮法을 제정하게 했다. 이후 한나라의 여러 예법禮法이 점차 갖추어졌는데, 이는 모두 숙손통이 태상太常으로 있을 때 한 일이다.

혜제惠帝는 장락궁長樂宮에 가서 여태후呂太后를 알현했는데, 가끔 비공식적으로 장락궁에 갈 때에는 길의 통행을 막아 백성들을 번거롭게 했다. 그래서 따로 두 건물을 연결하는 복도複道를 내기로 하고 무기고武器庫의 남쪽에서부터 공사를 시작했다. 숙손통이 혜제에게 업무보고를 하다가 한가한 틈을 타서 아뢰었다.

"고제高帝의 사당에 있는 의관을 한 달에 한 번 고묘高廟로 모셔 가는 길에 어찌하여 복도複道를 만드십니까? 고묘는 한나라의 태조太祖를 모신 곳인데, 이렇게 복도를 만들면 후손들이 종묘로 가는 길 위를 지나가게 되는 것입니다"

혜제가 매우 두려워하며 말했다.

"당장 그것을 헐어버리시오."

숙손통이 말했다.

"군주는 잘못된 일을 하시면 안 됩니다. 복도를 만들고 있음을 백성들이 모두 알고 있는데, 지금 그것을 허문다면 이는 황제의 잘못을 보여주는 것입니다. 청컨대 폐하께서는 위수渭水 북쪽에 따로 똑같은 사당을 세우시고, 고제高帝의 의관衣冠을 매월 그리로 모셔가게 하십시오. 종묘를 넓히는 것은 효도의 근본입니다."

혜제는 관리를 불러 사당을 신축하도록 했다. 사당을 신축한 것은 바로 복도複道 때문이었다.

혜제가 어느 봄날 이궁離宮에 가서 노닐 때, 숙손통이 말했다.

"옛날 봄이 되면 햇과일을 종묘에 올리는 의례儀禮가 있었습니다. 지금 막 앵두가 익었으니 올릴 만합니다. 폐하께서 행차하실 때, 앵두를 종묘에 올리십시오."

이를 황제가 허락했다. 햇과일을 종묘에 올리는 일은 이로부터 시작되었다.

사마천은 말한다.

"속담에는 '천금의 가죽옷은 한 마리 여우의 겨드랑이 가죽만으로 만든 것이 아니고, 높은 누대의 서까래는 한 그루의 나무 가지로는 되지 않으며, 하夏, 은殷, 주周 삼대의 다스림도 한 사람의 지혜로 이룬 것이 아니다'라고 했는데, 참으로 맞는 말이다. 무릇 고조高祖(유방)는 평민 신분으로 일어나 천하를 평정했으니, 계략과 용병술을 두루 겸비했다고 할 수 있다. 그러나 유경劉敬은 수레를 내려놓고 고조高祖에게 한 번 아뢰어 만세의 안정을 이루었으니, 지혜가 어찌 몇 사람만이 갖고 있는 것이겠는가! 숙손통叔孫通은 시대에 맞춰 자신의 할 일을 헤아렸으며 예법을 제정했고, 나아가고 물러남이 때에 따라 변화하여, 끝내 한나라 유학의 주축이 되었다. '진정 곧은 것은 굽어 있는 것처럼 보이지만, 길은 원래 구불구불하다'는 말은 이를 두고 한 말일 것이다."

유경과 숙손통의 모습은 상반된다. 한 명은 꼰대의 인생을, 다른 한 명은 카멜레온의 삶을 살았다. 각자의 삶을 평가할 이유는 없다. 하지만 자신의 상황에 맞게 해야 할 일을 했는지는 따져야 한다. 황제를 보필하는 사람들은 옳고 그름을 명확하게 진언해야 한다. 어떤 정책의 좋고 나쁨, 유해有害와 무해無害는 황제의 심기를 고려하지 않고 전달해야 한다. 즉각 수술이 필요한 암환자의 심기를 살피면서, 그가 원하는 자연치유로 타협하는 의사는 없다. 환자의 수용여부를 떠나 즉각 수술이 필요하다고 말해야만 한다. 유경은 학자가 아니지만 학자적인 꼰대 짓을 했고, 숙손통은 학자지만 사업가의 융통성을 발휘했다. 하지만 늘 그렇듯 어느 시대나 융통성 있는 사람이 더 출세한다.

국가를 다스릴 때 학자들은 유용하게 쓰인다. 학자들은 전문적 지식을 활용하여 국가의 발전에 크게 기여할 수 있다. 정부는 정책을 시행할 때, 학자의 전문 지식을 얻어 정책의 타당성을 높이려 하고, 학자들은 정부의 후광을 받아 학문 권력을 성장시키려 한다. 이렇게 권력과 학자의 공생관계가 이루어진다. 하지만 학자의 본분은 꼰대 짓이다. 학문적 양심에 근거하여 옳고 그름을 명확하게 전달하는 꼰대의 역할을 충실히 해야 한다. 꼰대의 역할을 하라고 선발된 학자가 사업가의 수완을 발휘하면 안 될 것이다.

袁盎晁錯列傳

제14장

꽁사 구분을 못했던 관리들

— 원앙조조열전

간혹 미국 UFC(Ultimate Fighting Championship, 미국의 종합격투기) 경기를 볼 때가 있다. 실제 싸움을 방불케 하는 격렬한 동작들과 유혈이 낭자한 모습이 계속되면, 나도 모르게 이를 악물게 되고 얼굴이 발개진다. 금기시 되는 구타가 허용되는 공간, 감춰진 공격성이 적나라하게 드러나고, 보는 사람도 분노의 감정에 이끌리는 기분. 그래서 UFC 경기를 좋아하지 않는다. 그런데 아이러니 한 것은, 경기가 끝나면 원수처럼 싸우던 선수들이 끌어안고 서로를 격려한다는 것이다. 경기가 격렬했던 만큼 그들이 나눈 위로와 격려는 더욱 멋지게 보이고, 그들의 싸움은 그저 스포츠였음을 상기시키게 한다. 경기 중에 쓰러진 상대 선수에게 인공호흡을 하는 축구 선수나, 상대의 멋진 플레이에 박수를 보내는 테니스 스타들의 모습은 우리의 마음을 훈훈하게 한다. 그들은 비록 직업적으로 대립하고 싸우긴 해도, 사적인 영역에서는 같은 길을 걸어가는 동료들이다. 경기가 끝나면 상대를 위로하고 승리에 박수를 보내는 아량은 운동선수들이 꼭 갖추어야 할 덕목이다. 이처럼 운동선수들은 공사公私를 명확하게 구분해야 한다. 그런데 그렇지 못하다면 어떨까? 종이 울려 격렬했던 격투가 끝났는데도 여전히 분憤을 참지 못하고 씩씩거리며 충돌한다면 관객의 눈총을 살 것이 분명하다. 그들의 플레이가 아무리 화려하더라도 사람들은 그들을 그저 싸움꾼으로 생각할 뿐 스포츠스타로 존중하지는 않을 것이다.

스포츠에서처럼 다른 영역에서도 공사의 구분은 필요하다. 유능한 직장 동료가 나와 사이가 안 좋다고 해도, 그의 일처리 능력은 인정해야 한다. 또 라이벌 정치인의 뛰어난 정책은, 나의 사적인 감정을 배제하고 칭찬해줘야 한다. 회사나 국가의 공적 이득을 위해서는 사적 감정은 최대한 배제해야 한다. 그러나 현실은 어떠한가? 사적私的 감정을 공적公的으로 포장하여 상대를 비방하는 일이 비일비재非一非再하다. 선의善意의 경쟁으로 더 성장할 수 있는 사람들이, 사적私的 감정에 휩싸여 서로를 물어뜯다가, 결국 둘 다 무너지는 경우를 얼마나 많이 봐 왔던가?

〈원앙조조열전〉은 공사公私를 구분하지 못했던 두 사람의 이야기다. 원앙袁盎과 조조晁錯는 모두 한漢 문제文帝 때의 신하들이다. 두 사람은 모두 뛰어난 능력을 갖고 있었으나, 서로에 대한 사적 감정으로 공적인 일을 그르쳤다.

원앙袁盎, 황제에게 직간하다

원앙袁盎은 초楚나라 사람이다. 여태후呂太后(유방의 부인)가 집권했을 때, 원앙은 여태후의 측근인 여록呂祿의 가신家臣으로 있었다. 문제文帝가 즉위하자 원앙의 형이 그를 추천하여 그는 중랑中郎이 되었다. 당시 유방의 공신인 주발周勃이 승상丞相으로 있었는데, 조회朝會를 마치고 나오는 모습이 매우 거만했다. 황제는 그를 공손하게 대했으며, 퇴청할 때는 친히 전송하곤 했다. 원앙이 황제 앞에 나아가 아뢰었다.

"폐하께서는 승상이 어떤 인물이라고 생각하십니까?"

황제가 말했다.

"한나라와 운명을 같이할 사직社稷의 신하라고 생각하오."

원앙이 말했다.

"주발은 이른바 공을 세운 공신功臣일 뿐이지 사직社稷의 신하는 아닙니다. 사직의 신하란 황제가 살아 있을 때는 황제와 함께 하고, 황제가 죽으면 함께 죽습니다. 여태후呂太后가 집정했을 때, 여씨呂氏 일족이 권력을 쥐고 제멋대로 황제를 좌지우지하여, 황제 유씨劉氏 혈통은 겨우 명맥만 유지했습니다. 이때 주발은 태위太尉를 맡아 병권兵權을 쥐고 있으면서도 이를 바로잡지 못했습니다. 여태후가 돌아가시자 대신들이 함께 여씨呂氏에게 반기를 들었을 때, 공교롭게도 주발이 병권을 잡고 있었기 때문에 우연히 공을 세운 것뿐입니다. 그러므로 주발은 공신이지 사직의 신하는 아닙니다. 그런 주발이 지금은 승상이 되어 폐하께 교만하게 구는데도 폐하께서는 오히려 공손하시니, 이는 군신君臣의 예禮를 잃은 것입니다. 저는 폐하께서 이렇게 하시면 안 된다고 사료되옵니다."

그 후부터, 황제는 점차 위엄을 보였고 주발은 황제를 두려워했다. 이 일로, 주발은 원앙을 원망하며 이렇게 말했다.

"내가 그의 형과 친분이 있는데도, 그가 감히 조정에서 나를 헐뜯었다는 말인가!"

그러나 원앙은 끝내 이일로 주발에게 사과하지 않았다.

그 후, 주발이 승상에서 물러나 자신의 봉토封土로 돌아갔는데, 그 지역의 어떤 사람이 주발이 반란을 일으키려 한다고 조정에 글을 올렸다. 이에 주발은 소환되어 감옥에 갇혔으나 종실宗室 사람들과 대신들은 아무도 그를 변호하지 않았다. 그런데 원앙만이 주발의 무고無辜함을 밝히며 그의 석방에 도움을 주었다. 그 뒤 주발은 원앙과 굳게 교분을 맺었다.

원앙은 옳다고 생각하는 일이 있으면 황제에게 직간直諫했다. 원앙은 회남왕淮南王의 교만함을 다스려야 한다고 주장했고, 환관을 총애하는 것을 견제했으며, 황제가 수레를 위험하게 몰 때에도 직간하여 제지했다. 또한 황제에게 황후인 두태후竇太后가 있을 때 후비인 신부인愼夫人을 총애하는 행동을 하지 말 것도 건의했다.

원앙은 이처럼 자주 직간直諫을 했기에 관직을 오래 하지 못하고 농서隴西 군수郡守의 보좌관으로 좌천되었다. 그는 사졸을 사랑으로 보살폈기 때문에 사졸들은 그를 위해 죽음도 아끼지 않을 정도가 되었다. 그 후, 그는 제왕齊王의 재상으로 자리를 옮겼고, 다시 오왕吳王의 재상이 되었다. 그가 오나라 땅으로 떠나려 할 때, 원앙의 조카가 이렇게 말했다.

"오왕吳王 유비劉濞는 교만하며 그 지역에는 간신奸臣이 많습니다. 숙부께서 오왕을 탄핵하려 한다면, 그들은 도리어 폐하께 글을 올려 숙부님을 고발하거나 암살하려 할 것입니다. 오吳 지역은 지대가 낮고 습하니, 숙부님은 다른 일은 하지 마시고 가끔 오왕에게 역모逆謀를 일으키지 말라고만 말씀하면 됩니다. 그러면 화禍를 면하실 수 있을 것입니다."

원앙이 조카의 말대로 했더니 오왕吳王이 그를 잘 대해주었다.

원앙은 주발에 대해 사적 감정이 없었다. 때문에 그가 잘못한 것은 지적했지만, 그가 무고한 누명을 썼을 때는 변론해 주었다. 충신다운 현명한 모습이다.

조조晁錯, 뛰어난 능력으로 황제의 총애를 받다

조조晁錯는 영천潁川 사람이다. 그는 장회선생張恢先生에게 신불해申不害와 상앙商鞅의 학문을 배웠으며, 낙양의 송맹宋孟, 유례劉禮 등과 함께 수학修學했다. 그는 학문을 인정받아 태상太常(예악禮樂과 제도를 관장하는 관서)에서 일하게 되었다.

조조는 딱딱하고 직설적이며 정감이 없었다. 문제文帝 때에는《상서尙書》를 공부한 사람이 없었는데, 진秦나라 때 박사博士를 지낸 복생伏生이라는 사람만이《상서尙書》에 정통했다. 하지만 나이가 90이 넘어 조정에 오게 할 수 없어, 조정에서는 조조를 보내《상서尙書》를 배워오도록 했다. 조조는 복생에게《상서尙書》를 배우고 온 후, 조정의 현안에 대해 글을 올릴 때 늘《상서尙書》를 인용했다. 황제는 조칙을 내려 그를 문대부門大夫, 가령家令 등에 임명했다. 조조는 언변이 뛰어나 태자의 총애를 받았기에, 사람들은 그를 '지혜 주머니(think tank)'라고 불렀다. 조조는 문제文帝 때에 제후들의 봉토를 삭감하는 사안과 개정해야할 법령에 대해 10여 차례 글을 올렸으나 문제文帝는 이를 받아들이지 않았다. 하지만 문제文帝는 그의 재능을 인정하여 중대부中大夫(국정 현안의 고문 역할을 담당하는 관리)로 승진시켰다. 당시 태자는 조조의 계책이 좋다고 여겼지만 원앙袁盎과 공신功臣들은 대부분 조조를 좋아하지 않았다.

경제景帝가 즉위하자 조조를 내사內史(수도의 총책임자)에 임명했다. 조조는 자주 사람을 물리치고 국정에 대해 황제에게 진언進言 했는데, 황제는 늘 그의 의견을 받아들였다. 그에 대한 경제景帝의 총애는 두터웠으며 그에 의해 개정된 법령이 많았다. 승상丞相인 신도가申屠嘉는 조조를 못마땅하게 여겼으나 그를 누를 만한 힘이 없었다. 조조가 근무하는 내사부內史府는 태상황묘太上皇廟(한고조 부친의 묘) 한 쪽 빈 터에 자리하고 있었는데, 문이 동쪽으로 나 있어서 불편했다. 그래서 조조는 사당의 바깥벽을 뚫고 남쪽에 두개의 문을 내어 출입이 편리하도록 했다. 신도가는 이 사실을 듣고 크게 노怒하여, 이 잘못을 빌미로 조조를 처형할 것을 주청하려 했다. 조조는 그 소식을 듣고, 야밤에 황제를 찾아가 주위 사람을 물러나게 한 후, 출입문을 만든 경위에 대해 상세하게 아뢰었다. 얼마 후, 신도가는 국정國政에 대해 보고하면서, 조조가 함부로 사당의 담을 뚫어 문을 만들었음을 아뢰고, 그를 정위廷尉(사법부의 최고 수장)에게 넘겨 처형해야 한다고 주청했다. 그러자 황제가 말했다.

"그것은 사당의 담이 아니고 사당 바깥쪽 공터에 있는 담이니 법에 저촉되지 않소."

그러자 승상은 사죄를 하고 조정에서 물러나와 그의 부하에게 이렇게 말했다.

"조조를 처형해 달라고 주청할 것이 아니라, 먼저 조조를 참수하고 난 뒤에 황제께 보고했어야 했다. 젊은 녀석에게 모욕을 당한 것은 애당초 내 잘못이다."

신도가는 이 일로 병을 얻어 죽었고, 조조의 명성은 더욱 높아졌다.

사마천은 원앙에 비해 조조에게 다소 비판적이다. 그의 성격을 부정적으로 기술했고 빠른 승진으로 의기양양하며 사람들과 화합에 문제가 있는 것으로 기술했다.

원앙과 조조의 반목反目

원앙은 평소 조조를 좋아하지 않았다. 그래서 조조가 있는 자리에서는 원앙이 자리를 뜨고, 원앙이 자리하고 있으면 조조는 자리를 벗어났다. 이처럼 두 사람은 같은 자리에서 이야기를 나눈 적이 없었다. 문제文帝가 죽고 경제景帝가 즉위하자, 조조는 감찰을 담당하는 어사대부御史大夫가 되었다. 그는 관리에게 명命하여 원앙이 오왕吳王에게 뇌물을 받은 사건을 조사하게 하여 그를 처벌하려 했으나, 황제는 조칙詔勅을

 내려 원앙을 평민신분으로 강등降等하는 선에서 그의 죄를 용서했다.

조조는 어사대부가 된 후에, 제후왕들의 법 위반 사례를 거론하며 그들의 봉토封土를 삭감하자고 주청했다. 이에 황제는 대신大臣과 열후列侯(작위爵位 이름), 종친들을 불러 모아 의논하게 했는데 아무도 반대하지 못했다. 오직 두영竇嬰만이 반대하였으므로, 조조와 사이가 벌어지게 되었다. 조조가 개정한 법령은 30장章이나 되었는데, 이 사실을 알게 된 제후들이 모두 들고 일어나 조조를 질타했다. 조조의 아버지가 이 소식을 듣고 영천潁川 지역에서 올라와 조조에게 이렇게 말했다.

"네가 권력을 잡고 제후들의 봉토를 삭감함으로써 황실의 골육지정骨肉之情을 무너뜨리고 있으니 너를 원망하는 사람들이 많다. 도대체 왜 이렇게 하는 것이냐?"

조조가 말했다.

"맞는 말씀입니다. 하지만 이렇게 하지 않으면, 천자는 존귀尊貴할 수 없고 종묘宗廟는 불안하게 됩니다."

조조의 아버지가 말했다.

"그렇게 하면 유씨劉氏 가문은 편안할지 몰라도, 우리 조씨曹氏 가문은 위태로워진다. 나는 차마 화禍가 우리 집안에 미치는 것을 보지 못하겠다. 그럴 바에 차라리 죽어버리겠다."

그런 다음 조조의 아버지는 약을 마시고 자살했다. 그가 죽은 지 10여 일 후, 오왕吳王과 초왕楚王 등 7개국의 제후왕이 반란을 일으켰다. 그들은 모두 조조 처단을 명분으로 삼았다.

이때, 조조가 그의 부하 관리들에게 말했다.

"원앙은 오왕吳王에게 뇌물을 많이 받았기 때문에, 오왕의 죄를 숨겨주고 그가 모반하지 않을 것이라고 말했다. 그런데 지금 오왕이 반란을 일으켰으니, 원앙이 반란의 계획을 알고 있었는지 조사하도록 황제께 청하려 한다."

그러자 부하 관리들이 말했다.

"반란이 일어나기 전에 그를 처벌했다면 반란을 막을 수 있었을 것입니다. 그러나 지금 반란군이 이쪽으로 쳐들어오고 있는 상황에서, 원앙을 처벌한들 무슨 도움이 되겠습니까? 게다가 원앙이 그런 음모를 꾸몄을 리가 없습니다."

조조는 주저하며 결정하지 못했다. 그때 누군가가 원앙에게 조조가 조사하려 한다는 사실을 알려주었다. 원앙은 두려워서 야밤에 두영竇嬰을 만나러 갔다. 원앙은 두영에게 반란의 진상을 말하고, 황제 앞에서 직접 아뢰고 싶다고 했다. 두영이 궁궐에 들어가 황제에게 아뢰자, 황제는 원앙을 불렀다. 원앙이 도착했을 때, 조조는 황제와 함께 있었는데 원앙이 다른 사람을 물려달라고 요청했다. 조조는 어쩔 수 없이 물러나면서 매우 분하게 여겼다. 조조가 물러나자 원앙이 황제에게 아뢨다.

"반란을 일으킨 오吳와 초楚가 서로 주고받은 서신에는 '고조高祖(유방)께서 여러 자제子弟를 왕으로 삼아 각각 영토를 나누어주었다. 지금 간신 조조는 제 마음대로 제후들의 죄를 묻고 그 봉토를 삭감하고 있다. 이것이 우리 반란의 명분이니, 서쪽으로 군사를 몰아 조조를 베어 죽이고 우리의 봉토를 회복하면 우리는 반란을 끝낼 것이다'라고 쓰여 있다고 합니다. 지금 황제께서는 조조를 처형하십시오. 그리고 사신을 파견하여 오吳, 초楚 등 일곱 나라의 죄를 용서하시고, 삭감했던 그들의 땅을 다시 돌려주신다면, 피 한 방울 묻히지 않고 반란을 끝낼 수 있습니다."

황제는 한동안 침묵하며 결정을 내리지 못했다. 하지만 어쩔 수 없이 원앙의 계책을 받아들였다. 황제는 원앙을 태상太常에 임명하고, 두영을 대장군大將軍에 임명했다. 이 두 사람은 평소 사이가 좋았다. 7국이 반란을 일으키자, 벼슬 없는 사람들과 재능 있는 자들이 앞을 다투어 이 두 사람에게 모여들었는데, 따르는 수레가 하루에 수백 대가 되었다.

황제는 수도를 경비하는 중위中尉를 시켜 조조를 부르게 했다. 중위는 조조를 속여 그를 수레에 태우고 사형을 집행하는 동쪽의 저잣거리인 동시東市에 순찰하러 가는 척했다. 조조는 관복官服을 입은 채 동시東市에서 참형斬刑을 당했다.

당시 황제는 황실의 자손들을 제후왕諸侯王으로 봉封하여 지방을 다스리게 했는데, 점차 그 수가 많아지고 다스리는 땅도 넓어져 조정에게 위협이 될 수 있었다. 조조는 이를 경계하여 제후왕이 불법을 자행하면 이를 근거로 봉토를 삭감하자고 주장했던 것이다. 이 소식을 듣고 제후왕들이 들고 일어난 것이 칠국지난七國之亂이다. 이 내용은 〈오왕비열전吳王濞列傳〉에서도 상세하게 나온다. 제후왕들이 반란을 일으킨 명분은 조조를 처단하는 것이다. 황제는 반란을 서둘러 처리하려고 했고, 이를 틈타 원앙은 정적政敵인 조조를 처단했다.

죽을 고비를 넘긴 원앙

조조가 처형된 뒤, 원앙은 태상太常의 신분으로 오吳나라에 갔다. 오왕吳王은 원앙을 자신의 장군으로 삼고자 했으나 원앙이 이를 거절했다. 그러자 오왕은 원앙을 죽이려는 마음을 먹고, 그를 군대 안에 구금拘禁하고 병사 500명에게 감시하도록 했다. 이전에 원앙이 오나라의 재상으로 있을 때, 어떤 하급관리가 원앙의 시녀와 몰래 통정通情했는데, 원앙은 이를 알고도 발설을 하지 않고 전처럼 대해주었다. 어떤 사람이 그 하급관리에게 "재상께서 네가 시녀와 통정한 사실을 알고 계신다"고 일러주자 그는 바로 도망갔다. 그러자 원앙은 말馬을 몰아 그를 쫓아가서 잡았다. 그리고 시녀를 그에게 주었고 다시 원래대로 일하게 했다. 그런데 원앙이 잡혀 감시를 당하고 있었을 때, 공교롭게도 그 하급관리가 원앙을 감시하는 교위사마校尉司馬로 있었다. 그는 자신의 패물을 팔아서 독한 술 두 섬을 샀다. 그때 마침 날은 춥고 병사들은 굶주려 있었으므로, 병사들에게 술을 내어주니 그들이 모두 취했고, 원앙을 감시하는 병사들도 술에 취해 잠이 들었다. 그러자 교위사마는 야밤에 원앙을 깨워 이렇게 말했다.

"공公께서는 지금 도망가십시오. 오왕吳王은 내일 아침 공公을 죽일 것입니다."

원앙은 그의 말을 믿지 못하고 그에게 물었다.

"그대는 누구시오?"

교위사마가 말했다.

"소인은 전에 공公의 하급관리로 있던 사람으로 공公의 시녀와 사통私通한 자입니다."

원앙은 매우 놀랐지만 그의 요청을 거절하면서 말했다.

"그대는 양친兩親이 살아 계시니, 나의 일로 죄에 연루되면 아니 되오."

교위사마가 말했다.

"공公께서는 도망가시면 됩니다. 저도 도망가서 양친을 피신시킬 것이니 공公께서는 무엇을 걱정하십니까?"

그리고 칼로 군의 막사를 찢어 원앙을 인도하여 잠든 병사들 사이로 도망쳐 나왔다. 교위사마는 원앙과 반대 방향으로 도망갔다. 다음날 날이 밝았을 때, 원앙은 양梁나라 기병騎兵을 만나 말을 얻어 타고 수도로 돌아와서 황제에게 보고했다.

원앙이 사졸을 아껴주었고 그 덕분에 죽을 고비를 넘기는 내용이다. 원앙의 인격과 평소의 모습을 이 이야기를 통해 보여주려 했다.

원앙, 자객에게 살해당하다

7국國의 반란이 평정된 뒤, 황제는 다시 유례劉禮를 초왕楚王으로 삼고, 원앙을 초나라 재상으로 임명했다. 그 뒤 원앙은 황제에게 글을 올려 정사政事를 건의했으나 황제는 이를 채택하지 않았다. 원앙은 병을 핑계로 벼슬을 그만두고 집으로 돌아와 지냈다. 그는 마을 사람들과 어울려 다니면서 닭싸움과 개싸움 등을 즐기며 지냈다. 협객으로 유명했던 낙양洛陽의 극맹劇孟이 일찍이 원앙을 방문한 적이 있었는데, 원앙은 그를 후하게 대접했다. 그러자 안릉安陵의 어떤 부자富者가 원앙에게 이렇게 말했다.

"극맹劇孟은 노름이나 하는 자인데, 공은 무슨 이유로 그와 어울리십니까?"

원앙이 말했다.

"극맹은 비록 노름꾼에 불과하지만, 그의 모친이 죽었을 때 조문객의 수레가 천 대가 넘었소. 이는 그가 뛰어난 사람이기 때문이오. 그리고 사람이란 누구나 위급한 일이 닥치기 마련이오. 극맹은 남이 위급한 일로 도움을 청할 때, 부모 핑계를 대거나 위험하다고 거절하지 않고 자기 일처럼 뛰어들어 도움을 주는 사람이오. 그래서 그는 세상에 존경을 받고 있습니다. 지금 그대는 항상 말 탄 시종을 거느리고 다니지만 일단 위급한 일이 닥치면 그들을 믿을 수 있겠소!"

원앙은 그 부자富者를 꾸짖고는 그와 왕래하지 않았다. 여러 제후들이 이 소식을 듣고 모두 원앙을 칭송했다.

원앙이 은퇴한 후, 경제景帝는 때때로 그에게 사람을 보내어 국정國政에 대해 의견을 묻곤 했다. 한편, 양왕梁王은 자신이 경제景帝의 뒤를 이어 황제가 되려고 했으나, 원앙은 이를 반대했다. 이 일로 양왕梁王은 원앙을 원망하여 자객刺客을 보내 원앙을 죽이려고 했다. 자객이 마을에 이르러 원앙의 사람됨에 대하여 알아보았는데, 많은 사람들이 침이 마르도록 원앙을 칭찬했다. 그러자 자객은 원앙을 만나서 이렇게 말했다.

"소인은 양왕梁王의 청탁을 받고 공公을 죽이려고 왔습니다. 그런데 공이 덕德이 있는 분임을 알게 되어 차마 죽일 수가 없었습니다. 하지만 저 말고도 공을 죽이려는 자가 10여 명이 있으니 조심하십시오."

이 말을 듣고 원앙은 마음이 불안했다. 또 집안에 괴이한 일이 많이 일어나, 점장이 배생棓生에게 가서 점을 보았다. 그런데 점을 보고 돌아오는 길에, 양왕이 보낸 또 다른 자객이 안릉安陵의 성문 밖에서 원앙을 찔러 죽였다.

원앙을 죽이러 온 자객이 오히려 그를 도와주는 이야기다. 이를 통해 원앙의 인품을 부각시키려는 사마천의 의도가 엿보인다.

등공이 황제를 비판하다

7국國이 반란을 일으켰을 때, 등공鄧公은 진압군의 장군이 되었고, 반란을 평정한 뒤 돌아와 황제에게 보고했다. 황제가 물었다.

"그대는 전장戰場에서 복귀했는데, 조조가 죽었다는 소식을 듣고 과연 7국이 전투를 멈추었는가?"

등공이 말했다.

"오왕은 반란을 준비한 지 수십 년이나 되었습니다. 그들이 조조를 처단하는 것을 명분으로 내세웠지만, 반란의 목적은 조조를 처단하는 것이 아닙니다. 신이 걱정하는 것은, 이 일로 천하의 선비들이 입을 다물고 다시는 황제께 진언進言을 하지 않는다는 것입니다."

황제가 말했다.

"어째서인가?"

등공이 말했다.

"조조는 제후들이 지나치게 강성하여 그들을 제재制裁할 수 없음을 걱정한 것입니다. 그래서 봉토 삭감을 주청하고 황제의 존엄을 세우려고 했습니다. 조조의 계책은 만세萬世에 이익이 되는 것입니다. 그러나 계획이 시행되자마자 자신은 사형을 당하고 말았습니다. 그를 처형하심으로써, 안으로는 충신의 입을 막고 밖으로는 제후들의 원수를 갚아준 격이 되었으니, 이는 폐하께서 취하실 행동이 아니었다고 생각합니다."

경제景帝는 한동안 아무 말도 하지 않았다. 그런 다음 "공의 말이 옳소. 나 역시 후회하고 있소"라고 말했다. 황제는 등공을 성양城陽의 중위中尉로 임명했다.

등공의 이야기를 삽입한 것은, 조조의 건의가 옳았음을 보여주려는 의도다. 국가를 위해 계책을 낸 신하에게 반란을 이유로 참형을 내렸다면, 향후에 그 어느 신하가 국가를 위해 일하겠는가? 계책을 받아들이고 시행한 것은 황제이니 황제가 끝까지 책임을 지고 신하를 보호했어야 했다. 문제가 생겼을 때 꼬리를 잘라 해결한다면 그 누가 충성을 다하겠는가?

사마천은 말한다.

"원앙袁盎은 학문을 좋아하지 않았으나 시의적절하게 일을 잘 처리했다. 그는 어진 마음을 갖고 있었으며 의義로운 일에도 앞장섰다. 문제文帝가 즉위했을 때, 그의 재능을 알아주는 시대를 만나 적절한 때에 황제를 변화시켰다. 오吳, 초楚가 반란을 일으켰을 때, 황제에게 한 건의가 받아들여졌으나 그 이후에는 더 이상 조정에서 쓰이지 않았다. 그는 명성을 좋아하고 재능을 자랑했으나 결국은 명성 때문에 죽었다. 조조晁錯가 가령家令이 되었을 때, 황제에게 여러 번 진언했지만 받아들여지지 않았다. 그러다가 권력을 잡고 제도를 많이 고쳤다. 제후가 반란을 일으켰을 때, 이를 수습하는데 힘쓰지 않고 사적私的 원한을 갚으려다가 도리어 자신은 죽임을 당했다. 옛말에 '옛 법法을 바꾸고 제도를 어지럽히면 죽거나 도망간다'라고 했는데, 이는 조조를 두고 한 말이 아니겠는가!"

원앙과 조조는 모두 뛰어난 신하임에 분명하다. 문제問題는 둘을 함께 붙여 놓으면 역량이 상쇄相殺한다는 것이다. 기량이 뛰어난 두 축구팀의 경기에서, 매너 없는 플레이와 볼썽사나운 폭력이 난무亂舞한다면 누가 그 경기를 보러 가겠는가? 승부욕만 있고 아량이 없는 경기는 지저분한 길거리 싸움과 다르지 않다. 그들이 사적 감정을 억제하고 상대방을 라이벌로 생각하여 선의의 경쟁을 했다면, 큰 업적을 이뤄 국가는 더 발전했을 것이다. 부부가 싸울 일이 있어도 아이들을 위해 참는 경우가 많다. 참는 일이 많아지면 싸움은 줄어든다. 부부의 개인적 감정은 더 큰 지향을 위해 억제해야 한다. 가정의 화목은 부부의 삶의 원동력이니, 결국 부부 두 사람에게는 더 큰 이득이다.

당唐나라 문장가 유종원柳宗元은 〈적계敵戒(적에 관하여 경계할 점)〉라는 글에서 이렇게 말했다.

> 사람들은 적敵을 싫어하지만 그가 도움을 준다는 것을 모른다. 또한 적이 해롭다고만 생각할 뿐 적이 이로움을 주는 것은 알지 못한다. …… 적이 있으면 화禍가 없어지고, 적이 사라지면 착오를 범한다. 이 이치를 안다면, 나의 도량은 넓어지고 명성名聲은 드날린다. 질병을 경계하면 오래 살지만, 건강을 자부하면 별안간 죽는다. 적을 싫어하기만 하고 이 점을 주의하지 않는 사람은, 멍청이이거나 노망든 노인일 것이다.(皆知敵

之仇, 而不知爲益之尤. 皆知敵之害, 而不知爲利之大. …… 敵存滅禍, 敵去召過. 有能知此, 道大名播. 懲病克壽, 矜壯死暴. 縱欲不戒, 匪愚伊耄).

마라톤 경기에서 라이벌은 나에겐 고마운 존재다. 혼자 달리면 고되고 지치겠지만, 그를 의식하면서 앞서거니 뒤서거니 레이스를 펼치다 보면 기록은 더 좋아질 수 있다. 백신(Vaccine)은 병균을 몸에 넣어 항체를 만드는 것이니, 적을 통해 나의 면역력이 증가하는 것이다. 그러니 적은 없애려 할 것이 아니라 늘 상존해야 할 대상으로 여겨야 한다. 라이벌을 이기고 싶은 감정은 단지 운동장에서만 표현되어야 한다. 그 감정을 운동장 밖으로 가져갔을 때, 우리는 원앙과 조조의 반목反目을 반복할 수밖에 없다.

張釋之馮唐列傳
萬石張叔列傳

第15장

언제나 돌직구, 닥치고 침묵

—

장석지풍당열전

만석장숙열전

들어가며

돌직구. 투수가 던진 돌처럼 위협적인 직구를 말한다. 이것은 '상대방의 입장을 고려하지 않는 직설적인 말이나 행동'으로 의미가 파생되어 사용된다. 돌직구를 날리는 사람들을 보면 시원하긴 하지만 어딘가 불안하다. 한순간 분위기를 깰 수 있기 때문이다. '침묵은 금'이라거나 '입이 무겁다'는 말은 돌직구와는 반대 개념이다. 늘 과묵하게 말을 아끼니 비밀이 새어 나갈 일도 없고 믿음직스럽다. 하지만 때론 답답하게 느껴진다. 그렇다면, 돌직구는 나쁘고 침묵은 좋은가? 상황에 따라 다르다. 정치 평론가의 시원한 돌직구는 시청률을 높이고, 불평도 없이 맛없는 음식을 먹는 남편은 사랑스럽다. 그러나 종업원에게 던지는 불평의 돌직구는 갑질이라고 의심 받고, 묵비권을 행사하는 흉악범은 사람들의 공분公憤을 산다. 그러니 어떤 상황이냐에 따라 돌직구와 침묵을 적절히 사용해야 한다.

〈장석지풍당열전〉의 장석지張釋之와 풍당馮唐은 과감하게 돌직구를 날렸던 사람들이고, 〈만석장숙열전〉의 석분石奮 일가一家와 주인周仁은 침묵으로 일관했던 사람들이다. 그들은 모두 한나라 때 황제를 측근에서 모시던 사람들이다. 그들의 돌직구와 침묵은 과연 적절했는지를 파악하는 것은 이 글의 핵심 포인트다.

즉흥적 인재 발탁은 아니 되옵니다

장석지張釋之는 도양堵陽 사람이다. 그는 형과 함께 살았는데, 형이 재물을 써서 장석지를 기랑騎郎(황제의 행차를 호위하는 관리)이 되게 했다. 하지만 10년 동안 승진도 못했고, 능력을 인정해주는 사람도 없었다. 그는 낮은 관리로 있으면서 형의 재산만 축낸다고 한탄하며, 관직을 그만두고 고향으로 돌아가려 했다. 중랑장中郎將(황제의 호위를 총괄하는 관리) 원앙袁盎은 그의 능력을 알아보고 그를 문제文帝에게 추천하여 알자謁者(빈객賓客을 담당하거나 명령을 전달하는 관리)가 되도록 했다. 장석지는 조정의 회의가 끝났을 때 기회를 얻어, 진秦이 멸망하고 한漢이 흥기興起한 이유에 대해 문제文帝와 긴 이야기를 나눴다. 문제文帝는 훌륭하다고 칭찬하고 알자복야謁者僕射(빈객에 관한 업무의 총괄 책임자)로 승진시켰다.

어느 날, 장석지는 문제文帝를 따라 호권虎圈(황제의 사냥에 쓸 짐승을 가두는 곳)에 이르렀다. 문제文帝가 사냥터 관리 책임자인 상림위上林尉에게 여러 짐승을 기록한 책에 대해 질문을 했지만, 상림위上林尉는 머뭇거리며 제대로 답을 하지 못했다. 그런데 색부嗇夫라는 직책의 말단 관리가 황제의 질문에 상세하게 대답했다. 문제文帝가 "관리란 마땅히 이래야 할 것이야. 상림위上林尉는 쓸모가 없어"라고 했다. 황제는 바로 장석지에게 명하여 색부嗇夫를 사냥터의 총 책임자인 상림영上林令으로 임명하려고 했다. 장석지는 문제文帝 앞에 나아가 이렇게 말했다.

"폐하께서는 주발周勃(한나라 개국 공신이자 문제文帝의 충신)이 어떠한 사람이라고 생각하십니까?"

"덕망 있고 뛰어난 사람이 아니던가!"

"장상여張相如는 어떤 사람이라고 생각하십니까?"

"역시 덕망이 있고 뛰어난 사람이지."

"주발과 장상여는 덕망 있고 뛰어난 사람이지만, 자신들의 업무에 대해서는 제대로 말을 못했습니다. 그런데 말주변만 좋은 색부嗇夫에게 무엇을 배울 수 있겠습니까? 옛날 진秦나라는 문서를 처리하는 서리書

吏같은 사람들만 등용하여, 업무를 빠르고 엄격하게 처리하는 것을 최고라고 여겼습니다. 하지만 그들은 규정대로만 할 뿐 인정人情이란 찾아볼 수가 없었습니다. 진나라는 이 폐단을 모른 채 국가를 운영하여 결국 2세 황제 때 멸망했습니다. 지금 폐하께서는 말주변만 좋다고 색부嗇夫를 특급승진 시키려고 하시는데, 만약 이것이 풍토風土가 된다면 모두들 그저 언변言辯에만 힘쓰고 내실內實은 소홀히 할까 염려되옵니다. 폐하의 명령은 순식간에 천하에 퍼지게 될 것이니, 폐하께서는 신중하게 처리하시기 바라옵니다."

문제文帝는 장석지의 말이 옳다고 여겨 색부를 발탁하지 않았다.

《논어論語, 헌문憲問》에는 "덕이 있으면 말을 잘하지만, 말을 잘한다고 반드시 덕이 있는 것은 아니다(有德者必有言, 有言者不必有德)"라고 했다. 능력이 있으면 말을 잘하지만, 말을 잘한다고 반드시 능력이 있는 것은 아니라는 말이다. 문제文帝는 색부의 구변口辯이 좋아 능력이 있다고 판단했다. 능력이 있을 수도 있으나 짧은 시간의 대화로 능력을 파악하기는 어렵다. 입사 면접에서 말을 잘하는 사람을 뽑았다가 낭패를 볼 수 있다. 그의 경력과 스펙을 함께 참고했는데도 그러하니, 짧은 대담으로 색부를 등용하는 것은 분명 문제問題가 발생할 수 있다. 사냥터를 관리하는 사람 하나를 잘못 뽑았다고 국가가 어떻게 되지는 않는다. 그러니 장석지가 황제에게 태클을 걸지 않고 그의 체면을 살려줄 수도 있다. 하지만 황제의 인사선발 기준이 그렇다고 알려지면, 천하의 모든 선비가 공부는 안 하고 스피치 학원을 다닐 것이 뻔하다. 장석지는 이것을 더 두려워한 것이다.

장석지는 관직이 중랑장中郎將(황제를 보필하는 중랑서中郎署의 수장)에 이르렀다. 그는 황제를 수행하여 패릉霸陵에 갔는데, 황제는 능묘陵墓 위에 앉아 먼 곳을 바라보았다. 이때 황제가 총애하는 신부인愼夫人도 따라왔는데, 황제는 신풍현新豐縣을 가리키며, 신부인에게 "저기가 바로 조趙나라 수도 한단邯鄲으로 가는 길이오!"라고 했다. 조나라 한단은 신부인의 고향이었다. 황제는 신부인에게 거문고를 타도록 했고, 자신은 그 가락에 맞춰 노래를 불렀는데, 사뭇 처량하고 슬펐다. 그리고 여러 신하를 바라보며 말했다.

"아! 북산北山에서 나는 좋은 돌로 관棺을 만들어, 모시와 솜으로 관의 틈새를 막고, 다시 옻으로 칠을 해 놓으면 누가 열 수 있겠는가?"

좌우 신하들이 모두 훌륭하다고 입을 모았다. 이때, 장석지가 앞으로 나와 말했다.

"만약 그 관속에 탐욕을 부추기는 물건이 있다면, 남산南山을 녹여 틈을 막는다 해도 틈이 생길 것입니다. 그러나 탐욕을 부추기는 물건이 없다면, 돌로 된 관을 쓰지 않아도 무슨 걱정이 있겠습니까?"

문제文帝는 아주 훌륭한 말이라고 칭찬했다. 이후에 장석지는 승진하여 정위廷尉(사법부의 총 책임자)가 되었다.

다른 모든 신하들이 황제의 비위를 맞추고 있을 때, 그 분위기에 찬물을 끼얹는 돌직구를 날리기는 어렵다. 하지만 문제問題를 지적하지 않으면 황제는 실제 그렇게 믿고 행동할 수도 있다. 온갖 금은보화를 관속에 넣어 두면 도굴꾼이 노리게 되니, 검소한 장례를 치러야 한다고 장석지는 주장한다. 문제文帝가 도둑이 들지 않는 견고한 관棺을 만들려고 한 것은, 음식이 있어 파리 떼가 득실거리는데 음식은 치우지 않고 파리채만 다량으로 구입하는 격이다. 음식을 치우면 파리들은 사라진다.

법 적용은 공평하게

하루는 문제文帝가 중위교中渭橋라는 다리를 지나고 있었다. 이때 어떤 사람이 갑자기 다리 아래에서 뛰어 나와 수레를 끄는 말을 놀라게 했다. 그 사람은 체포되어 정위廷尉인 장석지에게 넘겨져 조사를 받았다. 장석지가 심문하니, 그 사람은 이렇게 말했다.

"저는 장안현長安縣 사람인데, 황제의 수레가 지나간다는 소리를 듣고 다리 아래에 몸을 숨겼습니다. 한참이 지나 황제의 행차가 지나갔다 생각하고 다리 밑에서 올라왔는데, 황제의 거마車馬가 있는 것을 보고 깜짝 놀라 달아났을 뿐입니다."

장석지는 정황에 근거하여 그를 벌금형에 처했고, 이를 문제文帝에게 보고했다. 문제文帝가 화를 내며 말했다.

"그자는 나의 말馬을 놀라게 했소. 내 말馬이 온순했기 망정이지 다른 말馬이었다면 내가 떨어져 다쳤을 것이오. 그런데도 단지 벌금형에 처한다는 말이냐!"

이에 대해 장석지가 말했다.

"법이란 황제와 백성들이 모두 준수해야 하는 것입니다. 지금 법에는 벌금으로 처벌하라 규정되어 있는데, 만약 가중처벌 한다면 백성들은 그 법을 믿지 못할 것입니다. 또한 당시에 폐하께서 그 자리에서 즉시 그를 베어버리셔도 그만입니다. 하지만 일단 그를 정위廷尉인 저에게 넘겨주셨다면, 저는 정위廷尉의 직분에 맞게 공정하게 법을 집행해야 합니다. 만약 편파적으로 집행된다면 법이 상황에 따라 가볍거나 무겁게 적용될 것이니, 이렇게 되면 백성들은 어떻게 행동해야 할지 모르게 됩니다. 폐하께서는 이점을 살펴주시기를 바라옵니다."

한참 후, 황제는 "정위廷尉의 말이 옳도다"라고 했다.

폐하는 그런 능력이 없사옵니다

풍당馮唐의 조상은 조趙나라 사람인데 아버지 때에 대代나라로 이주했고, 한漢이 세워진 후에는 안릉安陵으로 거처를 옮겼다. 풍당은 효자孝子로 유명했으며, 훗날 중랑장中郞長이 되어 문제文帝를 섬겼다. 문제文帝가 수레를 타고 중랑의 관서官署를 지날 때, 풍당이 대代 지역에서 살았던 것을 알고 옛날 조趙나라 장수 이제李齊를 아는지 물었다. 풍당은 이제李齊가 염파廉頗와 이목李牧보다 못하다고 말했고, 더불어 염파廉頗와 이목李牧의 뛰어남에 대해서도 아뢰었다. 문제文帝가 말했다.

"아! 애석하도다. 내가 염파廉頗와 이목李牧 같은 장수를 얻을 수 없다는 것이. 그들이 있다면 내 어찌 흉노匈奴를 두려워하겠는가?"

이 말을 듣고 풍당은 말했다.

"폐하께서 염파廉頗와 이목李牧을 얻는다 해도 그들을 제대로 쓰지 못하실 것입니다."

문제文帝는 화가 나서 일어나 궁궐로 가버렸다. 한참 후에, 문제文帝는 풍당을 불러 말했다.

"그대는 어째서 사람들 앞에서 나에게 모욕을 주었는가? 조용히 나한테 말하면 될 것을."

풍당은 사죄하며 "미천한 제가 생각이 짧았습니다"라고 말했다. 당시 흉노匈奴가 수시로 변경을 침입하여 황제는 이를 근심하고 있었다. 문제文帝는 풍당에게 물었다.

"그대는 어찌하여 내가 염파廉頗와 이목李牧을 제대로 쓰지 못한다고 생각하는가?"

풍당이 말했다.

"옛날 군왕은 장군을 출정出征시킬 때, 무릎을 꿇고 수레를 밀면서 '국문國門 안의 일은 내가 결정할 테니, 국문 밖의 일은 그대가 결정하시오'라고 했습니다. 또 전공戰功을 세운 병사를 포상하는 일은 모두 장수가 결정하고, 이를 나중에 군왕君王에게 보고만 하게 했습니다. 저의 할 아버지가 말씀하시길, 이목李牧이 변경을 수비할 때에 군시軍市(군대에 있는 시장)에서 걷는 세금을 모두 병사에게 베풀었는데, 조정은 이에 관여하지 않았다고 했습니다. 이렇게 이목李牧에게 모든 것을 일임一任하고 성패成敗의 책임만 물었던 것입니다. 이 때문에 이목李牧은 자신의 능력을 다 바쳤고, 결국 조趙나라는 적들을 무찌르고 제후들의 패주霸主가 되었습니다. 그 후, 조왕趙王 천遷이 즉위했는데, 조왕趙王은 측근인 곽개郭開의 비방을 듣고 이목李牧을 죽이고, 안취顏聚를 장군으로 임명했습니다. 이 때문에 군대는 패했고 결국 진秦나라에게 멸망을 당했습니다. 이전에 폐하께서는 위상魏尚을 운중雲中지역의 태수太守로 임명하셨습니다. 그는 군시軍市의 세금으로 병사들을 먹이고, 자신의 봉록을 써서 5일마다 소를 잡아 손님과 군리軍吏들을 대접했다고 들었습니다. 이 때문에 군영軍營은 하나가 되었고 흉노는 감히 침범하지 못했습니다. 위상魏尚이 군대를 이끌고 흉노를 공격하여 사살射殺한 자가 매우 많았다고 합니다. 그 병사들은 모두 평민의 자제들이며 밭일을 하다가 군대로 징집되었으니 어찌 군법을 알겠습니까? 그들은 종일 전투를 하면서 적을 베고 포로를 잡았지만, 관가에 자신들의 공功을 보고할 때 조금이라도 수치가 틀리면 관리들은 오히려 법을 근거해 그들을 처벌했습니다. 상賞을 주지는 못할망정 오히려 법으로 처단했던 것입니다. 어리석은 제가 생각하기로는, 폐하의 법은 지나치게 엄격하여 상賞을 주는 데는 인색하며 벌罰은 무겁게 내립니다. 위상魏尚이 적의 머리를 베었다고 보고한 숫자가 실제와 6개 차이가 난다는 이유로, 폐하께서는 그의 죄를 질책하며 작위를 삭탈削奪하고 노역勞役의 벌을 주셨습니다. 이 때문에 저는 폐하께 염파廉頗와 이목李牧이 있다 해도 그들을 제대로 쓸 수 없다고 한 것입니다. 저는 어리석어 말을 가리지 않고 진언進言하였으니 죽어 마땅하옵니다."

문제文帝는 이 말을 듣고 기뻐했다. 그리고 그날로 풍당을 사신으로 파견하여 위상魏尚에게 찾아가 그의 죄를 사면하고 다시 운중雲中의 태수太守로 임명했다. 아울러 풍당을 거기도위車騎都尉에 임명하여 중위

中尉와 각 군郡과 국國의 병사를 관리하도록 했다.

풍당의 직언으로 황제가 얼굴을 붉히고 자리를 뜰 정도이니, 이는 대통령이 회의 중에 박차고 일어난 격이다. 하지만 이런 풍당을 처벌하지 않고 조용히 불러 섭섭함을 토로한 후, 오히려 승진까지 시키는 문제文帝의 배포도 대단하다. 풍당의 돌직구는 문제文帝의 이런 아량과 배포가 있어서 더 빛이 났던 것이다.

석분奮, 공손함으로 고위공직자가 되다

만석군萬石君의 이름은 석분石奮이다. 그의 아버지는 조趙나라 사람이었는데, 조나라가 망하자 온溫 지역으로 이주했다. 유방劉邦이 항우項羽를 공격하려고 하내河內 지역을 지날 때, 석분은 15세의 하급관리 신분으로 유방의 시중을 들었다. 유방은 그와 이야기를 나누었는데, 그의 공손하고 조심하는 태도가 마음에 들었다. 유방은 석분石奮의 가족이 가난하며, 앞을 못 보는 어머니와 거문고를 잘 타는 누이가 있다는 것을 알게 되었다. 유방은 석분石奮을 거두어 주었고 누이를 불러 첩으로 삼았다. 또 석분을 중연中涓(청결과 위생을 담당하는 시종)으로 삼고, 장안성長安城 안에 외척들이 주로 거주하는 척리戚里로 이사하게 했다. 이는 석분石奮의 누이가 유방의 첩이 된 덕분이다. 석분石奮은 문제文帝 때에 공로를 인정받아 태중대부太中大夫가 되었다. 그는 배운 것은 없었으나 황제를 공경하는 태도는 따라갈 사람이 없었다.

석분石奮은 문제文帝 때에 태자太子를 지도하는 태부太傅가 되었다. 경제景帝 때는 구경九卿(9개 행정장관의 총칭)의 위치에 올랐으나, 경제景帝는 그가 권력의 중심에 오는 것을 꺼려하여 지방 제후의 재상으로 임명했다. 석분石奮은 석건石建, 석갑石甲, 석을石乙, 석경石慶의 네 아들을 두었는데, 이들 역시 효성스럽고 공손하였기에 모두 군수郡守의 지위에 올랐다. 경제는 "석분과 네 아들이 모두 이천석二千石의 봉록을 받으니 합치면 만석萬石이 되는구나. 그대의 가족은 모두 신하의 영광을 누리고 있구려"라고 하며, 석분을 만석군萬石君이라 불렀다.

석분石奮 일가의 우스꽝스러운 공손

경제景帝 말년, 석분은 상대부上大夫의 직위를 끝으로 퇴직했다. 하지만 매년 중요한 기일에는 대신大臣 자격으로 조정에 들어왔다. 궁궐의 문을 지날 때면 석분은 반드시 수레에서 내려 걸어 들어갔다. 또 길에서 황제의 거마車馬만 봐도 그 앞에서 예禮를 표했다. 아들들이 낮은 관리로 있을 때 집으로 돌아오면, 석분은 반드시 조정에서 입는 조복朝服을 입고 그들을 만났으며, 아들들의 이름을 부르지 않았다. 아들들이 잘못을 하면, 책망하지 않고 옆으로 비켜 앉아 마주보고 음식을 먹지 않았다. 그런 후에는 아들들이 서로를 질책하고, 큰 아들이 한쪽 어깨를 드러내도록 상의를 내리고 사죄하면(패장敗將이 적장敵將에게 패배를 인정할 때 하는 모양) 석분은 그제야 용서했다. 성인成人이 된 아들들이 옆에 있으면, 집에 있을 때도 굳이 관冠을 쓰고 엄숙한 모습을 보였다. 집안의 노비들도 또한 공손했다. 황제가 음식을 하사하면, 황제가 앞에 있는 것처럼 무릎을 꿇고 머리를 숙이고 먹었다. 그가 장례를 치를 때는 몹시 슬퍼했다. 자손들도 그의 가르침을 따라 그와 똑같이 행동했다. 석분의 일가는 효도孝道와 공손함으로 이름이 날렸다. 제齊나라와 노魯나라의 수많은 유생들도 그를 따라갈 수 없다고 인정했다.

"지나친 공손은 오히려 예의에 벗어난다(과공비례過恭非禮)"라는 말은 석분을 두고 한 말일 것이다. 하지만 석분은 밖에서는 굽신거리지만 집에서는 가족들을 굽신거리게 했다. 윗사람의 권위에 굽신거리는 사람들은 아랫사람을 대할 때 상반된 태도를 보이곤 한다. 만약 자신이 진정 윗사람을 존경해서 공손한 태도를 보였다면 가정에서는 권위적일 이유가 없다. 존경이 아닌 권위에 짓눌려 굽신거렸다면 그 억눌렸던 감정은 사적공간에서 표출되기 마련이다. 석분은 고관의 직위로 아들을 대했고, 그 아들은 패장敗將이 적장에 사죄하는 모습으로 아버지에게 사죄했다. 장군이 부하를 다루듯 자녀를 대하고, 사원이 사장을 모시듯 아버지를 대하니 참으로 안타까울 노릇이다.

한漢 무제武帝 건원建元 2년, 낭중영郎中令(황제 보필 업무를 담당하는 최고 책임자) 왕장王臧은 유가儒家의 학설을 숭배했는데, 유가에 근거하여 명당明堂을 세우자고 건의했다가, 두태후竇太后의 비난을 받아 죄를 짓고 자살하게 되었다. 두태후는 늘 유자儒者들이 외형에만 치중하고 내실이 부족하다며 못마땅하게 생각했다. 반면에 석분 일가는 말없이 몸소 행동으로 보여주어 큰아들은 낭중영郎中令이 되었고 작은 아들은 내사內史가 되었다고 칭찬했다.

큰 아들 석건石建이 나이 들어 백발이 되었을 때, 아버지 석분은 아직 정정했다. 당시 낭중영郎中令이었던 석건은 닷새마다 휴가를 얻어 집으로 와 부친을 뵈었다. 석건은 작은 방으로 들어가 몰래 부친의 속옷과 요강을 꺼내어 직접 씻은 후에 시종에 건네주었다. 그러면서 아버지가 알지 못하도록 했다. 석건은 늘 이렇게 했다. 석건이 낭중영이 되었을 때, 황제에게 아뢸 것이 있으면 사람들을 물리치고 하고 싶은 말을 다 했는데, 말하는 것이 매우 간절했다. 하지만 조정의 회견會見이 있을 때는 말을 못하는 사람과 같았다. 이 때문에 황제는 그를 존중하고 예우했다.

석건石建이 낭중영으로 있을 때의 일이다. 글을 올려 황제에게 어떤 일을 주청奏請했는데, 이에 대한 회신이 내려왔다. 석건이 그것을 읽고서 "아 내가 한자漢字를 잘못 썼구나! 마馬 자字의 아래 4개의 점을 한 획 모자라게 썼구나. 폐하께서 나를 질책하여 사형을 내리실 텐데 이를 어쩌면 좋다는 말인가!"라고 하며 몹시 두려워했다. 그가 언행을 조심

 하는 것은 다른 일을 할 때에도 마찬가지였다.

석분의 막내아들 석경石慶이 태복太僕(중앙 행정장관 중 하나)으로 있을 때의 일이다. 황제가 수레를 타고 외출할 때, 수레에 말이 몇 마리 있느냐고 물었다. 석경은 채찍으로 말의 수를 하나, 둘 세고는, 손가락 여섯 개를 펴서 들어 보이며 "여섯 마리입니다"라고 대답했다. 석경은 형제들 중 가장 소탈하고 까다롭지 않았는데도 이 정도였다.

수레에 말이 몇 마리 있는지 세지 않아도 안다. 그런데도 직접 가서 채찍으로 하나 둘 소리 내며 세고 손가락 여섯 개를 들어 "여섯 마리 옵니다"라고 외치는 저 우스꽝스러운 모습을 연출했다. 몇 살이냐고 묻는 말에 손가락을 펴서 여섯 살이라고 답하는 아이들의 모습이 겹쳐져서 더욱 씁쓸해진다. 석분의 아들 중에 제일 융통성이 있는 석경이 저 정도였다면 다른 아들들은 어떠하겠는가? 장관이 황제에게 손가락을 펴서 "여섯 마리"를 외치는 웃기고도 슬픈 '웃픈' 이야기는 오늘날에는 없는 걸까?

무능한 침묵

한漢 무제武帝 원정元鼎 5년, 승상 조주趙周가 죄를 지어 파면됐다. 황제는 어사에게 "선대 황제께서 석분을 존중하셨다. 그의 자손들 모두 효성스러우니, 어사대부 석경石慶을 승상으로 임명한다"라는 조서詔書를 내렸다. 이때 한나라는 대내외적으로 많은 일이 있었다. 사방 이민족을 정벌했으며, 황제는 천하를 순시하고 사당祠堂을 수리했다. 또한 명산名山에서 제사를 올리고 예악禮樂을 제정했다. 국가의 재정이 부족하자 상홍양桑弘羊 등은 재원財源을 찾느라 분주했고, 왕온서王溫舒 등은 법을 엄히 집행하느라 여념이 없었으며, 아관兒寬 등은 학문을 부흥시키는데 전념했다. 그들은 모두 관직이 구경九卿의 지위에 이르렀고 번갈아가며 권력을 장악했다. 하지만 이때 수많은 국가 대사大事는 승상丞相인 석경石慶을 거치지 않고 결정되었고, 승상이 하는 일이라고는 그저 과묵하게 공손한 태도를 보이는 것뿐이었다. 석경은 9년 동안 승상을 지냈는데, 조정의 잘못을 바로 잡는 어떠한 말도 한 적이 없다. 한번은 그가 황제의 측근인 소충所忠과 함께 함선咸宣의 죄를 처벌하자고 주청한 적이 있었다. 그러나 함선咸宣의 죄를 입증하지 못하여 도리어 자신이 처벌을 받아 속죄했다.

공손한 태도는 겸손함으로 인식되고 상대방에 대한 존중으로 비춰진다. 하지만 직위에 있는 사람이 능력은 없고 겸손함만 갖추고 있다면 문제問題가 생길 수 있다. 무제武帝 때 대내외적으로 국가 현안이 매우 많아 여러 대신들은 각자의 영역에서 분주히 움직였다. 하지만 승상인 석경은 능력이 없어서, 국가의 모든 대소사大小事는 석경을 거치지 않고 처리되었다. 명실상부한 '바지 승상'이 바로 그것이다. 행정능력도 없고 고발한 죄인의 죄상을 밝히지 못해 오히려 처벌을 받았다니, 다른 관리들은 그를 뭐라고 평가했을까? 또 그들의 무시하는 시선을 느끼면서 석경은 얼마나 힘들어했을까? 그러니 자신의 능력에 맞는 위치에 있어야 하지 않을까?

주인周仁, 침묵으로 사랑받는 장관

낭중영郎中令 주문周文은 이름이 인仁이다. 주인周仁은 의술醫術이 뛰어나 황제를 알현했고, 경제景帝가 태자였을 때 사인舍人(시종侍從의 역할을 하는 관리)이 되었다. 그 후 공로를 쌓아 승진하여 문제文帝 때에는 태중대부太中大夫가 되었다. 또 경제景帝가 즉위하자마자 주인周仁을 낭중영郎中令에 임명했다. 주인周仁은 과묵하여 말을 누설하지 않았다. 그는 항상 낡아서 기운 옷을 입었으며 청결하게 하지 않았기 때문에 경제景

帝의 총애를 받았다. 경제景帝가 침실에서 후궁後宮들과 은밀한 시간을 보낼 때에도 주인周仁은 항상 황제의 곁에 있었다. 경제景帝가 죽을 때까지 주인周仁은 낭중영으로 있었으나 한 번도 진언進言한 적이 없었다. 황제가 가끔 다른 사람에 대해 물을 때도 주인周仁은 "저는 그에 대해 잘 모르오니, 폐하께서 친히 그를 살펴보시옵소서"라고 하며, 남을 헐뜯지 않았다. 이 때문에 경제景帝는 두 번이나 친히 그의 집에 왕림했다. 그가 양릉陽陵으로 이사했을 때, 황제가 많은 물건을 하사했으나 모두 사양하고 받으려 하지 않았다. 그는 제후와 군신들이 주는 예물 또한 끝내 받지 않았다.

주인周仁은 과묵하고 청결하지 않았다. 비밀스러운 일들이 많은 궁궐이니 황제는 이야기를 옮기지 않을 과묵한 관리가 필요했다. 또 청결하지 않기 때문에 궁에서 빈번하게 벌어지는 남녀문제에서 제외될 수가 있었다. 이런 이유로 황제는 주인周仁을 가까이 했다. 하지만 문제問題는 주인周仁의 관직이 지체 높은 구경九卿 중에 하나인 낭중영郎中令이라는 것이다. 이는 장관이 내시의 역할을 한 것과 마찬가지다. 참으로 안타까운 대목이다.

대학교 3학년 때, 중국어 원어수업이 몇 과목 있었다. 당시에는 학생들의 중국어 수준이 그다지 높지 않았다. 그러니 원어민 교수의 중국어를 못 알아들을 때가 많았다. 가장 곤혹스러운 것은 교수가 농담을 할 때다. 교수가 농담을 하면 학생들은 소리 내어 웃기도 하고 손벽도 쳤다. 나는 알아듣지 못했다. 그래서 옆에서 고개를 끄덕이며 웃는 친구에서 물었다. "교수님 뭐라고 그랬니?" 그 친구가 말했다. "나도 몰라" 아마도 적지 않은 학생들이 다 그랬을 것이다. 모르면서 알아듣는 척. 그때 만약 우리가 심각한 표정을 지으며 솔직하게 못 알아듣겠다고 돌직구를 날렸다면 어떠했을까? 약간의 어색한 분위기는 있었겠지만, 교수는 좀 더 쉬운 말로 더 천천히 설명해주었을 것이다. 결과적으로 우리가 알아듣는 척을 했기 때문에 교수는 더욱 유창한 중국어를 사용한 것이다. 그러니 학생의 수준을 고려하지 않는 원어민 교수의 수업은 우리가 그렇게 만든 것이 아닐까?

장석지와 풍당은 황제에게 거침없이 돌직구를 날렸다. 황제의 심기를 불편하게 했지만, 더 큰 과오를 막을 수 있었다. 또 문제文帝의 역할도 크다. 화가 나서 처단할 수도 있지만 신하의 돌직구를 넓은 아량으로 다 받아주었으니 말이다. 문제文帝가 직언하는 신하의 목을 베는 폭군이었다면 돌직구는 날아오지 않았을 것이다. 그러니 성군聖君이 돌직구를 만들고, 돌직구가 국가의 기틀을 다진다.

침묵은 과연 금인가? 당연히 그때그때 다르다. 직언해야 하는 자리에 직언하지 못한다면 관직을 그만두어야 한다. 눈병이 나서 볼 수 없다면 운전을 하면 안 될 것이며, 손이 떨려 칼을 잡을 수 없다면 수술은 불가하다. 역할을 수행할 수 없는데도 그 자리에 눌러 앉아 있다면, 우리는 시종始終 '닥치고 침묵'해야 하며, 상관의 눈치만 보고 '웃픈' 행동을 할 수밖에 없다. 영국의 토니 블레어(Tony Blair) 총리 내각에서 교육부 장관을 하던 에스텔 모리스(Estelle Morris)는 2002년 10월 자신의 "능력부족"을 이유로 돌연 장관직을 사퇴했고, 그의 아름다운 퇴장은 한동안 인구人口에 회자膾炙되었다. 능력이 없으면서 자리를 차지하고 있는 석분石奮 일가一家와는 확연히 비교가 된다.

吳王濞列傳

제16장

반란의 법칙

— 오왕비열전

들어가며

아이들은 맛있는 음식을 먹으면 "내일 또 먹고 싶다"고 하고, 재미있는 곳에 가면 "내일 또 오자"고 한다. 골프를 너무도 좋아하는 어떤 연예인은 "골프를 치다가 죽고 싶다"고 한 적이 있다. 모두 행복한 순간을 계속 연장하고 싶어 하는 마음이다. 음식과 운동이 그러할 진데 돈과 권력은 어떠하겠는가? 돈과 권력을 가진 사람들은 이를 유지하거나 더 키우고 싶은 마음이 강렬하다. 특히 권력은 타인을 복종시키는 힘이 강하다. 때문에 권좌에 올라 사람들 위에 군림한 사람일수록 권력의 맛을 잊기 힘들다. 이러다보니, 권력자들 간의 암투는 늘 살벌하고 무시무시하다. 최고의 권력을 손에 넣으면 혁명이 되고, 실패하면 반란이 된다. 지금 소개할 내용은 권력을 얻기 위해 일으킨 반란에 관한 이야기다.

〈오왕비열전〉의 주인공은 오吳나라 지역의 제후왕諸侯王이었던 유비劉濞다. 유비의 아버지 유중劉仲은 유방劉邦의 형이다. 그러니 유비劉濞는 유방의 조카다. 그는 물자가 풍부한 오나라 지역에서 제후왕을 하다가, 조정에 불만을 품고 다른 제후왕들을 규합하여 반란을 일으켰다. 이것이 일명 칠국지란七國之亂이다. 황실의 친족을 제후왕으로 임명하는 수가 늘면서, 그들이 차지하는 영토가 점점 확대되어 한나라 조정에는 위협적인 존재가 되었다. 또한 그들의 불법적인 행위가 빈번하게 발생하자, 조조晁錯는 제후왕의 영토를 삭감해야 한다고 주장했다. 문제文

帝는 이 문제問題에 대해 소극적이었는데, 경제景帝는 조조晁錯의 건의를 받아들여 제후왕諸侯王의 영토를 축소하는 정책을 시행했다. 칠국지란七國之亂은 이에 반발한 일곱 제후왕들의 반란이다. 반란은 일정한 패턴이 있다. 유비劉濞의 반란 사건은 어떤 패턴으로 진행됐는지 살펴보자.

반란의 주동자 유비劉濞, 20살에 오왕吳王이 되다

한고조漢高祖 유방에게는 유중劉仲이라는 형이 있었다. 유방이 한나라를 세운 후 7년째 되던 해에, 유중劉仲은 대代라는 지역의 왕이 되었다. 대代는 북쪽에 위치하여 흉노匈奴의 침입이 잦았다. 어느 날 흉노가 대代를 침입하자 유중劉仲은 이들을 막지 못하고 낙양雒陽으로 도망가 유방에게 자수했다. 유방은 형인 유중劉仲을 차마 처벌하지 못하고 대왕代王을 폐위廢位하고 합양후郃陽侯라는 작위를 주었다. 그 후 4년이 지나, 유방의 장수였던 영포英布가 반란을 일으켰다. 그는 형荊 지역의 병력을 흡수하여 회수淮水를 건너 초楚 지역을 공격했다. 유방은 직접 군대를 이끌고 그를 토벌하러 갔다. 유중의 아들 유비劉濞는 당시 스무 살이었는데, 기병騎兵의 장수가 되어 토벌군에 참가했다. 그리고 회추會甀라는 지역에서 영포의 군대를 깨뜨렸다. 이때, 영포가 달아나면서 형荊 지역의 왕이었던 유고劉賈를 죽였다. 반란군은 물러갔지만 왕이 죽었으니 새롭게 왕을 세워야 했다. 그런데 유고는 아들이 없었다. 유방은 고민했다. 왜냐하면 그 지역 군사들은 거칠고 사나웠기 때문에 이들을 통제할만한 왕이 필요했지만, 자신의 아들들은 왕으로 봉封하기 너무 어렸기 때문이다. 유방은 할 수 없이 유비劉濞를 오왕吳王으로 임명했다. 하지만 그의 관상을 유심히 보니 훗날 반란을 일으킬 상相이었다. 유방은 유비를 오왕으로 임명한 것을 후회했지만, 그래도 그의 등을 토닥이면서 이렇게 말했다.

"50년 후에 동남쪽에서 반란을 일으키는 자가 있다면 아마도 너일 것이다. 그러나 지금 천하는 우리 유씨劉氏들의 것이니 모반謀反하지 않도록 조심하라!"

유비는 머리를 조아리며 "어찌 제가 감히 반란을 일으킬 수 있겠습니까?"라고 했다.

반란의 원인 : 아들의 죽음과 봉지封地 삭감

유방이 죽고 혜제惠帝가 황제가 되었으며, 그 이후에는 유방의 부인인 고후高后(이름은 여치呂雉, 여후呂后라고도 함)가 천하를 다스렸다. 이때에는 천하가 안정되었고, 지방의 왕들은 자신들의 백성을 어루만지는데 힘썼다. 오吳나라 지역에는 구리 광산이 있었고 바닷물로 소금을 만들었기 때문에, 재정이 풍부하여 백성들에게 세금을 걷지 않았다. 문제文帝 때 유비의 아들 유현劉賢이 한나라 조정에 와서 황제를 알현한 적이 있었다. 그 후, 황태자와 술을 마시면서 쌍육雙六(주사위를 던져 말판에 말을 움직여 경쟁하는 놀이)이라는 놀이를 했다. 유현이 데리고 온 스승들은 모두 초楚나라 사람이었는데 경박하고 오만했다. 유현도 천성이 교만하여 황태자와 쌍육을 하다가 시비是非가 붙었다. 유현의 공손하지 못한 태도에 화가 난 황태자는, 쌍육판을 유현에게 던졌는데 유현이 이것에 맞아 죽고 말았다. 조정에서는 유현의 시신을 유비에게 돌려보내 장례를 지내게 했다. 아들의 시신이 도착하자, 유비는 분노하며 말했다.

"천하가 모두 같은 유씨劉氏 집안의 것인데, 장안長安에서 죽었으면 거기에서 장례를 치러야지, 어찌하여 여기에 와서 장례를 지내게 하는가!"

그런 다음 시신을 다시 장안으로 돌려보냈다. 이때부터 유비는 아프다는 핑계로 조정에 입조入朝하지 않았다.

조정에서 유비가 입조하지 않은 이유를 조사해보니, 사실 아들의 일 때문에 화가 났던 것이며 병病은 핑계일 뿐이었다. 그 후, 황제는 오왕의 사신使臣이 장안에 오면 그들을 잡아두고 문책했다. 이 사실을 안 유비는 두려운 마음에 점점 음모를 꾸미게 되었다. 그 후, 가을 입조入朝 날에, 오왕은 다른 사신을 보냈고 황제는 또 그 사신을 문책했다. 오나라 사신이 이렇게 말했다.

"사실 오왕은 병이 난 것이 아닙니다. 폐하께서 사신들을 문책하시니 오왕은 병을 핑계로 입조入朝하지 않은 것입니다. '연못 속에 고기를 감시하는 것은 상서祥瑞로운 일이 아니다'라는 말이 있습니다. 오왕이 처음에는 병을 핑계 댔지만, 조정에서 이 사실을 알고 계속 문책하니 더욱 위축되어 있습니다. 오왕은 폐하의 처벌이 두려워 잔꾀를 낸 것입니다. 바라옵건대 폐하께서 오왕을 내버려두시어 오왕이 다시 시작할 수 있게 해주십시오."

황제는 이 말을 듣고 오나라 사신을 풀어주고, 유비에게는 기장几杖(나이든 사람이 앉을 때 기대는 책상과 지팡이)을 하사했다. 그리고 연로年老하니 입조하지 않아도 된다고 허락했다. 죄를 용서 받은 유비는 반란의 생각이 점차 사려졌다.

유비가 다스리는 지역은, 구리와 소금을 생산하여 재정이 풍부했기 때문에 백성들에게는 세금을 걷지 않았고, 백성이 사병士兵으로 복무하면 대역금代役金이라는 돈을 주었다. 또한 매년 때가 되면 나라 안의 덕망 있는 사람들을 찾아가 안부를 물었고, 백성들에게는 상품을 하사했다. 간혹 죄를 짓고 오나라로 도망 온 죄수들이 있었는데, 타 지역 관리들이 와서 그들을 체포하려 해도 유비는 그들을 비호하며 넘겨주지 않았다. 이렇게 40년 동안 오나라를 통치하게 되자, 그 곳 백성들은 오왕을 추종했고, 오왕은 백성들을 부릴 수 있게 되었다.

반란의 시발점은 유비 아들의 죽음이다. 그러나 지방을 다스리는 제후왕이라 해도 천자의 신하인데 어떻게 반란을 생각할 수 있겠는가? 유비는 믿는 구석이 있었다. 그것은 오吳 땅의 풍부한 재정과 자신을 추종하는 수많은 백성이다. 조정이 자신을 함부로 못할 정도의 권력을 소유했다는 자만심이 그로 하여금 반란을 꿈꾸게 한 것이다.

한편, 조조晁錯는 태자가령太子家令(태자를 보필하는 직책)이 되어 황태자의 총애를 받게 되었다. 그는 유비가 입조하지 않은 것은 명백한 죄이므로 그의 잘못을 따져 봉지封地를 삭감해야 한다고 태자에게 건의했고 문제文帝에게도 글을 올렸다. 하지만 문제文帝는 천성이 관대하여 차마 오왕을 처벌하지 못했다. 이 때문에 유비는 점점 제멋대로 행동했다. 문제文帝가 죽자 태자가 즉위하여 경제景帝가 되었고, 조조는 어사대부御史大夫가 되었다. 이때 조조는 다음과 같이 말했다.

"고조高祖(유방)께서 처음 천하를 평정하셨을 때, 형제들은 적고 아들들은 어려서 여러 유씨劉氏 형제들을 지방 제후로 봉했습니다. 이때 도혜왕悼惠王, 원왕元王, 오왕吳王 등이 봉해졌습니다. 그런데 이들의 제후국을 다 합치면 천하의 반이나 됩니다. 지금 오왕吳王 유비는 아들의 일로 불만을 품고, 병을 핑계로 입조入朝하지 않고 있습니다. 옛 법에 의하면 이는 마땅히 사형에 처해야 함에도 선제先帝(문제文帝)께서는 차마 처벌하지 못하시고 궤장几杖을 하사하셨습니다. 은덕이 이처럼 크니 개과천선改過遷善해야 마땅하거늘, 그는 오히려 더욱 교만해져서 조정을 능멸하며, 돈을 주조鑄造하고 소금을 만들어 부富를 축적하면서, 천하의 도망자들을 끌어 모아 반란反亂을 꾀하고 있습니다. 지금 그는 봉지封地를 삭감해도 반란을 일으킬 것이고, 삭감하지 않아도 반란을 일으킬 것입니다. 영토를 삭감하면 반란은 일찍 일어나겠지만 그 피해는 적습니다. 만약 삭감하지 않으면 반란의 시기는 늦춰질 수 있으나 그 피해는 더욱 클 것입니다."

경제景帝 3년 겨울, 초왕楚王이 입조했다. 이때 조조는 지난해 박태후薄太后(문제文帝의 생모)의 장례기간 중, 초왕楚王이 몰래 간음姦淫했음을 아뢰며 사형에 처할 것을 청했다. 하지만 경제景帝는 사형을 면해주었고, 대신 그의 봉지封地를 삭감했다. 이 여세를 타고, 조정에서는 조왕趙王의 지난 잘못을 근거로 그의 봉지도 삭감했으며, 교서왕膠西王 역시 매관매직賣官賣職과 간음을 이유로 봉지를 삭감당했다. 한나라 조정은 또 오왕吳王의 봉지 삭감에 대해 논의하고 있었다. 유비는 봉지가 삭감당할 것을 두려워하다가 결국 반란을 생각하게 되었다.

반란을 일으킬 수 있는 결정적 계기가 생겼다. 그것은 조정에서 지방 제후왕들의 봉지를 삭감하기 시작한 것이다. 자신이 누리고 있는 권력을 빼앗기게 될 상황이다. 아들의 죽음으로 인한 원한과 자신의 권력을 잃을 수도 있다는 불안감이 합쳐져 반란의 염원이 극대화된 것이다.

반란의 명분과 세력 규합

오왕은 반란에 동참할 사람을 찾던 중에, 교서왕膠西王이 용맹하고 기개氣槪가 있는 데다가 전쟁을 좋아하여, 제齊나라 지역의 여러 왕들이 그를 두려워한다는 것을 알게 되었다. 그래서 중대부中大夫 응고應高를 보내어 교서왕을 유혹했다. 그는 서신을 쓰지 않고 구두로 자신의 뜻을 전하게 했다.

"오왕吳王께서는 지금 우환憂患이 있습니다. 그래서 대왕을 남이라 생각지 않으시고 이렇게 저를 보내 자신의 의사意思를 전하게 하셨습니다."

"오왕께서 나에게 무슨 말씀을 전해 주시었소?"

"지금 황제께서는 간신에게 현혹되어 참언讒言하는 신하들의 말만 믿으십니다. 그 신하들은 제멋대로 법령을 고쳐, 제후왕들의 땅을 빼앗고 선량한 사람들을 처단함이 점점 심해지고 있습니다. 속담에 '겨糠를 핥다 보면 쌀에 이른다(봉지를 삭감당하다 보면 멸망에 이른다는 의미)'라고 했습니다. 오나라와 교서膠西는 모두 이름난 제후국입니다. 그러나 하루아침에 조정의 감찰을 받게 되면 편안함을 누릴 수 없을 것입니다. 오왕은 병이 있어 20여 년 동안 입조入朝하지 못했습니다. 그런데 늘 의심을 받아 위축되어 죄를 용서받지 못할까 두려워하고 있습니다. 대왕께서는 매관매직賣官賣職을 이유로 봉지를 삭감당했다고 들었습니다. 대왕의 죄는 봉지를 삭감당할 정도는 아닙니다. 그런데 문제는 봉지의 삭감이 이번으로 끝나지 않을 것 같습니다."

"그렇소. 그런 일이 있었소. 그러면 대왕께서는 앞으로 어떻게 하시겠다고 말씀하셨소?"

"누군가를 함께 미워하는 자들은 서로 돕고, 같은 것을 좋아하는 사람들은 함께 머물며, 뜻을 같이하는 자들은 함께 일을 성사시킵니다. 또 욕망이 같은 사람들은 함께 달려가고, 이득利得을 같이하는 사람들은 생사生死를 같이 한다고 했습니다. 지금 오왕께서는 대왕과 근심을 같이 하고자 하십니다. 원컨대 대왕께서 이 근심을 없애주시기를 청합니다."

교서왕은 깜짝 놀라며 말했다.

"과인이 어찌 감히 그렇게 할 수 있겠소. 지금 황제께서 우리를 엄격하게 처벌하신다면 죽음으로 받아들일 뿐, 어찌 다른 마음을 품을 수 있다는 말이오!"

"어사대부 조조晁錯는 황제를 미혹迷惑하고 제후왕들의 봉지封地를 침탈侵奪하고 있습니다. 이에 조정에는 그에 대한 원망이 자자하고, 제후들은 모두 반란을 꿈꾸고 있습니다. 하늘에는 혜성彗星이 나타나고 땅에는 메뚜기 떼가 기승을 부리니 이는 만세萬世에 한 번 일어나는 일입니다. 또한 백성들의 원망이 하늘을 찌르고 있으니, 지금이야말로 성인聖人이 나타날 시기입니다. 그런 까닭에 오왕께서는 안으로는 조조의 토벌을 명분으로 삼고, 밖으로는 대왕의 뒤를 따르고자 합니다. 대왕께서 오왕과 함께 하신다면, 가는 곳마다 항복하고 가리키는 곳마다 함락시켜, 천하에 복종하지 않는 자가 없을 것입니다. 대왕께서 승낙만 하신다면, 오왕吳王은 초왕楚王을 이끌고 함곡관函谷關을 공격하고, 형양滎陽과 오창敖倉의 곡창 지역을 지키면서, 한나라 군대를 막고 군영軍營을 세워 대왕을 기다릴 것입니다. 대왕께서 그곳에 와주신다면, 천하를 모두 손에 넣을 수 있을 것이니, 두 분의 왕께서 천하를 양분하여 소유하시는 것도 가능합니다."

이 말을 듣고 교서왕은 승낙했다.

응고가 돌아가서 오왕에게 보고했다. 오왕은 그래도 교서왕이 실제 행동은 하지 않을까 걱정하여, 자신이 직접 가서 교서왕과 대면對面

하고 맹약을 맺었다.

교서膠西 지역의 여러 신하들은 교서왕膠西王이 반란을 일으키려 한다는 말을 듣고 이렇게 말했다.

"한 분의 황제를 섬기는 것은 매우 쉬운 일입니다. 만약 대왕께서 오왕과 함께 반란에 성공한다 해도, 두 분의 관계가 틀어져 다투게 될 것이니 근심은 여기에서 시작될 것입니다. 제후들의 영토는 한나라의 10분의 2도 되지 않습니다. 그런데도 반란을 일으켜 태후太后께 심려를 끼치는 것은 좋은 계획이 아닙니다."

그러나 교서왕은 이 말을 듣지 않았다. 드디어 제齊, 치천菑川, 교동膠東, 제남濟南, 제북濟北 등에 사신을 보내 모두 반란에 참여할 것을 허락받았다.

그들은 황실의 종친이며 그들의 봉지封地는 모두 지금의 산동성山東省 일대다. 유비가 반란을 준비하는 과정에는 몇 가지 패턴이 있다. 첫째, 반란의 주동자는 반란에 참여할 세력을 규합했다. 그 주된 방식은 조정에 대한 불만을 증폭시켜 반조정 연대를 구축하는 것이다. 둘째, 타도의 대상을 황제가 아닌 황제의 측근으로 규정했다. 황제를 타도한다는 명분은 민의民意를 얻기 어렵기 때문에, 측근의 비리와 부정을 문제 삼아 조정의 권위를 흔들려 한 것이다. 셋째, 반란의 시대적 당위성을 강조했다. 국론분열, 민생파탄을 강조하며 위대한 인물이 출현할 절체절명絶體絶命의 위기라고 충동질한다. 이런 것들을 통해 오왕 자신의 사적인 불만은 멋들어진 시대적 요구로 포장된다.

반란의 시작

제후들은 영토를 삭감당해서 조조를 매우 원망했다. 그러던 중, 조정에서 오왕의 봉토 일부를 삭감한다는 문서가 도착했다. 그러자 오왕 유비가 먼저 군사를 일으켰다. 교서왕膠西王은 정월正月 병오일丙午日에 조정에서 파견된 고위 관리를 죽였고, 교서膠西, 교동膠東, 치천淄川, 제남齊南, 초楚, 조趙 역시 병사를 일으켜 황제가 있는 서쪽으로 향했다. 그러나 제왕齊王은 반란에 가담하기로 한 것을 후회하여 약을 먹고 자살했다. 제북왕齊北王은 성이 무너져 복구하지 못했는데, 낭중영郎中令이 제북왕을 협박하며 반란에 참여하지 못하도록 하여 병사를 일으키지 못했다.

> 칠국지란七國之亂에 가담한 제후왕은 오왕吳王 유비劉濞, 초왕楚王 유무劉戊, 조왕趙王 유수劉遂, 제남왕濟南王 유벽광劉辟光, 치천왕淄川王 유현劉賢, 교서왕膠西王 유앙劉卬, 교동왕膠東王 유웅거劉雄渠 등 모두 7명이다.

교서왕膠西王이 우두머리가 되어 교동왕膠東王, 치천왕淄川王, 제남왕齊南王과 함께 임치臨菑를 공격하여 포위했다. 조왕趙王도 반란에 가담했고 몰래 흉노匈奴에게 사신을 보내 그들과 연합했다. 일곱 제후국의 군대가 반란을 일으키자, 유비는 병사들을 모두 소집하여 이렇게 명령했다.

"과인은 62세인데도 장수로 나섰으며, 과인의 아들은 14세인데도 병사가 되어 선봉先鋒에 섰다. 나이가 과인과 같은 사람으로부터 과인의 아들 나이에 이르기까지 모두 일어나라"

이에 20여만 명을 동원했다. 남쪽으로는 오랑캐 민월閩越과 동월東越에게까지 사신을 보냈는데, 이들도 역시 병사를 일으켜 반란의 대열에 합류했다. 경제景帝 3년 정월 갑자일甲子日, 오왕의 군대가 가장 먼저 광릉廣陵에서 군대를 일으켜 서쪽으로 회수淮水를 건너 초왕의 군대와 합류했다. 그리고 제후들에게 서신을 보내 이렇게 말했다.

"오왕吳王 유비劉濞는 교서왕膠西王, 교동왕膠東王, 치천왕淄川王, 제남왕齊南王, 조왕趙王, 초왕楚王, 회남왕淮南王, 형산왕衡山王, 여강왕廬江王, 고故 장사왕長沙王의 왕자王子께 삼가 아룁니다. 한나라 조정의 간신들은 아무런 공로功勞도 없으면서 제후의 영토를 삭감할 뿐 아니라, 우리 제후들을 구금拘禁하고 심문하는 등 우리를 능멸하고 있습니다. 우리를 제후국의 군주로서 예우하지 않으면서, 국가의 공신功臣을 내치고 간교한 무리들을 임용하여, 천하를 어지럽히고 사직社稷을 위태롭게 하고 있습니다. 폐하께서는 병으로 기력이 쇠약하시어, 정사政事를 깊이 살피지 못하십니다. 이에 병사를 일으켜 간신들을 처단하고자 하니, 여러 왕들께서 함께 참여하시기를 바랍니다. 우리 오吳나라는 땅은 협소하나 사방 3천 리는 되고 사람은 적으나 정예 병사 50만은 갖추고 있습니다. 과인은 남월南越(남쪽 이민족)과 30여 년 외교를 맺었기에, 그들도 기꺼이 30만 군대를 내주었습니다. 과인이 비록 덕은 없지만, 이 한 몸 바쳐 여러 왕들과 함께 하고자 합니다. 우리들은 모두 장안長安으로 진격하여 천자天子를 바로 세워 종묘사직宗廟社稷을 안정시켜야 합니다. 왕들께서는 이것에 힘써 주시기를 바라옵니다. 원왕元王의 왕자王子들과 회남淮南의 세 왕들께서는 원한이 골수에 사무쳐 이 원한을 풀고자 한 지 오래입니다. 그러나 과인寡人은 여러 왕들의 승낙을 얻지 못해 일을 감행하지 못했습니다. 만약 여러 왕들께서 망亡한 것을 살리시고 끊어진 것을 다시 이으며, 약弱한 자를 일으키고 포악한 자를 벌주시어, 우리 유씨劉氏를 편안하게 해주신다면, 이는 사직社稷이 바라는 바입니다. 우리 오吳나라는 비록 가난하지만 30여 년 동안 과인이 입고 먹는 비용을 절약하여, 돈을 모아 무기를 구비具備하고 식량을 비축備蓄했습니다. 이 모든 것은 이번 일을 위한 것이오니, 원컨대 여러 왕들께서는 이를 이용해 주시기 바랍니다. 적의 대장을 베거나 사로잡는 자에게는 금金 5천 근斤을 하사하고 만萬 호戶의 땅을 봉封할 것입니다. 일반 장수를 베거나 사로잡으면 금金 3천 근斤과 5천 호戶를 봉封할 것입니다. 비장裨將을 베면 금金 2천 근斤과 2천 호戶, 고위관리를 베면 금金 1천 근斤과 1천 호戶의 땅을 봉하고, 위의 공을 세운 사람들은 모두 열후列侯로 봉하겠습니다. 그밖에 작위爵位를 수여하고 상賞을 내리는 것은 모두 한나라 군법軍法의 두 배로 하겠습니다. 원래부터 작위爵位와 식읍食邑(왕족이

나 공신功臣에게 공로에 대한 보상으로 내려주는 영지領地)이 있는 자는 새롭게 더 보태줄 것입니다. 원컨대 여러 왕들께서는 위의 내용을 명백하게 사대부士大夫들에게 전달해 주시기를 바랍니다. 과인의 돈은 오나라뿐만 아니라 천하의 곳곳에 많이 있으니, 여러 왕들께서 밤낮으로 쓰셔도 다 쓸 수 없을 것입니다. 마땅히 상賞을 줄 사람이 있다면 과인에게 알려주십시오. 과인이 직접 가서 상賞을 내리도록 하겠습니다."

반란세력이 내세운 것은 간신을 처단하여 국가를 바로 세운다는 명분이다. 그리고 이번에는 백성을 끌어들인다. 반란에 적극적으로 참여한 사람들에게 후한 상을 내린다고 하며 공약空約을 남발한다. 이는 백성에게 장밋빛 미래를 꿈꾸게 하며 그들의 욕망을 자극하는 것이다.

반란의 희생양이 된 조조晁錯

일곱 제후국이 반란을 일으켰다는 소식이 황제에게 보고되었다. 그러자 경제景帝는 주아부周亞夫, 역기酈寄, 장군 난포欒布, 대장군 두영竇嬰 등을 보내 그들을 진압하게 했다. 진압군이 출발하기 전, 두영은 전에 오나라 승상을 지냈던 원앙袁盎을 황제에게 추천했다. 원앙이 황제의 부름을 받고 입조入朝했을 때, 황제는 마침 조조晁錯와 함께 진압군의 군량을 따져보고 있었다. 황제가 원앙에게 물었다.

"그대는 전에 오나라의 승상이었으니 그대가 보기에 오吳와 초楚의 반란은 어떻게 될 것 같소?"

"두려워하실 것이 없습니다. 곧 격파할 수 있습니다."

"오왕吳王은 돈을 주조鑄造하고 소금을 만들며, 천하의 호걸豪傑들을 불러 모아, 백발이 다 되었는데도 난亂을 일으켰소. 상황이 이러하니 그들의 계획이 치밀하지 않겠소? 어찌하여 반란이 성공할 수 없다고 말하는가?"

"오왕이 구리와 소금으로 큰돈을 모은 것은 맞습니다. 그러나 어찌 호걸들을 불러 모았다 할 수 있겠습니까! 설사 오왕이 호걸들을 얻었다고 해도 그들은 단지 오왕을 보좌할 뿐 반란을 일으키지는 않을 것입니다. 오왕이 불러 모은 자들은 여기저기 도망 다니며 사전私錢이나 주조鑄造하는 간교한 무리들입니다. 그들은 자기들끼리 세력을 만들어 모반한 것입니다."

"어떤 대책이 좋겠는가?"

"좌우의 신하들을 물리쳐주십시오."

황제가 신하들을 내보냈는데 조조만 혼자 남아 있었다. 원앙이 말했다.

"신이 아뢰는 말씀은 신하가 알아서는 안 되는 것입니다."

그러자 황제는 조조를 물러가게 했다. 조조는 빠른 걸음으로 물러나면서도 속으로는 원앙을 몹시 원망했다. 황제가 원앙에게 대책을 물었을 때, 원앙이 이렇게 대답했다.

"오吳와 초楚가 서로 주고받은 서신書信에 의하면, 고제高帝(유방劉邦)께서는 자제子弟들을 왕으로 삼아 영토를 나누어주셨는데, 간신 조조晁錯가 제 마음대로 제후들을 처벌하여 그 땅을 삭감했다고 적혀 있습니다. 그들은 이것을 반란의 명분을 삼고 있으니, 그들의 반란은 조조를 처단하고 옛 땅을 회복하면 끝나는 것입니다. 지금 가장 좋은 계책은, 조조 한 사람을 처형하고 사신을 보내 칠국七國의 죄를 용서하고 삭감당한 옛 땅을 회복시켜주는 것입니다. 그렇게 하면 반란군은 모두 해산할 것입니다."

황제는 한동안 말이 없다가 이렇게 말했다.

"참으로 어찌해야 한다는 말인가? 짐이 한 사람을 처단하고 천하에 사죄해야 한다는 말인가?"

원앙이 말했다.

"신의 어리석은 계획으로는 이보다 나은 것이 없습니다. 황제께서는 깊이 헤아려 주시기 바랍니다."

황제는 원앙을 종묘의례를 주관하는 태상太常으로 임명하고, 유통劉通을 종정宗正(황족에 관한 일을 관리하는 직책)에 임명했다. 10여 일이 지나, 황제는 수도를 경비하는 중위中尉를 시켜 조조를 불렀다. 중위는 조조를 속여 수레에 태워 사형을 집행하는 동쪽의 저잣거리인 동시東市에 순행巡行한다고 했다. 조조는 관복官服을 입은 채, 동시東市에서 참형 당했다.

이 내용은 앞의 〈원앙조조열전〉에서도 나온다. 제후왕들이 황제의 측근인 조조晁錯를 문제問題삼아 반란을 일으키자, 이를 빌미로 조정 내부에서는 신하들의 권력 쟁투가 벌어졌다. 조조와 관계가 좋지 않았던 원앙은, 이 기회에 조조를 제거하고 자신이 세력을 얻으려 했다. 반란이 일어나 정치적 부담이 생긴 황제는 어쩔 수 없이 조조를 죽여 문제問題를 봉합하려고 했다.

원앙을 오나라로 파견하다

경제景帝는 원앙으로 하여금 유통劉通을 보좌하여 오나라로 가서, 원앙의 계책을 오왕吳王에게 알리게 했다. 오나라에 이르자 오吳와 초楚의 군사들은 이미 양梁나라를 공격하고 있었다. 유통은 오왕吳王과 친척이므로 먼저 들어가서 오왕을 만났다. 원앙은 오왕에게 사신으로 온 자신에게 절하고 황제의 명을 받으라고 말했다. 오왕은 원앙이 왔다는 말을 듣고, 자신을 설득하려는 것임을 알고 웃으며 말했다.

"나는 이미 동쪽의 황제가 되었는데, 누구에게 절을 하라는 말인가?"

오왕은 원앙을 만나려고도 하지 않았으며, 그를 군중軍中에 머무르게 한 다음 위협하여 자신의 장수로 쓰려고 했다. 원앙이 이를 거절하자, 오왕은 사람을 시켜 그를 둘러싸 지키게 하고 장차 죽이려고 했다. 원앙은 밤을 틈타 군중을 빠져나와 양梁나라 군영軍營으로 도망쳤고,

마침내 조정에 돌아가 황제에게 보고했다.

경제景帝는 반란세력이 명분으로 삼았던 조조를 처단했지만 반란은 멈추지 않았다. 결국 조조를 처단하는 것이 반란의 목적은 아니었다. 오왕이 말한 "나는 이미 동쪽의 황제가 되었는데, 누구에게 절을 하라는 말인가?"라는 말은 반란의 목적이 어디에 있는지 보여준다. 오왕은 최고의 권력인 황제가 되고 싶었던 것이다.

진압군의 출병

경제景帝에게 진압군의 장군으로 임명받은 주아부周亞夫는 회양淮陽에 도착했다. 그리고 그의 부친 주발周勃의 참모였던 등도위鄧都尉에게 어떻게 반란군을 공격하는 것이 좋은지 물었다. 그러자 등도위가 말했다.

"오나라 군사는 막강한 정예 부대이니 맞서 싸우는 것은 어렵습니다. 그러나 초楚나라 군사는 날래지만 지구전持久戰은 약합니다. 지금 장군을 위한 계책은 이렇습니다. 군사를 이끌고 동북쪽 창읍昌邑으로 가서 보루堡壘을 세우고 방어만 하시고, 양梁나라가 오왕吳王의 군대를 대적하게 하십시오. 오왕의 군대는 분명 정예 부대를 총동원하여 공격할 것입니다. 장군은 보루堡壘를 높이 세우고 그 앞에 도랑을 깊게 파십시오. 그리고 날랜 병사들을 회사구淮泗口로 보내 오나라의 보급로를 차단하십시오. 양梁과 오吳가 전투에 지치고 식량이 떨어질 때, 우리의 강한 군대로 오나라의 지친 군대를 제압할 수 있습니다. 그러면 오나라를 격파하는 것은 시간문제입니다."

주아부는 좋다고 말하고, 그 계책대로 창읍昌邑 남쪽에 보루堡壘를 견고히 쌓고, 날랜 병사들을 보내 오나라의 보급을 차단했다.

반란군의 정황

오왕이 막 출병했을 때, 오나라 신하 전록백田祿伯이 대장군이 되었다. 전록백田祿伯이 아뢰었다.

"병사가 한꺼번에 서쪽으로 움직이는데, 특별한 계책이 없다면 성공하기 어렵습니다. 신이 원하건대, 제가 5만 명의 군사를 데리고 장강長江과 회수淮水를 타고 상류上流로 올라가면서, 회남淮南과 장사長沙를 손에 넣고 무관武關에 입성入城하여 대왕과 합류하고자 합니다."

이 말을 들은 오왕의 태자가 오왕에게 말했다.

"대왕께서 지금 반란을 일으키셨는데, 병사를 남에게 넘겨주는 것은 아니 되옵니다. 이 사람이 대왕을 배반하면 어찌하시겠습니까? 또 군대의 통솔권을 넘겨주면, 그에게 어떤 이해득실利害得失이 얽히게 될지 알 수 없으니 우리에게는 손해입니다."

오왕은 전록백의 의견을 받아들이지 않았다. 오나라의 젊은 장수인 환장군桓將軍이 오왕에게 말했다.

"우리 군대는 보병步兵이 많아 험난한 지형에 유리합니다. 반면 한漢나라는 전차와 기병騎兵이 많아 평지에 유리합니다. 왕께서는 성읍을 공격할 때 함락되지 않으면 그냥 내버려두고 서쪽으로 급히 전진하시어 낙양洛陽의 무기고를 점거하십시오. 오창敖倉의 곡식을 손에 넣고 낙양의 험난한 산악지대를 의지하여 제후들을 호령하신다면, 비록 함곡관에 들어가지 않는다 해도 천하는 이미 평정된 것이나 다름없습니다. 만약 대왕께서 천천히 이동하시어 성읍城邑에서 머무르게 되면, 한나라의 전차와 기병이 양梁과 초楚의 접경지역에 도착할 것입니다. 그렇게 되면 그들이 마구 휘젓고 다닐 것이니, 우리의 거사擧事는 실패할 것입니다."

오왕은 이 작전作戰을 연로年老한 장군들에게 물었다. 그들이 이렇게 말했다.

"이는 젊은이들의 용병술일 뿐입니다. 그가 어찌 큰 계책을 알겠습니까?"

오왕은 환장군의 계책도 사용하지 않았다.

치밀한 계획 없이 급조된 반란이라 그들에게는 체계가 없다. 권력을 잡으려고 난亂을 일으키는 사람들은 자신의 권력을 떼어주는 것에 약하다. 때문에 현명한 장수들의 의견은 무시되어 효과적인 전투를 하기 어려웠다.

황제의 여론전

2월 중에 오왕의 군대는 이미 격파되어 패주敗走했다. 이때 경제景帝는 장군들에게 다음과 같이 조서詔書를 내렸다.

"선善을 행하는 자는 하늘이 복을 내리고, 그릇된 행동을 하는 자는 하늘이 재앙을 내린다고 했다. 고조高祖 황제께서 개국의 공로功勞를 표창하시어 제후로 세우셨는데, 유왕幽王과 도혜왕悼惠王은 왕위가 끊어져 뒤를 잇지 못했다. 선제先帝(문제文帝)께서는 이를 불쌍히 여기시어 유왕幽王의 아들 유수幽遂, 도혜왕의 아들 유앙劉卬 등을 왕으로 세워 그 선왕의 종묘를 받들게 하고 한나라의 제후국으로 삼으셨으니, 그 은덕은 하해河海와 같다. 오왕吳王 유비는 이런 은덕을 배반하고 도망 다니는 죄인들을 모아 사전私錢을 만들고 천하의 화폐를 어지럽혔으며, 병을 핑계로 입조入朝하지 않은지 20여 년이 되었다. 관리들은 수차례 유비를 처벌하라 청했으나, 선제先帝께서는 관대하게 대하시고 그가 개과천선改過遷善할 수 있기를 바라셨다. 하지만 지금 결국 유비는 다른 6국의 제후국들과 연합하여 모반謀反했다. 대역무도하게도 병사를 일으켜 종묘를 위협하고, 한나라의 대신大臣과 사신使臣을 죽였다. 또한 만백성을 겁박하고 무고한 자를 학살했으며, 민가를 불태우고 분묘墳墓를 파헤치는 등 포학한 짓을 저질렀다. 지금 유앙劉卬 등은 더욱 대역무도大逆無道하게도 지방 종묘의 소장품을 노략질하고 종묘를 불태웠으니, 짐朕은 이를 매우 통탄해 하고 있다. 이에 장군들은 사대부들을 독려하여 역도逆徒를 처단해야 할 것이다. 반역의 무리에 깊숙이 들어가 많이 죽이는 자는 그 공功을 치하致賀할 것이다. 사로잡은 역도逆徒가 봉록俸祿 3백 석 이상의 관직이면 모조리 목을 베라. 이 조서詔書에 반대하거나 조서대로 하지 않는 자는 모조리 목을 벨 것이다."

반란군에 대한 조정에 대응은 두 가지다. 하나는 무력으로 진압하는 것이고, 다른 하나는 여론을 장악하여 반란의 부당함을 알리는 것이다. 황제가 내린 권위 있는 조서詔書 한 장은, 백성에게 사실을 알리고 아군을 집결하게 하며 반란군을 와해瓦解시킬 수 있다.

반란의 최후

처음에 오왕吳王이 반란을 일으켰을 때는 그 기세가 대단했다. 오왕의 군대가 서쪽으로 진군하려 했으나, 양梁나라가 성을 굳게 지키고 있어 서진西進할 수가 없었다. 그러자 오왕의 군대는 주아부周亞夫의 주둔지 쪽으로 가서 하읍下邑에서 대치하게 되었다. 오왕의 군대는 싸우고자 하였으나, 주아부는 군영의 방벽만 높이 쌓고 싸우려 하지 않았다. 오왕의 진영에 군량이 떨어져 병사들이 굶주리자 자주 싸움을 걸어 왔다. 그러다가 야밤을 틈타 주아부의 군영을 습격했다. 오왕의 군대는 군영의 동남쪽에서 공격할 것처럼 소란을 떨었으나, 주아부는 서북쪽을 방비하도록 했다. 과연 그들은 서북쪽으로 침입해왔다. 오왕이 군대는 크게 패하고 대부분이 굶어죽었으며, 나머지 병사들은 뿔뿔이 흩어졌다. 이렇게 되자, 오왕은 휘하麾下 장수 수천 명과 밤을 틈타 장강長江을 건너 단도丹徒로 달아나 오랑캐 동월東越(남쪽 이민족)의 군영軍營으로 갔다. 동월東越의 병사는 만여 명이었는데, 사람을 시켜 흩어진 오왕의 병사들을 불러 모으게 했다. 조정에서는 사람을 파견하여 동월東越에게 이득이 될 만한 것을 주고 그들을 유혹했다. 그러자 동월은 사람을 시켜 창으로 오왕을 찔러 죽이고, 그 머리를 그릇에 담아 급히 말을 몰아 황제에게 보고했다. 오나라의 왕자인 자화子華와 자구子駒는 오랑캐 민월閩越로 도망쳤다.

오왕이 군대를 버리고 도망갔을 때, 반란군은 무너져 속속 진압군에 투항했다. 초왕楚王은 군대가 패하자 자살했다.

반란군은 반反조정연대를 구축했지만, 반조정연대는 견고하지 않아 오래 버티기 힘들었다. 반대를 위해 모인 집단은 미래의 이상을 공유하지 못하기 때문에, 형세의 변화에 따라 이불리利不利를 따져 흩어지기 쉽다. 도탄에 빠진 백성을 구하겠다는 반란의 주동자는, 결국 자신의 목숨을 보존하려고 이민족의 땅으로 도망갔다가 죽임을 당했고, 결과적으로 죄 없는 수많은 병사들의 목숨만 희생됐다.

반란 세력의 처단

교서왕膠西王, 교동왕膠東王, 치천왕菑川王은 임치臨淄를 포위했으나 세 달이 지나도록 함락하지 못했다. 한나라 진압군이 도착하자 이들은 각자 군대를 이끌고 돌아갔다. 교서왕의 태자 유덕劉德이 교서왕에게 말했다.

"한나라의 군대는 먼 길을 왔습니다. 제가 보기엔 그들이 이미 지쳐 있어 습격해볼 만합니다. 대왕께서는 남은 병사를 모아 공격하시기 바라옵니다. 쳐서 이기지 못하면 그때 바다로 도망가도 늦지 않습니다."

교서왕이 말했다.

"우리 병사들은 모두 이미 무너져서 다시 일으켜 세울 수 없다."

결국 교서왕은 태자의 말을 듣지 않았다. 한나라 장수 한퇴당韓頹當

이 교서왕에게 서신을 보내 말했다.

"나는 조칙을 받들어 불의不義한 자를 처단하러 왔으니, 항복하면 죄를 용서하고 옛 지위를 회복시켜줄 것이나, 항복하지 않으면 멸滅할 것입니다. 왕은 어느 쪽을 택하시겠습니까? 대답을 기다려 처리하겠습니다."

교서왕은 한퇴당 앞에서 위통을 드러내고, 한나라 진영陣營에서 머리를 조아리며 이렇게 아뢰었다.

"신臣은 스스로를 단속하지 못하여 백성들을 놀라게 하고, 장군이 수고스럽게 먼 길을 오시게 하였으니, 저의 살로 젓갈을 담그는 형벌을 받기를 청합니다."

"대왕께서는 군대를 일으킨 일로 괴로워하고 계시는데, 병사를 일으킨 정황을 듣고 싶습니다."

교서왕은 머리를 조아리고 무릎을 꿇고 대답했다.

"조조는 황제께서 실권을 맡긴 신하입니다. 그런데 그가 고조高祖(유방) 황제의 법령을 바꾸고 제후의 봉지封地를 삭감했습니다. 저의 무리는 그것이 부당不當하다 여기고, 그가 천하를 어지럽힐 것을 걱정하여 칠국七國이 병사를 일으켜 조조를 처단하려고 했던 것입니다. 지금 조조가 이미 처형당했다고 하니, 저의 무리는 군대를 이끌고 돌아왔습니다."

장군이 말했다.

"조조가 옳지 않다고 여겼다면 왜 황제께 말씀드리지 않으셨습니까? 황제께서 명을 내리지도 않으셨는데 마음대로 병사를 일으키셨다는 말입니까? 이것을 보면 대왕께서는 조조를 처단하려던 것이 아닙니다."

그리고 조서詔書를 꺼내 왕에게 읽어주었다. 한퇴당이 다 읽고 나서 이렇게 말했다.

"왕은 스스로 잘 생각해보시오."

교서왕이 말했다.

"저는 죽어도 죄를 다 씻지 못할 것입니다."

그런 다음 마침내 자결했고, 태후太后와 태자太子도 모두 죽었다. 교동왕膠東王, 치천왕淄川王, 제남왕齊南王도 모두 죽었으며, 나라는 폐지되어 한나라에 편입되었다. 역장군酈將軍이 조趙나라를 포위한 지 10달 만에 조나라를 함락시켜 조왕趙王도 자결했다. 제북왕齊北王은 신하의 협박을 받아 반란에 참여하지 않았기 때문에 목숨은 건졌으며 치천왕菑川王이 되었다.

사마천은 말한다.

"오왕吳王 유비劉濞가 제후왕諸侯王이 될 수 있었던 것은, 그의 아버지가 강등되었기 때문이다. 그가 세금을 적게 걷고 백성들을 부릴 수 있었던 이유는, 봉지封地에 있는 산과 바다에서 많은 이익을 얻었기 때문이다. 반란의 시작은 그의 아들에게서부터 비롯되었다. 기예技藝를 다투다가 재앙이 발생하여 마침내 뿌리까지 송두리째 뽑히고 말았다. 또한 이민족(월인越人)을 가까이 하며 한나라 종실宗室을 전복顚覆하려 했으니 결국 멸절滅絶하게 되었다. …… 그래서 옛날에 제후의 봉지封地는 백 리를 넘지 않게 했고, 산과 바다가 있는 곳을 제후에게 봉封하지 않았던 것이다. '이민족을 가까이 하면서 친족親族을 소원疏遠하게 대하지 말라'는 말은 오왕을 두고 한 말일 것이다."

오왕은 자신의 봉지封地에서 권력을 향유하고 있었다. 재정은 풍족하고 따르는 이들도 많았다. 또 황실의 종친이라 언제라도 황제가 될 수 있는 가능성이 있었다. 그러니 신하의 본분을 망각할 수 있는 조건을 갖추고 있었다. 아들의 죽음과 봉지封地의 삭감은 제후왕의 자존심과 미래의 불안감을 자극했다. 결국 반反조정연대를 결성하여, 사직社稷 수호라는 멋들어진 명분을 내세워 반란을 일으켰지만, 3개월 만에 너무도 쉽게 무너지고 말았다. 반란자들이 처형당한 것이야 그렇다고 치지만, 백성들은 무슨 죄가 있는가? 그들의 사적인 권력욕에 희생되어 얼마나 많은 사람들이 죽어나갔는가? 이런 일들은 비단 오왕吳王 유비劉濞의 일만은 아니다. 지금도 다양한 집단과 사회 그리고 한 국가 안에서 형태만 달리해서 반복적으로 발생하고 있다.

가장家長된 사람은 이사를 고려할 때, 자녀의 통학과 배우자의 생활을 먼저 생각한다. 가족들만 행복하다면 자신은 비록 장거리 버스를 타고 출퇴근을 할지라도 기꺼이 희생을 감수한다. 오왕 유비는 자신의 권력욕을 만족시키기 위해 자신을 믿고 따르는 백성들을 희생시켰다. 아이들을 장거리버스로 통학시키고 자신은 편하게 걸어서 회사에 다니는 격이다. 그러니 어찌 백성의 아버지라고 자임自任할 수 있으며 민생파탄을 거론할 수 있겠는가? 이런 권력 싸움에서 희생은 늘 백성의 몫이다. 권력자들은 언론을 장악하여 사적 욕망을 멋들어진 말로 포장하니, 백성들은 그저 이리 저리 끌려 다닐 수밖에 없다. 맹자孟子가 주장한 왕도정치王道政治는 부모의 입장이 되어 백성을 다스리는 것이다. 부모들은 자녀에게 늘 "밥은 먹고 다니니?"라고 묻는다. 이것은 그 어떤 것보다도 자녀의 생명과 생존에 관심이 있음을 말해준다. 위정자爲政者가 진정 백성들의 생명과 생존을 소중히 여긴다면, 수많은 백성의 희생은 감수하면서까지 권력을 잡으려 하지 않을 것이다. 권력자들의 거사擧事가 자신의 욕망을 위한 반란이 아니라 진정 백성을 위한 혁명이길 바란다.

淮南衡山列傳

제17장

여론조작

—

최남형산열전

들어가며

예전에는 선거철이 되면, 후보들의 지지자 역할을 하는 알바가 있었다. 하루 일당을 받고 유세장이나 집회에 참여하여 지지자들의 머리 수를 채워주며, 후보자의 연설 중간에 박수를 치거나 환호하는 것이 일이었다. 집회 참석 인원수人員數로 지지의 정도를 가늠하던 시대라 인원수를 불리기 위해 적지 않은 자금이 투입되었으며, 이 때문에 금권선거金權選擧를 비판하는 목소리가 높았다. 인터넷이 보급된 이후에는 댓글이 그 역할을 대신하여, 클릭수와 댓글의 다소多少가 인기와 지지의 척도가 되었다. 선거철에 사람들을 고용하여 정치 댓글을 다는 것은 불법이지만, 불법 댓글로 적발되는 사례가 종종 있다. 어디 정치뿐인가? 맛집, 영화, 책, 미용실 심지어 상품까지도 댓글과 클릭 수 조작을 통해 실제 민심과 인기를 왜곡하는 경우가 많다.

조작은 실제實際를 왜곡한다. 실제와 다른 과장과 폄하를 통해 사적私的 이득을 챙기려는 수단이다. 조작은 피해를 낳는다. 맛집이라고 포장된 식당에 가서 낭패를 봤다면 시간과 돈을 낭비할 뿐이지만, 조작된 여론으로 정치인을 잘못 뽑았다면 피해는 더 커진다. 잘못 시행施行된 정책政策을 바로잡기 위해 적지 않은 시간과 혈세가 낭비되기 때문이다. 그러니 여론 조작은 엄중하게 처벌해야 한다.

〈회남형산열전〉은 한나라 때의 제후왕諸侯王인 회남왕淮南王과 형산왕衡山王의 반란 모의를 다루고 있는데, 여기에서는 회남왕淮南王만을 소개한다. 회남왕의 반란 모의에는 여론 조작이 한 축을 이루고 있다. 한나라 때에도 여론 조작이 있었다니 흥미로울 따름이다. 회남왕 유안劉安은 한나라의 여러 제후왕諸侯王 중에 한 명이다. 그의 아버지 유장劉長은 유방劉邦의 막내아들이니 회남왕淮南王은 유방의 손자다. 회남왕의 아버지인 유장劉長 역시 반란을 모의하다 죽었고, 회남왕도 아버지처럼 반란을 모의하다 처형당했다. 부자父子가 모두 천수天壽를 누리지 못했으니 불운한 운명이 아닐 수 없다. 회남왕淮南王의 여론 조작을 오늘날의 그것과 비교해보는 것은 흥미로운 일일 것이다.

유장劉長의 불운한 운명

유방劉邦에게는 막내아들이 있었다. 그의 이름은 유장劉長이다. 그의 삶도 한恨이 많다. 그의 엄마는 원래 조왕趙王 장오張敖의 첩이었다. 유방이 한나라를 세운지 8년째 되던 해에 조趙나라를 지나게 되었는데 이때 조왕趙王이 그녀를 바쳤다. 유방은 그녀를 좋아했고, 그녀는 유방의 아기를 가졌다. 하지만 조왕은 그녀를 궁궐에 둘 수 없어, 밖에 궁을 따로 지어 그곳에서 기거起居하게 했다. 이후 조왕은 모반에 연루되어 처벌을 받았고, 조왕의 형제와 가족, 첩들도 모두 체포되어 구금拘禁되었다. 그때 그녀는 아들 유장劉長을 임신했는데, 옥리獄吏를 통해 자신이 황제의 아이를 가졌다고 유방에게 전했다. 하지만 유방은 조왕의 모반謀反으로 화가 나 있어서, 그녀를 거두지 않았다. 그녀의 동생인 조겸趙兼은 당시 여후呂后(유방의 부인)에게 총애를 받고 있던 심이기審食其를 찾아가, 이 사실을 알리고 도움을 청했다. 소식을 접한 여후呂后 역시 질투심 때문에 손을 쓰지 않았고, 심이기도 도움을 주지 않았다. 그녀는 결국 유장을 낳고 비통해하며 자살했다. 옥리가 갓난아기인 유장을 안고 와서 유방에게 바치니 유방은 후회했으며, 여후呂后에게 그를 거두어 기르도록 했다. 결국 유장은 여후呂后의 자식들과 함께 자라며 그들과 형제처럼 지냈다.

유장劉長의 복수와 방자한 행동

고조高祖 11년 7월, 회남淮南지역을 다스리던 회남왕淮南王 경포鯨布가 반란을 일으켰다. 난亂을 진압한 후, 황제 유방은 유장劉長을 여왕厲王으로 삼고 경포鯨布가 다스리던 회남지역을 다스리게 했다. 유장은 어릴 적 엄마가 없어 여후呂后를 의지했으며, 혜제惠帝와 여후呂后가 집권할 때에는 총애를 받았기에 큰 문제問題가 없었다. 하지만 마음속으로는 늘 생모生母를 돕지 않았던 심이기審食其를 원망하고 있었다. 문제文帝가 즉위하자, 유장은 자신이 황제의 형제임을 믿고 교만해져서 법을 지키지 않았다. 그러나 황제는 늘 그를 너그럽게 용서해주었다.

문제文帝 3년에 유장劉長이 입조入朝했을 때, 유장은 황제를 따라 황제의 사냥터인 원유苑囿에 들어가 사냥을 했는데, 유장은 황제와 함께 수레를 탔고 늘 황제를 '형'이라 불렀다. 유장은 재주가 뛰어나고 힘이 장사壯士여서 정鼎(다리가 세 개 달린 솥)을 들어 올릴 정도였다. 얼마 후 유장은 심이기審食其를 찾아가 만나기를 청했다. 심이기가 나오자, 소매에서 철추鐵鎚를 꺼내 그를 내려쳐 죽이고는, 자신의 수하인 위경魏敬을 시켜 목을 치게 했다. 그런 다음 유장은 스스로 대궐 앞으로 달려가 상의上衣를 벗고 사죄하며 말했다.

"신의 모친은 결코 조왕趙王의 반란에 연루되지 않았습니다. 그때 심이기審食其가 도와주었다면, 모친은 여후呂后의 보호를 받을 수 있었을 터인데, 힘써 도와주지 않은 것이 그의 첫 번째 죄입니다. 여의如意(유방의 후비인 척부인戚夫人의 아들) 모자母子는 죄가 없는데도 여후呂后가 그들을 죽였습니다. 이때 심이기가 힘써 변호하지 않은 것이 두 번째 죄입니다. 여후呂后가 여러 여씨呂氏들을 왕으로 봉하여 유씨劉氏 황족을 위태롭게 했지만, 이때에도 심이기는 황족皇族을 돕지 않았으니, 이것이 세 번째 죄입니다. 신은 진정 천하를 위하여 간신奸臣 심이기를 처단하여 모친의 원수를 갚고, 삼가 대궐 앞에 엎드려 죄를 청합니다."

문제文帝는 그를 가엾게 여겼으며 형제라는 이유로 처벌하지 않고 용서했다. 이때 박태후薄太后(유방의 후비로 문제文帝를 낳았음)와 태자太子 그리고 모든 대신大臣들이 그를 두려워했다. 유장劉長은 봉지封地로 돌아간 후 더욱 방자해져 한나라의 법을 지키지 않았다. 그는 자신의 궁궐에 출입할 때에는 '경필警蹕(황제가 행차할 때 통행을 금하여 길을 치우는 것)'이라고 칭稱했고, 명령을 내릴 때는 황제만 사용할 수 있는 제制라는 명칭을 사용했다. 또한 스스로 법령을 만들어 황제처럼 행동했다.

심이기審食其는 여후呂后의 최측근이다. 유장이 심이기審食其를 처단했으면서도 처벌을 받지 않은 것은 당시의 상황이 그러했기 때문이다. 고조 유방은 여후呂后 이외에 척부인戚夫人이 있었는데, 그에게서 낳은 유여의劉如意를 매우 좋아했다. 유방은 여후의 아들인 유영劉盈(훗날의 혜제惠帝)을 태자로 옹립했음에도, 자신을 닮지 않았다는 이유로 탐탁하게 생각하지 않았다. 그래서 태자를 유여의劉如意로 교체하려 했지만 여후呂后와 대신들의 반대로 그렇게 할 수 없었다. 유방이 죽은 후에, 여후는 호시탐탐 유여의劉如意를 죽이려고 했으나, 혜제惠帝가 이를 알고 유여의劉如意가 위기를 모면하게 도왔다. 그럼에도 여후는 끝내 유여의劉如意를 독살했고, 척부인의 손발을 자르고 눈을 뽑았으며 벙어리가 되는 약을 먹여 돼지우리에 살게 했다. 그리고 혜제를 불러 직접 그것을 보게 하니, 혜제는 이 일로 충격을 받아 주색酒色에 빠졌고, 정사政事를 돌보지 않다가 병을 얻어 23살의 나이로 죽었다. 여후에게는 손녀딸이 있었는데, 그녀는 아들을 낳지 못했다. 그래서 거짓으로 임신한 것처럼 하고, 다른 여자가 낳은 아이를 데려와 아들인 것처럼 키웠으며, 그 아이의 생모生母도 죽였다. 혜제가 죽자, 여후는 그 아이를 황제로 옹립했다. 그러나 황제는 자신의 생모가 살해된 것을 알고 복수심을 품게 되었고, 이 사실을 안 여후呂后는, 황제가 병病이 있다고 속이고 감금하여 죽게 만들었다. 혜제 때부터 여후는 황제에 필적匹敵하는 권력을 장악하여, 유씨劉氏 세력을 억누르고 여씨呂氏 가문이 권력을 잡도록 했다. 유방은 생전에 유씨劉氏 성이 아닌 사람을 제후왕諸侯王으로 삼지 않겠다고 공언했으나, 여후가 정권을 잡은 후에 자기 동생 등 3명의 여씨呂氏 형제를 제후왕으로 삼았다. 여후呂后가 죽은 후에 여씨 일가는 모두 처단 당했으며, 유씨劉氏가 다시 세력을 얻게 되었다. 문제文帝는 반여씨反呂氏 세력이 옹립한 황제이기 때문에, 유장이 심이기를 처단한 것을 용인容忍할 수 있었던 것이다.

반란의 혐의로 유배 가다

문제文帝 6년에 시기柴奇라는 사람이 있었는데, 70여 명과 모의하여 수레 40승乘을 가지고 곡구谷口에서 반란을 일으키려고 했다. 또한 사신使臣을 이민족인 민월閩越과 흉노匈奴에 보냈다. 이 일이 발각되자 황제는 사건을 처리하기 위해 유장劉長을 소환했고, 유장이 장안長安에 도착했다. 승상丞相 장창張倉은 다음과 같이 글을 올렸다.

"회남왕 유장劉長은 선대先代 황제의 법을 어기고 황제의 명령을 따르지 않았으며, 거처함에 있어서도 법도를 지키지 않았습니다. 황색黃色 비단 덮개를 한 수레(황제를 상징)를 타고 출입하면서 황제처럼 행세했고, 제멋대로 법령을 만들어 한나라의 법을 사용하지 않았습니다. 또한 조정에서 파견해야 할 승상을 자신이 스스로 임명하고, 죄를 짓고 도망한 자들을 숨겨주었으며, 그들에게 오히려 재물과 작위爵位를 하사했습니다. 어떤 이들에게는 관내후關內侯(작위의 이름)를 하사하고 봉록 2천 석의 관직을 주기도 했습니다. 이는 유장이 하사할 수 있는 것이 아닌데, 그렇게 한 것은 분명 반란을 꾀하고자 했기 때문입니다. 지금 시기柴奇의 일당이 모반하여 종묘사직宗廟社稷을 위태롭게 하려 했습니다. 그들은 개장開章이라는 사람을 시켜 이 일을 몰래 유장에게 알리고, 이민족 민월閩越과 흉노匈奴로 하여금 함께 모반하여 군사를 동원하려고 했습니다. 시기柴奇가 보낸 개장開章은 유장을 찾아가 수차례 만났고 음식까지 먹었으며, 유장은 그에게 집과 아내를 마련해주고 봉록 2천 석의 관직을 주었습니다. 개장開章은 다른 사람에게 유장과 함께 모의한 사실을 알렸습니다. 관리가 이들의 모반 정황을 알고 개장開章을 체포하게 했습니다. 그러나 유장은 그를 숨겨주고 넘겨주지 않다가, 사람을 시켜 개장開章을 죽여 입을 막았습니다. 전에 유장이 병을 앓고 있을 때, 폐하께서는 근심하시며 사신使臣을 보내 대추와 건포乾脯를 하사하셨는데도 유장은 받으려고 하지 않았고, 사신을 만나려고도 하지 않았습니다. 또한 여강廬江에 거처하던 자가 반란을 일으켜서 회남淮南 지역 관리와 군사들이 그를 처단했던 적이 있습니다. 그때 폐하께서는 회남 백성들의 궁핍한 삶을 걱정하시어 유장에게 비단 5천 필을 하사하시고 노고가 많은 관리와 백성에게 주도록 하셨습니다. 그런데 유장은 이를 받으려 하지 않고, 오히려 애쓰고 수고한 사람이 없다고 했습니다. 남해南海 지역의 이민족 왕王이 황제에게 글을 올려 벽옥璧玉을 바치려고 하자, 간기蕑忌라는 자가 제멋대로 그 글을 태워버리고 보고하지 않았습니다. 관리가 간기蕑忌를 처벌하려고 소환했지만, 유장은 그가 병病이 났다고 거짓말을 하고 보내지 않았습니다. 또 유장의 승상丞相인 춘春이 유장에게 조정에 입조入朝하기를 권했으나, 유장은 화를 내며 '너희가 나를 버리고 한漢나라에 붙기를 원하는구나'라고 말했습니다. 유장은 마땅히 기시棄市(죄인을 사형에 처한 후 그 시체를 거리에 버려두는 것)해야 하옵니다. 신들은 유장의 일을 법대로 처리하시기를 청하옵니다."

하지만 문제文帝는 그를 처단하지 않았고 왕의 칭호만을 사용하지 못하도록 했다. 이에 반발한 신하들은 유장을 공우邛郵라는 지역에 유배 보내고, 그의 아들과 어미도 함께 보내 기거起居하도록 청했다. 그러자 황제가 명했다.

"유장에게 하루에 고기는 다섯 근斤, 술은 두 말斗을 주도록 하라. 또한 유장의 첩들과 총애하는 자 10명을 보내 함께 살게 하고, 그 나머지는 주청奏請한 대로 처리하라."

이렇게 하여 그 당시 모반에 참여한 자들은 모두 죽였으나, 유장만 용서를 받고 유배를 가게 되었다.

유배지로 가는 길에 유장이 죽다

유장劉長이 유배를 갈 때, 덮개가 있는 수레에 유장을 태우고 각 지역을 지날 때마다 그 지역 관리가 전송을 담당하게 했다. 이때 원앙袁盎이 황제에게 간언했다.

"황제께서는 평소에 유장을 방자하게 만드셨습니다. 이는 그의 곁에 엄한 태부太傅와 승상丞相을 두지 않았기 때문입니다. 유장은 억세고 강한 사람인데 갑자기 그를 꺾어버리셨으니, 만약 유장이 열악한 기후로 병을 얻어 죽게 된다면, 폐하께서 아우를 죽였다는 말을 들으실까 두렵습니다. 이를 어찌하시렵니까?"

황제가 말했다.

"짐도 이 때문에 고민이 많소. 장차 곧 그를 다시 불러들일 것이오."

유장이 각 지역을 지날 때마다, 현縣의 담당자들은 감히 수레에 봉封한 문門을 열지 못했다. 유장은 자신을 수행하는 자들에게 말했다.

"누가 나를 용맹하다고 하겠느냐? 또 내가 어찌 스스로 용맹하다고 할 수 있겠는가! 내가 교만하여 잘못을 인정하지 않아 이 지경에 이르렀다. 내 어찌 한평생 이처럼 근심하며 살 수 있겠는가?"

유장은 곡기穀氣를 끊고 죽었다. 옹雍 지역에 도착했을 때, 그 지역 현령縣令이 수레에 봉한 문을 열고 그가 죽은 것을 발견하자 조정에 이를 보고했다. 황제는 울면서 매우 슬퍼했다. 그리고 원앙에게 말했다.

"짐이 그대의 말을 듣지 않아, 마침내 회남왕淮南王을 잃었도다."

원앙이 말했다.

"이미 어찌할 수 없으니, 원하옵건대 폐하께서는 마음을 너그러이 가지옵소서."

황제가 물었다.

"이를 어찌해야 한다는 말인가?"

원앙이 대답했다.

"이 일에 책임을 물어 승상丞相과 어사대부御史大夫를 참수함으로써 천하에 사죄하시면 됩니다."

황제는 즉시 승상과 어사대부에게 명命을 내렸다. 그리하여 유장을 전송할 때, 봉인한 문을 열지 않아 음식을 먹지 못하게 했던 관리들과 수행하던 이들을 잡아들여 모두 기시棄市했다. 문제文帝 8년, 황제는 유장을 불쌍하게 여겼다. 유장에게는 아들이 4명 있었는데, 모두 일곱

또는 여덟 살이었다. 황제는 유안劉安을 부릉후阜陵侯, 유발劉勃을 안양후安陽侯, 유사劉賜를 양주후陽周侯, 유양劉良을 동성후東城侯에 각각 봉했다. 그 후, 약 8년이 지나 유안劉安을 회남왕淮南王, 유발劉勃을 형산왕衡山王, 유사劉賜를 여강왕廬江王으로 봉하니, 유장의 옛 땅을 아들 세 명이 나누어 가지게 되었다. 유양劉良은 그 전에 죽어 후사가 없었다.

오吳, 초楚의 반란에 참여하지 않은 유장의 아들들

경제景帝 3년에 오吳, 초楚 등 일곱 제후국의 왕들이 반란을 일으켰다. 반란에 참여할 것을 권유하는 사신使臣이 회남왕淮南王 유안劉安에게 왔고, 유안도 반란에 참여하려 했다. 이때, 회남왕의 승상이 말했다.

"대왕께서 반란에 참여하시겠다면, 신臣이 그 장수가 되기를 원합니다."

그래서 유안劉安은 병권兵權을 승상에게 맡겼다. 그런데 승상은 성城을 굳게 지키기만 하고 반란에 가담하지 않았으며, 오히려 한漢나라 조정의 편에 섰다. 이 때문에 유안은 반란의 화禍를 면할 수 있었다. 반란군의 사신이 형산왕荊山王에게도 찾아 왔으나 형산왕도 성을 지키며 한나라를 배신하지 않았다. 경제景帝 4년에 반란이 진압되고 형산왕荊山王이 황제를 알현했을 때, 황제는 그의 절개와 충정을 칭찬했다. 그리고 형상왕을 제북濟北 지역의 왕으로 옮겨주며 그를 표창했다.

반란을 꿈을 키우는 회남왕 유안劉安

유안劉安은 평소 독서나 거문고 타는 것을 좋아했지만, 활을 쏘며 사냥하거나 말을 타고 달리는 것은 좋아하지 않았다. 유안은 백성들에게 음덕陰德을 행하여 천하에 명성을 얻었다. 그는 때때로 아버지 유장

劉長의 죽음을 원통해하여 반란을 일으키려 했지만 마땅한 명분이 없었다. 한漢 무제武帝 건원建元 2년에 유안이 입조入朝했다. 유안은 평소 무안후武安侯와 친분이 있었는데, 당시 무안후武安侯는 태위太尉(전국의 군정軍政을 담당하는 관리)로 있었다. 무안후는 회남왕을 패상霸上에서 마중 나와 그와 함께 이야기를 나누며 이렇게 말했다.

"지금 황제께는 태자가 없습니다. 대왕께서는 고황제高皇帝(유방劉邦)의 친손親孫이시며, 인의仁義를 행하시는 것을 천하에 모르는 사람이 없습니다. 만약 어느 날 갑자기 황제께서 돌아가시면 대왕이 아니면 누가 즉위하겠습니까?"

이 말을 듣고 회남왕이 크게 기뻐하며 그에게 많은 재물을 주었다.

유안은 은밀히 빈객賓客들과 교류하고 백성들을 위로하면서 반역을 도모하기 시작했다. 유안은 황제에게 태자가 없으니 황제가 죽으면 제후들이 서로 황위皇位를 차지하려고 다툴 것이라 여기고, 무기를 수리하고 각 지방의 제후들과 유세객들에게 금전을 보내 관계를 돈독하게 했다. 유안의 주위에는 말을 잘하는 변사辯士들이 많았다. 그들은 달콤한 말로 유안에게 아첨했고, 이럴 때마다 유안은 기뻐하며 그들에게 금전金錢을 하사했다. 그러면서 황제가 되는 꿈을 키우고 있었다.

반란의 준비

건원建元 6년에 혜성彗星이 나타나자 유안이 이를 기이하게 여겼다. 어떤 사람이 유안에게 말했다.

"이전, 7국이 반란을 일으켰을 때 혜성이 나타났는데, 그 길이가 몇 자 밖에 되지 않았지만 천 리에 피를 뿌렸습니다. 그런데 이번에 나타난 혜성은 그 길이가 하늘을 가로지르니 분명 천하에 커다란 전란戰亂이 일어날 것입니다."

유안은 황제가 죽으면 천하에 변란變亂이 일어날 것이라 생각하고 더 많은 전투용 무기와 물품을 구입하는 한편, 주변의 제후들과 유세가들에게 뇌물을 주어 관계를 맺었다. 계략을 잘 꾸미는 변사辯士들은 제멋대로 말을 꾸며 유안에게 아첨하니, 유안은 기뻐하면서 반역의 음모를 점점 구체화시켰다.

유안에게는 유릉劉陵이라는 딸이 있었는데, 총명하고 말재간이 있었다. 유안은 유릉劉陵에게 많은 금전을 주어, 장안長安을 정탐하게 하고 황제의 측근들과 인맥을 맺도록 했다. 회남왕 유안의 왕후王后는 이름이 도荼인데 유안의 총애를 받았다. 왕후는 태자 유천劉遷을 낳았고, 유천은 수성군修成君의 딸을 비妃로 맞았다. 유안은 반역을 준비하면서 태자비太子妃가 이 사실을 알고 누설할까 봐 두려웠다. 그래서 태자와 모의하여 거짓으로 그녀를 사랑하지 않는 척하게 하고, 석 달 동안 잠자리를 하지 않게 했다. 그런 다음, 유안은 태자의 일로 화난 척하여, 태자를 가두고 석 달 동안 그와 태자비를 같은 방에서 지내게 했다. 하지만 태자는 계획대로 태자비를 가까이하지 않았다. 이렇게 되자 태자비가 떠나기를 청했고, 유안은 조정에 글을 올려 사죄하고 그녀를 친정으로 돌려보냈다. 왕후王后는 태자太子와 공주公主가 유안의 총애를 받게 되자, 나라의 권력을 제멋대로 사용했다. 또한 백성들의 밭과 가옥을 약탈하고, 사람들을 마구 소환하여 가두었다.

원삭元朔 5년, 태자는 검술劍術을 배우면서 자신의 실력이 대단하다고 믿었다. 그러던 중 뇌피雷被라는 자가 칼을 잘 쓴다는 말을 듣고 그를 불러 실력을 겨루었다. 뇌피雷被는 한두 차례 져주다가 실수로 태자를 찔렀다. 태자가 노하자 뇌피는 두려워했다. 당시 관리가 종군從軍을 원하면 바로 장안長安으로 파견을 보냈는데, 뇌피는 이 일 때문에 종군從軍하여 흉노匈奴와의 전투에 참전하기를 원했다. 태자가 유안에게 여러 번 뇌피를 비난하니, 유안은 뇌피를 파면하라고 했다. 이에 불만을 품은 뇌피는 조정에 글을 올려 자신의 억울함을 알렸다.

황제는 그 일을 정위廷尉와 하남군河南郡의 도위都尉가 처리하도록 명命을 내렸다. 하남河南의 관리는 이 일을 조사하고자 태자를 체포하려고 했다. 그러자 유안은 태자를 보내지 않고, 군사를 동원하여 반란을 일으키려고 했다. 그러나 계획이 늦어져서 실행하지 못하고, 어쩔 수 없이 태자만 하남군河南郡에 보내 조사받도록 했다.

당시 회남淮南의 승상丞相은, 태자를 조사하는 관리가 태자를 제대로 조사하지 않는 것에 노怒하여, 그 관리를 조정에 탄핵했다. 유안은 승상에게 그 관리를 처벌하지 말라고 했으나 승상은 따르지 않았다. 그러자 유안은 조정에 글을 올려 승상을 고발하니, 황제는 정위廷尉에게 이 일을 조사하게 했다.

오왕吳王 등이 일으킨 칠국지난七國之亂 이후에, 조정에서는 제후왕에 대한 견제와 압박이 가해졌다. 조정에서는 각 제후왕의 승상丞相과 고위관리를 파견하여 제후왕의 다스리는 봉지封地의 행정과 조세租稅 등을 장악하고 제후왕을 견제하도록 했다. 이 때문에 제후왕諸侯王과 승상丞相의 관계는 명령과 복종의 관계가 아니라 감시와 대립의 관계가 되었다.

이 사건이 유안까지 연루되자, 유안은 사람을 시켜 조정의 분위기를 파악하게 했고, 조정의 대신들이 자신을 체포하여 조사하려 함을 알게 되었다. 유안은 사건이 발각될 것을 두려워하자 태자가 이렇게 말했다.

"한나라에서 파견된 사신使臣이 대왕을 체포하려고 하면, 대왕께서는 친위대親衛隊에 명命하여 즉시 사신使臣을 찔러 죽이게 하십시오. 저도 역시 사람을 보내 회남淮南의 중위中尉를 찔러 죽이겠습니다. 그런 다음 군사를 일으켜도 늦지 않을 것입니다."

한편, 황제는 유안을 체포하자는 신하들의 의견을 듣지 않고, 은굉殷宏을 파견하여 직접 유안을 조사하게 했다. 유안은 사신이 온다는 소식을 듣고 태자의 계책대로 그를 죽이려고 했다. 그런데 도착한 사신을 보니 안색이 온화했고, 다른 일은 묻지 않고 뇌피를 파면한 일만 심문할 뿐이었다. 그래서 유안은 자신의 죄상罪狀이 드러나지 않음을 알고 군사를 일으키지 않았다. 사신은 조정으로 돌아가 이 사실을 보고했는데, 유안을 조사하자고 했던 대신大臣들이 황제에게 간언諫言했다.

"유안은 흉노 전투에 종군하려는 뇌피雷被를 막았으니, 이는 명령을 실행하지 않는 것입니다. 마땅히 기시棄市해야 합니다."

하지만 황제는 이를 허락하지 않았다. 대신들은 유안을 회남왕에서 폐위廢位하고 왕의 칭호를 사용하지 못하도록 청했으나, 황제는 이번에도 허락하지 않았다. 대신들은 다시 유안의 봉지封地 5개를 삭탈하자고 했으나 황제는 2개 현縣의 봉지만을 삭탈하도록 했다. 그리고 은굉殷宏을 다시 보내 봉지 삭탈에 대해 유안에게 알리도록 했다. 유안은 조정 대신들이 자신을 처형하자고 청請했음을 들었으나, 그것이 받아들여지지 않고 봉지封地만 삭탈하게 됐다는 소식은 듣지 못했다. 그래서 이번에도 조정에서 사신이 오면 전에 계획했던 것처럼 사신使臣을 찔러 죽이려고 했다. 그런데 사신이 도착한 후, 유안의 죄를 사면하고 봉지 삭탈에 대해서만 알렸기 때문에, 유안은 이번에도 군사를 일으키지 않았다. 그 후 스스로 애통해하며 "내가 인의仁義를 행했다가 봉지를 삭탈당하니 심히 부끄럽구나"라고 말했다.

반란을 반대하는 오피伍被

봉지를 삭탈 당한 후, 유안은 반란 계획을 더욱 구체화했다. 장안長安에서 여러 사신들이 왔는데, 한漢나라가 잘 다스려진다는 말을 하는 자들에게는 화를 냈고, 황제가 아들이 없어 잘 다스려지지 않는다고 말하면 좋아했다. 유안은 밤낮으로 오피伍被, 좌오左吳 등과 함께 지도를 보면서 군사들을 어디로부터 진격시킬 것인지 논의했다. 유안이 말했다.

"황제께는 태자가 없으니 만약 갑자기 돌아가시면, 대신들은 교동왕膠東王이나 상산왕常山王을 부를 것이며, 제후들도 모두 황제의 자리를 다툴 것이니, 내가 어찌 준비하지 않을 수 있겠는가! 나는 고조高祖의 손자라서 폐하께서도 나를 후하게 대우하여, 지금의 상황을 참고 견딜 수 있지만, 황제가 돌아가신 후에는 내 어찌 신하가 되어 어린 것들을 섬길 수 있겠는가!"

유안이 반란을 모의할 때, 오피伍被에게 황제만이 임명할 수 있는 대장군大將軍이라는 칭호를 쓰며 "대장군大將軍은 위로 오르시오"라고 말했다. 오피는 얼굴이 창백해지면서 이렇게 말했다.

"황제께서는 대왕을 용서하셨는데, 대왕께서는 어찌 이런 망국亡國의 말씀을 하십니까! 오자서伍子胥가 오왕吳王에게 월왕越王越을 경계하라고 간언했지만, 오왕이 이 말을 듣지 않아 결국 오나라는 멸망했습니다. 신臣도 이제 오자서처럼 대왕의 궁중이 황폐화 되는 것을 볼 것입니다."

유안이 노怒하여, 오피伍被의 부모를 잡아 석 달 동안을 가두었다. 그리고 다시 오피를 불러 물었다.

"장군은 과인의 계획을 찬성하는가?"

오피가 대답했다.

"아닙니다. 신이 온 것은 단지 대왕을 위해 계획을 세우기 위함입니다. 귀가 밝은 자는 소리가 없는 데서 들으며, 눈이 밝은 자는 형태가 없는 데서 본다고 들었습니다. 때문에 성인聖人은 만 번을 일어나도 모두 성공하는 것입니다. 옛날 문왕文王은 한 번 움직였을 뿐인데 그 공적이 천세千世에 드러났습니다. 이는 천심天心에 근거해서 움직였기 때문입니다. 그리하여 천하 백성들은 약속한 것처럼 모두 문왕文王을 따랐던 것입니다. 이를 근거해 보면, 진秦나라와 최근 7국國의 반란이 성공할 수 있었는지 실패할 것인지 판단할 수 있을 것입니다. 진秦나라는 성현聖賢의 도道를 끊어버리고, 유생儒生과 방사方士들을 죽였으며, 《시경詩經》과 《서경書經》을 불태우고, 예의禮義를 폐기했습니다. 또한 폭력을 숭상하고 함부로 형벌을 사용했으며, 곡식을 서하西河 지역으로 보냈습니다. 이때 백성들은 먹을 것과 입을 것이 없어 궁핍한 생활을 했습니다. 또 몽염蒙恬에게 명하여 수천 리에 장성長城을 쌓게 하여, 냉혹한 추위에 몸을 맡긴 병사가 수십만이었으며, 얼어 죽은 시체가 천리에 이어졌습니다. 이때 백성들 중에 반란을 염원했던 사람들이 열 중에 다섯입니다. 또 진시황은 서복徐福을 바다의 신선神仙에게 보내 기이한 물건을 구해오게 했습니다. 그는 돌아와 바다의 신神이 양가良家집 사내아이와 계집아이를 바치면 불노초不老草를 줄 것이라고 속였습니다. 진시황이 크게 기뻐하며 동남동녀童男童女 3천 명을 보냈으나, 서복은 평원平原과 넓은 연못이 있는 곳을 찾아가, 그곳에 머물면서 돌아오지 않았습니다. 이때 백성들 중 난亂을 일으키려고 한 사람들은 열 중에 여섯입니다. 진시황은 또 위타尉佗를 보내 이민족 백월百越을 공격하게 했습니다. 위타는 중국中國이 극도로 피폐했음을 알고, 거기에 머물며 돌아오지 않았습니다. 그는 조정에 글을 올려 병사들의 옷을 수선할 여자 3만 명을 원했고, 진시황은 5천 명을 허락했습니다. 이때 난亂을 일으키려고 한 사람들이 열 중에 일곱입니다. 이런 혼란스러운 상황에서 고조高祖(유방劉邦)의 측근들이 고조께 때가 되었다고 말했지만, 고조께서는 병사를 일으키지 않으셨습니다. 1년도 되지 않아, 진승陳勝과 오광吳廣이 군사를 일으켰습니다. 그때 고조께서 풍읍豐邑과 패현沛縣에서 떨쳐 일어나시니 천하가 약속이라도 한 듯 호응했는데, 이때 모인 사람의 수를 헤아릴 수 없었습니다. 이것이 소위 '약점을 노리고 틈을 기다린다'는 것으로, 진나라의 망함을 틈타 군사를 일으킨 것입니다. 백성들도 가뭄에 비를 기다리듯이 고조께서 일어나기를 원했고, 그런 까닭에 고조高祖께서는 결국 황제가 되셨습니다.

지금 대왕께서는 고조께서 천하를 쉽게 얻었다고만 생각하시고, 최근에 일어난 7국의 반란은 어째서 보지 않으십니까? 오왕吳王은 영토가 사방 수천 리나 되었고, 돈을 주조하고 소금을 만들어 나라는 부유하고 백성들은 많았습니다. 오왕은 반란의 계책을 세우고 군사를 일으켜 장안長安으로 진격했습니다. 그러나 대량大梁에서 깨지고 단도丹徒로 도망가 월越나라에서 죽임을 당하여, 결국 천하의 웃음거리가 되었습니다. 오왕吳王의 반란이 성공하지 못한 이유는 무엇입니까? 그것은 바로 천도天道를 거스르고 때를 알지 못했기 때문입니다. 지금 대왕의 군사는 오왕이 일으켰던 반란군의 10분의 1도 되지 않으며, 천하는 진秦나라 때보다 만 배나 안정되어 있으니, 대왕께서는 신의 계책을 따르시기를 원합니다. 신臣은 대왕께서 제후국의 군주 역할을 버리려고 하심을 슬퍼합니다. 만약 대왕께서 신에게 목숨을 끊으라고 명命하시면 동궁東宮에서 죽겠습니다."

말을 마치고 오피는 바로 일어나 물러갔다.

오피伍被가 말한 때라는 것은 민심民心의 향방이다. 한漢 고조高祖 유방劉邦이 성공할 수 있었던 것은, 진秦나라의 폭정暴政에 백성들이 고통을 겪고 있어 진秦나라를 전복顚覆할 영웅호걸英雄豪傑을 원했기 때문이다. 하지만 지금 한나라는 안정되고 백성들은 편안하다. 이런 상황에서 회남왕은 왜곡된 시각으로 세상이 혼란스럽다고 믿고 있다. 이는 사실에 근거하지 않은 허망한 꿈일 뿐이다.

민심 조작에 대한 모의

유안에게는 유불해劉不害라는 나이 많은 서자庶子가 있었다. 유안은 그를 사랑하지 않았고, 유안의 가족들은 그를 자식이나 형제로 인정하지 않았다. 유불해劉不害에게는 아들 유건劉建이 있었는데 재능이 뛰어나고 기개가 있었지만, 언제나 태자太子 유천劉遷이 자신의 아비를 보살피지 않는 것을 원망했다. 당시 제후들은 모두 자신들의 자제子弟들을 제후로 삼았다. 유안에게는 아들이 둘 뿐이었는데 한 명은 태자로 삼았지만, 다른 한 명인 유불해는 제후로 봉하지 않았다. 유건劉建은 이 또한 원망했다.

한漢 무제武帝 때인 원삭元朔 2년(B.C.127년)에 추은령推恩令이 반포된다. 이는 황제가 은혜를 베푼다는 의미를 갖고 있는데, 제후왕이 자신의 봉지封地를 모든 자제子弟에게 나누어 주도록 한 것이다. 이렇게 되면 제후왕 1인이 소유할 수 있는 봉지封地가 점차 축소되어 세력이 약화될 수 있다. 이러한 배경 때문에, 유건劉建은 자신의 아버지인 유불해劉不害가 봉지를 받지 못한 것에 불만을 품은 것이다.

유건은 몰래 사람들과 결탁하여 태자太子 유천劉遷을 내치려고 했는데, 태자가 이를 알고 수차례 유건을 붙잡아 매질을 했다. 유건은 태자가 한나라의 사신을 죽이려고 했던 음모를 알았다. 그리하여 평소 잘 알고 지내던 장지莊芷라는 사람을 시켜 무제武帝 원삭元朔 6년에 황제에게 다음과 같은 글을 올렸다.

"독한 약은 입에는 쓰지만 병에는 이롭고, 충언忠言은 귀에 거슬리지만 행하기에는 이롭습니다. 지금 유안의 손자인 유건劉建은 재능이 뛰어나지만, 회남왕의 왕후와 태자가 항상 그를 시기하여 해치려고 합니다. 유건의 아비 유불해劉不害는 죄가 없는데도 그들은 제멋대로 여러 차례 잡아 가두고 죽이려고 했습니다. 지금 유건이 있으니 불러 물어보시면 회남왕 유안의 은밀한 일을 다 말할 것입니다."

글이 보고되자, 황제는 그 일을 정위廷尉에게 내려주었고, 정위는 이 일을 하남河南에 내려 보내 처리하도록 했다. 유안은 유건이 불려가 조사받는 것을 보고, 자신의 은밀한 계획이 발각될까 두려워 군대를 일으키려고 했다. 오피는 이번에도 난亂을 일으키기 어렵다고 여겼다. 유안은 다시 오피에게 물었다.

"공은 오吳나라가 반란을 일으킨 것이 옳다고 생각하는가?"

오피가 대답했다.

"옳지 않습니다. 오왕은 매우 부귀했으니 군사를 일으킨 것은 옳지 않습니다. 그래서 단도丹徒에서 죽임을 당하였고 자손 중에 살아남은 자가 없었습니다. 오왕은 결국 몹시 후회했다고 들었습니다. 왕께서는 깊이 헤아리시어 오왕처럼 후회하지 않기를 바랍니다."

유안은 다음과 같이 말했다.

"대장부가 말을 뱉었으면 죽을 때까지 바꾸지 않는 것이오. 또한 오왕吳王이 어찌 반역의 방법을 알았겠는가? 한나라의 장수 중 성고成皐를 지나는 자가 하루에 40여 명이오. 이제 내가 성고成皐의 입구를 차단하게 하고, 영천潁川을 공격하여 환원轘轅과 이궐伊闕의 길목을 막고, 남양南陽의 군사를 일으켜 무관武關을 지키게 하겠소. 그렇게 되면 하남河南 태수太守가 홀로 낙양雒陽을 지킬 것이니 무슨 걱정이 있겠는가? 하남 북쪽에는 임진관臨晉關, 하동河東, 상당上黨, 하내河內 그리고 조趙나라가 있소. 사람들은 성고의 입구를 끊어버리면 천하의 길이 통하지 않는다고 하오. 나는 이곳 삼천三川의 험난한 지형에 의지하여 산동山東 지역의 군사를 불러 모으려고 하는데, 그대는 어떻게 생각하는가?"

오피가 말했다.

"신은 그 계책이 화禍만 있고 복福은 없다고 생각합니다."

유안이 말했다.

"다른 신하들은 내 말을 듣고 모두 열十을 시도하면 아홉九은 성공할 것이라고 했소. 그런데 어찌하여 그대는 화禍만 있고 복福은 없다 여기는가?"

오피가 대답했다.

"대왕이 총애하던 근신近臣들 중에 사람을 잘 거느리는 자들은 모두 갇혀서 조사를 받고 있으며, 대왕의 곁에 남아 있는 신하들 중에는 쓸 만한 사람이 없습니다."

유안이 말했다.

"진승陳勝과 오광吳廣이 난을 일으킬 때에는 자그마한 땅도 없었는데 천 명을 모았소. 또 대택大澤에서 일어나 팔을 힘껏 쳐들고 호령號令하자 천하가 호응했으며, 희수戲水에 이르렀을 때는 군사가 120만 명이나 되었소. 우리 봉국封國이 작다 해도 군사는 10만 명이나 되오. 우리 군사는 진승陳勝을 따르던 이들처럼 오합지졸烏合之卒이 아니오. 상황이

 이러한데 공은 무슨 이유로 화禍만 있고 복福은 없다 말하는가?"

오피가 대답했다.

"예전에 진秦나라는 무도無道하여 백성을 잔인하게 해쳤습니다. 만승萬乘의 수레를 몰고 다니며 아방궁阿房宮을 지었고, 백성들은 자신들의 수입 대부분을 세금으로 바쳐야 했으며, 빈민들도 징발하여 변방의 병사로 보냈습니다. 아비는 자식을 편안케 하지 못하였고, 형은 동생을 안심시킬 수 없었으며, 정치는 가혹하고 형벌은 엄격하여, 천하는 마치 불에 타들어가는 것 같았습니다. 백성들은 세상이 바뀌길 간절히 바랐기에, 비통한 나머지 하늘을 우러러 부르짖고 황제를 원망했습니다. 때문에 진승陳勝이 크게 호령하자, 천하의 백성들이 호응한 것입니다. 지금 황제께서는 널리 백성들을 아끼시어 덕과 은혜를 베푸십니다. 비록 말씀을 하지 않으셔도 그 소리는 천둥처럼 빠르며, 명령을 내리지 않아도 교화가 신속하게 퍼져나갑니다. 그러니 황제께서 마음속에 생각을 품으면, 그 위엄威嚴이 만 리 밖까지 진동振動하며, 백성들이 호응하는 것이 그림자가 움직이듯 빠릅니다. 황제께서 임명한 대장군의 재능은 진승陳勝의 장군들과 비길 바가 아닙니다. 대왕께서는 지금을 진승陳勝이 반란을 일으킬 때와 비교하시는데, 신은 그것이 잘못되었다고 생각합니다."

유안이 말했다.

"진정 그렇다면, 요행을 바랄 수 없다는 것인가?"

오피가 말했다.

"저에게 어리석은 계책이 있습니다."

유안이 그것이 무엇인지 묻자, 오피가 대답했다.

"지금 제후들은 딴마음을 품고 있지 않으며, 백성들도 원망하는 기색이 없습니다. 삭방군朔防軍 지역은 땅이 넓고 환경은 뛰어나지만 이주하는 백성이 적습니다. 신의 어리석은 계책은 이렇습니다. 승상丞相과 어사대부御史大夫의 명의로 공문서를 위조하여 군郡, 국國의 호걸과 협객 그리고 죄인을 삭방군으로 이주하도록 명하고, 재산이 50만 이상인 자와 그 가족을 모두 삭방군으로 이주시키는 것입니다. 이 기회를 이용하여 군사를 더 많이 징발하고 징집의 날도 앞당기면 됩니다. 또 좌사공左司空, 우사공右司空, 도사공都司空, 상림上林, 중도관中都官의 문서를 조작하여, 제후들의 태자太子와 총애하는 신하臣下들을 체포하는 것입니다. 그렇게 하면 백성들은 이런 일들이 모두 황제가 명령한 것이라 여기고, 한나라를 원망할 것이며 제후들도 두려워할 것입니다. 이 기회를 틈타 말 잘하는 신하들을 각 지역에 보내 백성들을 선동煽動하면, 열 가운데 요행으로 하나는 얻을 수 있을 것입니다."

회남왕 유안은 명분 없는 반란을 모의하면서 오직 전쟁을 어떻게 효과적으로 해야 할 지만을 고민하고 있다. 그 과정에서 반란의 근본적인 명분인 백성의 민심은 철저히 제외되고 있다. 반란이 성공하기 위해서는 민심이반民心離反이 선행되어야 하지만, 천하가 안정되어 있으니 억지로라도 민심民心이 이반離反되게 해야 했다. 그래서 한나라 조정에서 파견된 관리들의 문서를 조작해서 고의로 제후왕의 태자와 신하들을 체포하여 조정에 대한 적개심을 조장하려고 한 것이다. 이는 멀쩡한 사람을 충동질해서 싸우게 만드는 격이다.

민심 조작을 통한 반란 계획

유안이 말했다.

"좋소. 그대는 열에 하나의 요행이 있다 말하지만, 나는 그 이상이라고 생각하오."

유안은 마침내 관노官奴를 궁궐에 들여보내 황제의 옥새를 만들었다. 또한 승상丞相, 어사御史, 대장군大將軍 및 고위 관리의 도장을 위조했으며, 한나라의 사신들이 쓰는 관모冠帽를 만들게 했다. 유안은 사람들을 시켜 거짓으로 죄를 짓고 장안長安으로 보내지게 한 후, 대장군과 승상을 섬기게 했다가 반란이 일어나면 그들을 써서 대장군大將軍을 죽이고 승상丞相을 설득하려고 했다. 유안의 걱정은, 자신이 반란을 일으킬 때 승상과 고위 관리들이 자신을 따르지 않을까 하는 것이다. 그래서 유안은 오피와 모의하여, 일부러 궁중에 불을 질러 승상과 고위 관리들이 불을 끄러 오면, 바로 그들을 죽이려고 했다. 하지만 계획은 결정되지 않았다. 유안은 이런 계획도 했다. 사람들을 도둑을 잡고 명령을 알리는 관리로 가장하여, 변방에서 오는 것처럼 하고 '이민족 남월南越의 군사들이 국경에 들어왔다'고 소문을 퍼뜨리는 것이다. 이 소식을 듣고 백성들이 혼란한 틈을 타서 군사를 일으키려고 했던 것이다. 그리하여 유안은 이 일을 꾸미려고 여강廬江과 회계會稽 지역에 사람을 보내 바람잡이 역할을 시켰지만, 아직 실행에 옮기지는 않았다. 유안이 오피에게 물었다.

"내가 군사를 일으키면 제후들이 나에게 호응할 것인데, 만약 바로 호응하지 않는다면 어떻게 하면 되겠는가?"

오피가 말했다.

"남쪽으로는 형산衡山을 함락하고, 여강廬江을 치며, 심양尋陽의 배를 점유하여, 하치下雉의 성을 수비하게 하십시오. 또한 구강九江의 포구를 연결하고, 예장豫章의 입구를 끊고, 뛰어난 사수에게 장강長江을 지키게 하십시오. 그러면 남군南郡의 군사들이 내려오는 것을 막을 수 있습니다. 동쪽으로는 강도江都와 회계會稽를 함락하고, 남쪽으로는 남월南越과 함께 강수江水와 회수淮水 사이를 굳게 지키고 있으면 시간을 끌 수 있습니다."

이에 유안은 "좋소. 이 계책은 변경하지 않을 것이오. 사태가 불리해지면 남월南越로 달아나면 그뿐이오"라고 말했다.

회남왕이 획책한 것은 공문서 위조, 방화, 고위 관리 살해, 유언비어流言蜚語 살포 등이다. 이 모두 민심이 들끓게 하여 반란의 명분을 얻으려고 한 것이다. 회남왕은 반란의 명분을 얻기 위해서 어떤 일이라도 할 것처럼 보인다.

한편, 정위廷尉가 조사해보니, 유안의 손자 유건劉建의 말대로 태자太子 유천劉遷이 사건에 연루되었음을 확인하고, 이를 황제에게 보고했다. 황제는 정위감廷尉監을 파견하여, 회남淮南의 중위中尉를 만나게 하고 태자를 체포하게 했다. 정위감廷尉監이 회남에 도착하자 유안은 그 소식을 듣고, 승상과 고위 관리를 죽이고 군사를 일으키려고 했다. 유안이 승상을 부르자 승상은 도착했지만, 내사內史는 출타했다는 이유로 오지 않았다. 중위中尉도 사신을 접견하고 있어서 오지 못했다. 유안은 비록 승상을 죽인다고 해도 내사內史와 중위中尉가 오지 않으면 헛수고라고 생각하여 다시 승상을 돌려보냈다. 유안은 반란의 계획을 연기하고 언제 군사를 일으킬지 결정하지 못했다. 한편 태자는 회남왕과 함께 한나라 사신을 죽이려고 모의한 것이, 분명 처벌받을 만한 사안事案이라 여기고, 자신만 죽으면 회남왕에게 피해가 가지 않을 것이라고 생각했다. 그래서 태자는 회남왕에게 이렇게 말했다.

"지금 쓸 만한 신하들은 모두 체포되어, 함께 거사擧事를 감행할 사람이 없습니다. 대왕께서는 적절한 때가 아닌데 군사를 일으켰다가 실패할까 두려워하시니, 대왕께서는 제가 체포당하게 내버려 두시기를 바랍니다."

유안도 반란의 계획을 잠시 멈추고 태자가 원하는 대로 했다. 태자는 곧바로 스스로 목을 찔렀으나 죽지는 않았다.

이런 상황에서, 오피伍被는 관리에게 자수했고, 회남왕과 함께 반란을 모의했다고 밝혔다. 관리는 이일로 태자太子와 왕후王后를 체포하고 왕궁을 포위했다. 그리고 왕과 함께 모반한 빈객賓客들을 다 체포하고, 반역의 물증을 찾아내서 이를 보고했다. 황제는 대신들에게 명하여 이 일을 처리하게 했는데, 회남왕 유안과 함께 반란을 모의했던 수천 명의 사람들은 죄의 경중輕重에 따라서 처벌을 받았다. 대신들은 유안이 명백히 대역무도大逆無道의 죄를 지었으니 사형에 처해야 한다고 주장했다. 이때 교서왕膠西王이 이렇게 말했다.

"회남왕 유안은 사악한 행동으로 법도를 무너뜨리고, 천하를 어지럽혀 백성들을 미혹했으며, 종묘를 배반하고 요사스러운 말을 지어냈습니다. 《춘추春秋》에서는 '신하는 모반을 하지 말아야 하며, 모반을 하면 죽여야 한다'고 했습니다. 유안이 모반을 계획한 정황이 이미 명확하게 드러났습니다. 신臣은 반란의 증거가 명확하고 그 정도가 매우 심하여, 마땅히 법의 심판을 내려 처형해야 한다고 생각합니다. 회남왕의 수하에 있는 고위공직자와 종친宗親 그리고 측근의 신하들은, 비록 국법을 어기지 않았더라도 회남왕을 일깨워주지 않았으니, 마땅히 삭탈관직削奪官職하여 다시는 관리가 되지 못하게 해야 합니다. 이렇게 유안의 죄를 천하에 드러내 백성들에게 신하의 도리를 명확히 밝혀, 다시는 모반을 하지 못하도록 해야 합니다."

승상丞相 공손홍公孫弘, 정위廷尉 장탕張湯 등이 이를 보고하니, 황제는 회남왕을 처단하게 했다. 황제의 사신이 도착하기 전에 회남왕은 스스로 목을 찔러 죽었다. 황제는 왕후와 태자 그리고 모반에 참여한 자들은 모두 멸족滅族시켰다. 황제는 오피가 회남왕에게 바른말을 했고 한나라의 선정善政을 여러 차례 회남왕에게 진언進言했다는 이유로 죽이지 않으려고 했다. 그러나 장탕張湯은 "오피는 회남왕을 대신하여 모반을 획책하였으니, 오피의 죄를 용서하시면 안 됩니다"라고 했다. 마침내 황제는 오피를 죽이고 그가 받은 봉국封國을 빼앗았다.

사마천은 말한다.

"《시경詩經》에는 '이민족인 융戎과 적狄은 정벌하고, 오랑캐 땅인 형荊과 서舒는 응징한다'라고 했는데, 진실로 옳은 말이다. 회남왕淮南王과 형산왕衡山王은 형제지간으로, 그들이 봉해 받은 국토가 사방 천리이며 제후의 반열에 올랐다. 그러나 신하의 직무를 지키며 황제를 보좌하는 데 힘쓰지 않고, 오직 사악邪惡하고 부정한 계획을 품고 반란을 모의하여, 마침내 부자父子가 봉국封國을 망하게 하였고, 모두 천수天壽를 누리지 못하고 천하의 웃음거리가 되었다. 이는 왕 혼자만의 잘못은 아니며, 그 지역의 풍속이 좋지 않아 신하들이 점점 물들어 그렇게 된 것이다. 형초荊楚 지역 사람들은 날래고 용맹하며 경박하고 사나워 난亂을 일으키기를 좋아하였는데, 이는 예로부터 그러했다."

제비의 다리를 대하는 흥부와 놀부의 차이는 무엇일까? 흥부는 제비의 고통을 안타까워하며 치료해 주었지만, 놀부는 자신의 이득을 위해 제비를 고통스럽게 했다. 놀부는 자신의 선량함을 조작하기 위해 정상적인 제비 다리를 부러뜨려 비정상으로 만들어 놓았다. 회남왕의 여론 조작은 놀부의 행위와 다르지 않다. 평온한 국가를 혼란스럽게 하여 반란의 이유를 만들려고 했다. 자신의 야욕을 성취하기 위해 타인을 희생시키려 했으니, 놀부 심보가 아니고 무엇이란 말인가? 문제는 놀부에 비해 회남왕의 스케일은 크다는 것이다. 제비 다리 하나만 부러뜨리는 것이 아니라, 수많은 목숨을 빼앗을 뻔했으니 말이다. 그의 백성들이 불쌍할 따름이다.

회남왕과 같은 사람들은 요즘에는 없는 것일까? 국가나 기관에 대해 비판하는 것은 타당한 견제의 수단이다. 부당한 일이 벌어지고 혼란이 가중될수록 비판의 목소리는 커지고 그들의 인기도 올라간다. 그래서인지 신문, 방송, 출판물, 유튜브 등 다양한 영역에서 앞다투어 날선 비판을 쏟아 내고 있다. 비판적 여론 속에는 온갖 편파적인 정보와 근거 없는 사실들도 끼어든다. 이런 것들을 보고 있으면, 그들은 마치 더 혼란스럽기를 바라는 것처럼 보인다. 비판적 여론은 날카로운 칼과 같다. 의사와 자객은 모두 칼로 상대방의 아픈 곳을 찌른다는 점에서 동일하다. 하지만 의사는 고통의 근원을 제거하고 다시 봉합하지만, 자객은 고통을 가중시킬 뿐 봉합은 하지 않는다. 의사는 고통을 주지만 살기를 바라고, 자객은 고통을 가중시키며 죽기를 바란다. 우리가 접하고 있는 수많은 여론이 진정 의사의 치료인지 아니면 자객의 칼부림인지 구분할 필요가 있다. 놀부처럼, 자신의 이득을 위해 멀쩡한 제비다리를 부러뜨리고, "아이고 제비가 다 죽게 생겼네"라며 호들갑을 떨며 여론을 조작하는 것은 아닌지 따져봐야 한다. 흥부의 호의와 놀부의 흑심을 구분하지 못할 때, 그 대가는 고스란히 국민들의 몫이 되기 때문이다.

循吏列傳

제18장

이상적인 공무원

— 순리열전

들어가며

이태리 출신의 축구 심판 피에르루이지 콜리나(Pierluigi Collina)는 2002년 한일 월드컵 최고의 심판으로 선정될 정도로 세계적으로 인정받는 심판이다. 그는 반칙을 칼 같이 잡아내지만 옐로카드나 레드카드를 주는 데는 매우 신중하다. 또한 몸싸움이 빈번하여 경기가 과열되면 적절한 때에 양쪽 선수를 불러 주의를 주고 진정시킨다. 그는 축구 경기를 박진감이 넘치지만 과격하지 않게 만든다. 이는 마치 라면을 강한 불에 끓이면서 넘치지 않도록 하는 것과도 같다. 그의 카리스마 때문인지 그가 레드카드를 주거나 페널티킥을 줄 때 항의하는 선수는 드물다. 그는 정확한 심판을 보기 위해 피나는 노력을 하는 것으로 더 유명하다. 그는 경기 전에 각 팀의 플레이 스타일과 선수들 개개인의 특징을 면밀히 파악하여, 선수가 공을 잡으면 어디로 보낼지 예측하여 그곳에 자리를 잡고 반칙을 잡아낸다. 그래서 그는 경기에 끌려 다니지 않고 경기를 주도한다.

축구 경기는 박진감 넘치고 재미있어야 한다. 하지만 과도한 승부욕 때문에 경기가 과열되어 몸싸움이 발생하거나 툭하면 누워버리는 "침대축구"를 봐야 할 때도 있다. 이 모두는 경기의 흥미를 방해하는 요소다. 뛰어난 심판은 경기를 루즈(loose)하게 만드는 요인은 제거하고, 과격한 분위기는 제어하면서, 시종始終 경기를 박진감 있게 운영한다. 심판에 따라 경기는 흥미진진할 수도 있고 지루할 수도 있다.

〈순리열전〉에서는 한漢나라 이전에 활약했던 훌륭한 관리들을 소개하고 있다. 관리들은 공무원이니 순리循吏는 오늘날의 이상적인 공무원이라고 할 수 있다. 공무원은 국법國法을 운용運用하는 사람이기 때문에 축구의 규칙을 운용하는 심판과 다를 것이 없다. 심판에 따라 경기가 달라지듯, 공무원의 역할에 따라 사회는 활기차게 움직일 수도 있고 그렇지 않을 수도 있다.

행정편의가 아닌 민생편의

사마천은 말한다.

"법령法令은 백성을 인도하기 위해 만든 것이며, 형벌刑罰은 간교한 행동을 차단하기 위한 수단이다. 법령 제정과 형벌 집행이 제대로 되지 않으면, 선량한 백성들은 두려워한다. 그런데 수신修身이 잘 된 사람이 관리가 되어 이런 일을 수행하면 혼란스럽지 않다. 그들은 사리에 맞게 직분을 수행하니 국가는 잘 다스려진다. 그러니 어찌 엄격한 형벌만을 사용하겠는가?"

법령法令만 완비되었다고 사회가 바로 서는 것은 아니다. 그 법을 잘 운용하는 집행자가 있어야 한다. 법과 제도만을 근거하여 곧이곧대로 운영하는 것은 누구나 할 수 있다. 핵심은 코리나 심판처럼 법과 제도의 틀 안에서 효과적으로 운용하는 것이 필요하다. 수신修身이 잘 됐다는 것은 인격 수양뿐만 아니라, 콜리나처럼 경기를 잘 운영하기 위해 많은 공부와 노력을 하는 것을 말한다. 이런 사람들이 관리로 있다면, 백성들을 사전事前에 계도啓導하여 그들이 형벌을 받는 상황에 이르지 않게 할 수도 있다.

손숙오孫叔敖는 초楚나라 사람이다. 당시 초나라 재상이 초楚 장왕莊王에게 자신의 후임자로 손숙오孫叔敖를 추천했고, 손숙오는 석 달 만에 초나라 재상이 되었다. 그는 백성을 교화로 인도하여 상하上下가 모두 화합했으며, 미풍양속美風良俗이 생겨나고 금령禁令은 완화됐다. 또한 관리는 사악한 행동을 하지 않았고 도적떼도 생기지 않았다. 가을과 겨울에는 백성들에게 산에 가서 벌목伐木할 것을 권장했고, 봄과 여름에는 강물을 이용하여 그것들을 운반하게 했다. 백성들은 각자의 자리에서 자신의 삶에 만족했다.

장왕莊王은 동전 화폐가 가볍다고 생각하여 더 큰 것으로 바꾸게 했지만, 백성들은 불편해서 실제 거래에서는 사용하지 않았다. 시장을 관리하는 시령市令이 이것을 재상 손숙오에게 보고했다.

"시장이 혼란스럽습니다. 백성들은 화폐 거래를 불편해 하고 있으며, 상거래 질서도 안정되지 않습니다."

손숙오가 말했다.

"언제부터 그렇게 된 것이냐?"

시령이 말했다.

"석 달 정도 되었습니다."

손숙오가 말했다.

"알았다. 내가 곧 회복시키겠다."

그 후 닷새가 지나 조회朝會가 열렸다. 손숙오는 이 사실을 장왕에게 보고했다.

"예전에 화폐를 바꾼 것은 무게가 가볍기 때문입니다. 그런데 시령市令이 보고하길, 시장이 혼란스럽고, 백성들이 화폐 거래를 불편해 하고 있으며, 상거래 질서도 안정되지 않다고 합니다. 청컨대 즉시 예전대로 회복시켜 주십시오."

장왕이 이를 허락했다. 법령을 내린 지 사흘 만에 시장은 다시 예전처럼 회복되었다.

상인들에게는 무거운 화폐가 불편하다. 실제 상거래의 편의를 고려하지 않고 단지 화폐가 가볍다고 바꾸는 것은, 전형적인 탁상행정이다. 심판이 뛰어다니기 힘들다고 축구장 규격을 축소할 수는 없지 않겠는가!

초나라의 민간에서는 작은 바퀴에 본체가 낮은 비거庳車라는 수레를 선호했다. 장왕은 비거를 끌려면 말馬이 불편하다고 여기고, 수레의 본체를 높이라고 명命했다. 이에 대해 손숙오가 말했다.

"법령이 자주 바뀌면 백성들은 혼란스러워 하니 그렇게 하시면 안

됩니다. 대왕께서 수레를 높이고 싶으시다면, 사람들에게 문지방을 높이라고 명하십시오. 수레를 타는 사람은 모두 군자君子들입니다. 문지방을 올리면 기존의 낮은 수레에 오르내리는 것이 불편해질 것입니다."

장왕이 이를 허락했다. 반년이 지나자 백성들은 알아서 수레의 본체를 높였다. 이처럼 가르쳐주지 않아도 백성들이 알아서 변화했다. 가까이 있는 사람은 직접 보고 따라하고 멀리 있는 사람은 주위 사람들이 하는 것을 보고 본받아 따라했다. 손숙오는 세 차례나 재상이 되었지만 기뻐하는 기색이 없었다. 그는 자신이 재능이 있어 그 자리에 오른 것이라고 생각했기 때문이다. 또한 세 차례 파면되었을 때도 애석해하지 않았는데, 자신이 잘못해서 파면된 것이 아니라고 생각했기 때문이다.

수레의 본체를 높이라는 명령을 내리면 백성은 그저 따를 뿐이며, 일은 일사천리一瀉千里로 진행될 수 있다. 그런데 손숙오는 왜 이 방법을 사용하지 않고, 시간이 더 걸리는 문지방을 높이는 방법을 선택했을까? 법령이 강압적으로 반포된다면, 백성들은 그저 명령命令을 수동적으로 따르는 존재가 된다. 하지만 문지방을 높이게 되면, 비거庳車 사용이 불편해지기 때문에 백성들은 스스로 알아서 수레의 본체를 높이게 된다. 결국 동일한 행동이지만, 백성들이 강압적으로 하게 되는 것과 스스로 알아서 하게 되는 차이를 낳는다. 아이가 공부를 하고 싶다고 할 때 학원을 보내주는 것이 좋다. 공부에 대한 욕구도 없는데 부모가 학원을 보낸다면, 아이는 분명 불평을 하게 될 것이다. 손숙오가 사용한 방법은 아이들이 공부를 하고 싶도록 분위기를 조성해주는 것과 같다.

자산子產이 다스린 정鄭나라

자산子產은 정鄭나라의 대부大夫였다. 소공昭公의 총애를 받는 신하 서지徐摯가 재상이 되었는데, 나라는 혼란하고 상하上下가 친근하지 못했으며 부자父子는 화목하지 않았다. 그러자 소공의 아들인 대궁자기大宮子期가 소공에게 자산을 추천하여, 자산이 재상이 되었다. 그가 재상이 된지 1년이 되자, 소인배들이 함부로 행동하지 않았고, 백발의 노인들은 길에서 무거운 짐을 들지 않아도 됐으며, 어린이들이 밭일을 하지 않았다. 2년이 지나자, 시장에서는 이중 가격을 매기지 않았다. 3년이 지나자, 밤에 문단속을 하지 않았고, 길에 떨어진 물건이 있어도 주워 가는 사람이 없었다. 4년이 지나자, 농기구를 논밭에 둔 채 가지고 다니지 않았다. 5년이 지나자, 전쟁이 없어 젊은이들에게는 병역兵役이 사라졌고, 상喪을 당하면 백성들이 알아서 예제禮制를 지켰다. 그가 정나라를 26년간 다스리다가 죽었을 때, 젊은 사람들은 울부짖었고 노인들은 애들처럼 울었다. 그들은 "자산이 우리를 버리고 죽었으니, 백성들은 이제 누구를 따른다는 말인가?"라고 탄식했다.

공직자는 백성과 이득을 다투지 않는다

공의휴公儀休는 노魯나라의 박사博士(역사기록과 문서를 담당하는 관리)였다. 그는 업무능력이 뛰어나 노나라의 재상이 되었다. 그는 법을 근거하고 이치를 따랐으며, 법령을 조금도 변칙變則으로 운용하지 않아, 모든 관리들은 저절로 올바르게 행동했다. 그는 국가의 록祿을 받는 사람들이 일반 백성과 이익을 다투지 않게 했고, 특히 고위 공직자는 자그마한 이익도 취하지 못하게 했다.

어느 날, 한 빈객賓客이 공의휴에게 생선을 선물했는데 공의휴는 이를 받지 않았다. 빈객이 말했다.

"재상께서 생선을 좋아하신다고 해서 보낸 것인데, 어찌하여 받지 않으십니까?"

공의휴가 말했다.

"생선을 좋아하기 때문에 받지 않았소. 지금 나는 재상으로 있기 때문에 충분히 생선을 살 수가 있소. 지금 생선을 받았다가 파면되면 누가 다시 나에게 생선을 주겠소? 이 때문에 받지 않은 것이오."

한 번은 공의휴가 집에서 키운 채소를 먹었는데 맛이 있었다. 그러자 그는 자신의 밭에 있는 채소들을 뽑아 폐기시켰다. 또 자기 집에서 짜는 베가 질이 좋은 것을 보고는, 당장 그 베 짜는 여자를 돌려보내고 베틀을 불태웠다. 그러면서 이렇게 말했다.

"나마저 집에서 이렇게 좋은 채소를 키우고 질 좋은 천을 만들면, 농부와 천을 짜는 여자들은 누구에게 물건을 팔 수 있겠소!"

《한비자韓非子, 외저설外儲說 우하右下》에는 공의휴가 생선을 받지 않은 고사故事를 다소 상세하게 기록하고 있다. 왜 생선을 받지 않느냐는 제자의 질문에 대해 공의휴公儀休은 다음과 같이 말한다. "내가 생선을 받으면 사람들에게 나를 낮추는 행동을 할 것이고, 그렇게 되면 내가 법을 어기는 일이 생길 것이며 결국에는 재상에서 파면될 것이다. 그렇게 되면 나에게 생선을 줄 사람은 없을 것이며, 나도 생선을 살 돈이 없을 것이다. 그런데 생선을 받지 않으면 재상에서 물러날 일이 없으니, 생선을 사서 먹을 능력은 되지 않겠느냐." 뇌물을 받지 않아야 하는 명확한 이유를 설명하고 있다. 한편, 공의휴는 공직자라면 "백성들과는 이득을 가지고 다투는 일(不得與下民爭利)"이 없어야 함을 강조한다. 백성들의 이득을 위해 자신의 이득을 포기하는 모습은 진정한 위정자爲政者의 모습 그것이다. 공의휴의 모습은, 직위를 이용해 얻은 정보로 땅 부자가 된 오늘날의 공무원과는 많이 다르다.

아버지를 피신시키고 법의 심판을 받다

석사石奢는 초楚 소왕昭王의 재상이었다. 그는 강직하고 청렴하여, 아부하거나 책임을 회피하지 않았다. 어느 날 현縣을 시찰하다가 살인 사건을 보게 되었다. 석사가 추적했더니 범인은 바로 자신의 아버지였다. 그러자 석사는 부친을 그대로 달아나게 하고, 자신은 돌아와서 포승捕繩으로 스스로를 묶고 사람을 보내 소왕에게 보고했다.

"살인자는 저의 부친입니다. 부친을 처형하여 법치法治를 세우는 일은 저에게는 불효不孝입니다. 또한 법을 기만하고 부친을 달아나게 한 일은 국가에 대한 불충不忠입니다. 그러니 신은 죽어 마땅합니다."

소왕이 말했다.

"뒤쫓았지만 잡지 못한 것이니, 죄를 물을 필요는 없소. 그대는 본인의 정무政務에 임하라."

석사가 말했다.

"자기 부친에게 정情을 주지 않는 자는 효자孝子가 아니며, 임금의 법을 지키지 않는 자는 충신忠臣이 아닙니다. 대왕께서 저를 용서하는 것은 임금의 은혜지만, 벌을 받아 죽는 것은 신하의 직분입니다."

석사는 결국 명령을 따르지 않고 스스로 목을 쳐서 죽었다.

《논어論語, 자로子路》에는 이런 내용이 있다. 섭공葉公이 공자孔子에게 "우리 마을에 정직한 사람이 있는데, 자신의 아버지가 양羊을 훔치자 아버지를 관청에 고발했습니다"라고 했다. 그러자 공자孔子는 "우리 마을의 정직한 사람은 그와 다릅니다. 아버지는 자식을 숨겨주고 자식은 아버지를 숨겨주는데, 정직함은 바로 그 안에 있습니다." 공자의 말은 부자父子의 정情이 어떤 법보다도 우선한다는 것을 보여준다. 석사石奢는 효孝와 법法이 충돌하는 상황에서, 효孝를 행하고 스스로 법法을 어긴 불충不忠에 대해 처벌을 받았다. 아들의 노릇도 다했고 관리의 직분도 다한 것이다. 하지만 오늘날의 관리들은 너무 욕심이 많다. 가족의 불법不法도 숨겨주고 법의 처벌도 받지 않으려 하니 말이다.

사형을 오판하여 자결하다

이리李離는 진晉 문공文公의 사법관司法官이었다. 그는 판결을 잘못하여 무고한 사람을 죽게 하자, 스스로를 구금拘禁하여 사형을 내렸다. 이것을 보고 문공文公이 말했다.

"관직에는 높고 낮음이 있고, 형벌에는 가볍고 무거움이 있소. 이는 부하 관리의 잘못이지 그대의 죄가 아니오."

이리가 말했다.

"신臣은 부서의 장관으로서 하급 관리에게 직위를 양보하지 않았고, 많은 녹봉祿俸을 받으면서도 부하에게 그것을 나눠주지도 않았습니다. 오판誤判으로 무고한 사람을 죽이고, 그 잘못을 하급 관리에게 떠넘기는 것은 이치에 맞지 않습니다."

그리고 왕의 명령을 거절하고 따르지 않으려 했다. 문공이 말했다.

"그대의 말대로 그대에게 죄가 있다면, 그대를 임명한 과인에게도 죄가 있는 것이 아닌가?"

이 말을 듣고 이리가 말했다.

"사법관에게는 법도가 있습니다. 형벌을 잘못 내리면 자신이 형벌을 받아야 하고, 사형을 잘못내리면 자신이 죽어야 합니다. 군왕께서는 신臣이 세밀한 것까지 파악하여 의혹을 해결할 능력이 있다고 믿으셨기에 저를 사법관으로 임명하신 것입니다. 그러나 저는 지금 판결을 잘못하여 무고한 사람을 죽였으니 그 죄는 죽어 마땅합니다."

결국 그는 문공의 명을 따르지 않고 칼로 자결했다.

부당한 법원의 판결로 억울하게 몇 십년간 옥살이를 한 사람들이 있다. 한참 뒤에 누명을 벗고 보상을 받았지만, 잃어버린 청춘은 누가 보상해 줄 것인가? 기소권起訴權을 남발하여 서민의 생계를 무너뜨리는 검사檢事나, 잘못된 판결로 젊은 청춘靑春을 앗아가는 판사들에게, 자신들의 행위에 대가代價를 치르게 한다면 어떻게 될까? 하자瑕疵 있는 물건에 대해 반품을 요구할 수 있는 사회다. 하지만 잘못된 판결에 대해 국민들은 반품 받을 기회가 없다. 반품하지 않는 회사는 징계를 받는데, 왜 잘못된 판결은 처벌받지 않는 것일까?

사마천은 말한다.

"손숙오孫叔敖는 한마디의 말로 영郢(초나라 수도)의 시장 거래를 회복시켰다. 자산子産이 병으로 죽자 정鄭나라 백성들은 통곡했다. 공의휴公儀休는 좋은 베를 짜는 것을 보고 그 직녀織女를 돌려 보냈다. 석사石奢는 아버지를 풀어주고 자살함으로써 초楚 소왕昭王의 명성을 세워주었다. 이리李離는 오판誤判으로 사람을 죽이고 자결함으로써 진晉 문공文公으로 하여금 국법을 바로 세우도록 했다."

정치 토론은 늘 재미있다. 쌍방의 논리論理가 첨예尖銳하게 대립되기 때문에 시종始終 격렬한 논쟁이 계속 된다. 이때 사회자의 역할은 중요하다. 양쪽의 발언 순서와 시간을 적절히 안배按排해야 할 뿐만 아니라, 토론 주제의 전환과 내용의 깊이도 조절해야 한다. 논쟁이 과열되면 적당한 유머로 긴장을 풀게 해야 하며, 토론이 지리멸렬支離滅裂해지면 재치 있는 질문을 던져 분위기를 끌어 올려야 한다. 철저히 중립을 지키면서도, 때로는 한쪽 편에 서서 반대편이 답하기 난처한 질문을 던질 줄도 알아야 한다. 이것이 가능하기 위해서, 사회자는 관련 지식을 충분히 숙지하고 있어야 한다. 그렇지 않다면 시간에 맞춰 질문만 던져주는 역할만 할 뿐이다. 사회자의 역량에 따라, 토론이 격조格調 높은 논리論理의 진검승부가 될 수도 있고, 감정을 여과 없이 쏟아내는 말싸움으로 전락할 수도 있다.

중국의 고대 공무원들에게는 두 가지 배울 것이 있다. 첫째, 그들은 백성의 모범이 되려고 했다. 백성들과 이득利得을 놓고 다투는 일을 하지 않았으며, 과오過誤를 범하면 처벌을 피하지 않았다. 또한 자신의 오판誤判에 대해 끝까지 책임을 지려고 했다. 그래서 백성들에게 존경을 받을 수 있었다. 두 번째는 철저히 백성들의 입장에서 제도를 운영하려고 했다. 화폐 개혁은 실제 상거래의 편의를 고려했고, 제도 개혁은 백성들이 스스로 하도록 분위기를 조성했다. 그렇기 때문에 그들의 개혁은 저항이 적었다. 이러한 공무원들이 있어, 부자父子가 화목하고 상하上下가 친근했으며 미풍양속美風良俗이 저절로 생겨났다. 이처럼 사회가 활력 있게 움직인 것은, 심판 역할을 하는 이상적인 공무원의 공로功勞가 아닐 수 없다.

흔히 공무원이라고 하면, 우리는 "복지부동伏地不動(땅에 엎드려 움직이지 않는다는 뜻. 업무를 처리하는데 몸을 사림을 비유함)"을 떠올린다. 이는 심판이 경기 운영에는 관심이 없고 그저 반칙만 잡아내는 것과 같다. 본인의 역할은 다했지만 경기는 흥미를 잃는다. 재미없는 경기에 관중이 올 리가 없고, 그렇게 되면 선수도 심판도 모두 사라질 수밖에 없다. 심판의 임무는 경기를 박진감 넘치게 하는 것이라면, 공무원의 임무는 국민들의 삶을 활력 있게 만드는 것이 아닐까? 훌륭한 심판이 축구장을 뛰어다니듯, 국민들과 호흡하며 종횡무진縱橫無盡 움직이는 공무원들이 보고 싶다.

酷吏列傳

제19장

법으로 때려잡는 사회

— 혹리열전

참선 중 꾸벅꾸벅 조는 스님들에게 다른 스님이 죽도竹刀로 살포시 어깨를 두드리는 모습을 본 적이 있다. 외부적인 충격으로 내적인 나른함을 멈추게 하는 것이다. 잠이 밀려올 때 찬물로 세수를 하거나 입안을 얼얼하게 만드는 사탕을 먹는 것과 같다. 외적 충격은 내적 각성覺醒을 일으켜 정신이 버쩍 든다. 하지만 그 강도가 셀수록 충격은 구타가 되고 각성은 고통으로 변질된다. 예전 군대에서는 구타가 흔했다. 특히 사격 훈련을 할 때는 더욱 그렇다. 군복무 시절, 대공포對空砲를 다루는 우리 부대는 일 년에 한 번 바닷가에 가서 포격砲擊훈련을 했다. 포砲가 노후老後되어 간혹 오발誤發이 나기도 했고, 병사들의 부주의로 크고 작은 사고가 발생하기도 했다. 그래서 자그마한 잘못에도 부대장의 곤봉棍棒과 선임자들의 발길질이 후임 병들의 정신을 깨워주곤 했다. 생명에 위협을 느끼는 긴박한 상황에서는 안전을 위해, 신체에 대한 외부적인 충격은 어느 정도 필요하다는데 동의한다. 하지만 긴박한 상황이어야 하고, 순간 각성覺醒하도록 하는 것이 목적이어야 하며, 그 행위를 즐기거나 복종의 수단으로 이용하지 않아야 한다. 참선 중에 조는 스님을 향해 죽도竹刀로 힘껏 내려치면서 손맛의 짜릿함을 느끼는 것은, 원래의 목적에 전혀 어울리지 않는다.

이상적인 사회는 도덕과 윤리가 작동하여 법이 필요 없는 사회다. 하지만 어디 사회가 그러한가? 불법不法 행위는 있기 마련이고 그러다

보면 처벌處罰이 많아진다. 사회가 혼란할수록 법은 엄격해지고 법집행은 빈번해진다. 이때, 범죄자들을 많이 때려잡는 사람일수록 능력을 인정받으며, 그들이 점차 득세得勢하게 된다. 사회가 부여한 정의의 칼을 휘두르며 불법을 처단하다 보면, 자신 앞에서 벌벌 떠는 죄인들을 보고 권력의 맛을 느끼게 된다. 그러다 정의 실현이라는 목적은 흐릿하고 칼 휘두르는 재미에만 빠질 수 있다. 법을 칼처럼 휘두르는 칼잡이의 세상이 되는 것이다.

〈혹리열전〉의 혹리酷吏는 잔혹한 방법으로 법을 집행했던 관리를 말한다. 사마천은 〈혹리열전〉에서 12인의 혹리를 소개했지만, 여기에서는 그 중 질도郅都, 장탕張湯, 왕온서王溫舒, 두주杜周 등 4인만을 소개한다.

법의 의의意義와 한계

공자孔子가 말했다.

"백성을 법으로 이끌고 형벌로 다스리게 되면, 백성이 죄를 짓고도 자신의 잘못을 부끄러워하지 않는다. 하지만 도덕道德으로 이끌고 예禮로 다스리면, 죄를 짓고 부끄러워할 줄 알며 바른 길을 가게 된다."

법은 사회를 유지하기 위한 수단에 불과하여, 법에만 의지하여 백성을 옳은 길로 인도引導하기에는 부족하다. 단지 법령만을 근거로 사회를 작동시킨다면, 백성들은 그저 법망法網을 피하려고만 할 것이다. 그렇기 때문에 죄를 짓고도 우연히 법망에 걸려들지 않으면, 사람들은 다행이라고 여기며 부끄러움을 모른다. 죄를 짓고도 유능한 변호사를 고용하여 무죄 판결을 받은 사람은 늘 당당하고 떳떳하다. 반면 도덕道德과 예절禮節이 작동하는 사회에서는 백성들이 부끄러움(恥)을 안다. 그래서 법의 심판대 앞에서 '부끄럽다', '죄송하다'고 말하며 진심으로 반성한다. 사회는 법과 도덕의 두 날개로 움직여야 한다.

노자老子는 또 이렇게 말했다.

"큰 덕德은 덕德을 의식하지 않기 때문에 덕德을 지니게 되고, 작은 덕德은 그 덕德을 잃지 않으려하기 때문에 덕德을 지닐 수 없게 된다. 법령이 상세하고 세세할수록 도둑은 더 많아진다."

노자老子《도덕경道德經》에서 나온 말이다. 도덕道德이 내재해 있으면, 스스로는 의식하지 못하면서 행동하기 때문에 덕德을 지니게 된다. 하지만 그것이 내재되어 있지 않다면, 외적인 제약을 가해 도덕을 잃지 않으려고 한다. 그러니 덕을 지닐 수 없게 된다. 물고기는 자신이 어떻게 수영하는지 알지 못하면서도 물속에서 유유자적하게 노닌다. 하지만 수영을 못하는 사람은 수영의 방법을 인위적으로 학습하다가 종종

물에 빠지기도 한다. 법이 만들어지면 이를 벗어나기 위한 편법便法이 생겨나며, 이를 방지하기 위해 법은 더욱 촘촘해진다. 이렇게 되면 처벌處罰을 받는 사람들이 점점 많아지게 되어, 법이 상세하면 도둑이 많아진다고 말한 것이다.

사마천은 말한다.

"이는 참으로 맞는 말이다. 법은 백성을 다스리는 도구일 뿐이지, 백성의 마음을 다스리는 근본적인 방법은 아니다.

잘못을 처벌하여 다시 죄를 짓지 않도록 경계하는 것이 법이다. 하지만 법으로 백성의 선善한 의지를 만들어 줄 수는 없다. 학교에 학칙과 징벌제도만 완비되었다고 해서 학생들이 공부할 마음이 생기는 것은 아니다.

엄격한 법, 관대한 법

진秦나라 때에는 법法이 촘촘하고 엄격했지만, 백성들의 거짓과 간교함은 오히려 더욱 극성했다. 상하上下가 모두 법의 처벌을 받지 않으려고만 하다 보니 사회는 경직되었다. 이는 마치 솥단지의 물이 너무 끓고 있어 문제가 되는 상황에서, 그 원인이 되는 불을 끄려고 하지 않고 솥단지만 들어 올려 물을 식히는 격이다. 백성들이 모두 죄를 짓고 있는 상황이라면, 엄격하고 혹독한 방법이 아니면 어찌 그것을 억제할 수 있겠는가! 이런 상황에서 도덕道德으로 바로 잡자는 사람들의 주장은 공허한 메아리일 뿐이다. 공자孔子는 '송사訟事를 처리하는 능력은 나도 남과 다를 바 없다. 내가 남과 다른 것은 그저 송사訟事가 일어나지 않게 하는 것이다'라고 했다. 노자老子 역시 '(국가가 혼란한 상황에서) 백성들은 도道에 대해 이러쿵저러쿵하는 것을 들으면, 그저 허탈하게 크게 소리

내어 웃기만 한다'라고 했다. 이들의 말은 모두 빈말이 아니다. 유방劉邦은 한나라를 세울 때, 각박하고 엄격한 법을 버리고 관대한 법을 시행했고, 작위적인 것을 멀리하고 자연스러움을 좇았다. 그리하여 당시의 법망法網은 집채만 한 큰 고기도 빠져나갈 정도로 헐거웠다. 그러자 관리들의 다스림은 너그러웠고 백성들은 편안했다. 이것으로 볼 때, 국가를 다스리는 근본적인 방법은 도덕道德에 있는 것이지 엄격한 법령法令에 있는 것은 아니다."

폭동이 일어나 무법천지無法天地가 된 상황이라면 일단 이것을 무력武力으로 제압해야 한다. 이럴 때 법과 형벌의 가치가 드러난다. 폭동이 일어난 상황에서 누군가가 폭도들에게 "법과 도덕을 지킵시다"라고 말하는 것은 공허한 메아리일 뿐이다. 중요한 것은, 이런 극도의 혼란 상황이 이르지 않도록 미리 도덕道德으로 백성들을 이끌어야 한다. 도덕道德은 부재不在하고 엄격한 법령만 있는 사회에서는, 범법犯法 행위가 끊임없이 발생하여, 결국 국가의 형벌은 점점 강도가 높아지고 혹독한 관리가 득세得勢하게 된다.

여후呂后 시기의 엄격한 법 집행자들

여후呂后(유방劉邦의 부인) 시대의 혹독한 관리로는 오직 후봉侯封이 있었다. 그는 황족皇族들을 엄격하게 대했으며 공신功臣들에게 모욕을 주었다. 그러다가 여씨呂氏 일족一族이 패망하자 후봉侯封의 가문은 모두 죽임을 당했다. 경제景帝 때에는 조조晁錯가 각박하고 엄격하게 법을 집행하면서 재능을 발휘했다. 그래서 오吳와 초楚 등 7국이 난亂을 일으켜 조조에게 대항했고, 조조는 결국 죽임을 당했다. 그 후에는 질도郅都와 영성寧成과 같은 무리가 있었다.

후봉侯封은 신분고하身分高下를 막론하고 올바르게 법을 집행했으니, 자신의 직분職分을 성실히 수행한 것이다. 그러나, 여후呂后는 유씨劉氏 황족과 공신功臣들의 세력을 억제하고 여씨呂氏 일가一家가 권력을 장악하도록 했다. 그러니 후봉侯封은 여후呂后의 정치적 목적을 실현하는 데 유용하게 쓰인 사람이 된 것이다. 법을 집행하는 관리가 정치세력에 휘둘릴 수 있는 예例를 단적으로 보여주고 있다.

질도郅都 :
신분고하身分高下를 불문不問하고 법대로 처리

질도郅都는 양楊 지역 사람이다. 경제景帝 때, 그는 중랑장中郎將(궁정의 호위護衛와 수행隨行 등을 담당하는 관서의 책임자)이 되어 과감히 직간直諫했으며, 조정에서 대신들을 질책하기도 했다. 한 번은 황제를 따라 상림원上林苑에 갔는데, 황제의 첩 가희賈姬가 변소에 갔을 때 멧돼지가 나타나 변소로 돌진했다. 황제는 질도郅都에게 그녀를 구하라고 눈짓했으나 질도郅都는 움직이지 않았다. 그러자 황제가 친히 병기를 들고 가희賈姬를 구하려고 하자, 질도郅都는 황제 앞에 엎드려 말했다.

"미희美姬 하나를 잃으면 또 다른 미희를 입궁시키면 됩니다. 천하에 어찌 가희와 같은 여자가 또 없겠습니까? 지금 폐하께서 자신을 아끼지 않으시면, 황실과 황후는 장차 어찌 되겠습니까?"

황제가 제자리로 오자 멧돼지는 달아났다. 태후太后는 이 소문을 듣고 질도郅都에게 황금 100근斤을 하사했으며, 이때부터 질도郅都를 중重하게 여겼다.

제남濟南 지역에 간씨瞯氏 성姓을 가진 호족은 모두 300여 가구家口가 있었다. 그들은 법을 지키지 않고 제멋대로 행동하여, 그 지역의 군수郡守가 그들을 통제할 수 없게 되었다. 그러자 경제景帝는 질도를 제남濟南 군수郡守로 임명했다. 질도는 부임하자마자 간씨瞯氏의 우두머리를 처단했다. 그러자 나머지 간씨瞯氏들은 놀라서 두 다리를 벌벌 떨었다. 1년이 지나자, 제남 지역에는 길에 물건이 떨어져 있어도 주워가는 사람이 없었다. 근방 10여 군郡의 군수郡守들도 역시 질도를 상관上官처럼 대하며 두려워했다. 질도는 용감하고 기개가 있었으며 공정하고 청렴했다. 사적私的인 편지는 아예 뜯어보지도 않았고, 뇌물은 받지 않았으며, 청탁도 들어주지 않았다. 그는 항상 스스로 "이미 부모를 버리고 관리가 되었으니, 이 몸은 마땅히 직분職分을 다하고 절개節槪를 지키다가 죽을 뿐, 처자妻子는 돌보지 않을 것이다"라고 했다.

그 후, 질도는 중위中尉(수도의 치안을 담당하는 관리)로 승진했다. 당시 승상丞相 주아부周亞夫는 신분이 높아 거만했다. 그러나 질도는 그를 만나면 두 손을 모아 인사할 뿐 고개를 숙이지 않았다. 당시 백성들은 순박하여 큰 죄를 짓지나 않을까 두려워 스스로 자중自重했다. 질도는 홀로 앞장서서 엄격하게 법을 집행했다. 그가 법을 집행할 때에는 황실의 친인척親姻戚조차 가리지 않았다. 그래서 신분이 열후列侯와 황족皇族이라고 해도 질도를 똑바로 쳐다보지 못해 눈길을 피했으며, 질도를 '매'라고 불렀다.

어느 날 경제景帝의 아들 임강왕臨江王이 죄를 지어 조사를 받았다. 그때 임강왕臨江王은 편지를 써서 황제에게 사죄하려 하였으나, 질도는 부하에게 명하여 글을 쓰는 도구를 주지 못하게 했다. 그런데 두영竇嬰이 사람을 보내어 몰래 글을 쓰는 도구를 갖다 주었다. 임강왕은 황제에게 사죄의 편지를 쓴 뒤 자살했다. 경제景帝의 어머니인 두태후竇太后는 이 소식을 듣고 화가 나서 질도를 비방했고, 질도는 면직免職을 당해 집으로 돌아갔다. 그러나 경제景帝는 사신을 보내 질도를 안문雁門 군수郡守로 임명했다. 그리고 질도가 조정으로 오지 않고, 곧장 부임지赴任地로 가서 정사政事를 처리하도록 했다. 흉노匈奴(중국 북방의 이민족)는 평소 질도의 명성名聲을 알고 있었다. 그가 변경으로 부임해 오자, 흉노는 그곳의 병력을 철수하여 질도가 죽을 때까지 얼씬거리지 않았다. 흉노는 질도를 본뜬 나무 인형을 만들어, 기마병騎馬兵들이 달리면서 그것을 쏘는 훈련을 했는데 아무도 그것을 맞추지 못했다. 이 정도로 흉노는 질도를 두려워했다. 그 후 두태후竇太后는 법을 근거하여 질도를 모함했다. 경제는 "질도는 충신입니다"라고 하며 질도의 죄를 사해주려 했으나, 두태후는 "그렇다면 임강왕은 충신이 아니라는 말씀입니까?"라고 하며, 결국 질도의 목을 벴다.

질도郅都 역시 자신의 직분에 충실했다. 하지만 그의 공정하고 엄격한 법 집행은 권력자에 저촉抵觸됐다. 임강왕臨江王 유영劉榮은 경제景帝의 아들로, 한때 태자太子가 되었다가 폐위廢位되어 임강왕으로 봉해졌다. 그는 종묘宗廟의 담장 밖 공터를 침범하여 궁실을 증축한 죄로 조정에 소환됐고, 질도郅都가 엄격하게 심문하자 자살했다. 그의 행동은 공정했지만 역시 죽임을 당했다. 법 집행자가 권력자의 심기를 살필 수밖에 없음을 보여주는 대목이다.

장탕張湯 : 권력의 눈치를 살피는 칼잡이

장탕張湯은 두杜 지역 사람이다. 하루는 아버지가 외출하자, 어린 장탕張湯이 집을 보고 있었다. 아버지가 집에 돌아와, 쥐가 고기를 물어간 것을 알고 크게 화를 내며 장탕을 매질했다. 장탕은 쥐구멍을 파서 고기를 훔친 쥐와 먹다 남은 고기를 찾아낸 후, 쥐를 심문審問하고 조서를 작성하여 죄를 판결했다. 그리고 쥐와 먹다 남은 고기를 가져와 대청 아래에서 쥐에게 책형磔刑(시체를 찢는 형벌)을 가했다. 그의 아버지가 이 광경을 보고 장탕이 작성한 판결문을 읽어보았는데, 마치 숙련된 법관이 쓴 것과 같았다. 매우 놀란 장탕의 아버지는 장탕에게 판결문서 작성하는 것을 배우도록 시켰다. 아버지가 죽은 후, 장탕은 장안長安의 현리縣吏가 되어 오랫동안 근무했다.

전승田勝이 구경九卿의 지위에 있을 때, 장안長安의 감옥에 간힌 적이 있었다. 그때 장탕은 있는 힘을 다해 그를 도왔다. 전승田勝이 출옥出獄하여 후侯로 봉해지자, 장탕과 굳게 교분을 맺었고 신분 높은 사람들에게 장탕을 소개했다. 장탕이 내사內史로 있을 때는 영성寧成의 부하였다. 영성은 장탕이 일을 공평하게 처리한다 여기고, 승상부丞相府에 추천했다. 그리하여 장탕은 무릉茂陵의 위尉로 임명되어 무릉茂陵의 건축 공사를 지휘했다.

전분田蚡이 승상丞相이 되었을 때, 그는 장탕을 자신의 관리로 삼았다. 그리고 수시로 장탕을 황제에게 추천하였고, 황제는 그를 어사御史(관리들의 감찰업무를 담당하는 관직)의 보좌로 임명했다. 장탕이 진황후陳皇后가 주도한 무제武帝 저주사건을 담당했는데, 이와 관련된 일당一黨의 죄상罪狀을 철저히 규명했다. 그러자 황제는 그의 능력을 인정하였고, 장탕은 태중대부太中大夫에까지 올랐다. 당시 장탕은 조우趙遇와 함께 여러 법령을 제정했는데, 법령을 세세하게 만들어 관리들을 엄격히 통제하는데 힘썼다. 오래지 않아, 조우趙遇는 중위中尉로 승진하더니 다시 소부少府로 임명되었고, 장탕은 정위廷尉(사법부의 최고 책임자)가 되었다. 두 사람은 서로 사이가 좋았으며 장탕은 조우를 형처럼 대했다. 조우는 청렴하지만 교만하여 집안에 식객食客을 들이지 않았다. 공경公卿의 위치에 있는 사람들이 조우를 찾아와도, 조우는 이에 대해 한 번도 답례를 하지 않았다. 이렇게 한 것은, 친구와 빈객들과의 왕래를 끊음으로써 자신만의 생각으로 일을 처리하기 위함이었다. 그는 죄인의 조서調書를 보면 바로 위반한 법령을 떠올렸으며, 두 번 조사하는 법이 없었다. 그러나 장탕은 사람을 잘 속였으며, 머리를 써서 사람을 다루었다. 그가 처음 낮은 직책에 있었을 때, 이익을 탐하여 상인인 전갑田甲, 어옹숙魚翁叔 등과 결탁을 했다. 그리고 구경九卿의 지위에 올라 전국의 유명한 사대부들과 어울릴 때는, 의견에 맞지 않더라도 겉으로는 좋아하는 척했다.

그 무렵 황제는 유가儒家 학설에 심취心醉해 있었는데, 장탕은 중대한 판결을 내릴 때마다 늘 유가 경전經典을 근거하려고 했다. 그래서 《상서尙書》나 《춘추春秋》와 같은 유가경전을 공부한 사람을 초빙하여, 자신의 업무를 보좌하게 했다. 판결하기 어려운 안건을 처리할 때는, 반드시 먼저 황제에게 여러 판결의 근거를 설명했다. 이때, 황제가 듣고 그 중 하나를 옳다고 하면, 이를 근거로 판결하여 황제의 현명함을 부각시켰다. 황제가 질책을 하면, 장탕은 잘못을 시인하고 황제가 원하는 대로 처리했다. 이때, 장탕은 자신들의 부하 관리들을 거론하며, "지금 폐하께서 질책하신 것은, 부하들이 저에게 건의한 적이 있었습니다. 그런데도 제가 이를 채택하지 않아 이렇게 어리석게 일을 처리했습니다"라고 했다. 그래서 장탕의 잘못은 늘 용서 받았다. 황제가 칭찬을 하면, 장탕은 "신臣은 이러한 보고서를 쓸 줄 모릅니다. 이는 모두 부하 관리 아무개가 한 것입니다"라고 했다. 그는 이렇게 부하들의 장점을 드러내고 단점을 숨겨 주었다. 황제가 엄하게 처벌하기를 원하는 안건이 있으면, 장탕은 그것을 엄격한 관리에게 주었고, 황제가 용서해주기를 원하는 안건은 관대한 관리에게 주어 처리하도록 했다.

> 장탕은 어릴 적부터 법 집행자의 소양을 갖추고 있었고, 업무 능력도 인정받았을 뿐만 아니라 대인관계에도 능能했다. 그는 황제의 의중意中을 살피는 능력이 있어, 유가儒家 경전經典에 근거하여 판결을 내리고, 황제가 원하는 방향으로 판결이 나도록 했다. 후봉侯封과 질도郅都 등이 공정하고 엄격하게 법을 집행하다가 죽임을 당하는 것을 봐서인지, 그는 권력자의 의도에 철저히 부합하도록 법을 집행했다. 이렇게 되면서, '공정公正'한 법집행은 변색되기 시작했고, 장탕은 마침내 권력의 시녀侍女 역할을 하게 됐다. 장탕에게 엄격한 법집행이란, 황제의 신임을 얻어 권력을 유지하며 자신의 조직을 관리할 수 있는 수단이었다.

권력이 있는 호족豪族을 처벌할 때면, 법률을 교묘하게 적용하여 죄를 뒤집어씌우고, 나약한 평민이면 때때로 구두口頭로 황제에게 보고하면서 관대한 처분을 유도했다. 그래서 종종 장탕이 요청하여 사면赦免된 자가 있었다. 장탕은 고관高官이 되었을 때는, 품행을 유지하고 빈객

賓客들과 교유交遊했다. 또 지인知人과 빈곤한 형제들을 더욱 잘 보살펴 주었고, 추울 때나 더울 때나 공경公卿들을 찾아가 문안을 드렸다. 때문에 장탕의 법집행이 가혹하고 불공평함이 있었는데도, 주변 사람들로부터 좋은 평판을 얻었다. 장탕은 혹독한 관리들을 수하手下로 부렸는데, 그들은 대부분 유학儒學을 공부하는 선비들에게 의지해서 판결했다. 승상丞相 공손홍公孫弘은 이러한 것을 자주 칭찬했다. 장탕은 회남왕淮南王 등 지방 제후들의 반란 사건을 처리할 때, 모두 철저히 발본색원拔本塞源했다. 황제는 이 사건에 연루된 엄조嚴助와 오피伍被를 사면하려고 했다. 그러자 장탕이 말했다.

"오피伍被는 모반을 기획한 사람이고, 엄조嚴助는 폐하의 총애를 얻어 궁중을 드나들던 심복心腹입니다. 하지만 그는 사사私私로이 제후와 내통했습니다. 이러한 자를 처벌하지 않는다면, 향후 어떠한 죄인도 처벌할 수 없습니다."

그래서 황제는 장탕의 판결에 따랐다. 이처럼 장탕은 대신들을 처단함으로써 자신의 공功을 세운 일이 많았다. 그리하여 장탕은 더욱 신임을 얻어 어사대부御史大夫(관리의 감찰과 탄핵을 주관하는 어사대御史臺의 최고 책임자로 승상丞相 다음의 위치)에 올랐다.

때마침 흉노의 혼야왕渾邪王이 투항하는 일이 발생하여, 한나라는 대대적으로 흉노를 토벌했다. 또한 산동山東지역에 홍수와 가뭄이 겹쳐 이재민罹災民이 살 곳을 잃게 되자, 국가가 그들을 구제하면서 재정이 텅 비게 되었다. 이때 장탕은 황제의 뜻을 헤아려 백금白金과 화폐를 주조할 것을 청했고, 전국의 소금과 쇠金의 판권을 독점하여 이와 관련된 거상巨商들에게 타격을 주었다. 또한 고민령告緡令(몰래 재산을 축적하여 탈세하는 행위를 고발하도록 하는 법령)을 선포하여 호족豪族들과 대지주大地主들의 세력을 약화시켰다. 장탕이 매번 황제에게 국가 재정에 대해 보고할 때는, 시간이 늦어져서 황제가 식사를 잊을 정도였다. 이 때, 승상丞相은 그저 자리만 지킬 뿐, 국가대사國家大事는 모두 장탕에 의해 결정되었다. 당시 백성들의 생활은 불안하여 소요騷擾가 일어났고, 국가 정책도 실효를 거두지 못했으며, 탐관오리들은 백성의 재산을 탈취했다. 장탕은 형벌로써 그들의 죄를 철저하게 다스렸다. 이 때문에 공경公卿부터 일반인까지 모두 장탕을 지탄指彈했다. 그러나 장탕이 병이 났을 때, 황제가 몸소 문병을 갈 정도로 황제는 그를 신임했다.

무제武帝가 직면한 문제는, 제후왕諸侯王과 호족豪族세력을 약화시키고 중앙 집권을 강화하는 것이다. 이런 상황에서 무제에게 장탕은 매우 유용한 인물이다. 장탕은 호족들을 억제하고 황제의 정치적 입지를 공고하게 했으며, 법령을 개정하여 국가의 재정도 넉넉하게 했다. 장탕은 이런 노력으로 확실하게 황제의 신임을 얻어 황제의 측근이 되었다.

한번은, 흉노匈奴가 와서 화친하기를 청하자, 대신大臣들은 황제의 면전面前에서 토론을 했다. 박사博士인 적산狄山은 "화친을 하는 것이 유리有利합니다"라고 했다. 황제가 그 이유를 묻자 적산狄山이 말했다.

"병기는 흉악한 물건이니 자주 사용해서는 아니 되옵니다. 고조高祖 황제께서 흉노匈奴를 토벌하시다가 평성平城에서 크게 곤욕을 치르셨고, 결국 화친을 맺게 되었습니다. 혜제惠帝와 고후高后 때에는 천하가 편안했습니다. 그러나 문제文帝께서 흉노를 치려다가 변방이 혼란해졌고 백성들은 전쟁의 고통에 시달렸습니다. 경제景帝 때에는 7국의 반란이 일어나, 황제께서 미앙궁未央宮과 장락궁長樂宮으로 피해 다니시면서 몇 개월간 마음을 조이셨습니다. 7국의 반란이 평정되자, 경제景帝께서는 다시는 전쟁을 말씀하지 않으셨고 천하는 부유해졌습니다. 폐하께서 군대를 일으켜 흉노를 치면서부터, 국가 재정은 텅 비고 변경의 백성들은 빈곤에 허덕이고 있습니다. 그러니 화친하는 것이 좋다고 사료되옵니다."

황제가 이 문제를 장탕에게 묻자 장탕이 말했다.

"적산 같은 어리석은 자가 무엇을 알겠습니까?"

적산狄山이 말했다.

"신은 진정 우직하게 충성을 다하고 있습니다. 하지만 장탕은 거짓 충성을 하는 자입니다. 장탕이 회남왕淮南王 등의 반란 사건을 처리할 때, 법조문을 교묘하게 적용하여 제후들을 옭아매고, 황제의 골육骨肉의 정情을 갈라놓아, 제후국들을 불안에 떨게 했습니다. 신은 진실로 장탕이 거짓 충성을 하는 자라고 생각합니다."

그러자 황제의 안색이 변하며 이렇게 말했다.

"내가 그대를 군수郡守로 임명하면 오랑캐들의 침략을 막을 수 있겠소?"

"할 수 없습니다."

"현縣의 현령縣令으로 임명하면 어떻겠소?"

"할 수 없습니다."

"요새의 수비대장을 맡기면 어떻겠소?"

적산은 답변이 막히면 사법 관리에게 넘겨질 것이라 생각하고 "할 수 있습니다"라고 대답했다. 그래서 황제는 적산을 변경의 요새로 보냈다. 1개월 남짓 지나서 흉노는 적산의 목을 베어 갔다. 이때부터 군신들은 장탕을 두려워하게 되었다.

장탕의 역할은 이번에도 빛을 발한다. 장탕은 황제가 흉노를 토벌하려는 의중意中을 알고 있었기 때문에 흉노 토벌을 두둔했고, 황제의 반대 세력을 처단하며 황제의 입지立地를 세워주었다. 장탕의 역할은, 이제 법 집행을 넘어 정치적 영역으로 들어가고 있다.

장탕의 빈객賓客인 전갑田甲은, 상인이지만 현명하고 품행이 바른 사람이었다. 장탕이 말단관리로 있을 때, 전갑田甲은 그와 금전거래를 했다. 장탕이 높은 관리가 되자, 전갑은 장탕의 신분에 구애받지 않고 그의 잘못을 과감하게 지적할 정도로 기풍氣風이 있었다. 하동河東 사람 이문李文이라는 사람은 일찍이 장탕과 사이가 나빴다. 후에 장탕이 어사중승御史中丞이 되자, 이문李文은 장탕에게 원한을 품고 그를 해치고

자, 장탕이 처리한 일 중에 문제될만한 일을 찾았다. 장탕의 부하 중에 노알거魯謁居라는 사람이 있었는데, 이문이 장탕의 뒷조사를 하고 있음을 알고, 사람을 시켜 이문의 비리를 조정에 고발하게 했다. 그런데 이 일이 장탕에게 맡겨졌고, 장탕은 판결을 내려 이문을 사형에 처했다. 하지만 장탕은 내심 노알거魯謁居가 자신을 위해 이 일을 꾸몄다는 것을 알고 있었다. 황제가 장탕에게 물었다.

"이문李文과 관련된 첩보는 어떻게 올라오게 된 것이오?"

장탕은 짐짓 놀라는 척하며 말했다.

"아마도 이문李文의 지인知人이 그에게 원한을 품고 한 소행인 줄 압니다."

후에 노알거가 병에 걸려 시골의 주인집에 누워 있을 때, 장탕은 친히 찾아가 문병하고 그의 다리를 주물러 주었다.

권력자의 신임을 얻은 장탕은 이제 권력을 사적으로 운용한다. 장탕의 수족手足이 백성으로 위장하여 장탕의 정적政敵을 조정에 고발하고, 장탕은 그 고발장을 접수하여, 법法의 이름으로 정적政敵을 사형에 처했다. 이는 공공公共의 법을 사적으로 남용濫用한 것이다.

조趙 지역 사람들은 제철製鐵을 업業으로 삼았다. 조왕趙王은 조정에서 파견된 제철 담당 관리를 상대로 소송을 제기했으나, 장탕은 번번이 조왕趙王을 패소시켰다. 그러자 조왕은 장탕의 비리를 캐내기 시작했다. 그러던 중 노알거魯謁居가 예전에 자신을 몰래 고발한 적이 있었음을 알게 되었다. 이에 조왕은 조정에 글을 올려, 장탕이 부하인 노알거와 공모하여 부정不正한 일을 저질렀다고 고발했다. 이 안건은 정위廷尉에게 넘겨졌다. 그런데 노알거가 병으로 죽자, 사건은 노알거의 동생에게까지 연루되어 그가 구금拘禁되었다. 장탕은 구금된 죄수들을 취조하다가 노알거의 동생을 보게 되었다. 장탕은 몰래 그를 도와주려 했지만 겉으로는 모르는 사람인 척했다. 그는 장탕이 자신을 도우려하는 것은 미처 모르고, 자신을 모르는 척하는 장탕을 원망했다. 그래서 노알거의 동생은 다른 사람을 시켜 조정에 글을 올려, 장탕과 노알거가 공모하여 이문의 비리를 고발했다고 말했다. 이 일은 감선減宣에게 맡겨졌다. 감선은 장탕에게 원한이 있었기 때문에, 이 사건을 철저히 밝히고자 했다. 그런데 감선減宣이 이 일에 대해 황제에게 보고하기 전, 공교롭게도 효문원孝文園(효문제孝文帝의 묘지)의 부장품副葬品이 도굴된 사건이 발생했다.

승상丞相인 청적青翟은 장탕과 함께 이 일에 대해 황제에게 사죄하기로 약속했다. 하지만 황제 앞에 이르자 장탕은 약속을 어겼다. 장탕은 제때에 효문원孝文園을 순시巡視하지 않은 승상丞相이 잘못이며, 자신은 이일과 무관하다고 했다. 승상은 어쩔 수 없이 사죄했고, 황제는 이 일을 장탕에게 내려 처리하도록 했다. 장탕이 죄를 씌워 승상을 처벌하려고 하자 승상은 불안했다. 승상에게는 세 명의 부하 관리가 있었는데, 이들은 모두 장탕에게 원한을 품은 자들이었다. 그들은 한때 장탕의 상관上官이었으나, 장탕이 신분이 높아지자 그들을 능멸했기 때문에 원한을 품었던 것이다. 승상의 세 부하 관리들이 모여 이렇게 모의했다.

"처음에 장탕은 승상과 함께 황제께 사죄하기로 약속했으나, 나중에 승상을 배반했습니다. 지금 효문원孝文園의 일로 승상을 탄핵하려 하니, 이는 장탕이 승상의 자리를 차지하려는 것입니다. 우리는 장탕의 비리를 알고 있습니다."

그들은 관리를 시켜 장탕의 공범인 상인 전신田信 등을 체포하여 심문하니, 전신田信은 장탕과 모의한 것을 실토했다. 장탕은 황제에게 어떤 사안을 보고하려 할 때, 미리 전신田信에게 그 내용을 알리고 관련된 물건들을 사들여 이익을 얻은 후에 장탕과 나누었다는 것이다. 또한 전신田信은 장탕의 다른 비리非理도 자백했다. 이 일이 모두 황제에게 보고되었고, 황제는 장탕에게 이렇게 물었다.

"내가 어떤 정책을 시행하려 하면 상인들이 매번 먼저 알고 해당 물건을 사들이니, 누군가 우리가 논의한 것을 그들에게 알려주는 것 같소."

장탕은 잘못은 시인하지 않고 짐짓 모르는 척하면서 "분명 그러한 것 같습니다"라고 말했다.

장탕은 권력을 사적私的인 이득에 사용했다. 장탕은 관리 신분으로 얻은 정보를 상인商人에게 알려주고, 상인은 이를 통해 이득을 얻어 장탕과 나누었다. 오늘날의 정경유착政經癒着이 바로 이것이다.

이때 노알거魯謁居를 조사했던 감선減宣도 이전에 노알거魯謁居가 자백한 내용을 황제에게 보고했다. 황제는 장탕이 간교하게 자신을 기만했다고 여기고, 8명의 신하를 보내 문건과 대조하여 장탕을 문책했다. 장탕은 혐의를 부인하며 죄를 인정하지 않았다. 그러자 황제는 조우趙禹를 시켜 장탕을 문책하게 했다. 조우가 장탕을 꾸짖으며 말했다.

"그대는 어찌 자신의 분수를 알지 못하는 것이오. 그대가 처벌하여 일족一族을 멸滅한 사람이 몇 명이나 되는지 아시오? 우리는 그대에 관한 증거를 모두 갖고 있소. 황제께서는 그대를 처벌하는 것을 부담스러워 하시며, 그대가 스스로 자신을 처벌하기를 바라고 계십니다. 내가 구지 문서를 하나하나 대조해야 하겠소?"

그러자 장탕은 사죄의 글을 써서 말했다.

"나는 말단관리로 있다가 폐하께서 총애하시어 삼공三公의 지위에 오르게 되었으니, 지금의 질책을 벗어날 수는 없습니다. 그러나 내 죄를 모함한 사람은 승상丞相의 부하 관리들입니다."

말을 마치고, 결국 장탕은 자살했다.

장탕이 죽었을 때, 그의 재산은 황금 500근이 되지 않았다. 그마저도 모두 봉록과 하사금이었고 다른 재산은 없었다. 그의 형제들과 아들들은 장탕의 장례를 성대하게 치르려고 했으나, 장탕의 모친은 "장탕이 오명汚名을 쓰고 죽었으니 어찌 장례를 성대하게 치를 수 있겠는가!"라고 했다. 그리하여 소가 끄는 수레에 관棺을 실었는데, 내관內棺만 있고 외관外棺은 없었다(시체를 넣은 속 널을 관棺 혹은 내관內棺이라고 하고 바깥 널을 곽槨 혹은 외관外棺이라 함). 황제가 이 말을 듣고 말했다.

"그런 어머니가 아니었으면 그런 아들을 낳을 수 없을 것이다."

후에 이 사건의 진상이 모두 밝혀졌고, 승상의 세 부하 관리는 모두 처형당했으며, 승상 청적靑翟은 자살했고, 전신田信은 감옥에서 풀려났다. 황제는 장탕을 안타깝게 여겨, 그의 아들 장안세張安世를 등용했다.

장탕은 법을 집행하면서 황제에게 아부하여 자신의 정치적 입지를 공고히 했으며, 이를 활용하여 사적인 이득도 챙겼다. 이처럼 법을 자신의 필요에 따라 집행하다보니 타인의 원한을 사게 되었고, 결국 그 화살은 자신에게 돌아와 비운의 죽음을 맞았다.

왕온서王溫舒 : 불법의 합법화

왕온서王溫舒는 젊을 때, 묘지를 도굴하는 등 나쁜 짓을 많이 했다. 그 후 현縣의 정장亭長이 되었다가 여러 번 파면罷免되었다. 그리고 다시 하급 관리가 되었는데, 사건 처리를 잘하여 정사廷史(사법부 최고 책임자인 정위廷尉의 부하관리)가 되었으며, 장탕張湯을 섬기다가 어사御史로 승진했다. 그가 도적들을 처벌하면서 수많은 사람을 살상했다. 그 뒤 점차 승진하여 광평廣平 지역의 도위都尉(지방의 군수郡守를 보좌하여 군郡의 군사軍事 업무를 담당하는 관리)가 되었다. 왕온서는 지역에 사는 포악한 사람 10여 명을 골라 관리로 임명하고 이들을 자신의 수족手足으로 부렸다. 그리고 그들이 이전에 저지른 중죄重罪를 포착하여, 그것을 눈감아 주는 대가代價로 자신이 잡고자 하는 사람을 잡아 오도록 했다. 왕온서는 그들에게 100가지의 죄가 있어도 처벌하지 않았다. 하지만 그들이 자신의 명령을 거역하면, 전에 저지른 죄를 문제 삼아 본인은 물론 친족까지 몰살시켰다. 이 때문에 제齊와 조趙 지역의 도적들은 감히 광평廣平 지역에 얼씬도 못했고, 광평廣平에서는 길에 물건이 떨어져 있어도 주어가는 사람이 없었다. 황제는 이 소식을 듣고 왕온서王溫舒를 하내군河內郡의 군수郡守로 승진시켰다.

왕온서王溫舒는 불량배의 죄를 눈감아주고 그 대가로 자신의 명령에 복종하게 하여, 그들을 이용하여 또 다른 죄인을 잡았다. 불량배에게 경찰의 옷을 입혀 죄인을 잡게 한 격이다. 결과만 놓고 보면 도둑은 사라졌지만, 법의 집행자로 둔갑한 폭력배들로 인해 백성들은 얼마나 불안한 삶을 살아야 했을까? 안타까운 것은, 황제가 이런 방식으로 죄인을 때려잡는 사람들을 능력이 있다고 칭찬하여 승진까지 시켰다는 것이다.

왕온서가 광평廣平에 있을 때 하내군河內郡의 간악奸惡한 호족豪族들을 모두 파악하고 있었다. 9월에 그는 하내군河內郡에 부임했는데, 군부郡府에 명령하여 50필의 개인 소유의 말馬을 하내河內부터 장안長安까지 각 역驛에 배치하게 했다. 또한 광평에 있을 때와 같은 방법을 써서 자신의 부하를 모으고, 간악한 호족 가문과 연관이 있는 자들 천 명을 체포했다. 이때, 죄가 무거운 자는 일족一族을 멸하고 가벼운 자는 당사자만 사형에 처할 것과, 그들의 재산은 모두 몰수하고 부당 취득한 물건은 변상하도록 하겠다고 황제에게 주청奏請했다. 글을 올린 지 2, 3일 만에 황제가 비준批准했다. 그 결과 처형자들이 흘린 피가 십여 리를 흘러갔다. 백성들은 그가 보고를 올리고 비준批准을 받은 것이 너무 신속하여 이상하게 여겼지만, 12월이 되자 그 지역에는 이에 대한 어떤 이야기도 나오지 않았다. 또한 밤에 감히 외출하는 사람도 없었고, 도둑을 보고 개가 짖는 소리도 사라졌다. 붙잡히지 않은 범인들이 이웃 지역으로 도망쳐서, 뒤쫓아 갔으나 때마침 춘기春期가 되었다. 그러자 왕온서는 발을 구르고 탄식하며 말했다. "아아! 만약 겨울을 1개월만 더 연장한다면 이 일을 처리할 수 있을 텐데!"

왕온서는 이처럼 사람을 죽여 위세威勢를 떨치면서도 백성은 아끼지 않았다. 황제는 왕온서를 유능하다고 여겨 중위中尉로 승진시켰다. 그가 일을 처리하는 방법은, 하내河內에 있을 때처럼 교활한 관리를 불러 수하手下에 두고 그들과 함께 일을 도모하는 것이다.

왕온서는 죄인을 검거하는 기술자처럼 보인다. 수단과 방법을 가리지 않고 최대한 많은 죄인을 잡아들이고 가혹하게 처벌하는 것을 즐기는 사람과 같다. 왕온서에게 있어 백성이란 올바른 길로 인도해야 할 대상이 아니라, 자신의 공을 세우기 위한 수단이며, 권력을 휘두르는 즐거움의 대상에 불과하다.

왕온서는 다시 중위中尉가 되었다. 그가 정위廷尉로 있을 때는 학문이 부족하여 일을 잘 처리하지 못했으나, 중위中尉가 돼서는 머리가 트였다. 그는 관중關中 지역의 풍속에 익숙했고, 거칠고 흉악한 관리들을 잘 알고 있었다. 그들은 왕온서를 위해 일하며 여러 계책을 구상했다. 왕온서의 부하 관리들은 도적과 불량배들을 엄밀히 관리했으며, 투서함을 두어 그들로 하여금 범죄를 고발하게 했다. 또 백격장伯格長(촌장의 개념)을 두어 간악한 자들과 도적들을 감시하게 했다. 왕온서는 아첨을 잘하고 권력 있는 사람을 잘 섬겼지만, 권력이 없으면 노예처럼 대했다. 권력자들에게는 중죄重罪가 있어도 처벌하지 않았고, 권력이 없으면 황제의 친척이라도 항상 모욕을 주었다. 법조문을 교묘하게 적용하여 교활하게 옭아 메는 방법으로 호족豪族을 압박했다. 그는 이런 방법으로 중위中尉의 업무를 처리했다. 죄인들은 죄상이 밝혀질 때까지 추궁을 당했으며, 대부분 형벌을 당해 피부가 찢기고 문드러져 옥중에서 죽었다. 판결이 나와도 살아 나오는 자가 없었다. 그의 수하 관리들은 사람의 탈을 쓴 호랑이와 같았다. 이때 중위부中尉府 관할 지역의 간교한 자들은 모두 자취를 감추었고, 권세가들은 그의 명성을 높이고 치적治績을 칭찬했다. 그가 몇 년간 중위中尉로 있을 때, 그의 부하들은 권력을 얻고 부富를 축적했다.

왕온서가 동월東越을 치고 돌아왔을 때, 정사政事에 대해 논의한 것이 황제의 마음에 들지 않았다. 결국 그는 사소한 법에 저촉되어 관직에서 파면 당했다. 그 무렵 황제는 통천대通天臺를 축조築造하려 했으나 그 일을 할 인력이 없었다. 왕온서는 중위부中尉府의 병역 기피자 명단을 조사하자고 청하여, 그들 수만 명을 인부人夫로 쓰게 했다. 황제는 기뻐하여 그를 소부少府로 임명했고, 다시 우내사右內史로 옮겼지만, 일을 처리하는 방식은 예전과 같았고, 단지 사악함을 다소 억제했을 뿐이다. 그는 죄를 지어 면직免職되었으나 다시 우보右輔로 임명되었고, 중위中尉 직무도 겸직하였으며 일처리 방식은 그대로였다.

일 년쯤 지난 후, 한나라는 군사를 일으켜 대원국大宛國(한나라 때에 옛 소련 타시켄트 지방에 있던 나라)을 쳤다. 이때 황제는 조서를 내려 관리를 징발했는데, 왕온서는 그의 부하인 화성華城이라는 사람을 숨겨주었다. 이때 어떤 사람이, 왕온서가 뇌물을 받고 병역에 징집된 사람을 면제해 주었으며, 부당한 방법으로 이득을 취했다고 고발했다. 그 죄에 대한 벌은 멸족滅族에 해당했는데, 왕온서는 자신이 고발되었다는 사실을 알고 자살했다. 그의 두 동생과 두 사돈들도 또한 다른 죄를 지어 멸족 당했다. 광록光祿(관명官名) 서자위徐自爲가 말했다.

"슬프도다. 옛날에는 3족族(아버지, 아들, 손자)을 멸한다는 말이 있었는데, 왕온서의 죄는 무거워 두 동생과 사돈까지 5족이 죽었구나!"

왕온서가 죽은 후 그의 재산은 천 금金에 달했다.

온갖 부정한 방법으로 백성을 때려잡고 황제에게 아부하다가 결국 스스로 죄에 연루되어, 자신뿐 아니라 5족族이 멸문지화滅門之禍를 당했으니, 이를 인과응보因果應報라고 해야 하는 것인가? 법 집행관의 칼날은 마치 불과 같아서 자신이 갖고 있으면 남을 위협하고 권력자의 신뢰를 얻지만, 자칫 잘못하면 자신과 집안을 모두 태워버릴 수도 있다.

두주杜周 : 황제의 입맛에 맞게 법을 판결하다

두주杜周는 남양南陽 두연杜衍 사람이다. 의종義縱이 남양南陽 태수太守로 있을 때, 두주杜周는 그의 수족手足이 되어 일하다가 정위사廷尉史로 천거薦擧되었다. 두주는 장탕을 섬겼는데, 장탕은 수차례 그가 뛰어난 능력이 있다고 추천했다. 그 후 두주는 어사御史로 임명되어, 변경邊境 지역의 탈영병을 조사하는 일을 맡았다. 당시 두주가 사형시킨 사람이 매우 많았다. 그가 보고한 내용이 황제의 마음에 들어, 감선減宣과 번갈아 가며 10여 년 동안 중승中丞을 지냈다.

그의 통치방법은 감선減宣과 비슷했다. 그러나 일처리는 신중했으며 판단은 느렸다. 또한 겉으로는 관대해 보였지만, 내적으로는 가혹하게 법을 적용했다. 감선이 좌내사左內史가 되었을 때, 두주는 정위廷尉가 되었다. 그는 대체로 장탕의 일처리 방식을 본받았고 황제의 의중을 잘 살폈다. 황제가 내치고자 하는 자가 있으면 그를 모함했고, 황제가 풀어주고자 하는 자가 있으면 그를 오랫동안 구금하고만 있다가 몰래 그의 억울함을 호소했다. 어떤 빈객賓客이 그를 질책하며 말했다.

"그대는 황제를 대신하여 공평하게 판결해야 하는 사람인데, 법에 근거하지 않고 오직 황제의 의중에 따라 판결하니, 법관이 원래 이런 것이오?"

이에 두주가 말했다.

"법이라는 것이 도대체 어디서 나온 것이오? 군주가 옳다고 여긴 것을 기록한 것이 법률이고 법령이오. 그때의 상황에 맞게 처리하는 것이 옳은 것이지, 어찌 과거의 법률만을 옳다고 하겠소!"

두주杜周에게 법이란, 공공公共이 지켜야 할 약속이 아니라 황제의 의중이다. 즉, 황제가 곧 법이라는 말이다. 두주杜周의 말은, 법 집행자가 권력의 시녀가 되었음을 보여준다.

두주가 정위廷尉(사법부의 최고 책임자)가 된 후, 황제가 판결하라고 맡긴 사건은 더욱 많아졌다. 봉록俸祿이 2천 석이 되는 고위 관리가 계속 잡혀 들어와 그 수가 100여 명은 되었다. 지방과 중앙의 관리들이 연루된 사건이 중위中尉에게 넘겨졌는데, 그 수가 한 해에 천여 건에 달했다. 큰 사건의 경우 연루되어 체포된 사람이 수백 명이고, 작은 사건은 수십 명이었다. 그들 중 수천 리 밖에서 온 사람도 있으며 수백 리 밖에서 온 사람도 있었다. 심문을 할 때는, 관리가 기소장起訴狀에 근거하여 사실을 확인했는데, 만약 인정하지 않으면 매질을 하고 기소장에 기록된 대로 죄를 확정했다. 그래서 사람들은 체포된다는 소식을 들으면 모두 도망가 숨었다. 사건의 조사가 길어져 간혹 중간에 사면된 사건이 있어도, 10여 년이 지난 후에 다시 고발되어 처형되기도 했다. 정위廷尉와 중도관中都官이 체포한 자들이 6, 7만 명이 되었고, 기타 하급 관리가 체포한 사람도 10만여 명이 되었다.

봉록俸祿 2천 석은 고위관료로 각 관청의 장관급이나 군郡의 태수太守가 이에 해당한다. 두주가 정위廷尉가 된 이후에는 고위관료부터 백성에 이르기까지 수많은 사람들을 법으로 처단했으며, 심문審問 과정에서 폭력과 강압이 자행됐다. 지금으로 말하면, 법원과 검찰청에서 조사를 받거나 처벌을 받는 사람이 인산인해人山人海를 이루었다는 말이다. 실로 혹독한 법치주의法治主義의 단면을 보는 듯하다.

두주杜周는 중간에 파면되었지만, 후에 집금오執金吾(궁문宮門을 호위하는 일을 담당하는 관리)가 되어 도적 잡는 일을 했다. 그는 상홍양桑弘羊이나 위황후衛皇后의 가족들을 체포하여 가혹하게 처리했다. 황제는 그가 사심私心 없이 전심전력全心全力으로 일을 처리한다고 여기고 어사대부御史大夫로 승진시켰다. 두주의 두 아들은 황하黃河를 사이에 두고 각각 하내군河內郡과 하남군河南郡의 태수太守가 되었다. 그들의 통치는 흉악함과 잔혹함이 왕온서보다 심했다. 두주가 처음 정위廷尉의 하급 관리가 되었을 때, 가진 것이라고는 말馬 한 필이었는데, 그것마저도 온전한 말이 아니었다. 그러나 그가 벼슬을 오래하여 결국 삼공三公의 지위에 오르게 되면서, 그의 자손은 높은 벼슬에 오르고 집안에는 막대한 재산이 모이게 되었다.

사마천은 말한다.

"질도郅都부터 두주杜周까지의 열 명은 잔혹하기로 이름이 났다. 그런데 질도는 강직하면서도 옳고 그름을 분별하면서, 국가의 근간이 되는 일을 처리했다. 장탕張湯은 황제의 심기를 잘 파악하였기에 황제와 호흡이 맞았다. 또한 수차례 정사政事의 득실得失을 논함으로써 한나라에게 보탬이 되었다. …… 장탕이 죽은 후, 법조문은 세밀해지고 처벌은 엄격해졌으나, 국가의 행정은 점차 무너져 작동하지 않았다. 구경九卿들은 봉록에만 연연하면서 문제가 있어도 바로 잡으려 하지 않았으니, 어찌 법 조문 이상의 것을 논論할 여유가 있었겠는가! 그러나 위의 열 사람들 중 청렴한 자들은 본받을 만하고, 부정한 자들은 경계로 삼을 만하다. 그들이 법을 집행함에 있어서는, 백성들의 사악한 행동을 막으려고 했으며, 명분과 실질實質을 모두 겸비하였다. 비록 그 행위가 잔혹하다 해도 자신의 직분을 충실히 수행했다.

촉蜀의 태수 풍당馮當은 포악하여 백성을 학대했고, 광한廣漢 지역의 이정李貞은 제멋대로 사람의 사지四肢를 찢어 죽였으며, 동군東郡의 미복彌僕은 톱으로 사람의 목을 잘랐다. 또한 천수天水 지역의 낙벽駱璧은 고문하여 자백을 받아냈고, 하동河東의 저광褚廣은 함부로 사람을 죽였으며, 경조京兆의 무기無忌와 풍익馮翊의 은주殷周는 흉악했다. 그리고 수형도위水衡都尉 염봉閻奉은 사람을 고문한 후 죄를 눈감아주는 조건으로 뇌물을 받았다. 이러한 일들을 어찌 다 셀 수가 있겠는가! 어찌 다 셀 수가 있겠는가!"

사마천은 장탕과 왕온서 등을 직분을 충실히 수행한 관리라고 평가했다. 혼란스러운 상황에서 그들이 혹독하게 휘두른 칼날은 분명 빛을 발하여 국가 발전에 역할을 한 것은 사실이다. 하지만 그 이면에는 직권남용職權濫用, 정경유착政經癒着, 고발사주告發使嗾 등 온갖 부정한 행위들이 숨겨져 있다. 여기에서 소개한 관리들 이외의 10명은 거의 법 집행자를 가장한 살인마에 가깝다. 한나라 때에 태어나지 않았음에 감사할 따름이다.

사마천은 〈태사공자서太史公自序〉에서 〈혹리열전〉을 쓴 의도를 다음과 같이 말하고 있다.

"백성들이 본업本業을 저버리고 편법을 일삼거나, 간교하게 행동하면서 법을 우롱한다면, 제아무리 뛰어난 사람이라 해도 그들을 변화시킬 수 없다. 이때는 오직 엄격한 처벌로만 다스릴 수 있다. 그래서 혹리열전을 쓴다(民倍本多巧, 姦軌弄法, 善人不能化, 唯一切嚴削爲能齊之。作酷吏列傳第六十二)"

얼핏 보면 사마천이 엄격한 법집행을 긍정한 것으로 보인다. 하지만 사마천은 〈태사공자서太史公自序〉에서 또 이렇게도 말한다.

"예禮는 사건의 발생을 미연未然에 방지하고, 법法은 사건이 일어난 후에 바로잡는다. 법法으로 잘못을 바로 잡는 것은 잘 드러나지만, 예禮로 잘못을 방지하는 것은 잘 드러나지 않는다.(夫禮禁未然之前, 法施已然之後. 法之所爲用者易見, 而禮之所爲禁者難知)"

사마천은 분명 도덕道德과 예의禮儀가 주도하는 사회를 지향했고, 그것이 작동되지 않은 혼란한 상황 속에서 엄격한 법 집행을 인정한 것이다. 법이 엄격하게 집행되고 수많은 죄인들이 처벌을 받았다면, 이는 도덕과 예의가 작동하지 않았음을 의미한다. 혹리酷吏들이 보여준 가혹한 정치는 마치 법가法家가 주도했던 진秦나라를 보는 듯하다. 하지만 아이러니하게도 무제武帝는 유교儒教를 국교화國敎化 했다. 그는 국가 교육기관인 태학太學을 설치하여 유가儒家의 5가지 경전經典(주역周易, 서書, 시詩, 예禮, 춘추春秋)을 가르치게 했고, 유학儒學의 덕목을 갖춘 사람을 관리로 등용했다. 그렇다면 무제武帝는 겉으로 유가儒家를 표방하면서 실제는 법가法家적인 정치를 실현한 것이다. 그러니 사마천이 혹리의 활약상을 기술한 것은 무제에 대한 비판이라고 학자들은 말한다.

〈혹리열전〉에는 10명의 혹리가 등장하지만, 여기에서는 그 중 4명만을 소개했다. 10명의 혹리들에게는 공통점이 있다. 그것은 대부분 비참하게 죽임을 당했다는 것이다. 법을 집행하는 관리들은 권력자들과 가깝다. 그들의 공정公正한 칼날이 권력자의 심기를 건드려 죽임을 당하게 되면서, 가장 막강한 권력자인 황제의 편에 서게 된 것이다. 공정公正해야 할 관리가 황제의 시종이 되는 시점이다. 그때부터 모든 판결과 처벌은 황제의 입맛에 맞추게 되고, 황제의 신뢰를 받아 그들 역시 권력과 이득을 누린다. 그들 스스로 온갖 부정한 행동을 하면서도 공정公正이라 여기다가, 권력의 구도가 바뀌면 그들 역시 법망에 걸려들어 처벌을 당하는 신세가 된다. 황제는 혹리를 곁에 두고 자신의 통치에 맘껏 활용하려 하며, 혹리는 신임信任을 받아 권세를 누리려 하기 때문에, 혹리들의 삶은 동일한 패턴으로 무한 반복된다. 현대 사회에는 황제와 같은 막강한 권력은 점차 사라졌지만, 혹리들의 영향력은 축소되지 않았다. 혹리들은 이제 눈치를 봐야하는 대상이 없으니, 그들이 말하는 공정과 정의의 칼날을 마구 휘두를 수 있다.

대학시절 해동검도를 배운 적이 있다. 평소에는 목검木劍을 들고 검술을 연마하다가, 검은 띠를 딴 후에 관장님은 간혹 진검眞劍을 주고 수련하도록 했다. 진검은 위험하기 때문에 아무도 없을 때 혼자 수련해야 한다. 처음 진검을 옆구리에 차고 수련을 시작할 때, 관장님은 나에게 이런 말을 했다. "힘이 빠지면 칼에 끌려 다녀. 조심해" 칼끝이 날카롭고 묵직한 진검을 뽑아들고 신경을 집중하여 검법을 시작했다. 그런데 문제는 힘이 조금씩 빠질 때 일어났다. 검술을 연습하다가 칼이 도장의 장판을 스치면서 1미터 가량 장판이 찢겨졌다. 맨발에 닿았으면 발이 잘릴 수 있었던 아찔한 상황이었다. 관장님의 말이 맞았다. 힘이 빠지니 내가 검을 제어하는 것이 아니라 검에게 내가 끌려갔던 것이다. 그 후로 나는 진검을 잡지 않았다. 어쩔 수 없이 칼을 써야 하는 사회라면 그 칼을 제어하는 힘이 있어야 한다. 정확한 곳에 절제된 크기로 칼을 휘두를 수 있는 힘이 필요하다. 그렇지 않다면, 칼이 제 스스로 움직이며 마구 날카로움을 과시하게 될 것이다.

游俠列傳

제20장

존경받는 조폭들

— 유협열전

10년 전 쯤의 일이다. 형사에게 걸려온 전화를 받았다고 아내에게서 연락이 왔다. 내용은 이렇다. 며칠 전 대형마트 주차장에서 아내의 차로 옆에 주차되어 있는 외제차를 문콕(차량의 문을 열 때 옆의 차량에 문을 부딪쳐 파손을 입히는 행위)했다는 신고가 들어왔다는 것이다. 차주車主가 자신의 차를 수리하도록 맡겨서 다른 차를 렌트했으니, 빨리 합의를 하던지 보험처리를 하라고 했단다. 80만 원 미만의 수리비는 보험료 할증이 없으니 서두르라는 말과 함께. 아내는 문콕한 기억이 없다고 볼멘소리를 한다. 귀찮은 맘에 보험처리를 할까 하다가 아내가 정말 잘못했는지 확인하고 싶어, 아내와 마트 CCTV를 확인하러 갔다. 그 마트는 주차 공간이 넓은 곳이다. CCTV를 보니, 아내는 전후진前後進을 하지 않고 한 번에 차를 주차시켰다. 그래서 나는 직접 차를 운전하여 아내가 한 것처럼 한 번에 그 주차구역에 주차를 했다. 그리고 난 다음 내 차와 옆 차의 간격을 자로 쟀더니 1미터가 넘었다. 차문을 최대한 열어도 1미터는 넘지 않는다. 그러니 아내는 범인이 아니었다. 이 모든 것을 동영상과 사진을 찍어 놓고, 최초로 신고 접수가 된 파출소를 찾아갔다. 경찰이 내민 초동수사 내용은 아내의 차번호가 찍힌 사진 한 장뿐이다. CCTV 확인도 없이, 신고 내용의 진위여부를 따지지도 않고, 그저 신고자의 말대로 사건을 경찰서에 넘겼고, 경찰서의 형사는 사건을 빨리 해결하라고 아내에게 독촉한 것이다. 나는 사건개요와 현장 검증의 내용을 작성하고, 동영상과 사진도 첨부하여 형사에게 팩스와 메일로 보냈다. 우리가 당한 부당함을 경찰청에 민원을 넣겠다는 엄포와 함께. 형사에게서 바로 전화가 왔다고 한다. "아주머니"는 "사모님"으로 호칭이 바뀌었고, 냉랭하고 건조하던 말투는 공손 모드로 전환되어 연신 사과를 했다고 한다. 그렇게 무고한 사건은 깔끔하게 정리가 됐다.

그 일을 겪은 후에, 나는 사립탐정을 해보고 싶다는 생각이 들었다. 우리의 생활 속에 벌어지는 수많은 무고한 일들을 국가에서는 다 해결해주지 못한다. 내가 이런 일을 겪어보니, 나와 같은 일을 당한 사람들을 돕고 싶다는 생각이 들었다. 실제 경찰이 해결하지 못한 살인 누명을 사립탐정이 해결해 준 경우도 있다. 하루하루 삶에 지친 사람들이 갑작스러운 고난을 당했을 때, 국가가 해결해주지 않으면 그들은 어디 가서 하소연해야 하는가?

〈유협열전〉의 유협游俠은 협객俠客이라고도 하며, 호방하고 의협심이 많은 사람을 말한다. 그들은 불법적인 행위도 서슴지 않고 무리를 지어 다니기 때문에 오늘날의 조폭과 흡사하다. 그러니 〈유협열전〉은 〈조폭열전〉이라고 해도 무방하다. 유협이 위협적인 존재인 것은 분명하다. 하지만 그들은 의리義理를 위해 살며 힘없는 약자弱者들을 도와주었다. 사마천은 유협游俠의 불법적인 행동보다 곤경에 처한 사람들을 도와주는 긍정적인 역할에 주목했다. 고대 중국의 조폭이 역사서에까지 기록되었으니, 오늘날의 조폭이 귀감으로 삼아야 할 것이다.

칭찬 받는 조폭 : 의리로 약자弱者를 돕다

한비자韓非子는 "유자儒者는 유가儒家 경전을 근거로 법을 어지럽히고, 협객俠客(유협游俠)은 무력武力을 사용하여 법法을 위반한다"라고 하며, 유생儒生과 협객俠客을 모두 비난했다. 그러나 유생儒生들은 세상의 칭송稱訟을 받는 경우가 많다. 유생儒生 중에 학문을 해서 재상宰相이나 경卿, 대부大夫가 되고, 군주君主를 보좌하여 이름이 역사에 기록된 사람들이야 굳이 거론할 필요가 없다. 그들 이외에, 계차季次, 원헌原憲과 같은 가난한 유생儒生은, 글을 읽어 고상한 군자의 덕德을 지녔으며, 의義로움을 따르며 세상과 영합하지 않았다. 그래서 계차와 원헌은 평생을 쑥대로 엮은 집에서 남루한 옷과 거친 음식으로 빈곤하게 살았지만, 그들이 죽은 지 400여 년이 지났는데도, 제자弟子들은 여전히 그들의 뜻을 계승하고 있다. 오늘날 유협游俠의 행동이 반드시 정의正義에 부합하지는 않지만, 한 번 말을 하면 반드시 지키고, 행동을 하면 끝을 보며, 일을 부탁 받으면 최선을 다해 실행한다. 또한 남의 고통에 뛰어들 때에는 생사生死를 돌보지 않았다. 그러면서도 자신의 능력을 자랑하지 않고, 자기의 덕德을 내세우는 것을 부끄럽게 여기니, 그들 역시 칭찬할 만한 것이 있다.

유생儒生은 툭하면 유가 경전을 근거로 국가 법령의 옳고 그름을 따지고, 유협游俠은 거친 행동으로 법을 위반한다. 법가法家인 한비자韓非子의 입장에서 보면 이 두 부류는 모두 국가를 위협하는 존재들이다. 그래도 유생은 좀 낫다. 학문을 닦아 관직을 얻거나, 공功을 세워 이름을 날리거나, 그것도 아니면 초야草野에 묻혀 후학을 양성하여 도道와 덕德을 닦을 수 있다. 반면 유협은 강도, 살인, 화폐위조 등을 저지르는 불법분자들이다. 그런데도 사마천은 이들 중에 칭찬할 만한 것이 있다고 했는데, 그것은 바로 타인의 고통을 보고 자신의 일처럼 뛰어든다는 점이다.

사람들에게는 늘 급박한 어려움이 닥칠 수 있다. 사마천은 말한다.

"옛날 순舜임금은 우물을 파고 창고를 고치는 일을 했고, 이윤伊尹은 솥과 도마를 짊어지고 다니며 요리를 했다. 부열傅說은 숨어서 살았고, 여상呂尙은 빈곤하게 살았다. 그리고 관중管仲은 족쇄와 수갑을 찬 적이 있고, 백리해百里奚는 소를 키웠으며, 공자孔子는 광匡 땅에서 고난을 당했고, 진陳과 채蔡 지역에서 식량이 떨어져 굶주렸다. 그들은 모두 도道와 인仁을 갖춘 사람들인데도 이러한 재난을 당했으니, 하물며 평범한 사람들이야 어떠하겠는가? 그들이 겪는 어려움을 어찌 다 말할 수 있을까? 세속 사람들은 말한다. '인의仁義가 뭐 필요한가? 돈이 많은 자가 덕德도 있다.' 그래서 백이伯夷와 숙제叔齊는 주周나라를 부끄럽게 여기고 수양산首陽山에서 굶어 죽었지만, 주나라의 문왕文王과 무왕武王은 이 일로 인해 왕위王位에서 물러나지 않았다. 도적인 도척盜跖과 장교莊蹻는 흉악했지만, 그들을 따르는 사람들은 그들의 의기義氣를 한없이 칭송했다. 이것으로 볼 때 '옥고리를 훔친 자는 처형되고 나라를 훔친 자는 제후가 되니, 제후의 집안에 인의仁義가 있다'는 말은 조금도 틀림이 없다."

백이伯夷와 숙제叔齊는 은殷나라 말기 고죽국孤竹國이라는 나라의 왕자王子들이다. 이들은 주周나라 문왕文王이 어질다는 소문을 듣고 찾아갔으나, 그의 아들 무왕武王은 부친 문왕文王의 상중喪中에 당시 천자天子인 은殷나라 주왕紂王을 정벌하려고 했다. 이때 백이와 숙제는, 부자父子의 예의禮儀와 군신君臣의 의리에 위배된다고 여겨 정벌을 반대했다. 그 후, 이들은 주周나라의 곡식을 먹기 거부하여 수양산首陽山에서 굶어 죽었다. 법法을 어긴 것은 동일하지만 작은 물건을 훔치면 도둑이 돼서 처형당하고, 국가를 훔치면 제후가 되어 권력을 얻고 칭송稱頌을 받는다. 제후가 되면 가진 것이 많아 백성들에게 베풀 수 있으니, 그 은혜를 입은 백성들은 모두 제후가 인의仁義가 있다고 칭송稱頌한다. 하지만 권력이 없는 유협游俠들은, 타인을 위해 자신을 헌신해도 결국 범법자犯法

者로 몰려 손가락질 받으니, 이는 불공평한 것이 아닐까?

"자신이 배운 것을 고수固守하고 작은 의義를 지키면서, 오랫동안 세상을 등지고 출세出世에 연연하지 않는 사람들이 있다. 이들을 어찌 세태世態에 이리저리 휩쓸리면서 명예와 영광을 얻으려는 사람들과 같이 논論할 수 있겠는가! 그러나 평민들 중 자신이 승낙承諾한 일은 반드시 실행하고, 의리를 지키며 죽음도 돌보지 않는다면 이 또한 뛰어난 것이다. 사람들이 어려운 상황에 처했을 때 자신의 생명을 그런 이들에게 의탁한다면, 그들이야말로 소위 현인賢人과 호걸豪傑 중간쯤에 있는 사람이 아니겠는가? 시골 협객들을 계차, 원헌의 역량과 비교한다면, 그들의 공적功績과 명성名聲을 동일한 잣대로 평가할 수는 없다. 그러나 자신이 한 말을 실천함으로 따져본다면, 협객들의 의로움을 어찌 무시할 수 있겠는가!"

위급한 상황에 처했을 때, 나를 돕는 사람이 은인恩人이고 성인聖人이다. 며칠을 굶어 곧 죽을 상황에서, 누군가 빵을 훔쳐 나에게 준다면 먹지 않을 수 있겠는가? 그의 불법행위는 나에게는 목숨을 살리는 행위가 된다. 중국 고대에, 부모가 죽어 장례를 치를 비용이 없으면, 자녀들은 자신의 몸을 담보로 부자富者에게 급전急錢을 빌린다. 장례 후에 그것을 갚을 여력이 안 되면, 자신이나 자녀가 그 집의 노비가 되어 평생 일을 해야 했다. 이런 상황에 처했던 백성들이 어디 한 둘이겠는가? 어느 누구에게도 도움을 청할 수 없을 때, 자기 일처럼 발 벗고 나서는 유협들은 백성들에게는 진정 은인이다. 비록 유협의 행위가, 계차와 원헌처럼 절개를 지키며 사는 유생儒生들에게는 미치지 못한다고 해도, 분명 그들이 추구했던 의리義理는 무시할 수 없다.

이름난 협객은 그럴 만한 이유가 있다

"옛날의 백성 중에 협객이 있었다는 말은 들어본 적이 없다. 근세의 연릉군延陵君, 맹상군孟嘗君, 춘신군春申君, 평원군平原君, 신릉군信陵君 등은 모두 왕의 친족들로 봉토封土를 소유하였고, 자신들의 부유함에 힘입어 천하의 선비들을 불러 모아 그 명성이 제후들에게 퍼졌다. 그들이 현자賢者가 아니라고 말할 수 없다. 그러나 그들의 한 일은, 바람 방향으로 소리를 지르면 크게 소리치지 않아도 소리가 더 커지는 것과 같다. 이에 반해서, 시정市井의 협객들은 오직 자신의 행실만으로 천하에 명성을 날릴 수 있었으니, 그런 협객들이 많은 사람들로부터 칭송을 받는 것은 참으로 어려운 일이다. 그러나 유가儒家와 묵가墨家들은 모두 협객들을 배척하여, 그들의 행적을 문헌에 기록하지 않았다. 진한秦漢 이전의 민간 협객들의 기록은 사라져 알 길이 없어, 나는 이를 매우 안타깝게 생각한다. 내가 듣기로, 한漢 나라 건립 이후 주가朱家, 전중田仲, 왕공王公, 극맹劇孟, 곽해郭解 등의 협객이 있었다고 한다. 이들은 때때로 법을 위반하긴 했지만, 의리를 지키고, 청렴하고 겸손하였으니 이는 족히 칭찬할 만하다. 그들의 명성은 근거 없이 세워진 것이 아니며, 사람들도 이유 없이 그들을 따르는 것이 아니다. 패거리를 짓고 세력을 모아 돈으로 가난한 사람들을 부리거나, 힘으로 약한 자를 능멸하거나, 자기 멋대로 행동하는 것을 유협은 수치스럽게 생각한다. 그런데도 세속 사람들은 그들의 뛰어난 점을 모르고, 주가朱家와 곽해郭解 등을 난폭하고 포악한 사람들과 함께 취급하니, 어찌 통탄하지 않을 수 있겠는가!"

맹상군孟嘗君과 신릉군信陵君 등은 권력과 부富를 갖고 있어 백성들에게 많은 것을 베풀 수 있었다. 그러니 그들이 명성을 얻는 것은, 순풍에 돛을 달고 가는 것처럼 쉽다. 하지만 가진 것이 없는 일개一介 협객이 명성을 얻었다는 것은, 대단한 일이 아닐 수 없다. 협객이라고 다 같은 협객이 아니다. 사마천은 의리를 지키며 약자弱者를 돕는 협객은 칭찬했지만, 패거리를 지어 자신들의 힘만 믿고 제멋대로 행동하면서, 약자弱者를 괴롭히는 협객들은 철저히 비판했다.

노魯나라의 주가朱家

노魯나라의 주가朱家는 한漢 고조高祖(유방)와 같은 시대 사람이다. 노나라 사람들이 모두 유학儒學을 숭상했는데, 주가朱家는 오히려 협객으로 이름을 날렸다. 그가 거두어 보살핀 호걸豪傑들은 100여 명이나 되며, 그 이외에 보통 사람들은 셀 수 없이 많았다. 그러나 그는 한 번도 자신의 능력을 자랑하거나 덕행德行을 과시하지 않았고, 오히려 자신의 선행善行이 드러나는 것을 걱정했다. 그는 늘 가난한 사람부터 도움을 주었지만, 정작 자기 집안에는 재산이 없었고 의복도 닳아 색이 바랬다. 음식의 맛을 따지지 않았고, 타는 수레도 소달구지가 고작이었다. 주가는 자기 일보다는 남의 급한 일부터 챙겼다. 그는 일찍이 항우項羽의 장수였던 계포季布를 몰래 구해 준 적이 있었다. 계포季布가 존귀尊貴해진 후에, 그를 찾았으나 주가朱家는 만나주지 않았다. 함곡관函谷關 동쪽 지역의 사람들 중 그와 교류하기를 원치 않는 사람이 없었다.

주周나라의 극맹劇孟

초楚나라 사람 전중田仲도 협객으로 이름이 났다. 그는 검술劍術을 좋아했으며, 주가朱家를 아버지처럼 섬겼다. 그리고 스스로 자신의 행실이 주가朱家에 미치지 못한다고 여겼다. 전중田仲이 죽은 뒤, 낙양洛陽에는 극맹劇孟이라는 사람이 있었다. 주周나라 사람들은 장사하는 것을 업業으로 삼았지만, 극맹은 협객으로 제후들 사이에 유명했다. 오吳와 초楚 등 7국國이 반란을 일으켰을 때, 주아부周亞夫가 진압군의 장수가 되었을 때, 그는 마차를 타고 하남河南으로 와서 극맹을 만났다. 주아부는 크게 기뻐하며 말하였다.

"오吳와 초楚가 반란을 일으키면서 극맹劇孟에게 도움을 청하지 않았다니, 반란이 성공하기는 힘들겠구나."

천하가 어지러울 때 극맹劇孟의 도움을 받는 것은, 마치 적국敵國을 손아귀에 넣는 것과 같이 대단한 일이라고 주아부周亞夫는 생각했던 것이다. 극맹의 행실은 주가와 비슷했지만, 도박을 좋아하고 소년처럼 장난기가 많았다. 극맹의 모친이 죽자, 먼 곳에서 조문하러 온 수레가 천승乘이 넘었다. 그러나 극맹이 죽었을 때, 집에는 10금金의 재산도 남아있지 않았다.

부리符離 사람 왕맹王孟 역시 협객으로서 이름이 알려졌다. 이 무렵 제남濟南의 간씨瞯氏와 진陳의 주용周庸 또한 호걸로 이름이 났는데, 한나라 경제景帝는 이 소식을 듣고, 사람을 파견하여 그 무리들을 죽였다. 그 뒤, 대군代郡의 백씨白氏 일족一族, 양梁의 한무벽韓無辟, 양책陽翟의 설형薛兄, 섬陝의 한유韓孺 등이 이어서 나왔다.

지軹 땅의 곽해郭解

곽해郭解는 지軹 땅 사람이며, 자字는 옹백翁伯이다. 곽해郭解의 부친은 협객이라는 이유로 한漢 문제文帝 때 처형됐다. 곽해는 체구가 작았지만, 다부지고 용감했으며 술은 마시지 않았다. 젊은 시절 음험陰險하고 잔인하여, 수틀리면 직접 사람을 죽이는 일이 많았다. 곽해는 남을 대신하여 복수해 주었고, 죄인 은닉, 강도, 화폐위조, 무덤도굴 등 수 없이 많은 일을 했다. 하지만 매번 운 좋게 궁지에서 빠져나왔다. 나이가 들자, 이전의 행동을 청산清算하고 검소하게 생활했다. 원한怨恨이 있어도 덕德으로 보답하고, 후하게 베풀면서도 대가를 바라지 않았다. 하지만 의리를 지키는 협객의 일은 오히려 더 적극적이었으며, 목숨을 구해주고도 자신의 공功을 자랑하지 않았다. 그러나 음험하고 잔인한 성향은 간혹 눈을 부릅뜰 때 나타났다. 젊은이들은 그의 행동을 좋아하여, 매번 그를 위해 복수하고도 그에게는 알리지 않았다.

곽해의 외조카는 곽해의 세력을 믿고 남과 술을 마시다가 그에게 술을 강요했다. 주량이 넘어서 마실 수가 없었는데도 억지로 술을 마시게 한 것이다. 그러자 그가 화가 나서 칼을 뽑아 곽해의 조카를 죽이고 도망갔다. 곽해의 누이가 화를 내며 말했다.

"곽해가 의리가 있으면 뭐하겠는가? 조카가 죽었는데 범인을 잡지도 못하고 있으니."

그녀는 아들의 시체를 길에 버려둔 채, 장례를 치르지 않았다. 이는 곽해에게 모욕을 주려함이다. 곽해는 사람을 시켜 범인의 거처를 몰래 알아냈다. 범인은 궁지에 몰리자, 스스로 찾아와 모든 사실을 곽해에게 고했다. 전후 사정을 다 듣고 나서 곽해가 말했다.

"그대가 죽일 만 했소. 모두 내 조카의 잘못이오."

곽해는 조카의 잘못을 인정하고 그를 돌려보냈으며, 시신을 거두어 장례 지냈다. 사람들이 이 소식을 듣고, 곽해의 의로움을 칭찬하며 더욱 그를 따랐다.

곽해가 드나들 때, 사람들은 모두 그를 피했다. 그런데 어떤 사람이 다리를 벌리고 앉아 오만하게 쳐다보았다. 곽해가 사람을 보내 그자의 이름을 알아오게 했다. 곽해의 수하手下가 그를 죽이려 하자, 곽해가 말했다.

"이 마을에 살면서 존경을 받지 못하는 것은, 나의 덕德이 부족하기 때문이오. 그가 무슨 죄가 있겠소!"

그 후 곽해는 몰래 관리에게 찾아가 이렇게 부탁했다.

"이 자는 내가 중重히 여기는 사람이니, 병역兵役의 차례가 오면 그를 면제해 주시오."

그리하여 그가 병역에 복무할 차례가 되었는데도 면제되었고, 관리들은 그를 찾지도 않았다. 그가 이상하게 여겨 까닭을 물으니, 곽해가 병역을 빼준 것이었다. 그는 웃옷을 벗고 곽해에게 사죄했다. 이 소식을 들은 소년들은, 더욱 곽해의 행동을 흠모했다.

낙양洛陽 사람들 중에, 서로 원수로 지내는 두 사람이 있었다. 고을의 현인賢人과 호걸豪傑들이 여러 차례 이들의 화해를 중재仲裁했지만 듣지 않았다. 곽해의 빈객賓客이 곽해를 찾아가 사정 이야기를 했다. 그러자 곽해가 야밤에 그 두 사람을 만났고, 그들은 자신의 생각을 바꿔 곽해의 말을 들었다. 그러자 곽해는 그들에게 이렇게 말했다.

"낙양洛陽의 많은 유지有志들이, 여러 번 그대들을 중재했지만 듣지 않았다고 합니다. 이제 그대들이 다행히 내 뜻을 따라주었지만, 내가 어찌 타 지역에서 와서, 이곳 현사賢士들의 권한을 뺏을 수 있겠소!"

곽해는 밤에 몰래 떠나며, 사람들에게 자신이 중재한 사실을 알리지 말도록 했다. 또 그들에게 이렇게 말했다.

"당분간 내말은 못 들은 것으로 하고, 내가 떠나간 후에 낙양 사람들로 하여금 중재하게 하고, 그들의 말을 듣도록 하시오."

곽해의 태도는 공손했으며, 수레를 타고 관청에 들어가지 않았다. 인근 마을에 가서 청탁받은 일을 처리할 때에도, 본인이 나설만한 일이면 나서고, 할 수 없는 일이면 청탁자가 만족할 만큼 일한 뒤에 그들이 주는 술과 음식을 먹었다. 이러한 까닭에 사람들은 그를 존중했고, 경쟁하듯 그의 도움을 받으려고 했다. 마을의 젊은이와 이웃 지역의 현사賢士, 호걸들이 한밤중에도 그를 찾아왔는데, 그 수레가 10여 대나 되었다. 이는 곽해의 문객門客을 자신들의 집에 데려가 머물게 하고자 했기 때문이다.

한漢 무제武帝가 지방 부호富戶들을 무릉茂陵으로 이주하게 했는데, 곽해는 가난하여 이주 대상이 아니었다. 그러나 이주자 명단에 곽해가 있어 관리들은 곽해를 이주시키지 않을 수 없었다. 이때 위청衛青 장군이 그를 위해서 "곽해는 가난하여 이주 대상이 아닙니다"라고 황제에게 아뢨다. 하지만 황제는 "곽해는 하찮은 평민임에도 장군이 그를 위해 변호할 정도로 권세가 있으니 그는 가난한 것이 아니다"라고 했다. 그래서 곽해도 이사를 하게 되었다. 사람들이 곽해를 환송하기 위해 모은 돈이 천만 전錢이나 되었다. 한편, 지軹 땅 양계주楊季主라는 사람의 아들이 현縣의 관리로 있었다. 그가 곽해를 이주시키는 업무를 담당하여 일을 처리하던 중에, 곽해의 조카가 그의 목을 베었다. 이때부터 양씨楊氏와 곽씨郭氏는 원수가 되었다. 곽해가 지軹 땅을 떠나 함곡관函谷關에 들어서자, 그곳의 현사들과 호걸들은 곽해의 명성을 듣고 서로 교유하려고 했다.

한漢 무제武帝는 제후왕諸侯王의 역량을 축소시키고, 관료와 지방 토착 세력의 유착을 억제하는 등, 다양한 방법을 통해 중앙집권을 강화했다. 이러한 흐름 속에서 무제武帝는 국가의 위협이 될 수 있는 협객들을 대대적으로 처단했다. 곽해는 부호富戶가 아니기 때문에 무릉茂陵으로 이주할 대상이 아니었다. 그럼에도 곽해가 '위청衛靑 장군이 변호할 정도로 권세가 있어 가난하지 않다'는 자의해석을 근거로, 강제로 곽해를 이주시켰던 것이다. 평소 인재를 추천하거나 변호해주는 일이 드물었던 위청 장군이 곽해를 변호해 준 것과, 곽해의 송별을 위해 모인 돈이 천만 전錢이나 되는 것을 보면, 곽해의 영향력이 상당했음을 알 수 있다.

그 뒤, 지軹 땅에 있는 양계주楊季主가 살해당했다. 그러자 양계주 집안에서 이 일로 조정에 글을 올리려고 했는데, 글을 올리려던 사람도 대궐에서 살해되었다. 황제는 이 소식을 듣고 즉시 곽해를 체포하게 했다. 곽해는 도망가며 모친母親과 가족을 하양夏陽에 머물게 하고, 자신은 임진臨晉으로 갔다. 임진臨晉의 적소공籍少公은 본래 곽해를 몰랐는데, 곽해는 위험을 무릅쓰고 그에게 관문關門을 나가게 해달라고 청했다. 그러자 적소공籍少公은 곽해를 내보내주었고, 곽해는 방향을 바꿔 태원太原으로 갔다. 곽해는 머무르는 곳마다 항상 집주인에게 향후 행선지를 알려주었기 때문에, 관리가 곽해를 추적하다가 적소공에게까지 찾아왔다. 이때, 적소공은 자살하여 곽해의 행선지를 누설하지 않았다. 한참 뒤에 곽해는 체포되어, 그의 죄를 철저하게 추궁당했다. 하지만 살인죄는 황제의 대사면大赦免이 반포되기 이전의 일이었으므로 처벌을 받지 않았다.

한편, 지軹 땅의 한 유생儒生과 조정朝庭에서 곽해를 징벌하기 위해 파견된 사신使臣이 함께 앉았다. 문객門客 중 한 명이 곽해를 칭찬하자 그 유생儒生이 말했다.

"곽해는 늘 못된 일만 저질러 국법을 어겼거늘, 어찌 그를 어질다고 할 수 있단 말이오!"

문객門客이 이 말을 듣고, 그 유생을 죽여 혀를 잘랐다. 관리는 이 일로 곽해에게 죄를 물었으나, 곽해는 누가 죽였는지 알지 못했고, 살인자 또한 자취를 감춰 그의 신분을 알지 못했다. 그래서 관리는 곽해가 무죄無罪라고 상부에 보고했다. 그러나 어사대부御史大夫 공손홍公孫弘이 이렇게 말했다.

"곽해는 평민이면서 협객 행위를 하여 권력을 행사했으며, 사소한 원한으로도 사람을 죽였습니다. 곽해는 '자신은 모르는 일'이라고 하지만, 그 죄는 직접 살인한 것보다 훨씬 큽니다. 이는 마땅히 대역무도大逆無道한 죄罪에 해당합니다."

이리하여 곽해의 일족一族은 몰살당했다.

"알지 못하는 죄가 직접 살인한 것보다 크다"는 애매한 죄명을 뒤집어 씌워, 곽해의 일족을 멸할 정도로 곽해는 위험한 인물로 낙인 찍혔다. 그런데 《후한서後漢書, 곽급전郭伋傳》의 곽급郭伋은 곽해郭解의 후손이다. 이를 근거로 학자들은, 곽해를 흠모했던 사람들이, 곽해의 일족이 죽임을 당했을 때 그 후손들을 숨겨주어, 동한東漢 때 그 일족이 다시 번창했다고 주장한다.

이 이후로도 협객 행위를 한 사람은 매우 많으나, 모두 거만하여 진정한 협객은 몇 명 되지 않는다. 그러나 그 중 장안長安의 번중자樊仲子, 괴리槐里의 조왕손趙王孫, 장릉長陵의 고공자高公子, 서하西河의 곽공중郭公仲, 태원太原의 노공유鹵公孺, 임회臨淮의 예장경兒長卿, 동양東陽의 전군유田君孺 등은 비록 협객 행위를 했지만 겸손한 군자의 덕이 있었다. 장안 북쪽의 요씨姚氏, 서쪽의 두씨杜氏, 남쪽의 구경仇景, 동쪽의 조타우공자趙他羽公子, 남양南陽의 조조趙調 등은 민간인 신분을 한 도적들이니 어찌 거론할 가치가 있겠는가! 이들은 모두 옛날 주가朱家와 같은 협객들이 수치스럽게 여기던 자들이었다.

사마천은 유협의 등급을 매겼다. 곽해나 주가 등은 존경할 만한 조폭이라고 칭송했지만, 요씨姚氏나 두씨杜氏 등은 선량한 서민 흉내를 내는 무뢰배로 치부한다.

사마천은 말한다.

"나는 곽해郭解를 보았는데, 외모는 보통 사람에도 미치지 못하였고 언변言辯도 특별한 것이 없었다. 그러나 천하의 어진사람과 어리석은 사람, 그를 아는 사람이나 모르는 사람을 불문하고, 모두 그의 명성을 흠모했다. 그리하여 자칭 협객이라고 하는 자들은 그의 이름을 내세웠다. 속담에서는 '사람들은 명성을 간판으로 삼으니, 그 명성이 어찌 사라질 수 있겠는가!'라고 한다. 아아, 애석하도다!"

협객들은 불법不法을 행했으니, 그들은 분명 사회에 위해危害를 가할 수 있는 사람들이다. 이 때문에 이들의 이야기를 역사에 남긴 것은 논란論難의 여지가 있다. 반고班固는《한서漢書》에서 "유가儒家의 처사處士들을 폄하貶下하고 간악한 인물들을 칭찬했다(退處士而進奸雄)"라고 하며 〈유협열전〉을 혹평했다. 이처럼 비판의 여지가 있는 협객의 이야기를 사마천은 왜 역사로 남긴 것일까? 〈유협열전〉은 한나라 조정에 대한 강한 비판의식을 드러내고 있다. 곽해와 같은 협객은 사실 이상적인 위정자들의 모습을 보여주고 있다. 사리사욕을 챙기지 않고 오직 타인을 위해 헌신하는 협객의 행위는, 진정 백성들이 바라는 관리들의 모습이다. 이러한 애민愛民의 모습이 황제와 위정자들에게서 드러나지 않고, 관직이 없는 평민 집단에서 나타났음을 보여주고 있으니, 이는 한나라 조정에 대한 강한 경고의 메시지를 담고 있는 것이다. 국민들이 자신의 안전을 위해 개인적으로 보디가드와 사립 탐정 등을 고용하는 것은, 국가 치안 시스템의 공백空白을 보여주는 것과 같다. 한편, 협객들이 많은 사람들을 거두어 주고 도와준 행위는, 사실 앞에서 소개한 사군자四君子의 양사養士와 크게 다르지 않다. 사군자四君子 역시 국왕國王의 병부兵符를 훔치거나 죄 없는 장군을 죽이는 등 불법적인 행동을 했음에도, 그들의 행위는 미화美化되었다. 그렇지만, 상대적으로 가진 것 없는 협객들은 유사한 행동을 했음에도 늘 범죄자 취급을 받았으니, 이는 매우 부당한 처사가 아닐 수 없다.

사마천은 철저하게 백성의 입장에서 사회를 평가하고 있다. 위급한 상황에 처해 있을 때, 아무런 도움을 받지 못해 고통을 당하거나 죽어가는 백성들에게 협객은 자신을 돌보지 않고 도움을 주었다. 이들의 행위를 불법不法으로 낙인을 찍어 처벌하고, 백성들이 그들의 도움마저 받지 못하여 고통을 당하게 하는 것이 진정 옳은 일인지 사마천은 우리에게 의문을 던진다.

탤런트 김보성씨가 "의리"를 외치는 모습이 TV에 가끔 보인다. 그가 새로운 종교 "그의리스도"를 만들었다는 우스갯소리도 나온다. 너무도 우직해서 바보스럽게 보이지만, 그가 "의리! 의리!"를 외치며 주먹을 불끈 쥔 모습이 왜 싫지만은 않은 것일까? 그것은 아마도 우리 사회가 너무도 비정非情해서 의리에 목마르기 때문이 아닐까? 자신들의 이권利權을 위해 무고한 시민들에게 위해危害를 가하는 오늘날의 조폭은 사라져야 맞다. 하지만 자신을 돌보지 않고 타인을 위해 헌신하며 의리를 목숨처럼 지키는 그런 집단이 있다면 환영할 만하다. 사마천이 협객들을 역사에 기록하여 칭송했듯이, 오늘날의 조폭들도 경찰청장의 상賞을 받는 날이 있을까?

滑稽列傳

제21장

힘을 빼 주는 사람들

— 끌계열전

들어가며

10년 전 일이다. 중풍으로 오랜 투병을 하시던 장인어른이 위독하시다는 전화를 받았다. 무거운 마음으로 처갓집 문에 들어섰다. 잿빛 얼굴에 입을 벌린 채, 장인어른은 가쁜 숨을 내쉬고 계셨다. 몸을 숙여 손을 이마에 얹으면서 나도 모르게 이런 말이 나왔다. "아버님. 숨겨 놓은 통장 있으면 말씀해 주세요." 파안대소破顔大笑. 순간, 장인어른의 입꼬리가 귀까지 걸리고, 소리 내어 한참동안 껄껄 웃으셨다. 정말 숨겨놓은 통장이 있었다면 화가 날만한 말이다. 하지만 장인께서는 평소 열심히 공장을 경영했으나 궁핍한 삶에서 벗어나지 못했음을 알고 있었고, 지근至近거리에 살면서 자주 찾아뵙고 안부를 물었기 때문에, 나를 늘 친근하게 대하셨다. 그래서인지 장인어른은 나의 말을 재미난 농담으로 받아들이신 것 같다. 나의 위험한 농담 덕분인지, 장인어른은 고비를 넘기고 3개월을 더 사시다가 돌아가셨다. 지금도 그때 왜 그런 말을 했는지 모르겠다. 침울한 분위기 속에서 나까지 분위기를 무겁게 만들고 싶지 않았다.

요즘 세상은 너무 진지하고 무겁다. 어쩌다 하루 종일 딱딱한 회의에 참석하게 되면 인생이 우울해진다. 술자리에서도 마찬가지다. 하다만 업무 이야기와 가정사의 굴곡, 개인 고충의 토로가 많아지면 술자리는 어두워진다. 거기에 취기 오른 상관이 이미 했던 이야기를 무한 반복할 때는 지옥이 따로 없다. 그럴 때 유쾌한 농담을 던져 좌중을 한바탕 웃게 만드는 사람은 사막의 오아시스 같은 존재다. 코미디언 김미화 씨는 자신이 죽으면 묘지에 이렇게 써달라고 말한 적이 있다. "웃기고 자빠졌네." 죽음이라는 무거운 주제를 가벼운 농담으로 풀어내고, 잔뜩 경직되어 있는 우리의 삶에 힘을 빼준다. 진정 그녀는 언어의 마술사다.

〈골계열전〉은 딱딱한 삶 속에 웃음을 주는 사람들이다. 지금으로 말하면 코미디언이나 개그맨쯤 되겠다. 하지만 그들이 사람을 웃긴 장소는 관객들이 있는 무대가 아니라 대부분 군왕君王의 면전이다. 극도로 엄숙하고 무거운 분위기에서, 그들은 익살스러운 말을 던져 군왕을 웃기고 정치를 풍자했다. 사마천은 〈태사공자서〉에서 유머의 효용效用을 "상하上下가 막히지 않게 하면서도 사람에게 피해를 주지 않는다(上下無所凝滯, 人莫之害)"고 했다. 그들은 타인에게 피해를 주지 않으면서 경직된 인간관계를 풀어주는 역할을 한다는 것이다. 너무 힘을 줘서 근육이 딱딱해진 사회를 이완시키는 역할을 하니, 가히 그 효용이 크다고 할 것이다.

유머는 치국治國에 도움이 된다

공자孔子는 말했다. "육경六經(유가儒家에서 중시하는 여섯 권의 책)의 내용은 다르지만, 국가를 다스리는 데 모두 유용하게 쓰인다.《예기禮記》는 사람을 절제하게 하고,《악경樂經》은 화합할 수 있게 하며,《서경書經》은 과거의 사건을 기술했고,《시경詩經》은 마음속 생각을 표현하는 법을 알려주며,《역경易經》은 신묘한 변화를 알려주고,《춘추春秋》는 옳고 그름을 구분하게 한다." 사마천은 말한다. "세상의 이치는 너무도 다양하니, 어찌 위대하지 않겠는가! 완곡婉曲한 말로 정곡을 찌르면 얽혀 있는 문제를 풀 수 있다."

사마천은 유머(humor)를 유가儒家의 핵심 경전인《육경六經》에 견주며 효용이 크다고 했다. 유머가 있는 표현은 완곡하게 문제의 핵심을 찔러 얽혀 있는 문제를 풀 수 있기 때문이다. 공자孔子와 맹자孟子의 딱딱하고 어려운 이치보다 재치 있는 말 한마디가 더 효과적일 수 있다.

수수께끼로 군주를 일깨우다

순우곤淳于髡은 제齊나라 사람의 데릴사위였다. 키는 7척이 못 되지만, 익살스럽고 말을 잘하여 여러 번 제후들에게 사신으로 가서도 굴욕을 당하지 않았다. 제齊 위왕威王 때의 일이다. 위왕威王은 수수께끼를 좋아했고 밤새도록 놀며 술 마시기를 즐겼다. 그는 향락에 빠져 정사政事를 경卿과 대부大夫에게 맡겼다. 관리들은 해이해졌고, 제후들도 한꺼번에 침략하여 나라의 운명이 위태로운 상황이었다. 그런데도 측근들은 감히 간언諫言하지 못했다. 어느 날, 순우곤이 왕에게 수수께끼를 냈다.

"우리나라에 큰 새가 한 마리 있는데, 지금 군왕의 대궐 뜰에 머물고 있습니다. 그 새는 3년 동안 날지도 않고 울지도 않습니다. 왕께서는 이 새를 아시는지요?"

왕이 말했다.

"이 새는 날지 않으면 그만이지만 한번 날면 하늘 높이 치솟고, 울지 않으면 그뿐이지만 한번 울면 사람을 놀라게 한다."

그런 다음 각 현縣의 책임자 72명을 조정으로 불러, 그 중 한 사람은 상을 주고, 한 사람은 처형한 뒤, 군대軍隊를 일으켜 출정했다. 제후들이 깜짝 놀라 제나라에게 빼앗은 땅을 돌려주었다. 이때부터 제나라의 위엄威嚴이 36년간 지속되었는데, 그 관련 기록은《전완세가田完世家》에 있다.

여름밤에 치는 번개는 나른했던 정신을 번쩍 깨워준다. 자신의 본분을 잃고 안락에 빠져 있는 제왕齊王에게, 순우곤이 던진 수수께끼는 나른했던 그의 정신을 일깨워줬다.

족발 한 조각으로 풍년을 기원하다

제齊나라 위왕威王 8년, 초楚나라가 대군大軍을 이끌고 제나라를 침범했다. 위왕威王은 순우곤을 조趙나라로 보내 구원병을 청하도록 하면서, 황금 100근과 거마車馬 10대를 예물로 가져가게 했다. 순우곤이 하늘을 보며 갓끈이 떨어질 정도로 크게 웃자, 위왕威王이 말했다.

"예물이 적어서 그런 것이오?"

"어찌 감히 그럴 수 있겠습니까?"

"그럼 왜 웃는 것이오?"

"어제 제가 동쪽에서 오다가, 길가에서 풍년을 기원하는 농부를 보았습니다. 그는 한 손으로 돼지 족발 하나를 잡고, 다른 손에는 술 한 잔을 들고는, '높은 밭에서는 가마니 가득, 낮은 밭에서는 수레 가득 수확하게 해주시고, 오곡이 풍작을 이뤄 우리 집을 꽉 채우기를 바라나이다'라고 했습니다. 그가 바치는 제물은 적은데 원하는 것은 너무 많아, 신은 그 일이 생각나서 웃은 것입니다."

그러자 위왕威王은 황금 천 일溢과, 흰 옥白璧 열 쌍, 거마車馬 100대로 예물을 늘려주었다. 순우곤이 작별인사를 하고 떠나 조趙나라에 이르렀다. 순우곤이 오자, 조나라 왕은 정예 병사 10만 명과 전차戰車 천 승乘을 주었다. 초나라가 이 소식을 듣고 밤에 군대를 이끌고 돌아갔다.

술에 대한 풍자

제나라 위왕威王은 크게 기뻐하며 후궁에 주연酒宴을 마련하고 순우곤을 불러 술을 내렸다. 위왕威王이 물었다.

"선생은 얼마나 마시면 취하시오?"

"신은 한 말斗을 마셔도 취하고, 한 섬石을 마셔도 취합니다."

"한 말을 마시고 취한다면 어찌 한 섬을 마실 수 있다는 말이오? 그 이유가 무엇이오?"

"대왕 앞에서 술을 받으면, 법을 집행하는 관리가 곁에 있고, 어사御史가 뒤에 있어서, 저는 두려워 엎드려 마시기 때문에, 한 말을 마시기 전에 취합니다. 부모님의 귀한 손님이 계시면, 저는 옷소매를 걷고 꿇어앉아 몸을 굽힙니다. 술을 내려 주시면 술잔을 들고 손님의 장수長壽를 빌며 자주 몸을 일으키게 되니, 이럴 때는 두 말도 마시기 전에 취합니다. 오랫동안 못 만났던 친구를 갑자기 만나게 되면, 즐거운 마음에 옛일을 회상하고, 서로 속마음을 풀어내어 이야기를 나누면, 대여섯 말은 마셔야 취합니다. 마을의 모임에서 남녀가 섞여 앉아 권커니 잣거니 술을 마실 때, 장기와 투호投壺를 하며 짝을 짓고, 손을 잡거나 눈을 부릅떠도 어느 누구도 제재制裁하지 않으며, 귀걸이와 비녀가 떨어져 이리저리 뒹구는 경우라면, 저는 이런 분위기를 좋아하여 여덟 말을 마셔야 두세 번 취기가 오릅니다. 또 날은 저물어 술도 바닥나고, 술잔이 모이고 자리를 좁혀 남녀가 동석하면, 신발은 뒤섞이고 술상은 어지럽게 됩니다. 이때 마루 위의 촛불이 꺼지고, 주인이 저만 남겨두고 손님들을 배웅합니다. 그리고 엷은 속옷이 풀려나가면 여인의 은은한 향기가 전해집니다. 이때는 너무나 즐거워 한 섬도 마십니다. 그래서 '술자리가 끝까지 가면 어지러워지고, 즐거움이 극極에 달하면 슬픔이 생긴다'고 합니다. 세상의 모든 일이 다 그러합니다."

이 말은 모든 일은 극단으로 가면 반드시 쇠락한다는 것을 풍자한 것이다. 순우곤의 말을 듣고, 위왕이 "좋은 말씀이요"라고 말했다. 그리고 밤새워 술 마시는 것을 그만두고, 순우곤을 제후의 주객主客(외국 사신을 접대하는 관리)으로 삼았다. 그 후 왕실의 주연이 벌어지면, 순우곤이 언제나 왕을 곁에서 모셨다.

말馬을 뱃속에 장례지내소서

배우俳優인 맹孟은 본래 초나라의 음악을 담당하는 관리였다. 키가 8척이며 언변言辯에 능能했는데, 늘 담소談笑를 나누면서 풍자하곤 했다. 초楚 장왕莊王에게는 아끼는 말馬이 있었는데, 오색 무늬의 비단 옷을 입히고 화려한 집에 두었으며, 침대 위에서 재우고 대추와 말린 고기를 먹였다. 그러다가 말馬이 비만으로 죽었다. 장왕莊王은 신하들로 하여금 문상問喪하게 하고, 관棺을 준비하고 대부大夫의 예禮에 맞게 장례지내도록 했다. 측근의 신하들은 이것이 옳지 않다고 간언諫言했다. 그러자 장왕은 말馬의 장례문제로 간언하는 자는 죽음을 면치 못할 것이라고 말했다. 맹孟이 이 말을 듣고 궁궐로 들어가 하늘을 보며 크게 울었다. 왕이 놀라 그 까닭을 물으니 맹孟이 말했다.

"그 말馬은 왕께서 아끼던 말입니다. 강대한 우리 초楚나라가 하지 못할 것이 무엇이겠습니까? 대부大夫의 예禮로 장례 지내는 것은 너무 박薄하니, 군주君主의 예禮로 장례 지내기를 청합니다."

왕이 말했다.

"어떻게 하면 되겠는가?"

맹孟이 말했다.

"옥을 다듬어 관의 안쪽 널을 만들고, 가래나무에 무늬를 새겨 바깥 널을 만들며, 단풍나무, 느릅나무, 녹나무로 횡대橫帶(관을 묻은 뒤에 구덩이 위에 덮는 널조각)를 만드십시오. 군사를 동원하여 무덤을 파고, 노약자로 하여금 흙을 져 날라 봉분封墳을 만드십시오. 또한 제齊나라와 조趙나라의 사신들을 장례식 앞에 자리하게 하고, 한韓나라와 위魏나라 사신들은 뒤에서 호위하게 하십시오. 사당을 세워 태뢰太牢(소, 양, 돼지를 제물로 삼아 거행하는 최고의 제사)로 제사를 지내게 하고, 만 호萬戶의 읍을 그 말馬에게 봉지封地로 주십시오. 제후들이 이 소식을 들으면, 대왕께서 사람은 하찮게 여기고 말馬은 귀貴하게 여긴다는 것을 알게 될 것입니다"

왕이 말했다.

"과인의 잘못이 이토록 크다는 말인가? 이를 어찌하면 좋겠는가?"

맹孟이 말했다.

"가축의 예로 장사 지내소서. 부뚜막으로 바깥 널을 삼고 가마솥으로 속 널을 삼으십시오. 생강과 대추를 넣고 향료를 바쳐, 밥을 지어 제사를 지내고, 장작불로 옷을 입혀 사람의 창자 속에 장사葬事 지내십시오."

이 말을 듣고 왕은 그 말馬을 태관太官(왕의 음식을 담당하는 관리)에 주었고, 백성들이 이 일을 알지 못하게 했다.

맹孟의 성대모사

초나라 재상 손숙오孫叔敖는 맹孟이 뛰어난 사람임을 알고 잘 대우해 주었다. 손숙오가 병들어 죽게 되자, 그의 아들에게 이렇게 당부했다.

"내가 죽으면 너는 가난하게 될 것이다. 그때 맹孟을 찾아가서 손숙오의 아들이라고 말하거라."

몇 해 지나자, 그 아들은 과연 가난해져서 땔나무를 지고 다니는 신세가 되었다. 그는 맹孟을 만나서 말했다.

"저는 손숙오의 아들입니다. 아버지께서 돌아가실 때, 가난하게 되면 선생님을 찾아가라고 당부하셨습니다."

맹孟이 말했다.

"그대는 어디 멀리 가지 말게나."

맹孟은 손숙오의 의관을 입고 손숙오의 행동과 말투를 흉내 냈다. 이렇게 일 년이 지나자 그의 언행이 손숙오와 비슷해져, 초왕楚王과 그의 신하들도 제대로 분간하지 못했다. 초왕이 주연을 베풀자 맹孟이 앞으로 나아가 왕의 장수長壽를 빌었다. 초왕이 크게 놀라 손숙오가 다시 살아난 것으로 여기고, 그를 재상으로 삼으려고 했다. 그러자 맹孟이 말했다.

"돌아가 아내와 상의하고자 합니다."

초왕이 이를 허락했다. 사흘 뒤 맹孟이 다시 왔을 때, 초왕이 물었다.

"부인이 뭐라 하던가?"

맹孟이 말했다.

"초나라 재상은 할 만한 것이 아니니 하지 말라고 했습니다. 또한 아내는 '손숙오와 같은 재상은 충심을 다하고 청렴하게 국가를 다스려 초왕楚王을 패자覇者로 만들었는데, 이제 그가 죽고 나니, 그의 아들은 자그마한 땅도 없어 땔나무를 하면서 먹고 살 정도로 가난합니다. 손숙오처럼 되느니 차라리 목숨을 끊는 게 낫다'고 했습니다." 그런 다음 이런 노래를 불렀다.

산속에서 고되게 밭을 갈아도
밥을 먹고 살기가 어려워
떨쳐 일어나 관리가 되었네.

탐욕스러운 자들에게는 재물이 넘쳐나는데
나도 탐욕을 부끄럽게 여기지 않는다면
내가 죽어도 집안은 넉넉할 텐데.
뇌물을 받고 국법을 어기며
부정을 일삼다 대죄大罪를 지으면
나 죽고 집안은 망할 테니
탐관오리는 되지 못하였네.
청렴한 관리가 될 생각에
법을 받들고 직무를 수행하며
감히 비행非行할 생각은 안했지만
청렴한 관리가 가능이나 한 것인가?
손숙오는 죽도록 청렴했지만
처자는 가난하여 장작이나 팔고 있으니
그 짓은 할 것이 못 되네.

결국 초왕은 맹孟에게 사과하고, 손숙오의 아들을 불러 침구寢丘의 땅 400호를 봉하여 아버지의 제사를 받들게 했다. 그 뒤 10대에 걸쳐 제사가 끊이지 않았다. 맹孟은 때에 맞게 진언進言할 줄 아는 사람이다.

춘추전국시대에는 각 제후국에 배우들이 있었다. 맹孟은 그러한 배우 중에 한 사람이다. 배우들은 음악, 기예技藝, 연극 등을 담당했으며, 해학諧謔적인 말로 사람들을 웃게 했다. 맹孟은 초왕楚王 앞에서 연극을 하면서 손숙오의 흉내를 내 초왕을 웃게 만들었다.

전旃, 고라니와 사슴으로 적병을 막게 하소서

전旃은 진秦나라의 배우로 난장이였다. 그는 우스갯소리를 잘했지만 늘 도리道理에 맞았다. 진시황秦始皇 때의 일이다. 황제가 주연을 베풀었는데 때마침 비가 내렸다. 궁전 계단에서 창을 잡고 있는 병사들은 모두 비에 젖어 떨고 있었다. 전旃이 이를 보고 불쌍히 여기면서 말했다.

"그대들은 쉬고 싶은가?"

병사들이 모두 쉬고 싶다고 했다. 전旃이 말했다.

"내가 그대들을 부르면 바로 '예'라고 대답해야 하네."

잠시 뒤, 궁전 위에 연회가 베풀어져 대신들이 잔을 올리며 황제의 장수長壽를 빌었다. 그때 전旃이 난간에 다가가 큰 소리로 말했다.

"경호병"

병사들이 "예"라고 대답했다.

전旃이 말했다.

"그대들은 비나 맞고 있으니 키가 큰들 무슨 소용이 있는가? 나는 이렇게 작아도 편히 쉬고 있다네."

이 말을 듣고, 진시황은 경호하는 군사들을 반씩 나눠 교대로 근무하게 했다.

진시황이 원유苑囿(사냥을 위해 여러 식물과 짐승을 기르는 곳)를 동쪽은 함곡관函谷關까지 넓히고, 서쪽은 옹雍과 진창陳倉까지 확장하는 일을 논의하도록 했다. 이때, 전旃이 말했다.

"좋습니다. 그 안에 금수禽獸를 많이 풀어 놓고, 도적이 동쪽에서 몰려오면 고라니와 사슴 떼로 막으면 충분합니다."

결국 진시황은 계획을 중지했다.

진나라 2세 황제가 즉위하여 성벽에 옻칠을 하고 싶어하자 전旃이 말했다.

"좋습니다. 폐하께서 말씀하지 않더라도 신臣이 청하려 했었습니다. 성벽에 옻칠하면 백성들이야 비용을 걱정하겠지만, 그래도 얼마나 아름답겠습니까? 성벽에 옻칠을 하면 미끈거려서 도적이 와도 오르지 못할 것입니다. 다만 옻칠을 하는 것은 쉬우나, 이를 응달에서 말릴 음실陰室을 만들기가 어렵습니다."

말을 마치자 2세 황제가 웃었고, 그 일은 중단되었다. 얼마 안 되어 2세가 살해당했고, 전旃은 한漢나라로 귀순해 몇 년 살다가 죽었다.

황제의 사냥터를 확장하는 일이나 성벽에 옻칠을 하는 일은 막대한 재정과 대규모 노역勞役이 필요하다. 세금을 늘리고 백성의 생업生業에 지장을 줘야 하니 백성들의 고통은 불을 보듯 뻔한 일이다. 광대의 한 마디 말로 백성의 고통을 덜어주었으니, 어찌 대단하지 않겠는가? 충신의 직간은 옳은 말이지만 황제의 마음을 상하게 한다. 하지만 유머 있는 한마디 말은 황제가 웃으면서 받아들일 수 있으니 더 효과적이다.

혹세무민惑世誣民하는 세력을 때려잡다

위魏나라 문후文侯 때 서문표西門豹가 업鄴의 현령縣令이 되었다. 서문표西門豹는 업鄴에 와서 장로長老들을 모아 백성들의 고충을 물었다. 그중 한 장로長老가 이렇게 말했다.

"바다 신神 하백河伯에게 여자를 바치는 일로 고통을 당하고 있습니다. 이 때문에 백성들이 가난하게 삽니다."

서문표가 그 까닭을 묻자 장로가 대답했다.

"업鄴 땅의 삼로三老(백성 교화를 담당하는 관리)와 아전衙前이 해마다 백성에게 수백만 전錢을 거둬갑니다. 그 중에서 20, 30만 전錢을 하백河伯에게 여자를 바치는 데 쓰고, 그 나머지는 무당들이 나눠 가집니다. 그 때가 되면, 무당이 돌아다니면서 가난한 집의 예쁜 여자를 보고, '이 여자는 하백의 아내가 되어야 한다'고 말하며 돈을 주고 데려갑니다. 그런 다음 그녀를 씻기고 비단옷을 지어주며 홀로 재계齋戒하게 합니다. 또한 물가에 재궁齋宮(몸을 재계하는 집)을 짓고 붉은 장막을 둘러 여자를 그 안에 한동안 살게 합니다. 그리고 맛있는 음식을 먹이고 10여 일을 지냅니다. 그날이 되면, 화장을 시키고 시집가는 여자처럼 상석床席을 만들어, 여자를 그 위에 앉힌 뒤 물 위에 띄웁니다. 처음에 떠서 수십 리를 가다가 곧 물에 잠겨버립니다. 예쁜 딸을 가진 사람들 중에는 무당이 자신의 딸을 하백에게 바칠까 두려워, 딸을 데리고 멀리 도망가는 자도 많습니다. 이런 까닭에 성城 안에는 점점 사람이 줄고, 남은 사람들도 가난해지고 있습니다. 이는 오래전부터 내려오던 전통인데, 만약 하백에게 여자를 바치지 않으면, 물이 범람하여 모두 잠기게 된다고 백성들은 말하고 있습니다."

서문표가 말했다.

"삼로三老와 무당이 여자를 하백에게 바칠 때에, 나에게 와서 알려주시오. 나도 여자를 전송하러 가겠소."

모두 알았다고 했다. 마침내 그때가 되자, 서문표가 물가로 가서 이들을 만났다. 삼로三老와 아전衙前, 지역 유지有志, 연로年老한 사람들이 모두 모였으며, 구경나온 백성들이 2, 3천 명이나 되었다. 무당은 이미 일흔이 된 늙은 여자였다. 그녀는 여자 제자 10여 명을 거느렸는데, 모두 비단 예복을 입고 무당 뒤에 서 있었다. 서문표가 말했다.

"하백의 아내 될 여자를 불러오라. 내가 용모가 아름다운지 살피리라."

그러자 여자가 장막에서 나와 서문표 앞에 왔다. 서문표가 그녀를 보더니, 삼로三老와 무당과 원로들을 돌아보며 말했다.

"이 여자는 용모가 아름답지 않구나. 수고스럽지만 큰 무당이 하백에게 가서, 예쁜 여자를 구해 나중에 다시 보내겠다고 고告하라."

그리고 아전衙前과 군사軍士에게 명하니, 그들은 큰 무당을 번쩍 안아 물속에 던졌다. 잠시 후 서문표가 말했다.

"큰 무당이 어찌 이토록 오래 걸리는가? 제자弟子가 가서 그를 재촉하라!"

다시 제자 한 사람을 물속에 던졌다. 잠시 후, 서문표가 말했다.

"제자도 어찌 이토록 오래 걸리는 것인가? 다시 한 사람을 보내어 재촉하게 하라!"

그리고 또 한 제자를 물속에 던졌다. 이렇게 모두 제자 세 명을 던졌다. 서문표가 말했다.

"무당과 제자들은 모두 여자라서 하백에게 고告하지 못하는 것 같다. 수고스럽겠지만 삼로三老가 가서 하백에게 고하라"

그런 다음 다시 삼로三老를 물속에 던졌다. 서문표는 붓을 관冠에 꽂고 허리를 공손하게 굽혀, 물을 보면서 한참을 기다렸다. 장로長老, 아전衙前 그리고 곁에서 보는 사람들이 모두 놀라고 두려워했다. 서문표가 돌아보며 말했다.

"무당과 삼로가 모두 돌아오지 않는다. 이를 어찌 한단 말인가?"

다시 아전과 고을 유지를 한 사람씩 보내 재촉하려고 했더니, 모두들 머리를 땅에 조아리고, 이마를 땅에 찌어 피가 흘렀으며, 얼굴이 흙빛이 되었다. 서문표가 말했다.

"좋다. 잠시 기다려보리라" 잠시 뒤, 서문표가 말했다.

"아전은 일어나라. 하백이 아마도 손님들을 오래 머무르게 하는 것 같다. 너희들은 모두 돌아가라."

이 일로, 업鄴의 아전과 백성들이 크게 놀라고 두려워했다. 이때부터 감히 어느 누구도 다시는 하백에게 여자를 바치는 일을 입 밖으로 꺼내지 않았다.

이 내용은 사마천이 쓴 것이 아니라 저소손褚少孫이 《사기史記》의 누락된 것을 보충하여 추가한 내용이다. 백성을 괴롭히는 악습惡習을 철폐하는 서문표의 태도는 매우 해학적이다. 죽어나가는 무당, 삼로들과 서문표의 우스꽝스러운 말들이 극렬한 대비를 이루면서 통쾌함을 준다.

사마천은 말한다.

"순우곤淳于髡이 하늘을 보며 크게 웃자 제齊나라 위왕威王이 한 시대를 호령했고, 맹孟이 머리를 흔들며 노래하자 나무꾼이 봉토를 얻었다. 전旃이 난간에서 경호병을 부르자, 병사들이 반씩 교대로 근무할 수 있게 되었다. 어찌 위대하지 않은가!"

중국 고대 코미디언은 주로 군주君主를 대상으로 우스갯소리를 했다. 해학적인 표현으로 군주들의 잘못을 비꼬거나 풍자하면서, 웃음 속에 날카로운 비판을 숨기고 있었다. 그런데 중요한 것은 군주들이 그들의 희롱을 법으로 처단하지 않았다는 것이다. 한바탕 웃으면서 자신의 잘못을 깨닫고 시정是正했다. 웃음이 일종의 치외법권治外法權이 된 셈이다. 군주의 잘못에 대해 조정에서 직간直諫했다면, 충신들의 목이 여럿 날아갈 수도 있었을 것이다. 하지만 한 마디의 익살스러운 말로 군주는 즐거워하고 잘못된 일은 바로 잡을 수 있으니, 웃음이 치국治國에 얼마나 유용한 수단인가?

공영방송에 개그 프로그램이 사라져서 이제 웃을 기회가 더 없어졌다. 한때는 개그 프로그램에서 정치 풍자를 했다가 고소를 당하는 일도 있었다. 우스갯소리를 법으로 처단하겠다는 것이다. 중국 황제들에게 거침없이 들이댔던 코미디언들에 비해 우리 개그맨들의 상황은 너무도 열악하다.

한동안 축구에 빠져 살다가 지금은 테니스에 미쳐 산다. 공을 다루는 운동은 공통점이 있다. 그것은 힘을 주면 공이 잘 안 나가지만, 힘을 빼면 잘 나간다는 것이다. 하지만 "힘 빼세요"란 말을 수없이 많이 들었어도, 여전히 힘을 빼는 것은 쉽지 않다. 잘 치려는 욕심이 생기면 근육이 경직되고 동작은 부자연스러워진다. 삶의 모습도 유사하다. 잘하려는 생각이 들면, 몸은 굳어지고 행동은 딱딱해진다. 그러다 일이 꼬여 계획한 결과를 얻지 못하면, 그 괴로움은 더 가중된다. 공을 칠 때처럼, 우리의 삶도 힘을 빼는 시간이 필요하다.

신문과 방송에는 늘 대립과 충돌의 기사로 넘쳐나고, 지하철에 마주친 승객들의 얼굴은 엄숙하기만 하다. 심지어 젊은 대학생들에게도 활기참이 사라지고 경쟁사회의 미래 걱정에 사로잡혀 있다. 우리 사회는 이미 너무 경직되어 있다. TV 개그 프로그램이라도 보며 웃을 수 있으면 좋으련만.

貨殖列傳

제22장

돈이란 무엇인가

— 화식열전

들어가며

돈이 최고인 세상이다. 청소년들을 대상으로 한 설문조사에서, '수억 원을 준다면 몇 년 동안 감옥살이를 하겠다'는 응답이 많다는 기사가 있었다. 씁쓸하다. 청소년이 이러한데 어른들이야 어떠하겠는가? 부동산 투기와 주식에 목숨 건 사람들이 많아지고, 사행심射倖心을 부추기는 사기사건이 판을 친다. "부자 되세요"나 "대박나세요"라는 말이 덕담德談이 된 요즘, 너도 나도 돈에 대한 욕망을 부추기고 있다.

〈화식열전〉은 돈에 대한 이야기다. 화貨는 재물이고 식殖은 번식한다는 뜻으로, 화식貨殖은 '재산을 늘리다'라는 의미다. 그러니 〈화식열전〉은 '치부론致富論'이나 '재벌열전'이라 할 수 있다. 그런데 이게 어찌된 일인가? 사마천이 이득利得과 재물財物을 강조하다니. 《맹자孟子》의 첫 부분에는 맹자와 양혜왕梁惠王의 대화가 나온다. 부국강병富國强兵에 혈안이 되어 있는 양혜왕이 맹자를 보자, 우리나라에 이득 될 만한 묘안을 알려달라고 했다. 이에 맹자는 "어찌 군왕이 이득을 이야기 하십니까? 마땅히 인의仁義를 말씀하셔야지요"라고 쏴붙였다. 상하上下가 모두 이득에 혈안이 되어 있다면, 신하가 군주를 시해弑害하고, 그 신하는 부하에게 죽임을 당할 것이며, 제후국들이 저마다 탐욕의 전쟁에 뛰어들 것이라고 맹자는 경고했다. 사마천은 《맹자》의 이 대목을 보고 감탄하며 이렇게 말했다.

아! 이득利得이라는 것은 진정 혼란의 시작이다. 공자孔子는 이득에 대해서 거의 언급하지 않았는데, 그 이유는 혼란의 근원을 차단하기 위함이다. 그런 까닭에 공자는 "이득의 논리에 내 맡기면 원망할 일이 많아진다"고 한 것이다. 천자天子로부터 서민에 이르기까지 이득을 탐하다 생긴 폐단이 어찌 다르겠는가!(嗟乎, 利誠亂之始也! 夫子罕言利者, 常防其原也. 故曰, "放於利而行, 多怨." 自天子至於庶人, 好利之獘何以異哉!)

이처럼 이득 추구를 경계한 것이 사마천 아니던가? 그런데 왜 〈화식열전〉을 쓴 것일까? 사마천은 〈태사공자서太史公自序〉에서 〈화식열전〉을 쓴 이유를 밝혔다.

벼슬이 없는 평민들이 정치에 해害가 되지 않고, 백성들에게 방해가 되지 않으면서, 때에 맞게 사고팔아 재산을 늘렸으니, 이들의 행동은 지혜로운 사람도 배울 점이 있다. 그래서 〈화식열전〉을 지었다(布衣匹夫之人, 不害於政, 不妨百姓, 取與以時而息財富, 智者有采焉. 作貨殖列傳第六十九.)

사마천은 국가와 타인에게 해害가 되지 않는 선에서 이루어지는 생업활동과 부의 축적을 긍정한 것이다. 〈화식열전〉에 소개된 인물들은 대부분 평민이다. 그들은 다양한 업종에 종사하면서 각자의 독특한 방법으로 부富를 이룬 사람들이다. 〈화식열전〉에서는 부자들을 소개하는 것 이외에 재물의 가치와 효용, 재물활동과 국가 통치의 연관성을 언급했다. 〈화식열전〉은 사마천의 경제관을 잘 보여준다.

이상적인 치국법治國法: 이득으로 백성을 이끌다

노자老子가 말했다. "이상적인 세상은, 이웃 나라가 마주 보일정도로 가까워, 닭과 개 짖는 소리가 들리며, 백성들은 각자 자신들이 수확한 음식과 의복에 만족한다. 또한 자신들의 풍속을 편하게 여기고, 자신들의 일을 즐겁게 하며, 죽을 때까지 다른 나라를 오가지 않는 세상이다." 그러나 이러한 세상을 만들기 위해, 과거의 방식을 지금에 가지고 와서 억지로 백성의 눈과 귀를 가린다고 해도 그런 이상적인 세상은 도래하지는 않는다.

국가라는 개념도 없고, 법과 윤리도덕이 필요치 않으며, 그저 의식주에 만족하며 즐겁게 사는 사회의 모습이다. 노자老子가 꿈꾸는 이상적인 사회다. 하지만 세상은 발전하여 새로운 문물과 제도가 갖추어져 백성들은 이를 향유享有하게 되었다. 이런 상황에서, 과거로 회귀하려고 백성의 눈과 귀를 가리고 억지로 이끄는 것이 가능하겠는가? 스마트폰의 폐해를 막기 위해 전화 없는 세상으로 돌려놓을 수는 없지 않은가? 사마천은 끊임없이 발전하는 사회에서 어떻게 백성을 인도해야 하는지를 고민했다.

사마천은 말한다. "백성들은 눈으로는 좋은 것을 보려 하고, 귀로는 아름다운 소리를 들으려 하며, 입으로는 고기를 먹고 싶어 한다. 또한 몸은 편안하고 즐거운 것을 찾아다니며, 마음은 자신의 권세와 영광을 자랑하려 한다. 이러한 풍속에 백성들이 물든지 오래되었다. 그리하여 그들을 올바로 인도하기 위하여, 집집마다 찾아다니며 아무리 훌륭한 말로 설명해도, 끝내 그들을 변화시킬 수 없다. 그렇다면 이러한 백성들을 어떻게 변화시켜야 하는가? 백성을 변화시키는데 가장 뛰어난 방법은 백성을 형세形勢에 맞게 이끄는 것이다. 그 다음은 이득利得으로 인도하고, 그 다음은 가르쳐 깨우치게 하며, 그 다음은 형벌로 제지하는 것이다. 가장 수준 낮은 자는 백성들과 티격태격 다투는 것이다."

사마천은 백성이 움직이는 흐름을 파악하여 거기에 맞게 백성을 인도하려고 했다. 그 흐름이란 바로, '백성들은 의식주에 있어서 좀 더 좋은 것을 향유하려고 한다'는 것이다. 사마천은 이 흐름에 맞게 백성을 인도하는 방법에 순위를 매겼다. 첫째는 형세에 맞게 변화시키는 것이다. 사람은 낮에 활동하고 밤에 잔다. 또한 봄, 여름, 가을에 농사를 짓고 겨울에는 쉰다. 그러니 밤에 일을 시키거나 농번기에 백성을 징집하는 것은 흐름을 역행逆行하는 것이다. 이것이 바로 형세와 정황에 맞게 그들을 이끄는 방법이다. 두 번째는, 이득으로 인도하는 것으로, "시험에 일등하면 핸드폰 사줄게"가 바로 그것이다. 이득을 제시하여 행동을 이끌어 내는 방법이다. 세 번째는 가르쳐서 행동하게 하는 것이다. 어떠한 행위의 가치와 의미 등을 가르쳐서 그 행동을 하도록 유도하는 방법이다. 네 번째는 법률로 처벌하는 것으로, 형벌로 그릇된 행동을 금지하거나 막는 방법이다. 마지막은 위정자와 백성이 그것을 해야 하는지 말아야 하는지 다투는 것이다. 형세, 이득, 교육으로 이끄는 방법은 백성이 스스로 염원해서 행동하도록 만드는 방법이지만, 법률로 제지하는 방법은 외부적 압박을 가하기 때문에, 백성은 타의他意에 의해 억지로 이끌려 행동하게 된다. 마지막 방법은 국가의 권위와 신뢰가 떨어져 백성의 어떤 행동도 이끌어 낼 수 없다. 위의 순서는 백성을 이끄는 방법의 고하高下를 보여준다. 지금 우리 사회는 어떤 방법을 사용하고 있는가?

알아서 움직이는 백성의 행동패턴 : 생산과 유통

대체로 산서山西 지방에는 재목, 대나무, 곡물 등이 풍부하고, 산동山東 지방에는 물고기, 소금, 명주실이 많다. 강남江南 지방에서는 매화나무, 가래나무, 생강 등이 많이 난다. 또한 용문龍門과 갈석碣石에는 말馬, 소, 양이 많이 난다. 구리와 철은 사방 곳곳에서 생산된다. 이것이 각 지역에서 생산되는 물품의 대략적인 상황이다. 이것들은 모두 중국 사람들이 좋아하는 것으로, 살아 있는 사람을 봉양奉養하고 죽은 사람을 장례 지내는데 쓰이는 용품이다. 농민은 식량을 생산하고, 나무꾼은 목재를 내며, 장인匠人은 물건을 만들고, 상인들은 이를 유통시킨다. 이러한 백성들의 활동이 어찌 국가가 법을 공표하고 사람을 징집하여 억지로 이끌어서 한 것이겠는가?

사람은 각자 자신의 능력대로 힘을 다해 원하는 것을 얻는다. 그러므로 물건 값이 싸면 비싼 곳에서 팔려고 하고, 가격이 비싸면 싼 곳에서 사려고 한다. 사람마다 자신의 일에 힘쓰면서도 그 일을 즐겁게 여기는 것이, 마치 물이 낮은 곳으로 흐르는 것처럼 자연스럽다. 일을 하는 것이 밤낮으로 멈추지 않고, 부르지 않아도 알아서 찾아오며, 억지로 시키지 않아도 백성들이 만들어낸다. 백성들의 이런 모습은 마치 우주의 도道가 드러나는 것과 같다.

백성들이 만들어 유통하는 물건들은 모두 생필품이다. 생산된 물품은 지역에 따라 가격의 편차가 생기고, 이윤을 얻기 위해 싸게 사고 비싸게 팔면서 상품의 유통이 자연스럽게 이루어진다. 생산과 유통은 국가가 억지로 시킨 것이 아닌데도 백성들은 스스로 알아서 한다. 스스로 그렇게 움직이는 것이 자연自然이니, 백성들의 생산과 유통은 해가 뜨고 지는 자연의 법칙과도 같다. 사마천은 이처럼 백성이 스스로 알아서 움직이는 법칙을 파악한 것이다.

재물의 효력 1 : 국가를 부강하게 한다

《주서周書》에는 이렇게 기록되어 있다.

"농부가 생산을 하지 않으면 식량이 부족하고, 장인匠人이 기물器物을 만들지 않으면 일이 돌아가지 않는다. 또 상인이 장사하지 않으면 식량, 용품, 재화의 유통이 끊어지게 되고, 나무꾼이 생산을 하지 않으면 자재資材가 모자라게 된다. 자재資材가 모자라면 산림과 하천은 개발되지 않는다."

이 네 가지는 백성들의 의식衣食의 근원이다. 그 근원이 크면 넉넉하고 근원이 작으면 부족하게 된다. 근원이 넉넉하면 위로는 나라를 부강하게 하고, 아래로는 가정을 부유하게 한다. 부자富者가 되는 능력은 누가 억지로 주거나 빼앗을 수 있는 것이 아니다. 지혜로운 자는 재물이 넉넉하고 그렇지 않은 자는 부족하게 된다.

태공망太公望(이름은 강상姜尙이며 강태공姜太公으로 불림)이 산동山東 지역 제齊나라에 봉封해졌을 때, 그곳의 땅은 소금기가 많고 주민은 적었다. 이에 태공太公이 방직紡織을 장려하고 기술력을 높이며, 생선과 소금을 유통시키니, 물자와 사람들이 모여들었다. 그리하여 제齊나라는 천하에 중심이 되었고, 동해東海와 태산泰山 인근의 제후들은 예禮를 갖추어 제齊나라에 입조入朝했다. 그 후 제나라는 쇠약해졌으나 관중管仲이 태공太公의 정책을 재정비하고, 물자 유통과 화폐를 담당하는 부서를 설치했다. 이러한 이유로, 제齊나라 환공桓公은 제후들의 패자霸者가 되었다. 관중管仲은 제나라의 일개一介 신하였으나 다른 나라 왕들보다 더 부유했다. 제나라의 부강함은 위왕威王과 선왕宣王에게까지 이어졌다.

옛날, 월왕越王 구천句踐이 오吳나라에게 패배하여 회계산會稽山으로 도망가는 치욕을 겪으면서, 범여范蠡와 계연計然을 등용했다. 계연計然은 이렇게 말했다.

"미리 준비해야 싸움에 대처할 수 있고, 사물의 속성을 알아야 이를 적절하게 이용할 수 있습니다. 목성木星이 서쪽에 오면 풍년이 들고,

북쪽에 오면 수해水害가 나며, 동쪽에 오면 기근饑饉이 나고, 남쪽에 오면 가뭄이 듭니다. 가뭄이 들면 미리 배를 준비하고, 수해水害가 나면 미리 수레를 준비하는 것이 이치입니다. 6년마다 풍년이 오고 6년마다 가뭄이 들며 12년마다 대기근大饑饉이 일어납니다. 무릇 곡식 값이 한 말에 20전밖에 안 나가면 농민이 힘들고, 90전으로 오르면 상인이 힘듭니다. 상인이 힘들면 물품이 유통되지 않고, 농민이 힘들면 농토가 경작되지 않습니다. 값이 올라도 80전을 넘지 않고, 떨어져도 30전 아래로 내려가지 않으면, 농민과 상인이 모두 이익을 봅니다. 가격이 일정하도록 물가를 조정하고, 시장의 교역을 원활하게 하는 것이 국가를 다스리는 방법입니다. 재물을 축적하는 이치는, 물건을 온전하게 보존하는 데 힘쓰는 것이며, 물자가 적채積債되지 않도록 하는 것입니다. 부패하기 쉬운 물건의 경우, 안 팔고 남겨두거나, 쌓아두고 값이 오르기를 기다리면 안 됩니다. 물건이 남아도는지 부족한지를 연구하면, 값이 오를지 내릴지를 알 수 있습니다. 물건 값이 비싸질 대로 비싸지면 오히려 싸지게 되고, 바닥까지 내려갈 정도로 싸게 되면 다시 비싸지게 됩니다. 비쌀 때에는 오물을 버리듯이 물건을 내다 팔고, 쌀 때에는 보석을 사듯 사들여야 합니다. 재화는 흐르는 물처럼 움직이려고 하니, 그 속성에 맞게 대처해야 합니다."

이런 방법으로 10년을 다스리니 나라가 부유해졌다. 전쟁에 나가는 병사들에게는 후하게 상을 내리자, 마치 목마른 사람이 물을 찾듯이 병사들은 적군의 돌과 화살을 향해 진격했다. 결국 월왕越王 구천句踐은 오吳나라에 복수하고 천하에 위엄을 떨쳤으며 춘추오패春秋五覇의 하나로 불리게 되었다.

재물의 효력 2: 도덕道德과 인의예절仁義禮節을 안다

그러므로 이렇게 말할 수 있다. "창고가 꽉 차야 예절을 알고, 의식衣食이 넉넉해야 영광榮光과 치욕恥辱이 무엇인지 안다." 재물이 있는 곳에 예의가 있고, 재물이 없으면 예의도 사라진다. 군자君子가 부유하면 덕德을 베풀기 좋아하게 되고, 소인小人이 부유하면 자신의 능력에 맞게 행동한다. 연못이 깊어야 물고기가 살고, 산이 깊어야 짐승이 찾아가듯, 사람이 부유富裕하면 인의仁義가 저절로 따라 온다. 부자가 세력을 얻으면 더욱 빛이 나고, 세력을 잃으면 따르는 객客도 떠나간다. 이러한 일은 오랑캐의 경우에 더욱 심하다. 세간世間에서는 "천금千金이 있는 부자富者의 자식은 길거리에서 죽지 않는다"라고 하는데, 이는 빈말이 아니다. 그러므로 "백성들은 이득을 얻을 수 있는 곳에 희희낙락喜喜樂樂하며 모여들고, 이득이 없으면 소란스럽게 하며 떠나간다"라고 말한다. 천승千乘의 병거兵車를 가진 왕이나 만호萬戶를 소유한 제후, 백실百室이 있는 군주도 모두 가난을 근심하는데, 하물며 평범한 백성들이야 어떠하겠는가?

일주일을 굶은 사람들 앞에 음식이 놓여 있다면, 그들에게 장유유서長幼有序를 논하기 힘들다. 그러니 예의禮儀와 도덕道德은 일정정도의 풍족함이 전제되어야 작동한다. 베풀 것이 많아야 사람이 모이고, 물건을 받아야 은혜에 감사하는 맘이 생기는 것이 인지상정人之常情이다.

월왕越王 구천句踐을 도와 월나라를 부흥시킨 범여范蠡는, 회계산會稽山에서 오吳나라 군대에게 당한 치욕恥辱을 씻고서 이렇게 말했다.

"월나라는 계연計然의 일곱 가지 계책 중에 다섯 가지를 시행하여 뜻을 이루었다. 이를 나라에 시행하여 성공했으니, 나는 이제 그것을 가업家業에 적용해 보겠다."

그러고는 작은 배를 타고 강호江湖를 돌아 다녔다. 그는 이름과 성을 바꾸어 제나라와 도陶 지역을 돌아다녔고, 범여范蠡는 그곳에서 주공朱公이라 불렸다. 범여는 도陶 지역이 제후국과의 교통 요지이기 때문에 물자 교역의 중심이 될 수 있다고 생각했다. 그리고 그곳에서 자리를 잡고 물자를 축적蓄積하여, 때에 맞추어 물건을 팔면서도 남에게 비난받을 일은 하지 않았다. 그는 19년간 세 번이나 천금千金을 모았는데, 두 번은 가난한 친구들과 먼 형제들에게 나누어주었다. 이것이 이른바 '부유해지면 덕을 베풀기 좋아하게 된다'는 것이다. 범여范蠡가 나이가 들었을 때, 자손들에게 일을 맡겼는데, 자손들이 가업家業을 잘 운영하여 재산을 늘렸고 결국은 수만 금金의 부자富者가 되었다. 이 때문에 부자라고 하면 사람들은 모두 도주공陶朱公을 떠올렸다.

자공子貢(공자孔子의 제자)은 일찍이 공자孔子에게서 배웠는데, 그 후에 위衛나라에서 벼슬했다. 또한 조曹나라와 노魯나라에서 물자를 사두었다가 내다 파는 등 장사를 했다. 그래서 그는 공자孔子의 제자 70여 명 중에 가장 부유했다. 원헌原憲(공자孔子의 제자)은 술지게미나 쌀겨조차도 마다하지 않고 후미진 뒷골목에 사는 것도 싫어하지 않았다. 하지만 자공子貢은 네 마리 말이 끄는 마차를 타고 비단 예물을 들고 제후들을 방문했기 때문에, 제후들은 자공子貢을 자신들과 동등한 신분으로 예우했다. 공자孔子의 이름이 천하에 널리 알려진 것은 모두 자공子貢이 그를 보필했기 때문이다. 이것이 이른바 세력을 얻으면 세상에 더욱 빛난다는 것이 아니겠는가?

오나烏倮라는 사람은 목축을 했는데, 가축이 많아지면 이를 팔아서 진기한 비단을 샀고, 또 이것을 몰래 융족戎族(중국의 서쪽 이민족)의 왕에게 바쳤다. 융족戎族의 왕은 그 가격의 열 배나 되는 가축으로 그에게 보상해 주어, 오나烏倮는 골짜기 단위로 가축을 셀만큼 소와 말이 많아졌다. 진시황秦始皇은 오나烏倮를 군君의 신분으로 대우하여, 때마다 대신大臣들과 함께 입조入朝하게 했다.

파巴 땅에는 청淸이라는 이름의 과부寡婦가 있었다. 그녀의 선조先

祖는 단사丹砂가 나는 광산鑛山을 발견했고, 몇 세대에 걸쳐 그 곳에서 나는 이득을 독점하니, 그 재산은 이루 헤아릴 수 없을 정도였다. 청清은 과부였으나 재물을 이용하여 가업을 잘 지켰으며, 사람들에게 뺏기지 않았다. 진시황은 그녀를 정조貞操 있는 부인이라고 여겨 빈객賓客으로 대우해 주었고, 그녀를 위해서 여회청대女懷淸臺를 지어주었다.

오나烏倮는 변방의 목축업자였고 청清은 시골 과부에 불과했지만, 그들은 수레 만승萬乘을 가진 천자天子와 동등한 예우를 받았고 그 명성名聲이 천하에 드러났으니, 이것이 재력 때문이 아니겠는가!

재물의 효력 3: 사람을 움직이게 한다

이런 것으로 보건대, 현인賢人이 조정에서 국사國事를 처리하고 정사政事를 논의하는 것과, 신념과 절개를 지키는 초야草野의 은사隱士들이 유명해지기를 바라는 것은 결국 무엇을 위한 것인가? 부자富者가 되어 풍족하게 살려는 것이다. 청렴한 관리는 시간이 지날수록 넉넉해지고, 공정한 장사꾼도 결국은 부자가 된다. 부자富者가 되려는 것은 사람의 본성이니, 배우지 않아도 모두 그렇게 되기를 원한다. 병사가 전쟁에 나가 적군의 성을 공격할 때, 남보다 앞서 성城에 올라 적진敵陣을 무너뜨리고, 적장의 목을 베고 깃발을 빼앗으며, 쏟아지는 돌과 화살을 무릅쓰고 전진하면서도 물불을 가리지 않는 것은 무엇 때문인가? 모두 큰 상賞을 받기 위해서다. 또 동네 젊은이들이 때리고 빼앗고 위협하고 속임수를 쓰며, 무덤을 파고 돈을 위조하고 제멋대로 못된 짓을 하며, 남 대신 원수를 갚아주고, 법령法令을 무시하고 위험한 곳으로 뛰어 드는 것도 모두 재물을 얻기 위함이다. 조趙나라와 정鄭나라의 미인美人들이 아름답게 꾸미고 거문고를 타며, 긴 소매를 나부끼며 사뿐사뿐 춤을 추어, 보는 이의 눈과 마음을 유혹한다. 그들이 노인과 젊은이를 가리지 않고, 천리 길도 마다 않고 그들에게 가는 것은, 부유해 지려고 그러는 것이다. 귀공자들이 관冠과 칼로 자신을 치장하고, 수레와 말을 줄지어 몰고 가는 것은, 자신들의 부귀富貴를 과시誇示하려는 것이다. 밤낮을 가리지 않고 화살을 쏘아 물고기를 잡고, 눈보라를 무릅쓰고 골짜기를 내달리면서 맹수의 위험도 피하지 않는 것은 맛좋은 고기를 먹기 위함이다. 도박, 경마, 닭싸움, 개싸움을 하며 안색을 붉히고 힘을 과시하며 이기려고 기氣를 쓰는 것도 돈을 따기 위함이다. 의술과 기술로 먹고 사는 사람들이 정성을 다해 재능을 발휘하는 것 또한 많은 식량을 얻기 위해서다. 관리가 법조문을 교묘하게 이용하며 문서와 도장을 위조하면서, 법이 금禁하는 일을 과감하게 하는 것은 뇌물에 빠졌기 때문이다. 또한 농부, 장인, 상인과 목축업자들도 진정 재물을 늘리기를 바란다. 그들은 최대한 능력을 펼쳐 많은 재물을 얻으려고 하면서 재물을 양보하지 않는다.

사람의 행위에는 목적이 있고, 그 행위와 목적의 인과관계는 명확하다. 배고프니 밥을 먹고 목이 마르니 물을 마신다. 배고픈데 물을 마시거나 목마른데 밥을 먹는 사람은 드물다. 사마천은 사람이 움직이는 기본적인 원인은 재물을 얻기 위함이라고 봤다. 재물은 의식주를 해결하는 수단이다. 그러니 사람은 의식주를 얻으려고 움직이며, 조금 더 풍요롭게 살려고 노력한다. 사람이 모두 이런 법칙으로 움직이니, 그 법칙을 활용하면 백성을 잘 인도할 수 있다고 사마천은 생각했다.

재물의 효력 4: 고관대작高官大爵과 대등해질 수 있다

속담에 "백 리 밖에 나가 땔나무를 팔지 말고, 천 리 밖에 나가 곡식을 팔지 말라. 1년을 살려거든 곡식을 심고, 10년을 살려거든 나무를 심고, 100년을 내다본다면 덕德으로 사람을 오게 해야 한다"라고 했다.

지금 관직도 없고 작위爵位도 없으며 봉토封土를 받지도 않았지만, 관리나 작위 있는 사람들과 대등한 위치에 오른 사람들이 있는데, 이를 일컬어 '소봉素封'이라고 한다. 봉封이란 황제에게서 받은 땅에서 세금을 걷어 사는 것을 말한다. 한 해에 집집마다 200전錢의 세금을 걷는다면, 1천 호의 봉지를 가진 군주는 20만 전錢을 거두게 되니, 그 군주가 조정에 입조入朝하고 외국을 방문하여 접대하는 비용이 모두 거기에서 나온다. 농부, 장인, 상인의 경우, 1만 전이 있으면 한 해에 이자가 2천 전錢이니, 100만 전錢이 있으면 이자가 무려 20만 전錢이 되어, 각종 부역과 세금을 이것으로 낼 수 있다. 이러한 사람들은 입고 싶은 것과 먹고 싶은 것을 마음껏 취할 수 있다.

그러므로 말 50마리, 소 167마리, 양 250마리, 돼지 250마리, 물고기 1천 석石, 큰 목재 1천 그루, 안읍安邑의 대추나무 1천 그루, 연燕과 진秦의 밤나무 1천 그루, 촉蜀, 한漢, 강릉江陵의 귤나무 1천 그루, 회북淮北과 상산常山 이남 및 황하와 제수濟水 사이의 가래나무 1천 그루, 진陳과 하夏의 옻나무 밭 1천 무畝, 제齊와 노魯의 뽕나무와 삼나무 밭 1천 무畝, 위천渭川의 대나무숲 1천 무畝, 이름난 나라 1만 호戶의 성城과 성곽 둘레 1천 무畝의 옥토, 치자나무卮와 꼭두서니茜 밭 1천 무畝, 생강과 부추 밭 1천 고랑 등, 이상의 것 중 한 가지라도 소유한 사람들은 그 수입이 1천 호戶의 영지領地를 가진 제후와 같다. 이것들은 부富의 원천이기 때문에, 이를 소유한 자는 시장을 기웃거릴 필요가 없고, 타지他地를 바삐 돌아다닐 필요가 없으며, 가만히 앉아서 수입을 기다리기만 하면 된다. 따라서 이런 사람들은 비록 관직이 없다고 해도, 도의道義를 지키면서도 살림은 넉넉한 것이다.

과거에 돈을 벌 수 있는 방법은, 관직을 해서 봉록을 받는 것이다. 또 업적을 내거나 공功을 세워서 황제에게 땅을 받아, 그곳에서 나는 세금으로 부를 축적하는 것이다. 이런 사람들은 돈과 명예를 한꺼번에 거머쥘 수 있다. 하지만 일반 백성들이 그 자리에 오르기는 매우 어렵다.

비록 관직이 없더라도 재물을 축적하면 고관대작高官大爵 이상의 부와 명예를 얻을 수 있다. 위에서 제시한 재물을 소유한 사람들은, 그 수익이 고관대작 이상이니 세상 부러울 것이 없다. 사마천이 저렇게 세세하게 수입을 계산했다는 것이 놀랍다. 소봉素封은 아마도 오늘날의 땅주인이나 건물주에 해당할 것이다.

재물의 효력 5: 재물이 많으면 대우가 달라진다

집은 가난하고 어버이는 연로年老하며 처자식은 어린데다, 때가 되어도 제사를 지낼 수 없고, 음식과 의복을 마련하지도 못하는 사람이 부끄러움을 모른다면, 이는 더 이상 말할 것이 없다. 재산이 없으면 몸을 쓰고, 재산이 조금 있으면 지혜를 쓰고, 이미 넉넉하면 시기를 노려 이익을 보는 것이다. 이것이 삶의 진리이다. 요즘 사람들은 몸을 힘들게 하지 않고 재물을 얻으려고 하는데, 이는 현자賢者들이나 할 일이다. 농업으로 부富를 얻는 것이 최상이고, 상업으로 부를 얻는 것이 그 다음이며, 사악한 수단으로 부를 얻는 것은 가장 아래다. 초야草野에 묻혀 사는 재능 없는 선비가 가난하게 살면서 말로만 인의仁義를 운운하는 것은 부끄러운 일이다. 보통 사람들은, 다른 사람의 재산이 자신보다 열 배 많으면 그를 헐뜯고, 백 배 많으면 그를 두려워하며, 천 배 많으면 그를 위해 일해주고, 만 배 많으면 그의 종이 된다. 이는 세상의 이치다.

상대방 재력의 많고 적음에 따라 우리의 행동은 달라진다. 수억 원을 주면 기꺼이 감옥도 가겠다는 세상이니, 만약 몇백 억을 준다면 무엇을 못하겠는가? 나보다 돈이 만 배 많은 사람에게 기꺼이 그의 종이 되려 한다는 것이, 어디 사마천 시대만의 일인가?

부자가 된 사람들

선곡宣曲에 사는 임씨任氏의 선조先祖는 독도督道의 창고관리였다. 진秦나라가 패했을 때, 호걸들은 앞 다투어 금과 옥을 탈취해 갔지만, 임씨는 창고의 곡식을 굴속에 감추었다. 나중에 항우項羽와 유방劉邦의 군대가 형양滎陽에서 대치하고 있을 때, 백성은 농사를 지을 수 없었으므로 쌀 한 섬에 만전萬錢까지 나갔다. 결국 호걸들이 탈취했던 금은보화는 모두 임씨의 것이 되었고 임씨는 부자가 되었다. 부자들은 사치를 일삼았지만, 임씨는 검소하게 절약하며 농사와 목축에 힘썼다. 농사와 목축을 하는 사람들은 물품을 싼 것으로 샀지만, 임씨는 비싸도 질 좋은 것을 샀다. 임씨 집안은 여러 대代에 걸쳐 부유하게 살았다. 그런데도 임씨는 자신이 생산한 것이 아니면 먹지 않고, 공적公的인 일이 끝나지 않으면 술과 고기를 먹지 않는다고 약속했다. 때문에 그는 마을의 모범이 되었고, 집안은 더욱 부유해졌으며, 천자天子도 그를 존중했다.

한나라가 변경 지역을 개발할 때, 교요橋姚라는 사람은 말 1천 마리, 소 2천 마리, 양 1만 마리, 곡식 수만 종을 얻었다. 7국國이 반란을 일으켰을 때, 장안長安에 있는 여러 제후들은 진압군에 참여하기 위해서 이자 돈을 얻으려고 했다. 그런데 돈놀이를 하는 사람들은 아무도 그들에게 돈을 빌려주지 않았다. 그 이유는 돈을 빌리려는 제후들의 봉읍이 관동關東에 있는데, 관동의 진압군이 성공할지 실패할지 예측할 수 없었기 때문이다. 그러나 무염씨無鹽氏는 천금을 풀어 이자를 평소의 10배로 하여 빌려주었다. 석 달이 지나 반란이 평정되었고, 1년 안에 무염씨는 평소의 10배나 되는 이자를 받았고, 그의 재산은 관중關中 지역 전체의 부富와 맞먹게 되었다.

여기에 예로 든 사람들은 부호富豪 중에서도 매우 뛰어난 사람들이다. 그들은 모두 식읍食邑이나 봉록奉祿을 받거나, 법망을 교묘히 벗어나 사악한 짓을 해서 부자가 된 것이 아니다. 그들은 사물의 이치에 맞게 무엇을 해야 할지 결정하고, 때에 맞게 행동하여 이득을 얻었다. 상업으로 재물을 모으고, 농업으로 재산을 지켰다. 그들은 단호한 무사武士처럼 과감하게 행동하고 차분한 문인文人처럼 재산을 유지했다. 그들의 변화는 절도가 있어 모범으로 삼기에 충분하다. 농업, 목축, 공업, 산림업, 상업에 힘써 이득을 저울질하여 부자가 된 사람 중에, 크게는 하나의 군郡을 압도하는 사람도 있고, 하나의 현縣이나 작은 마을 하나를 압도하는 사람도 있었다. 이러한 예는 너무 많아 다 거론할 수 없다.

부자가 되는 직업은 따로 없고, 재물은 정해진 주인이 없다

무릇 근검절약은 생업生業을 하는 올바른 방법이지만, 부富를 이룬 사람은 반드시 자기만의 독특한 방법이 있다. 농사지어 재물을 모으는 것은 뛰어난 방법은 아니지만, 진양秦揚은 이로써 한 주州의 최고 부자가 되었다. 도굴은 사악한 행동이지만, 전숙田叔은 이를 발판으로 일어섰다. 도박은 나쁜 일이지만, 환발桓發은 그것으로 부자가 되었다. 행상은 대장부에게는 천한 일이지만, 옹낙성雍樂成은 장사를 해서 부자가 되었고, 화장품 연지臙脂를 파는 것은 부끄럽기는 하지만, 옹백雍伯은 이로써 천금을 얻었다. 간장을 파는 것은 하찮은 일이지만, 장씨張氏는 천만금을 벌었으며, 칼 가는 것은 보잘것없는 기술이지만, 질씨郅氏는 그것으로 부자가 되어 호화롭게 먹고 살았다. 양고기를 파는 것은 단순하고 하찮은 일이지만, 탁씨濁氏의 행차行次에는 기마騎馬가 뒤를 수행했다. 말馬의 병을 치료하는 것은 하찮은 의술이지만, 장리張里는 식사할 때 종鐘 연주를 들을 정도로 부자였다. 이들은 모두 늘 성실한 마음으로 힘써 노력하여 결과를 얻은 사람들이다. 이런 것으로 봤을 때, 부자가 되는 데에는 일정한 직업이 없고, 재물에는 정해진 주인이 없다. 재능이 있는 자에게는 재물이 모이고, 어리석은 자에게는 기왓장 흩어지듯 재물이 흩어진다. 천금의 부자는 한 나라의 군주와 맞먹고, 수만금의 부자는 왕처럼 즐겼다. 이것이야말로 소봉素封이 아니겠는가?

불은 좋은 것인가 나쁜 것인가? 상황에 따라 다르다. 하나의 객체는 단독으로 가치를 따지기 어렵다. 어떤 상황에 놓이느냐에 따라 다르다. 겨울에 몸을 녹여주는 모닥불은 좋지만, 산을 태우는 산불은 나쁘다. 그렇다면 재물을 취取하고 이득을 탐하는 것은 좋은 것인가 나쁜 것인가? 역시 그때그때 다르다.

공자孔子는 부富를 추구하는 것에 부정적이었다. 공자는 "부富와 귀貴는 내가 원하는 것이지만, 정당한 방법으로 얻는 것이 아니면 하지 않겠다(富與貴, 是人之所欲也, 不以其道得之, 不處也.《논어論語 · 이인里仁》)고 하며, 자신도 치부致富의 욕망이 있음을 인정했다. 그러나 "노력해서 부자가 될 수 있다면 나는 마차의 마부라도 하겠다. 하지만 노력해도 안 된다면 나는 내가 좋아하는 일을 하겠다.(富而可求也, 雖執鞭之士, 吾亦爲之. 如不可求, 從吾所好.《논어論語 · 술이述而》)"라고 했다. 공자는, 부자가 되는 것은 노력해서 될 수 없는 것, 즉 일종의 천명天命이라고 여겼기 때문에, 재산을 축적하는 것은 천명을 깨닫지 못하는 행동으로 치부했다. 재물활동은 이득을 위한 것이다. 공자孔子는 사회가 이득만을 최고의 가치로 여기면서 발생하는 폐해를 경험했기 때문에 이를 경계했다. 맹자孟子가 양혜왕梁惠王을 비판한 것도 이득지상주의利得至上主義를 경계한 것이다. 공자와 맹자는, 불이 집과 산을 태우고 삶을 황폐하게 만든 부정적인 측면만을 보고 경계한 것이다.

반면 사마천은 불의 긍정적인 측면을 보려고 노력했다. 국가는 백성을 잘 인도하여 살기 좋은 세상으로 만드는 것이 목적이다. 하지만 그들을 억지로 이끄는 데는 한계가 있다. 그러니 그들이 가려고 하는 방향에 맞추어 인도한다면 효과가 크다고 생각했다. 바람이 부는 방향으로 배를 몰면 노를 젓지 않아도 알아서 움직이는 이치다. 모든 백성에게 재물 추구의 욕망이 있다면, 이를 잘 이용하여 국가를 다스릴 수 있다. 재물은 백성들을 자발적으로 움직이게 하고, 인의仁義와 도덕道德을 깨닫게 하며, 국가를 부강하게 만든다. 또 관직에 나가지 않아도 대우받을 수 있다. 그러니 어찌 재물 활동을 부정적으로만 볼 수 있겠는가? 사마천은 평가절하 되었던 재물 추구의 가치와 효용을 긍정했다는 측면에서 탁월한 식견識見이라고 할 수 있다.

세상은 2천년이 지나 지금은 돈이 판치는 세상이다. 우리의 모든 선택은 돈의 잣대를 벗어나기 힘들다. 대학 입학, 직장 취직, 배우자의 선택 등등 모든 판단에서 돈은 첫 번째 고려대상이다. 사람들은 과도하리 만큼 돈의 흐름대로 움직이고, 인의仁義 도덕道德은 돈에 가려졌으며, 조물주보다 건물주를 더 높이 쳐주는 세상이 되었다. 사마천이 요즘 세상을 봤다면 〈화식열전〉을 쓴 것을 후회할지도 모른다. 돈 문제로 인성人性이 매몰되고 가족이 흩어지며 목숨을 잃는 일이 비일비재하다. 적절한 통제를 잃어버린 불은 자칫 사회를 태워버릴 수 있다. 화려한 불빛에 현혹되어 죽는 줄도 모르고 불에 뛰어드는 불나방처럼, 우리의 몸과 마음은 모두 돈을 향하고 있다. 내달리는 자동차에 브레이크를 밟아야 할 시점이다.

고광민 한양대학교 중어중문학과를 졸업하고, 국립대만사범대학에서 「북송시기 한유 수용 연구」로 박사학위를 받았으며, 현재 한양대학교 중어중문학과 교수로 재직 중이다. 중국 고전古典 산문을 연구하고 있으며, 낡은 고전을 새로운 형식에 담아 전달하는 것에 관심을 두고 있다. 역서로는 『자를 테면 자르시오 — 한유산문선』, 『그림으로 풀어 쓴 역경易經』이 있으며, 저서로는 『한유 산문 형식미 연구』가 있다.

사기史記에 시비是非 걸기

펴낸날 2022년 4월 25일 초판 1쇄

지은이 고광민 ● **펴낸이** 김우승

펴낸곳 한양대학교출판부 ● **출판등록** 제4-7호(1972.2.29)

주소 서울 성동구 왕십리로 222 ● **전화** 02.2220.1432-4 ● **팩스** 02.2220.1435

홈페이지 press.hanyang.ac.kr ● **이메일** presshy@hanyang.ac.kr

본문디자인·편집 김민지 ● **표지** 안광일 ● **인쇄** 미르P&P

ISBN 978.89.7218.744.8 (93910)